형사법
형사소송법의도

서 언

형사소송법을 접하는 많은 수험생들은 항상 고민에 빠지곤 한다. 왜냐하면 형법에서 다루는 이론 및 판례가 지나치게 광대하기 때문이다. 즉, 형사소송법을 공부하는 데에 있어서 가장 큰 걸림돌은, 다름 아닌 양적인 측면에서 상당한 시간을 투자해야 만이 소기의 목적을 달성할 수 있기 때문이라는 것이다. 그리고 여기에 더하여 매우 복잡한 이론을 공부하게 되므로 쉽게 지칠 수 있다는 데에서 회의감마저 들곤 한다는 것이 문제이다. 이것은 비단 형법에서만 발생하는 문제가 아니다. 공직이나 전문직으로 나아가려는 수험생들이 치르는 거의 모든 시험과목에서 동일한 문젯거리가 아닐 수 없다. 더욱이 시험을 준비하는 경우뿐만 아니라 심지어는 자신의 전공과목을 연구하는 학자들에게도 똑같은 현상이 벌어지고 있는 것을 보면 참 세상살이가 녹록지 않다는 것을 방증하게 만든다. 그러나 우리는 한 가지 천고의 진리를 가슴 깊이 새겨야 만이 그러한 험난한 세파를 견디고 나아가 마침내 성공의 맛을 만끽할 수 있다는 점을 남보다 빨리 알아야 한다. 그런데 그 진리는 멀리 있지도 않고 그럴싸한 포장을 하고 있지도 않다. 즉, 그 진리는 단순한 데에 있다. 몇 수 천년동안 지구상에 살고 사망했던 거의 모든 사람들이 입을 모아 충고했던 그것을 우리는 다시금 되새겨야 한다. "노력하지 않고 얻은 것은 나의 것이 아니다."라는 아주 평범한 진리를 우리 수험생들은 반드시 각인해야 할 것으로 본다. 우리는 가끔씩 과연 나의 운명은 어떻게 될까라든지 나에게도 관운이라는 것이 있을까라는 자문을 하곤 한다. 이러한 자문은 누구나 공통적으로 가지고 있는 의문점이라고 볼 수 있는데 실질적으로 시험공부를 하는 수험생 중 대다수가 쓸모없는 소모전에 허송세월을 보내는 경우가 많다. 즉, 피나는 노력을 해보지도 않고 정상등극에 대한 야망만 불태우는 이상설정형 수험생들이 많다. 하지만 묵묵히 정도를 걸으며 종국적으로는 합격이라는 성공의 인생을 일궈나가는 끈기 있는 자들도 자주 눈에 띤다. 세상은 참으로 냉정하고 험하다. 지금에 와서는 더욱 그렇다.

시대가 지나칠 정도로 급변하고 있다. 그로 인해 과도한 경쟁은 피할 길이 없다. 그러한 경쟁에서 다수가 밀려날 수밖에 없는 구조이다. 선의의 피해자에 내가 해당될 가능성이 높은 것이다. 제군들은 이러한 소용돌이 속에서 희생양이 되면 안 된다는 점을 한시도 잊어서는 안 될 것이다. 그리고 또한 과거에는 한 가지만 잘하면 생존하는데 큰 문제가 없었던 시대가 있었다. 그러나 지금은 어떠한가. 멀티 맨이나 멀티 우먼이 되지 않으면 정년을 맞이할 수 없는 매우 험난한 사회가 항상 우리를 기다리고 있지 않은가. 이러한 작금의 상황을 옳게 판단할 수 있는 자가 되어야 만이 행복을 엮어갈 수 있는 자질을 갖추었다고 할 수 있을 것이다. 그렇다면, 우리가 준비하고 있는 시험의 중심에 자리 잡고 있는 형법에 대한 정복은 어떠한 방향으로 하여야 가장 효과가 있을까라는 고민을 하지 않을 수 없다. 필자의 판단으로는 출제경향을 파악하는 것이 급선무일 것으로 본다. 아무리 능력이 출중한 사람이라고 하더라도 모든 부분에 대하여 최고의 실력을 발휘할 수는 없게 되어 있는 것이 현실이다. 즉, 현실적인 측면을 간과해서는 안 된다. 다음으로 이론에 대한 정확한 이해를 해야 한다. 왜냐하면 이론을 바탕으로 실무자가 판단한 것이 법원의 판결이기 때문이다. 이론으로부터 지나치게 벗어난 판결은 거의 모든 사람들로부터 몰매를 맞을 확률이 높기 때문에 실무에 있는 사람들 또한 항상 연구에 정진하고 있는 것이 현재의 추세라고 볼 수 있다. 이론에 대한 공부는 적어도 삼회이상을 정독하는 것이 가장 필수적일 것으로 사료된다. 이론이 흔들리면 그 다음은 기대할 수 없다. 이론공부가 어느 정도 궤도에 올라왔다고 판단이 되면 법원의 판단 즉, 판례정복에 나서야 한다. 판례를 가장 잘 이해하려면 통상적으로 판시된 판결문을 모두 다 숙지하는 것이 가장 좋은 방법이기는 하나 이렇게 하자면 한없는 세월을 여기에 투입해야 하기 때문에 경제적이지 못하다. 다시 말하면 판례공부는 경제적으로 해야 한다는 것을 먼저 전제하고 공부를 시작해야 한다. 그런데 판례공부를 할 경우에 지나치게 요약된 것은 약이되질 않고 독이 되어 돌아온다는 것을 간과해서는 안 된다.

요약형으로 공부를 하다보면 사례형의 문제를 해결할 수 있는 능력이 저하되기 때문에 실패로 직결될 위험이 있다. 이렇게 이론과 판례를 완전할 정도로 숙지를 한 경우에도 시험의 합격은 결코 내 곁에 있는 것이 아니다. 합격을 위한 훈련이 필요하다. 그러한 훈련 중에 가장 효과가 있는 것은 모의고사 등을 자주 치러 보는 것이다. 모의고사를 침으로써 실전에 대한 자신감을 가질 수 있고 순발력도 기를 수 있기 때문에 매우 유익한 능력을 기를 수 있는 계기가 된다.

이상과 같이 철저한 준비로도 합격은 보장받지 못한다. 왜냐하면 수험생 자신의 정신적·육체적 컨트롤이 최종적인 성공여부를 결정짓기 때문이다. 오랜 세월동안 필자는 실력을 완벽하게 갖추었음에도 불구하고 실패와 좌절을 맛보는 많은 수험생들을 보아왔다. 어느 정도냐면, 실력은 백인데 컨트롤을 할 수 있는 능력이 팔십인 사람보다 실력은 팔십인데 컨트롤을 할 수 있는 능력이 백인 사람이 시험에 합격할 확률이 더 높더라는 점이다. 본서는 이러한 입장에 철저히 서서 탄력적으로 형사소송법을 공부하고 나아가 실전감각을 익힐 수 있도록 신경을 쓰면서 집필을 하였다. 즉, 본서의 내용을 숙지하고 곧바로 실전에 임하여도 손색이 없게끔 새로운 패러다임의 관점에서 저술을 하였다. 부디 본서로 성공의 발판을 마련코자 하는 수험생 제군들은 필자의 마음을 헤아려 좀 더 용왕매진하여 단 한 번에 합격의 영광을 누리는 행운아가 되길 바란다. 그럼, 조언대로 잘 할 것으로 믿으며 인사의 말을 마치고자 한다.

2023.9.1.
승주명산기슭에서
법학박사 이 찬 엽
변호사 김 효 범

CONTENTS

제 1 편 수사   9

제 1 장 수사와 기초개념   11
제 2 장 수사개시   18
제 3 장 수사방법   30
제 4 장 대인적 강제수사   38
제 5 장 대물적 강제수사   69
제 6 장 수사상 증거보전   116
제 7 장 수사종결   122

제 2 편 증거   141

제 1 장 증거법의 기본개념   142
제 2 장 증명의 기본원칙   142
제 3 장 위법수집증거배제법칙   168
제 4 장 자백배제법칙   183
제 5 장 전문법칙(傳聞法則: hearsay rule)   193
제 6 장 당사자의 증거동의 및 증거능력부여   239
제 7 장 탄핵증거   248
제 8 장 자백의 보강법칙   253
제 9 장 공판조서의 증명력   263

<<형사소송법 개관>>

Tool 1. 형사소송법은 형사절차를 규율하는 국가의 법체계

> **형사소송**: 법원의 면전에서 진행되는 피고인의 유죄·무죄를 판단하기 위한 일련의 쟁송활동
>
> **형사절차**: 범죄혐의를 포착하고 용의자에 대하여 증거를 수집하며 피의자를 체포·구속하는 수사절차를 포함하여 피고인의 유죄·무죄를 확인하고 형벌을 부과하기 위한 절차 전방을 지칭.

Tool 2. 형법과의 구별: 형법은 국가형벌권의 발생요건과 그 법적 효과를 규율, 형사소송법은 국가형벌권을 구체적으로 실현하기 위해 필요한 법적 절차를 규율

Tool 3. 헌법적 형사소송(형사소송법은 헌법의 구체화법에 해당)

Tool 4.

형사소송법	공법+사법법+절차법+성문법
형사절차법정주의	★불문법(관습법)의 형태로는 존재할 수 없다.

Tool 5.

형사소송법	정치적+동적+발전적+절차적+법적 안정성+기술적
형법	도덕적+윤리적+정적+고정적+실체적

Tool 6.

형사소송법	배분적 정의(국가와 개인)
민사법	평균적 정의(개인과 개인)

<판례부호>

1. 노--------->형사상고사건
2. 모--------->형사재항고사건
3. 감도-------->치료감호상고사건
4. 전도-------->부착명령상고사건
5. 헌가-------->위헌법률심판사건
6. 헌마-------->제1종 헌법소원심판사건
7. 헌바-------->제2종 헌법소원심판사건

형사법
형사소송법의 도

제 1 편 수사

11P	제 1 장 수사와 기초개념
18P	제 2 장 수사개시
30P	제 3 장 수사방법
38P	제 4 장 대인적 강제수사
69P	제 5 장 대물적 강제수사
116P	제 6 장 수사상 증거보전
122P	제 7 장 수사종결

Tool 1.

◆수사구조론(핵심정리)◆

비교	㉠의의	㉡수사의 본질	㉢강제처분	㉣피의자의 지위
①규문적 수사관	-수사는 검사를 주재자로 하는 수사기관과 피의자의 **불평등** 수직관계이다.	-수사기관의 독자적 판단하에 범인·범죄사실과 증거를 조사하는 합목적적 절차(법원의 불개입)	-강제처분은 **검사의 고유권한**이므로 법관의 영장은 **허가장**의 성격	-피의자는 **절차의 대상**에 불과 -**피의자신문을 위한 구인허용**
②탄핵적 수사관	-수사는 재판의 전단계에서 수사기관과 피의자가 **공판을 위해 준비**하고 법관이 공평하게 그 절차를 후견하는 수사구조(법원의 개입)	-**당사자 일방의 소송준비**(수사기관의 독자적 활동이 아님) -**피의자도 독립적인 준비 가능**	-강제처분은 **법원의 장래의 재판을 위하여 하는 것**이므로 영장은 **명령장**의 성격을 가짐	-피의자와 수사기관은 **대등관계** -**피의자심문응할 필요없다.** -피의자심문을 위하여 **구인할 수 없다.**
③소송적 수사관	-수사는 기소/불기소의 결정을 목적으로 하는 독자적 절차검사는 종국적 판단자(피의자와 사법찰관의 대립구조)	-<u>수사는 범죄혐의의 유무와 정상을 밝혀 제1차적 선별기능을 한다(자기완결절차).</u>	-강제처분은 수사의 본래적 내용이 아니다(본래적 내용에 불포함).	-피의자는 수사의 주체(준당사자)이므로 피의자신문에 응할 의무가 없다.

제 1 장　수사와 기초개념

제 1 절　수사의 의의 및 수사기관

Tool 1.

(1) 범죄혐의 사료(犯罪嫌疑 思料)-->수사
(2) 수사(Ermittlung) : 연속성, 제195조 규정
(3) 내사(內查): 수사개시에 앞서 범죄혐의 유무를 위하여 하는 조사활동(調查活動)
(4) 구별(내사와 수사의 구별)

형식설	범죄인지서작성여부
실질설	판례: 수사기관이 범죄혐의가 있다고 인식(認識)하는 시점

(5) 검사와 사법경찰관의 상호협력과 일반적 수사준칙에 관한 규정: 일련의 준거점을 제시
(6) 내사대상자는 단순한 용의자(容疑者)에 불과하여 원칙적으로 피의자가 가지는 권리를 주장할 수 없다(구별실익).
★ 용의자(容疑者): 범죄 행위를 저질렀으리라는 의심을 받아 수사의 대상에 오른 사람
★ 내사(內查): 겉으로 드러나지 않도록 하여 은밀하게 조사함.
★ 수사(搜査): 검찰, 경찰에서 범죄의 혐의 유무를 알기 위해 증거를 수집하여 범인을 찾고자 활동함.
(7) 내사단계에서는 증거보전(제184조)을 청구할 수 없으며 진정에 기한 내사사건종결처분의 경우 재정신청(제260조) 및 헌법소원을 제기할 수 없다.
(8) 내사와 수사의 기준(실질설): 범죄혐의 있음을 기준, 임의동행 형식으로 연행된 피내사자는 곧 피의자를 의미한다.
(9) 실질적으로 피의사건에 해당하는 사건을 내사사건으로 분류하여 편법적으로 처리하는 피의사건편법처리문제 불허, 이는 제195조가 규정한 **수사법정주의(搜查法定主義)**에 위배
★ **죄형법정주의(罪刑法定主義)-->형법**
★ 형사절차법정주의(刑事節次法定主義)-->형사소송법
10. 수사의 범위

> 최협의: 수사절차
>
> 협의: 불기소처분으로 종결되는 사건, 공소취소(제255조)는 수사가 아니다(판례).
>
> 광의: 공소취소 등을 포함, 수사절차, 공판절차를 가리지 않고 범죄유무를 확인하고 범죄가 인정되는 경우 범인을 발견·확보하며 증거를 수집·보전하는 수사기관의 활동

Tool 2.

<거부여부>

①신체의 검증을 받은 자	거부X
②구속영장을 발부받은 자	거부X
③증인으로 환문된 자	거부X
④경찰서에 출석명령을 받은 자	거부O

Tool 3.

◆판례요약◆

①	피의자신문조서에 진술자인 피의자의 서명 또는 날인이 없는 경우에는 그 피의자 신문조서의 증거능력을 부정한다.
②	★거짓말탐지기의 검사결과 증거능력이 인정된다 하더라도 <정황증거>에 그친다.
③	★피의자에게 피의자신문조서를 <열람할 기회를 주지 아니하거나 읽어주지 아니한 경우일지라도> 피의자신문조서는 <증거능력이 있다.>
④	★경찰서 보호실 유치는 강제유치, 승낙유치를 불문하고 허용될 수 없다.

Tool 4.

(1) 수사절차의 소송구조화는 피의자를 단순히 조사, 강제처분의 대상으로 인정하는 것에 반대한다.
(2) 범죄유발형 함정수사의 경우에 공소제기가 무효인 경우에 해당하여 공소기각 판결을 해야 한다.
(3) 함정수사에서 수집된 증거는 위법한 증거로서 증거능력이 배제된다.
(4) 수사의 상당성은 수사의 비례성의 원칙과 가장관련이 있다.
(5) 수사비례의 원칙은 특히 강제수사를 하기 위한 요건으로서 의미를 가진다.

(6) 친고죄에 있어서 고소가 없는 경우에도 수사를 할 수 있는가에 대하여 다수견해는 **제한적 허용설**을 따르고 있다.
(7) 고소/고발은 소추조건에 불과하고 **당해범죄의 성립요건이나 수사조건은 아니다.-->즉, <u>수사의 단서나 소송조건은 될 수 있다</u>.**
(8) 경무관은 수사기관에 해당할 수 있으나 치안감은 수사기관이 아니다.
(9) 구속영장, 압수·수색영장 등의 각종 영장의 집행은 검사의 지휘에 의하여 사법경찰관리가 행한다.
(10) 사법경찰관의 실황조사서를 작성할 경우에는 검사에게 보고할 의무가 없다(임의수사에 해당).

Tool 5.
<경찰관직무집행법과 형사소송법과의 관계>

(1) 수사작용으로서의 불심검문(不審檢問)과 형사소송법이 규정한 검사의 수사지휘권과의 관계
(2) 보안경찰작용과 사법경찰작용의 구별: 이론상으로는 가능하지만 실무상으로는 명백히 구별할 수 없다는 문제점
(3) <u>범죄혐의가 있음을 전제로 하는 경찰관직무집행법상의 불심검문은-->어디까지나 형사소송법이 예정하고 있는 수사의 형태로 파악해야 한다.</u>
(4) 다만 경찰관직무집행법이 가지는 의의는 초동수사의 긴급성에 비추어 경찰관이 수사작용의 일환(一環)으로 불심검문을 하되 사후적으로 검사의 지휘를 받도록 하는 특례를 인정한 점에 있다고 보아야 한다.
(5) 2007년 형사소송법이 위법수집증거배제법칙(제308조의2)을 명문화함에 따라 불심검문의 요건과 한계-->실천적 의미(實踐的 意味)가 높아지게 됨

<<관련판례>>
<u>사법경찰관이 검사에게 긴급체포된 피의자에 대한 긴급체포 승인 건의와 함께 구속영장을 신청한 경우, 검사는 긴급체포의 승인 및 구속영장의 청구가 피의자의 인권에 대한 부당한 침해를 초래하지 않도록 긴급체포의 적법성 여부를 심사하면서 수사서류 뿐만 아니라 ★<<피의자를 검찰청으로 출석시켜 직접 대면조사할 수 있는 권한을 가진다고 보아야 한다.>></u> 따라서 이와 같은 목적과 절차의 일환으로 검사가 구속영장 청구 전에 피의자를 대면조사하기 위하여 사법경찰관리에게 피의자를 검찰청으로 인치할 것을 명하는 것은 적법하고 타당한 수사지휘 활동에 해당하고, 수사지휘를 전달받은 사법경찰관리는 이를 준수할 의무를 부담한다. 다만 체포된 피의자의 구금 장소가 임의적으로 변경되는 점, 법원에 의한 영장실질심사 제도를 도입하고 있는 현행 형사소송법하에서 체포된 피의자의 신속한 법관 대면권 보장이 지연될 우려가 있는 점 등을 고려하면, <u>위와 같은 검사의 구속영장 청구 전 피의자 대면조사는 긴급체포의 적법성을 의심할 만한 사유가 기록 기타 객관적 자료에 나타나고 피의자의 대면조사를 통해 그 여부의 판단이 가능할 것으로 보이는 예외적인 경우에 한하여 허용될 뿐, 긴급체포의 합당성이나 구속영장 청구에 필요한 사유를 보강하기 위한 목적으로 실시되어서는 아니 된다. 나아가 ★★★검사의 구속영장 청구 전 피의자 대면조사는 강제수사가 아니므로 피의자는 검사의 출석 요구에 응할 의무가 없고, 피의자가 검사의 출석 요구에 동의한 때에 한하여 사법경찰관리는 피의자를 검찰청으로 호송하여야 한다(대법원 2010. 10. 28. 선고 2008도11999 판결).</u>

제 2 절 수사구조 및 피의자 지위

Tool 1.

◆피의자◆

| 주의사항 | (1) 피의자는 수사기관에 의하여 범죄혐의를 받고 수사가 개시된 자를 말한다.
(2) 수사개시부터 공소제기 전까지의 자
(3) 진범인가 여부는 불문
(4) ★수사이전에는 범죄혐의를 받고 내사중인 자를 피내사자 또는 범죄용의자라고 한다.
(5) ★피의자의 지위의 발생시점
　㉠고소/고발/자수-그러한 사실이 있는 때
　㉡그 밖에는 **범죄인지시**(형식상 입건)
　㉢**수사기관의 현행범체포시**
※따라서 피의자를 체포/구속한 때 피의자의 지위가 발생하는 것이 아니다.
※그러나 **일반사인이 현행범을 체포하였을 경우에는 체포자체로 피의자가 되는 것은** 아니고 단지 수사의 단서일 뿐이다.
(6) 피의자는 수사절차의 대상으로서의 지위를 가진다.
(7) 피의자의 특정은 범죄인지요건이 아니다. 따라서 성명/주거/직업/연령 등이 명시되지 않을 지라도 범죄를 인지할 수 있다. |

Tool 2.

<★피의자의 권리>

①변호인 선임권	O
②진술거부권	O
③구속적부심사청구권	O (피고인에게는 X)
④구속취소청구권	O
⑤변호인/비변호인에 대한 접견을 받을 수 있는 권리 　★변호인접견교통권은 변호인의 권리	O
⑥압수/수색/검증에 대한 참여권	O
⑦증거보전청구권	O
⑧보석청구권	X

⑨수사재개청구권/수사중지청구권/검사기피신청권	X
⑩수사서류 열람/증사요구	X
⑪배상명령신청권	X
⑫관할이전신청권	X

Tool 3.

(1) 피의자에게는 헌법소원신청권이 인정된다.
(2) 고발인에게는 헌법소원신청권이 없다.
(3) 범죄의 인지는 수사의 단서에 해당하지 않는다. 범죄의 인지는 수사개시 그 자체를 의미한다.
(4) 증인신문은 수상의 단서가 아니라 증거조사의 한 방법이다.
(5) 수사상자백은 수사의 단서가 아니며 수사기관의 검증은 강제처분에 해당하므로 역시 수사의 단서가 아니다.

Tool 4.

<★비교(검증)>

①수사기관의 검증	강제처분에 해당
②법원의 검증	증거조사에 해당

※모두 수사는 아니다.

<<관련판례>>
「검찰사건사무규칙」 제2조 내지 제4조에 의하면, 검사가 범죄를 인지하는 경우에는 범죄인지서를 작성하여 사건을 수리하는 절차를 거치도록 되어 있으므로, 특별한 사정이 없는 한 수사기관이 그와 같은 절차를 거친 때에 범죄인지가 된 것으로 볼 것이나, ★★★범죄의 인지는 실질적인 개념이고, 이 규칙의 규정은 검찰행정의 편의를 위한 사무처리절차 규정이므로, 검사가 그와 같은 절차를 거치기 전에 범죄의 혐의가 있다고 보아 수사를 개시하는 행위를 한 때에는 이 때에 범죄를 인지한 것으로 보아야 하고, 그 뒤 범죄인지서를 작성하여 사건수리 절차를 밟은 때에 비로소 범죄를 인지하였다고 볼 것이 아니다(대법원 2001. 10. 26. 선고 2000도2968 판결 등 참조). ★★★이러한 인지절차를 밟기 전에 수사를 하였다고 하더라도, 그 수사가 장차 인지의 가능성이 전혀 없는 상태하에서 행해졌다는 등의 특별한 사정이 없는 한, 인지절차가 이루어지기 전에 수사를 하였다는 이유만으로 그 수사가 위법하다고 볼 수는 없고, 따라서 ★★★그 수사과정에서 작성된 피의자신문조서나 진술조서 등의 증거능력도 이를 부인할 수 없다(대법원 2011. 11. 10. 선고 2010도8294 판결).

제 3 절 수사조건

<<관련판례>>
1. [1] 법률에 의하여 고소나 고발이 있어야 논할 수 있는 죄에 있어서 고소 또는 고발은 이른바 소추조건에 불과하고 ★★★<<당해 범죄의 성립요건이나 수사의 조건은 아니므로,>> 위와 같은 범죄에 관하여 고소나 고발이 있기 전에 수사를 하였더라도, 그 수사가 장차 고소나 고발의 가능성이 없는 상태하에서 행해졌다는 등의 특단의 사정이 없는 한, 고소나 고발이 있기 전에 수사를 하였다는 이유만으로 그 수사가 위법하게 되는 것은 아니다. 그렇다면 ★★★일반사법경찰관리가 출입국사범에 대한 출입국관리사무소장 등의 고발이 있기 전에 수사를 하였더라도, 달리 위에서 본 특단의 사정이 없는 한 그 사유만으로 수사가 소급하여 위법하게 되는 것은 아니다.

[2] 구 출입국관리법(2010. 5. 14. 법률 제10282호로 개정되기 전의 것) 제101조는 제1항에서 출입국관리사무소장 등의 전속적 고발권을 규정함과 아울러, 제2항에서 일반사법경찰관리가 출입국사범을 입건한 때에는 지체없이 사무소장 등에게 인계하도록 규정하고 있고, 이는 그 규정의 취지에 비추어 제1항에서 정한 사무소장 등의 전속적 고발권 행사의 편의 등을 위한 것이라고 봄이 상당하므로 일반사법경찰관리와의 관계에서 존중되어야 할 것이지만, <<이를 출입국관리공무원의 수사 전담권에 관한 규정이라고까지 볼 수는 없는 이상 이를 위반한 일반사법경찰관리의 수사가 소급하여 위법하게 되는 것은 아니다.>>

[3] 피고인이 체류자격이 없는 외국인들을 고용하여 구 출입국관리법(2010. 5. 14. 법률 제10282호로 개정되기 전의 것) 위반으로 기소되었는데, <<당초 위 사건을 입건한 지방경찰청이 지체없이 관할 출입국관리사무소장 등에게 인계하지 아니한 채 그 ★★★고발없이 수사를 진행하였고,>> 이후 위 사무소장이 지방경찰청장의 고발의뢰에 따라 고발하면서 그 사유를 '지방경찰청의 고발의뢰 공문 등에 의해 명백히 입증되었다'라고만 기재한 사안에서, 고발 경위에 비추어 사무소장이 한 위 고발은 구체적인 검토에 따라 재량으로 행하여진 것이어서 무효로 볼 수 없고, 지방경찰청에서 같은 법 제101조 제2항의 규정을 위반하였다는 것만으로는 지방경찰청 및 검찰의 수사가 위법하다거나 공소제기의 절차가 법률의 규정에 위배되어 <<무효인 때에 해당하지 않는다>>고 본 원심판단을 수긍한 사례(대법원 2011. 3. 10. 선고 2008도7724 판결)

2. 가. ★★★친고죄나 세무공무원 등의 고발이 있어야 논할 수 있는 죄에 있어서 고소 또는 고발은 이른바 소추조건에 불과하고 당해 범죄의 성립 요건이나 수사의 조건은 아니므로, 위와 같은 범죄에 관하여 고소나 고발이 있기 전에 수사를 하였다고 하더라도, 그 수사가 장차 고소나 고발이 있을 가능성이 없는 상태하에서 행해졌다는 등의 특단의 사정이 없는 한, 고소나 고발이 있기 전에 수사를 하였다는 이유만으로 그 수사가 위법하다고 볼 수는 없다.

나. ★★★검사 작성의 피고인에 대한 피의자신문조서, 다른 피의자에 대한 각 피의자신문조서등본 및 제3자에 대한 각 진술조서등본이 <<조세범처벌법위반죄에 대한 세무서장의 고발이 있기

전>>에 작성된 것이라 하더라도 <<피고인이나 그 피의자 및 제3자 등에 대한 신문이 피고인의 조세범처벌법위반 범죄에 대한 고발의 가능성이 없는 상태하에서 이루어졌다고 볼 아무런 자료도 없다면>>, 그들에 대한 신문이 고발 전에 이루어졌다는 이유만으로 그 조서나 각 조서등본의 증거능력을 부정할 수는 없다(대법원 1995. 2. 24. 선고 94도252 판결).

3. 본래 <<범의를 가지지 아니한 사람에 대하여>> 수사기관이 사술이나 계략 등을 써서 범의를 유발하게 하여 범죄인을 검거하는 함정수사는 위법하다. 구체적인 사건에 있어서 위법한 함정수사에 해당하는지 여부는, 해당 범죄의 종류와 성질, 유인자의 지위와 역할, 유인의 경위와 방법, 유인에 따른 피유인자의 반응, 피유인자의 처벌 전력 및 유인행위 자체의 위법성 등을 종합하여 판단하여야 한다. 수사기관과 직접 관련이 있는 유인자가 피유인자와의 개인적인 친밀관계를 이용하여 피유인자의 동정심이나 감정에 호소하거나, 금전적·심리적 압박이나 위협 등을 가하거나, 거절하기 힘든 유혹을 하거나, 또는 범행방법을 구체적으로 제시하고 범행에 사용될 금전까지 제공하는 등으로 과도하게 개입함으로써 피유인자로 하여금 범의를 일으키게 하는 것은, 위법한 함정수사에 해당하여 허용되지 않는다. 그렇지만 ★★★유인자가 <<수사기관과 직접적인 관련을 맺지 않은 상태에서>> 피유인자를 상대로 <<단순히 수차례 반복적으로 범행을 부탁하였을 뿐>>, 수사기관이 사술이나 계략 등을 사용하였다고 볼 수 없는 경우에는 설령 그로 인하여 피유인자의 범의가 유발되었다 하더라도 위법한 함정수사에 해당하지 않는다(대법원 2007. 7. 12. 선고 2006도2339 판결 등 참조).(대법원 2020. 1. 30. 선고 2019도15987 판결).

4. ★★★갑이 수사기관에 체포된 <<동거남의 석방을 위한 공적을 쌓기 위하여>> 을에게 필로폰 밀수입에 관한 정보제공을 부탁하면서 대가의 지급을 약속하고, 이에 을이 병에게, 병은 정에게 순차 필로폰 밀수입을 권유하여, 이를 승낙하고 필로폰을 받으러 나온 정을 체포한 사안에서, 을, 병 등이 각자의 사적인 동기에 기하여 수사기관과 직접적인 관련이 없이 독자적으로 정을 유인한 것으로서 ★★★<<위법한 함정수사에 해당하지 않는다>>(대법원 2007. 11. 29. 선고 2007도7680 판결).

제 2 장 수사개시

제 1 절 수사단서

Tool 1.

(1) 고소, 고발, 자수는 수사의 단서이면서 요건에 해당한다.
(2) 수사개시
　　수사단서----------------------------->수사개시
　　　　①　　　（예외적: 고소, 고발, 자수）　　③

　　　　　　　　　　입건(범죄인지)
　　　　　　　　　　　（일반적）
　　　　　　　　　　　　②
　★ 통상 ①->②->③
　★ 고소, 고발, 자수는 ①->③
(3) 수사기관의 체험
　　*현행범체포, 변사자검시, 불심검문, 다른 수사중 범죄발견, 기사, 풍문, 세평
(4) 타인의 체험
　　*고소, 고발, 자수, 진정, 범죄신고
　★ **형소법에 규정된 수사의 단서: 현행범체포, 변사자 검시, 고소, 고발, 자수**
(5) 피해자의 신고는 명문상의 수사단서가 아니다.
(6) 진정이 있다고 하여 바로(즉시) 수사가 개시되는 것은 아니다.
(7) 진정→내사→범죄혐의 인정→수사개시→피의자가 됨
(8) 검사 또는 사법경찰관은 범죄인지의 권한이 있으나 사법경찰리는 그러한 권한이 없다.
(9) 사법경찰관이 범죄인지를 할 경우 검사의 지휘를 받지 않는다.
(10) 고소, 고발, 자수는 범죄의 인지의 원인이 아니다. 즉 이러한 경우에는 곧바로 수사의 개시요건이 된다.
(11) 불심검문시 경직법에는 흉기소지조사만 규정되어 있고 외표검사만 할 수 있다(모든 검사X, 강압적X, 내부뒤짐X).
(12) 답변을 강요하기 위한 유형력 행사는 허용 안 된다.

Tool 2.

<소지품검사 비교>

①Sibron사건	포켓에 손을 넣어 마약을 찾아 낸 경우→불허
②Terry사건	의복의 외부를 가볍게 만지며 권총을 발견하고 무기휴대죄로 기소→허용

Tool 3.
(1) 변사자 검시는 지방검찰청 검사의 권한이다. 검사는 사법경찰관에게 검시를 명할 수 있다.
(2) 변사자 검시는 **수사개시전의** 문제이므로 영장 없이 한다.
  ※이 때 검시조서를 작성한다.

제 2 절 불심검문

<<관련판례>>
1. 경찰관직무집행법(이하 '법'이라고 한다)의 목적, 법 제1조 제1항, 제2항, 제3조 제1항, 제2항, 제3항, 제7항의 내용 및 체계 등을 종합하면, 경찰관이 법 제3조 제1항에 규정된 대상자(이하 '불심검문 대상자'라 한다) 해당 여부를 판단할 때에는 불심검문 당시의 구체적 상황은 물론 사전에 얻은 정보나 전문적 지식 등에 기초하여 불심검문 대상자인지를 객관적·합리적인 기준에 따라 판단하여야 하나, ★★★반드시 불심검문 대상자에게 형사소송법상 체포나 구속에 이를 정도의 혐의가 있을 것을 요한다고 할 수는 없다. 그리고 경찰관은 불심검문 대상자에게 질문을 하기 위하여 범행의 경중, 범행과의 관련성, 상황의 긴박성, 혐의의 정도, 질문의 필요성 등에 비추어 목적 달성에 필요한 최소한의 범위 내에서 사회통념상 용인될 수 있는 상당한 방법으로 대상자를 정지시킬 수 있고 <<질문에 수반하여 흉기의 소지 여부도 조사할 수 있다>>(대법원 2014. 2. 27. 선고 2011도13999 판결).

2. 검문 중이던 경찰관들이, 자전거를 이용한 날치기 사건 범인과 흡사한 인상착의의 피고인이 자전거를 타고 다가오는 것을 발견하고 정지를 요구하였으나 멈추지 않아, 앞을 가로막고 검문에 협조해 달라고 하였음에도 불응하고 그대로 전진하자, 따라가서 ★★★재차 앞을 막고 검문에 응하라고 요구하였는데, 이에 피고인이 경찰관들의 멱살을 잡아 밀치는 등 항의하여 공무집행방해 등으로 기소된 사안에서, 경찰관들의 행위는 적법한 불심검문에 해당한다(대법원 2012. 9. 13. 선고 2010도6203 판결).

3. 임의동행은 상대방의 동의 또는 승낙을 그 요건으로 하는 것이므로 경찰관으로부터 임의동행 요구를 받은 경우 상대방은 이를 거절할 수 있을 뿐만 아니라 임의동행 후 언제든지 경찰관서에서 퇴거할 자유가 있다 할 것이고, 경찰관직무집행법 제3조 제6항이 임의동행한 경우 당해인을 6시간을 초과하여 경찰관서에 머물게 할 수 없다고 규정하고 있다고 하여 그 규정이 임의동행한 자를 6시간 동안 경찰관서에 구금하는 것을 허용하는 것은 아니다(대법원 1997. 8. 22. 선고 97도1240 판결).

제 3 절 고소(告訴)

Tool 1.

◆고소요약◆

①의의	(1)수사기관에 대하여 범죄사실을 신고 (2)★**따라서 수사기관이 아닌 법원에 진정서를 제출하는 것은 신고가 아니다.** (3)범죄사실은 특정해야 한다. (4)특정의 정도는 구체적으로 어떤 범죄사실을 지정하여 처벌을 구하고 있는가를 확정할 수 있으면 족하다. (5)★범인이 누구인가는 적시할 필요가 없다. ※범인지정-**상대적 친고죄**에 있어서는 신분관계있는 **범인을 지정**해야한다. (6)★고소능력이 있어야 한다(사실상 능력). 민법상의 행위능력과 다르다. ※대법원은 13세의 여중생에게도 고소능력을 인정한 바 있다.
②절차	(1)고소권자 -피해자, 피해자의 법정대리인, 피해자의 배우자·친족, 지정고소권자(검사가 신청에 의해 10일 이내 지정) ※피해자의 법정대리인에는 재산관리인, 파산관재인, 법인의 대표자는 포함되지 않는다. ※대리권은 고유권설(판례)과 독립대리권설이 있다. 　고유권설에 의하면 피해자 본인은 법정대리인의 고소를 취소할 수 없는 반면 독립대리권설에 이하면 본인은 법정대리인이 한 고소를 취소할 수 있고 본인의 권리가 상실되면 법정대리인의 권리 또한 소멸된다. ※**피해자의 생모가 미성년자인 피해자의 법정대리인을 고소할 수 있다.** (피해자의 법정대리인이 피의자이거나, 법정대리인의 친족이 피의자인 경우 피해자의 친족은 독립하여 고소가능) 갑(가해자)----------을(피해자) 　　(을의 법정대리인) 　　(을의 법정대리인의 친족)←----------을의 친족 병은 갑을 고소가능 -**피해자는 자연인+법인+법인격 없는 단체 포함** -피해자는 직접피해자에 제한되고 간접피해자는 해당하지 않는다. 　★따라서 강간당한 남편은 간접적인 피해자이므로 고소권이 없다. -자기 또는 배우자의 직계존속은 고소불가하다. -★고소권은 양도, 상속불가하다. 그러나 특허권, 저작권등 무체재산권은 가능하다. (2)고소방식-서면+구술+수사기관 　　　　　-구술의 경우는 조서를 작성해야 한다. (3)★고소대리-대리인으로 하여금 고소하게 할 수 있음 (4)고소기간-친고죄의 경우 **범인을 안날**부터 6월이내 　　　　　-비친고죄의 경우에는 고소기간이 제한 없다.

③고소 불가분의 원칙	후술
④고소 취소와 포기	(1) 고소취소 - **제1심판결선고전**까지 가능하다. - 비친고죄는 시기에 제한이 없다. - 고소취소는 **수사기관**이나 **법원**에 하여야 한다. - 피해자(고유의 고소권자)와 기타 고소권자가 할 수 있다. - ★피해자(고유)는 기타 고소권자가 제기한 고소를 취소 가능 - ★기타 고소권자는 피해자(고유)가 제기한 고소를 취소 불가능 - 고소취소한 자는 다시 고소할 수 없다. - 고소취소에 대하여 ㉠**수사기관은 불기소처분**을 해야 하고 ㉡**법원은 공소기각판결**을 해야 한다. (2) 고소의 포기 - **판례는 고소포기를 인정하지 않는다.** - 학설은 고소포기를 인정하지만 고소포기와 같이 법원 또는 수사기관에 하는 경우에만 유효하다고 판단한다.
⑤기타 주의사항	(1) 친고죄의 경우 고소가 없어도 수사는 가능하나 고소의 가능성이 없는 때에는 수사는 허용되지 않거나 제한해야 한다(다수설/판례). (2) 고소에는 조건을 붙일 수 없다는 것이 일반적 견해이다(대립있음). (3) 숙부(백부)는 직계친족이 아니므로 피해자가 사망했을 경우 고소권을 행사할 수 있는 자가 아니다. 　★피해자가 사망했을 때 고소권을 행사할 수 있는 자 　　배우자+직계친족+형제자매 　（피해자의 명시적 의사에 반할 수 없다.） (4) 고소는 일반적으로 수사의 단서에 불과하나 친고죄에 있어서는 소송조건이며 공소제기 요건이다. (5) ★혼인을 위한 약취·유인된 자가 혼인을 한 경우의 고소는 <혼인의 무효 또는 취소의 재판이 확정된 때부터> 고소기간이 진행된다. (6) 성폭력처벌법 및 가정폭력처벌법에 의하면 장인도 고소할 수 있다.

Tool 2.

(1) ★침해된 권리의 승계인은 고소권을 가지지 못한다.
(2) 사법경찰관이 친고죄의 피의자를 구속기간 중에 고소의 취소가 있는 경우에는 <검사의 지휘를 받아 즉시 석방을 해야 한다.>
(3) ★고소권자가 수인이 있는 경우 그 일부의 자가 고소기간을 초과하였다. 그렇지만 다른 고소권자는 고소를 할 수 있다.

Tool 3.

<★고소권자가 수인 있는(여럿) 경우>

①의미	고소권자가 수인이 있는 경우 1인의 고소기간의 해태(도과)는 타인의 고소에 영향이 없다.
②주의 사항	여기에서 고소권자가 수인이 있는 때란 **피해자(고유고소권자)**가 수인 있는 경우를 말하고 고소권을 대리행사 하는 자가 수인 있는 경우를 말하는 것이 아니다.

Tool 4.

피고인에 대한 기소유예는 검사의 고유권한 이므로 누구의 청구도 요건이 아니다.

Tool 5.

<친고죄의 인정이유>

①소추를 하는 것이 피해자의 명예를 침해할 우려가 있다.	O
②피해자의 의사를 존중해야 한다.	O
③범죄사건이 경미하므로 공익에 직접적인 영형이 없다.	O
④국민의 자유권을 보다 철저히 보장하고자 함이다.	X

Tool 6.

고소할 대상자로는 범인에는 정범, 공범 모두 포함한다. 수인의 공범이 있는 경우에는 1인을 아는 것으로 족하다.

Tool 7.

<★중요한 증거를 발견했을 경우 재차 인정되는 사항(비교)>

①재정신청기각사건의 재소추	O
②공소취소사건에 대하여 재공소제기	O
③석방자에 대한 재구속	O
④고소취소사건에 대한 재고소	X

Tool 8.

(1) 법원에 진정서를 제출한 것은 고소가 아니다.
(2) 친고죄의 공범 중 1인 또는 수인에 대한 고소와 그 취소는 다른 공범자에 대하여도 효력이 있다.
(3) ★고소불가분의 원칙(사례)
甲이 하나의 문서로 A, B, C에 대하여 모욕을 한 경우 A의 고소는 B, C에 대한 모욕죄에 대하여 효력이 없다.
(4) 특수강간죄는 비친고죄로서 고소불가분의원칙이 적용되지 않는다.
(5) 특수강간의 피해자가 고소를 취소한 경우 검사가 곧바로 특수강간의 수단인 공동폭행사실에 대하여 폭처법상으로 공소를 제기하였을 경우에 <그 공소제기는 적법하고 법원은 실체재판(유·무죄)을 해야 한다.>
(6) 甲에게 강간당한 乙녀는 수치감에 강간사실은 숨기고 폭행에 대하여만 甲을 고소하였고 검사 丙은 이에 공소를 제기 하였던 바 공판심리중 강간의 사실이 발견 되었다면 법원은 공소장변경 및 공소장변경요구를 통하여 재판을 할 수 있다.

　　　　갑----------을---------병-----------법원
　　　（강간）　　　（폭행만 고소）（공소장변경）

　　　　　　　　　　（법원의 심리 중 강간사실이 탄로）

(7) 공범 중 일부에 대하여 제1심판결이 선고된 후에 제1심판결선고전의 다른 공범자에 대한 고소취소는 허용되지 않는다는 것이 다수설 및 판례의 태도이다.
　　　甲------------------>제1심판결선고
　　　乙
　　　丙
<공범>
※피해자 丁이 甲에 대한 제1심판결이 선고되었음에도 乙, 丙에 대하여 고소취소할 수 있는가?
-<없다>
(8) 착오로 고소를 취소하였을 경우에도 고소취소는 유효하다.

Tool 9.
◆고소불가분의 원칙◆

<고소불가분의 원칙>
1)객관적 불가분의 원칙
　-친고죄에 있어서 1개의 범죄사실의 일부에 대한 고소 또는 취소는 그 전부에 미친다는 원칙
　-근거규정은 <없다.>
　-단순일죄O
　-과형상일죄→모두친고죄+피해자 같을 때O
　　　　　　　→피해자 다를 때X

→범죄의 일부는 친고죄이고 일부는 비친고죄인 경우에
비친고죄에 대한 고소는 친고죄에 미치지 않는다.
－수죄O
2)주관적 불가분의 원칙
－**친고죄의 공범 중 1인 또는 수인에 대한 고소와 취소는 다른 공범자에도 효력이 있다는 원칙**
－근거규정(제233조)
－절대적 친고죄O
－상대적 친고죄→공범자 중 일부만 친족X
　　　　　　　→공범자 모두가 친족O
※상대적 친고죄는 범인과 피해자간에 일정한 신분관계가 있는 경우를 말한다.

Tool 10.
◆고소와 고발의 비교◆

비교	㉠고소	㉡고발
①의의	(1)피해자 또는 고소권자가 수사기관에 범죄사실을 신고하여 범인의 처벌을 구하는 의사표시 (2)고소는 수사의 단서이다. (3)친고죄에서 고소는 수사의 단서이면서 소송조건이다.	(1)고소권자 및 범인이외의 자가 수사기관에 범죄사실을 신고하여 소추를 구하는 의사표시이다. (2)고발은 수사의 단서이다. (3)★예외적으로 소송조건이 되는 경우도 있다. 가령 관세범사건에서 세관장의 고발이 있어야 검사의 공소가 제기된다.
②주체	고소권자(고유+대리)	제3자
③대리	허용된다.	★허용되지 않는다.
④기간	★범인을 안날부터 6월(친고죄)	제한 없다.
⑤취소	★제1심판결선고전까지	제한 없다.
⑥★재고소/재고발	★허용되지 않는다.	허용된다.
⑦직계존속	(1)허용되지 않는다. (2)성폭법, 가폭법상은 가능	(1)허용되지 않는다. (2)성폭법, 가폭법상은 가능
⑧방식	서면+구술	서면+구술

Tool 11.

(1) ★피해자도 고소권자도 아닌 甲이 乙의 명의로 **고소장**을 작성하여 수사기관에 제출을 하였을 경우 甲만이 **고발**이다.
(2) 자기 또는 배우자의 직계존속에 대해서는 <고소·고발>이 불가능하다.
(3) 친고죄는 범인을 안 날로부터 6월 이내에 고소해야 하나 비친고죄는 제한이 없다.

Tool 12.

①고소	친고죄의 경우에는 소송조건
②고발	관세범 또는 조세범처벌법의 경우 소송조건

Tool 13.

```
*수사의 단서
 -수사의 개시원인---------->주관적 혐의
 -수사기관의 체험---------->현행범체포, 불심검문, 변사자 검시, 기사, 풍문, 세평,
                       ★다른 사건 수사 중의 범죄발견
 -타인의 체험-------------->고소, 고발, 자수, ★진정, 범죄신고
```

<<관련판례>>
1. 고소가 어떠한 사항에 관한 것인가의 여부는 ★★★고소장에 붙인 죄명에 구애될 것이 아니라 <<고소의 내용>>에 의하여 결정하여야 할 것이므로 고소장에 명예훼손죄의 죄명을 붙이고 그 죄에 관한 사실을 적었으나 그 사실이 명예훼손죄를 구성하지 않고 모욕죄를 구성하는 경우에는 위 고소는 모욕죄에 대한 고소로서의 효력을 갖는다(대법원 1981. 6. 23. 선고 81도1250 판결).

2. 고소는 범죄의 피해자 기타 고소권자가 수사기관에 대하여 범죄사실을 신고하여 범인의 소추를 구하는 의사표시를 말하는 것으로서, 단순한 피해사실의 신고는 소추·처벌을 구하는 의사표시가 아니므로 고소가 아니다. 또한, 피해자가 ★★★<<고소장을 제출하여 처벌을 희망하는 의사를 분명히 표시한 후 고소를 취소한 바 없다면 비록 고소 전에 피해자가 처벌을 원치 않았다 하더라도 그 후에 한 피해자의 고소는 유효>>하다(대법원 2008. 11. 27. 선고 2007도4977 판결).

3. [1] 친고죄에서 고소는, 고소권 있는 자가 수사기관에 대하여 범죄사실을 신고하고 범인의 처벌을 구하는 의사표시로서 ★서면뿐만 아니라 구술로도 할 수 있고, 다만 구술에 의한 고소를 받은 검사 또는 사법경찰관은 조서를 작성하여야 하지만 그 조서가 ★★★독립된 조서일 필요는 없으며, 수사기관이 고소권자를 증인 또는 피해자로서 신문한 경우에 그 진술에 범인의 처벌을 요구하는 의사표시가 포함되어 있고 그 의사표시가 조서에 기재되면 고소는 적법하다.

[2] ★고소를 할 때는 소송행위능력, 즉 고소능력이 있어야 하나, 고소능력은 피해를 입은 사실을 이해하고 고소에 따른 사회생활상의 이해관계를 알아차릴 수 있는 ★사실상의 의사능력으로 충분하므로, 민법상 행위능력이 없는 사람이라도 위와 같은 능력을 갖추었다면 고소능력이 인정된다.

[3] 친고죄에서 적법한 고소가 있었는지는 자유로운 증명의 대상이 되고, 일죄의 관계에 있는 범죄사실 일부에 대한 고소의 효력은 일죄 전부에 대하여 미친다.

[4] 피고인이 간음할 목적으로 미성년자인 피해자를 범행 당일 02:30경 주차장으로 끌고 간 다음 같은 날 02:40경 다시 부근의 빌딩 2층으로 끌고 가 약취하였다는 내용으로 기소된 사안에서, ★★★★당시 피해자는 11세 남짓한 초등학교 6학년생으로서 피해입은 사실을 이해하고 고소에 따른 사회생활상의 이해관계를 알아차릴 수 있는 사실상의 의사능력이 있었던 것으로 보이고, 경찰에서 일죄의 관계에 있는 범죄사실 중 범행 당일 02:30경의 약취 범행 등을 이유로 피고인을 처벌하여 달라는 의사표시를 분명히 하여 그 의사표시가 피해자 진술조서에 기재되었으므로, 고소능력 있는 피해자 본인이 고소를 하였다고 보아야 하며, ★★★★피고인 제출의 합의서에 피해자 성명이 기재되어 있으나 피해자의 날인은 없고, 피해자의 법정대리인인 부의 무인 및 인감증명서가 첨부되어 있을 뿐이어서 피해자 본인의 고소 취소의 의사표시가 여기에 당연히 포함되어 있다고 볼 수 없으므로, ★★★★설령 피해자 법정대리인의 고소는 취소되었다고 하더라도 본인의 고소가 취소되지 아니한 이상 친고죄의 공소제기 요건은 여전히 충족된다는 이유로 같은 취지에서 피고인에 대한 간음 목적 약취의 공소사실을 유죄로 인정한 원심판단을 정당하다(대법원 2011. 6. 24. 선고 2011도4451, 2011전도76 판결).

4. 형사소송법 제236조의 대리인에 의한 고소의 경우, 대리권이 정당한 고소권자에 의하여 수여되었음이 실질적으로 증명되면 충분하고, 그 방식에 특별한 제한은 없으므로, 고소를 할 때 반드시 위임장을 제출한다거나 '대리'라는 표시를 하여야 하는 것은 아니고, 또 고소기간은 ★★★★대리고소인이 아니라 <<정당한 고소권자를 기준으로 고소권자가 범인을 알게 된 날부터 기산>>한다 (대법원 2001. 9. 4. 선고 2001도3081 판결).

5. 저작권법위반의 공소사실은 저작권법 제97조의5에 해당하는 죄로서 저작권법 제102조에 의하여 저작권자 등의 고소가 있어야 공소를 제기할 수 있고, 형사소송법 제232조에 의하면 고소는 제1심판결 선고 전까지 취소할 수 있되 고소를 취소한 자는 다시 고소할 수 없으며, 한편 고소취소는 범인의 처벌을 구하는 의사를 철회하는 수사기관 또는 법원에 대한 고소권자의 의사표시로서 형사소송법 제239조, 제237조에 의하여 서면 또는 구술로써 하면 족한 것이므로, 고소권자가 서면 또는 구술로써 수사기관 또는 법원에 고소를 취소하는 의사표시를 하였다고 보여지는 이상 그 고소는 적법하게 취소되었다고 할 것이고, 그 후 고소취소를 철회하는 의사표시를 다시 하였다고 하여도 그것은 효력이 없다 할 것이다 (대법원 1983. 7. 26. 선고 83도1431 판결 참조). (대법원 2007. 4. 13. 선고 2007도425 판결)-->고소인 공소외인은 검사의 ★★★★"피의자들에 대한 처벌을 원합니까."라는 질문에 "처벌을 원하지 않습니다."라고 답한 사실, 공소외인은 제1심법정에서 검찰조사를 받으면서 위와 같이 진술하였으나 고소를 취하한다는 의미가 아니라

신앙인으로서 피고인을 꼭 처벌하기보다는 사실 자체가 완전히 드러나기만 하면 된다는 생각을 했기 때문에 피고인을 처벌하는 것은 원치 않는다는 것이었다고 진술한 사실을 인정한 다음, 검사의 항소이유 주장 자체에 의하더라도 고소인 공소외인은 이 사건 공소제기 전에 검사에게 친고죄인 저작권법위반의 점에 대한 피고인의 처벌을 구하는 의사표시를 철회하는 의사표시를 한 것이고, 그 의사표시 당시 고소인에게 앞에서 인정한 것과 같은 내심의 진정한 의사가 있었다 하더라도 친고죄에서 처벌을 구하는 의사표시의 철회는 수사기관이나 법원에 대한 공법상의 의사표시로서 ★★★★내심의 조건부 의사표시는 허용되지 않는 것이므로, 위 의사표시로서 저작권법위반의 점에 대한 ★★★★고소인의 고소는 적법하게 취소되었다(대법원 2007. 4. 13. 선고 2007도425 판결).

6. 형사소송법 제230조 제1항에서 말하는 ★★★★'범인을 알게 된 날'이란 범죄행위가 종료된 후에 범인을 알게 된 날을 가리키는 것으로서, ★★★★고소권자가 범죄행위가 계속되는 도중에 범인을 알았다 하여도, 그 날부터 곧바로 위 조항에서 정한 친고죄의 고소기간이 진행된다고는 볼 수 없고, 이러한 경우 고소기간은 범죄행위가 종료된 때부터 계산하여야 하며, 동종행위의 반복이 당연히 예상되는 ★★★★영업범 등 포괄일죄의 경우에는 최후의 범죄행위가 종료한 때에 전체 범죄행위가 종료된 것으로 보아야 한다(대법원 2004. 10. 28. 선고 2004도5014 판결).

7. 형사소송법이 고소와 고소취소에 관한 규정을 하면서 제232조 제1항, 제2항에서 고소취소의 시한과 재고소의 금지를 규정하고 제3항에서는 반의사불벌죄에 제1항, 제2항의 규정을 준용하는 규정을 두면서도, 제233조에서 고소와 고소취소의 불가분에 관한 규정을 함에 있어서는 반의사불벌죄에 이를 준용하는 규정을 두지 아니한 것은 <<처벌을 희망하지 아니하는 의사표시나 처벌을 희망하는 의사표시의 철회에 관하여 친고죄와는 달리 공범자간에 불가분의 원칙을 적용하지 아니하고자 함에 있다고 볼 것이지>>, ★입법의 불비로 볼 것은 아니다(대법원 1994. 4. 26. 선고 93도1689 판결).

8. 원래 고소의 대상이 된 피고소인의 행위가 친고죄에 해당할 경우 ★★★★소송요건인 그 친고죄의 고소를 취소할 수 있는 시기를 언제까지로 한정하는가는 형사소송절차운영에 관한 입법정책상의 문제이기에 형사소송법의 그 규정은 국가형벌권의 행사가 피해자의 의사에 의하여 좌우되는 현상을 장기간 방치하지 않으려는 목적에서 고소취소의 시한을 획일적으로 제1심판결 선고시까지로 한정한 것이고, 따라서 그 규정을 현실적 심판의 대상이 된 공소사실이 친고죄로 된 당해 심급의 판결 선고시까지 고소인이 고소를 취소할 수 있다는 의미로 볼 수는 없다 할 것이어서, 항소심에서 공소장의 변경에 의하여 또는 공소장변경절차를 거치지 아니하고 법원 직권에 의하여 친고죄가 아닌 범죄를 친고죄로 인정하였더라도 ★★★★항소심을 제1심이라 할 수는 없는 것이므로, 항소심에 이르러 비로소 고소인이 고소를 취소하였다면 이는 친고죄에 대한 고소취소로서의 효력은 없다(대법원 1999. 4. 15. 선고 96도1922 전원합의체 판결).

9. 강간피해자 명의의 ★★★"당사자 간에 원만히 합의되어 민·형사상 문제를 일체 거론하지 않기로 화해되었으므로 합의서를 1심 재판장앞으로 제출한다"는 취지의 합의서 및 피고인들에게 중형을 내리기보다는 법의 온정을 베풀어 사회에 봉사할 수 있도록 관대한 처분을 바란다는 취지의

탄원서가 제 1심 법원에 제출되었다면 이는 결국 <u>고소취소가 있은 것으로 보아야</u> 한다(대법원 1981. 11. 10. 선고 81도1171 판결).

10. 피해자가 피고인과 사이에 피고인이 교통사고로 인한 ★★★★<<피해자의 치료비 전액을 부담하는 조건으로 민·형사상 문제삼지 아니하기로 합의하고 피고인으로부터 합의금 일부를 수령하면서 피고인에게 합의서를 작성·교부하고, 피고인이 그 합의서를 수사기관에 제출한 경우>>, 피해자는 그 합의서를 작성·교부함으로써 피고인에게 자신을 대리하여 자신의 처벌불원의사를 수사기관에 표시할 수 있는 권한을 수여하였고, 이에 따라 피고인이 그 ★★★★<<합의서를 수사기관에 제출한 이상>> 피해자의 처벌불원의사가 수사기관에 적법하게 표시되었으며, 이후 피고인이 ★★★★<<피해자에게 약속한 치료비 전액을 지급하지 아니한 경우에도>> 민사상 치료비에 관한 합의금지급채무가 남는 것은 별론으로 하고 처벌불원의사를 철회할 수 없다(대법원 2001. 12. 14. 선고 2001도4283 판결).

제 4 절 기타 수사단서

Tool 1.
(1) 검사는 고소권자가 아니고 지정고소권자를 지정할 뿐이다.
(2) 변사자 검시는 수사의 단서일 뿐이므로 영장을 요하지 않는다.

Tool 2(참고).

증거신청권(제294조)	친고죄의 경우에는 소송조건
증거보전청구권(제184조)	관세범 또는 조세범처벌법의 경우 소송조건
진술거부권	피의자, 피고인
접견교통권	피의자, 피고인, 그외

Tool 3.
(1) 구속적부심사청구권제도는 법관의 재량으로 피의자에게 인정하는 제도이나 피의자의 권리는 아니다.
(2) 임의 수사의 경우에도 수사의 필요성과 상당성원칙이 요구된다.

(3) <피고인 보석제도>는 위법수사의 구제제도가 아니다.
(4) 피의자는 고소·고발시는 이를 접수한 때부터이고 구두에 의한 경우에는 <조서작성시부터이다.>
(5) 정식재판청구권은 <피고인의 권리>이다.
(6) 함정수사 – 범의유발형 → 위법
    – 기회제공형 → 적법
(7) ★고소, 고발, 자수의 경우에는 수사가 즉시 개시된다.
    (고소 등 → 수사/그 이외 수사단서 → 인지 → 수사)
(8) ★증인신문은 수사개시의 단서가 아니다.
(9) ★피해자의 신고에 의한 수사의 개시(단서)는 형사소송법에 명문규정이 없다.
(10) 검사는 범죄의 혐의를 요하지 않는다.
(11) ★경찰관 직무집행법은 소지품검사일반에 대하여 규정하고 있지는 않으며 <흉기조사>에 대하여만 구정하고 있다.
(12) ★수사기관이 아닌 법원에 진정서를 제출하거나 피고인의 처벌을 바란다는 증언을 하는 것은 고소라 할 수 없다.
(13) 고소는 서면 또는 구술로서 <검사 또는 사법경찰관>에게 하여야 한다.
(14) 절대적 친고죄 → 범인을 특정하지 아니하더라도 고소는 유효하다.
(15) 상대적 친고죄 → 범인의 지정이 유효조건이므로 범인과 범죄사실을 특정해야 한다.

<<관련판례>>
1. 위증죄는 국가의 사법기능을 보호법익으로 하는 죄로서 개인적 법익을 보호법익으로 하는 것이 아니므로 위증사실의 신고는 고소의 형식을 취하였더라도 고발이고, 고발은 피해자 본인 및 고소권자를 제외하고는 누구나 할 수 있는 것이어서 ★고발의 대리는 허용되지 않고 고발의 의사를 결정하고 고발행위를 주재한 자가 고발인이라고 할 것이므로 ★★타인명의의 고소장 제출에 의해 위증사실의 신고가 행하여졌더라도 피고인이 고소장을 작성하여 수사기관에 제출하고 수사기관에 대하여 고발인 진술을 하는 등 피고인의 의사로 고발행위를 주도하였다면 그 고발인은 피고인이다(대법원 1989. 9. 26. 선고 88도1533 판결).

2. 독점규제 및 공정거래에 관한 법률 제71조 제1항은 "제66조 제1항 제9호 소정의 부당한 공동행위를 한 죄는 공정거래위원회의 고발이 있어야 공소를 제기할 수 있다."고 규정함으로써 그 <<소추조건을 명시>>하고 있다. 반면에 위 법은 공정거래위원회가 같은 법 위반행위자 중 일부에 대하여만 고발을 한 경우에 그 고발의 효력이 나머지 위반행위자에게도 미치는지 여부 즉, ★★★★고발의 주관적 불가분원칙의 적용 여부에 관하여는 명시적으로 규정하고 있지 아니하고, 형사소송법도 제233조에서 친고죄에 관한 고소의 주관적 불가분원칙을 규정하고 있을 뿐 ★★★ ★고발에 대하여 그 주관적 불가분의 원칙에 관한 규정을 두고 있지 않고, 또한 형사소송법 제233조를 준용하고 있지도 아니하다. 이와 같이 명문의 근거 규정이 없을 뿐만 아니라 소추요건이라는 성질상의 공통점 외에 그 고소·고발의 주체와 제도적 취지 등이 상이함에도, 친고죄에 관한 고소의 주관적 불가분원칙을 규정하고 있는 형사소송법 제233조가 공정거래위원회의 고발에도 유추적용된다고 해석한다면 이는 공정거래위원회의 고발이 없는 행위자에 대해서까지 형사처벌의 범위를 확장하는 것으로서, 결국 피고인에게 불리하게 형벌법규의 문언을 유추해석한 경우에

해당하므로 ★★★★<<죄형법정주의에 반하여 허용될 수 없다>>(대법원 2010. 9. 30. 선고 2008도4762 판결).

3. 고발은 범죄사실에 대한 소추를 요구하는 의사표시로서 그 효력은 고발장에 기재된 범죄사실과 동일성이 인정되는 사실 모두에 미치므로, 조세범 처벌절차법에 따라 범칙사건에 대한 고발이 있는 경우 고발의 효력은 범칙사건에 관련된 범칙사실의 전부에 미치고 한 개의 범칙사실의 일부에 대한 고발은 전부에 대하여 효력이 생긴다. 그러나 ★수 개의 범칙사실 중 일부만을 범칙사건으로 하는 고발이 있는 경우 고발장에 기재된 범칙사실과 동일성이 인정되지 않는 다른 범칙사실에 대해서까지 고발의 효력이 미칠 수는 없다(대법원 2014. 10. 15. 선고 2013도5650 판결).-->또한 조세범 처벌절차법에 즉시고발을 할 때 고발사유를 고발서에 명기하도록 하는 규정이 없을 뿐만 아니라, 원래 ★★★★즉시고발권을 세무공무원에게 부여한 것은 세무공무원으로 하여금 때에 따라 적절한 처분을 하도록 할 목적으로 특별사유의 유무에 대한 인정권까지 세무공무원에게 일임한 취지라고 볼 것이므로, ★★★★조세범칙사건에 대하여 관계 세무공무원의 즉시고발이 있으면 그로써 소추의 요건은 충족되는 것이고, 법원은 본안에 대하여 심판하면 되는 것이지 즉시고발 사유에 대하여 심사할 수 없다.

4. 신문지상에 혐의사실이 보도되기 시작하였는데도 수사기관으로부터 공식소환이 없으므로 ★★★<<자진출석하여 사실을 밝히고 처벌을 받고자 담당 검사에게 전화를 걸어 조사를 받게 해달라고 요청하여 출석시간을 지정받은 다음 자진출석하여 혐의사실을 모두 인정하는 내용의 진술서를 작성하고 검찰 수사과정에서 혐의사실을 모두 자백한 경우>> 피고인은 수사책임 있는 관서에 자기의 범죄사실을 자수한 것으로 보아야 하고 법정에서 수수한 금원의 직무관련성에 대하여만 수사기관에서의 자백과 차이가 나는 진술을 하였다 하더라도 자수의 효력에는 영향이 없다(대법원 1994. 9. 9. 선고 94도619 판결).

제 3 장 수사방법

제 1 절 개설

<<관련판례>>
1. 형사소송법 제199조 제1항은 임의수사 원칙을 명시하고 있다. 수사관이 수사과정에서 동의를 받는 형식으로 피의자를 수사관서 등에 동행하는 것은, 피의자의 신체의 자유가 제한되어 실질적으로 체포와 유사한데도 이를 억제할 방법이 없어서 이를 통해서는 제도적으로는 물론 현실적으로도 임의성을 보장할 수 없을 뿐만 아니라, 아직 정식 체포·구속단계 이전이라는 이유로 헌법 및 형사소송법이 체포·구속된 피의자에게 부여하는 각종 권리보장 장치가 제공되지 않는

등 형사소송법 원리에 반하는 결과를 초래할 가능성이 크다. 따라서 수사관이 동행에 앞서 피의자에게 동행을 거부할 수 있음을 알려 주었거나 동행한 피의자가 언제든지 자유로이 동행과정에서 이탈 또는 동행장소에서 퇴거할 수 있었음이 인정되는 등 ★<<오로지 피의자의 자발적인 의사에 의하여 수사관서 등에 동행이 이루어졌다는 것이 객관적인 사정에 의하여 명백하게 입증된 경우에 한하여>>, 동행의 적법성이 인정된다고 보는 것이 타당하다(대법원 2011. 6. 30. 선고 2009도6717 판결 등 참조).--->★★★★단순히 출석을 요구함을 벗어나 일정한 장소로의 동행을 한 경우 위의 법리가 적용

원심판결 이유에 의하면, 원심은 적법하게 채택·조사된 증거에 의하여 판시 사실을 인정한 다음, ★① 경찰관 공소외인은 피고인을 경찰서로 동행할 당시 피고인에게 언제든지 동행을 거부할 수 있음을 고지한 다음 동행에 대한 동의를 구하였고, 이에 피고인이 <<고개를 끄덕>>이며 동의의 의사표시를 하였던 점, ② 피고인은 동행 당시 경찰관에게 욕을 하거나 <<특별한 저항을 하지도 않고 동행에 순순히 응>>하였던 점, ③ 비록 동행 당시 피고인이 술에 취한 상태이기는 하였으나, 동행 후 경찰서에서 주취운전자정황진술보고서의 날인을 거부하고 <<"이번이 3번째 음주운전이다. 난 시청 직원이다. 1번만 봐 달라."고 말하기도>> 하는 등 동행 전후 피고인의 언행에 비추어 피고인이 당시 경찰관의 임의동행 요구에 대하여 이에 따를 것인지 여부에 관한 판단을 할 정도의 의사능력은 충분히 있었던 것으로 보이는 점 등 그 판시와 같은 사정을 종합하여, 피고인에 대한 임의동행은 피고인의 자발적인 의사에 의하여 이루어진 것으로서 적법하다.---><<사실관계>>★★★★유흥주점 업주와 종업원인 피고인들이 영업장을 벗어나 시간적 소요의 대가로 금품을 받아서는 아니되는데, 이른바 '티켓영업' 형태로 성매매를 하면서 금품을 수수하였다고 하여 구 식품위생법(2007. 12. 21. 법률 제8779호로 개정되기 전의 것) 위반으로 기소된 사안에서, 경찰이 피고인 아닌 갑, 을을 사실상 강제연행하여 불법체포한 상태에서 갑, 을 간의 성매매행위나 피고인들의 유흥업소 영업행위를 처벌하기 위하여 갑, 을에게서 자술서를 받고 갑, 을에 대한 진술조서를 작성한 경우, 위 각 자술서와 진술조서는 헌법과 형사소송법이 규정한 체포·구속에 관한 영장주의 원칙에 위배하여 수집된 것으로서 수사기관이 피고인 아닌 자를 상대로 적법한 절차에 따르지 아니하고 수집한 증거에 해당하여 형사소송법 제308조의2에 따라 증거능력이 부정된다는 이유로, 이를 피고인들에 대한 유죄 인정의 증거로 삼을 수 없다.

2. [1] 임의동행은 경찰관 직무집행법 제3조 제2항에 따른 <<행정경찰 목적의 경찰활동으로 행하여지는 것(★★★★질문을 위한 동행요구)>> 외에도 ★★★★<<형사소송법 제199조 제1항에 따라 범죄 수사를 위하여 수사관이 동행에 앞서 피의자에게 동행을 거부할 수 있음을 알려 주었거나 동행한 피의자가 언제든지 자유로이 동행과정에서 이탈 또는 동행장소로부터 퇴거할 수 있었음이 인정되는 등 오로지 피의자의 자발적인 의사에 의하여 이루어진 경우에도 가능>>하다.

[2] 피고인이 메트암페타민(일명 필로폰) 투약 혐의로 임의동행 형식으로 경찰서에 간 후 자신의 소변과 모발을 경찰관에게 제출하여 마약류 관리에 관한 법률 위반(향정)으로 기소된 사안에서, ★★★★경찰관은 당시 피고인의 정신 상태, 신체에 있는 주사바늘 자국, 알콜솜 휴대, 전과 등을 근거로 피고인의 마약류 투약 혐의가 상당하다고 판단하여 경찰서로 임의동행을 요구하였고, 동행장소인 경찰서에서 피고인에게 마약류 투약 혐의를 밝힐 수 있는 소변과 모발

임의제출을 요구하였으므로 ★★★<<피고인에 대한 임의동행은 마약류 투약 혐의에 대한 수사를 위한 것이어서 형사소송법 제199조 제1항에 따른 임의동행에 해당한다는 이유로, 피고인에 대한 임의동행은 경찰관 직무집행법 제3조 제2항에 의한 것인데>> 같은 조 제6항을 위반하여 불법구금 상태에서 제출된 피고인의 소변과 모발은 위법하게 수집된 증거라고 본 원심 판단에 임의동행에 관한 법리를 오해한 잘못이 있다고 한 사례(대법원 2020. 5. 14. 선고 2020도398 판결)-->★★★증거능력이 인정됨

3. [1] 경찰관직무집행법 제4조 제1항 제1호(이하 '이 사건 조항'이라 한다)에서 규정하는 술에 취한 상태로 인하여 자기 또는 타인의 생명·신체와 재산에 위해를 미칠 우려가 있는 피구호자에 대한 보호조치는 경찰 행정상 즉시강제에 해당하므로, 그 조치가 불가피한 최소한도 내에서만 행사되도록 발동·행사 요건을 신중하고 엄격하게 해석하여야 한다. 따라서 이 사건 조항의 '술에 취한 상태'란 피구호자가 술에 만취하여 정상적인 판단능력이나 의사능력을 상실할 정도에 이른 것을 말하고, 이 사건 조항에 따른 보호조치를 필요로 하는 피구호자에 해당하는지는 구체적인 상황을 고려하여 경찰관 평균인을 기준으로 판단하되, 그 판단은 보호조치의 취지와 목적에 비추어 현저하게 불합리하여서는 아니 되며, 피구호자의 가족 등에게 피구호자를 인계할 수 있다면 특별한 사정이 없는 한 경찰관서에서 피구호자를 보호하는 것은 허용되지 않는다.

[2] ★★★경찰관직무집행법 제4조 제1항 제1호(이하 '이 사건 조항'이라 한다)의 보호조치 요건이 갖추어지지 않았음에도, 경찰관이 실제로는 범죄수사를 목적으로 피의자에 해당하는 사람을 이 사건 조항의 피구호자로 삼아 그의 의사에 반하여 경찰관서에 데려간 행위는, ★★★달리 현행범체포나 임의동행 등의 적법 요건을 갖추었다고 볼 사정이 없다면, 위법한 체포에 해당한다고 보아야 한다.

[3] 교통안전과 위험방지를 위한 필요가 없음에도 주취운전을 하였다고 인정할 만한 상당한 이유가 있다는 이유만으로 이루어지는 음주측정은 이미 행하여진 주취운전이라는 범죄행위에 대한 증거 수집을 위한 수사절차로서 의미를 가지는데, 도로교통법상 규정들이 음주측정을 위한 강제처분의 근거가 될 수 없으므로 위와 같은 음주측정을 위하여 운전자를 강제로 연행하기 위해서는 수사상 강제처분에 관한 형사소송법상 절차에 따라야 하고, 이러한 절차를 무시한 채 이루어진 강제연행은 위법한 체포에 해당한다. ★★★이와 같은 위법한 체포 상태에서 음주측정요구가 이루어진 경우, 음주측정요구를 위한 위법한 체포와 그에 이은 음주측정요구는 주취운전이라는 범죄행위에 대한 증거 수집을 위하여 연속하여 이루어진 것으로서 개별적으로 적법 여부를 평가하는 것은 적절하지 않으므로 일련의 과정을 전체적으로 보아 위법한 음주측정요구가 있었던 것으로 볼 수밖에 없고, 운전자가 주취운전을 하였다고 인정할 만한 상당한 이유가 있다 하더라도 운전자에게 경찰공무원의 이와 같은 위법한 음주측정요구까지 응할 의무가 있다고 보아 이를 강제하는 것은 부당하므로 그에 불응하였다고 하여 음주측정거부에 관한 도로교통법 위반죄로 처벌할 수 없다.

[4] ★★★화물차 운전자인 피고인이 경찰의 음주단속에 불응하고 도주하였다가 다른 차량에 막혀 더 이상 진행하지 못하게 되자 운전석에서 내려 다시 도주하려다 경찰관에게 검거되어 지구대로 보호조치된 후 2회에 걸쳐 음주측정요구를 거부하였다고 하여 도로교통법 위반(음주

측정거부)으로 기소된 사안에서, ★★★당시 피고인이 술에 취한 상태이기는 하였으나 술에 만취하여 정상적인 판단능력이나 의사능력을 상실할 정도에 있었다고 보기 어려운 점, 당시 상황에 비추어 평균적인 경찰관으로서는 피고인이 경찰관직무집행법 제4조 제1항 제1호(이하 '이 사건 조항'이라 한다)의 보호조치를 필요로 하는 상태에 있었다고 판단하지 않았을 것으로 보이는 점, <<경찰관이 피고인에 대하여 이 사건 조항에 따른 보호조치를 하고자 하였다면, 당시 옆에 있었던 피고인 처에게 피고인을 인계하였어야 하는데도, 피고인 처의 의사에 반하여 지구대로 데려간 점>> 등 제반 사정을 종합할 때, 경찰관이 피고인과 피고인 처의 의사에 반하여 피고인을 지구대로 데려간 행위를 적법한 보호조치라고 할 수 없고, 나아가 달리 적법 요건을 갖추었다고 볼 자료가 없는 이상 경찰관이 피고인을 지구대로 데려간 행위는 <<위법한 체포에 해당하므로>>, <<그와 같이 위법한 체포 상태에서 이루어진 경찰관의 음주측정요구도 위법하다고 볼 수밖에 없어 그에 불응하였다고 하여 피고인을 음주측정거부에 관한 도로교통법 위반죄로 처벌할 수는 없는데도>>, 이와 달리 보아 유죄를 선고한 원심판결에 이 사건 조항의 보호조치에 관한 법리를 오해하여 위법한 체포상태에서의 도로교통법 위반(음주측정거부)죄 성립에 관한 판단을 그르친 위법이 있다고 한 사례(대법원 2012. 12. 13. 선고 2012도11162 판결).

제 2 절 임의수사

<<관련판례>>

1. 형사소송법(이하 '법'이라고 한다) 제70조 제1항 제1호, 제2호, 제3호, 제199조 제1항, 제200조, 제200조의2 제1항, 제201조 제1항의 취지와 내용에 비추어 보면, 수사기관이 관할 지방법원 판사가 발부한 구속영장에 의하여 피의자를 구속하는 경우, 그 구속영장은 기본적으로 장차 공판정에의 출석이나 형의 집행을 담보하기 위한 것이지만, 이와 함께 법 제202조, 제203조에서 정하는 구속기간의 범위 내에서 수사기관이 법 제200조, 제241조 내지 제244조의5에 규정된 피의자신문의 방식으로 구속된 피의자를 조사하는 등 적정한 방법으로 범죄를 수사하는 것도 예정하고 있다고 할 것이다. 따라서 ★★★구속영장 발부에 의하여 적법하게 구금된 피의자가 피의자신문을 위한 출석요구에 응하지 아니하면서 수사기관 조사실에 출석을 거부한다면 수사기관은 그 구속영장의 효력에 의하여 피의자를 조사실로 구인할 수 있다고 보아야 한다. 다만 이러한 경우에도 그 피의자신문 절차는 어디까지나 법 제199조 제1항 본문, 제200조의 규정에 따른 임의수사의 한 방법으로 진행되어야 하므로, 피의자는 헌법 제12조 제2항과 법 제244조의3에 따라 일체의 진술을 하지 아니하거나 개개의 질문에 대하여 진술을 거부할 수 있고, 수사기관은 피의자를 신문하기 전에 그와 같은 권리를 알려주어야 한다(대법원 2013. 7. 1.자 2013모160 결정).

2. [1] 피의자에 대한 진술거부권 고지는 피의자의 진술거부권을 실효적으로 보장하여 진술이 강

요되는 것을 막기 위해 인정되는 것인데, 이러한 진술거부권 고지에 관한 형사소송법 규정내용 및 진술거부권 고지가 갖는 실질적인 의미를 고려하면 수사기관에 의한 진술거부권 고지 대상이 되는 피의자 지위는 수사기관이 조사대상자에 대한 범죄혐의를 인정하여 수사를 개시하는 행위를 한 때 인정되는 것으로 보아야 한다. 따라서 ★★★★<<이러한 피의자 지위에 있지 아니한 자에 대하여는 진술거부권이 고지되지 아니하였더라도 진술의 증거능력을 부정할 것은 아니다.>>

[2] 피고인들이 중국에 있는 갑과 공모한 후 중국에서 입국하는 을을 통하여 필로폰이 들어 있는 곡물포대를 배달받는 방법으로 필로폰을 수입하였다고 하여 주위적으로 기소되었는데 검사가 을에게서 곡물포대를 건네받아 피고인들에게 전달하는 역할을 한 참고인 병에 대한 검사 작성 진술조서를 증거로 신청한 사안에서, 피고인들과 공범관계에 있을 가능성만으로 병이 참고인으로서 검찰 조사를 받을 당시 또는 그 후라도 검사가 병에 대한 범죄혐의를 인정하고 수사를 개시하여 ★★★★피의자 지위에 있게 되었다고 단정할 수 없고, 검사가 병에 대한 수사를 개시할 수 있는 상태였는데도 진술거부권 고지를 잠탈할 의도로 피의자 신문이 아닌 참고인 조사의 형식을 취한 것으로 볼 만한 사정도 기록상 찾을 수 없으며, 오히려 피고인들이 수사과정에서 필로폰이 중국으로부터 수입되는 것인지 몰랐다는 취지로 변소하였기 때문에 피고인들의 수입에 관한 범의를 명백하게 하기 위하여 병을 참고인으로 조사한 것이라면, ★★★★병은 수사기관에 의해 범죄혐의를 인정받아 수사가 개시된 피의자의 지위에 있었다고 할 수 없고 참고인으로서 조사를 받으면서 수사기관에게서 진술거부권을 고지받지 않았다는 이유만으로 그 진술조서가 위법수집증거로서 증거능력이 없다고 할 수 없는데도, 아무런 객관적 자료 없이 병이 피고인들 범행의 공범으로서 피의자 지위에 있다고 단정한 후 진술거부권 불고지로 인하여 ★★★★병에 대한 진술조서의 증거능력이 없다고 본 원심판결에는 법리오해의 위법이 있고, 이러한 위법은 주위적 공소사실을 무죄로 인정한 판결 결과에 영향을 미쳤다고 한 사례.

[3] 피고인들이 중국에 있는 갑과 공모한 후 중국에서 입국하는 을을 통하여 인천 국제여객터미널에서 필로폰이 들어 있는 곡물포대를 배달받는 방법으로 필로폰을 수입하였다고 하여 주위적으로 기소된 사안에서, 원심이 배척하지 않은 증거들에 의하여 인정되는 제반 사정을 종합할 때 피고인들이 필로폰이 중국에서 국내로 반입된 것이라는 점에 대하여 인식하였거나 적어도 미필적으로 인식하고 있었다고 인정할 수 있는데도, 피고인들에게 필로폰 수입에 관한 범의가 있었다고 인정하기에 부족하다는 이유로 무죄를 인정한 원심판결에는 범죄구성요건의 주관적 요소 또는 자유심증주의에 관한 법리오해의 위법이 있다고 한 사례(대법원 2011. 11. 10. 선고 2011도8125 판결)

3. [1] 형사소송법 제198조에 의하면, 피의자에 대한 수사는 불구속 상태에서 함을 원칙으로 하고(제1항), 검사는 피의자의 인권을 존중하여야 한다(제2항). 형의 집행 및 수용자의 처우에 관한 법률(이하 '형집행법'이라 한다)에 의하면, 수용자의 인권은 최대한 존중되어야 하고(제4조), 미결수용자는 무죄의 추정을 받으며 그에 합당한 처우를 받아야 하며(제79조), 교도관은 '이송·출정, 그 밖에 교정시설 밖의 장소로 수용자를 호송하는 때', 수용자가 '도주·자살·자해 또는 다른 사람에 대한 위해의 우려가 큰 때', '위력으로 교도관 등의 정당한 직무집행을 방해하는 때', '교정시설의 설비·기구 등을 손괴하거나 그 밖에 시설의 안전 또는 질서를 해칠 우려가 큰 때'

중 어느 하나에 해당하는 경우에만 보호장비를 사용할 수 있고(제97조 제1항), 그 경우에도 교도관은 필요한 최소한의 범위에서 보호장비를 사용하여야 하며, 그 사유가 소멸하면 사용을 지체 없이 중단하여야 한다(제99조 제1항).

인간의 존엄성 존중을 궁극의 목표로 하고 있는 우리 헌법이 제27조 제4항에서 무죄추정의 원칙을 선언하고, 제12조에서 신체의 자유와 적법절차의 보장을 강조하고 있음을 염두에 두고 앞서 본 규정들의 내용과 취지를 종합하여 보면, ★검사가 조사실에서 피의자를 신문할 때 피의자가 신체적으로나 심리적으로 위축되지 않은 상태에서 자기의 방어권을 충분히 행사할 수 있도록 피의자에게 보호장비를 사용하지 말아야 하는 것이 원칙이고, 다만 도주, 자해, 다른 사람에 대한 위해 등 형집행법 제97조 제1항 각호에 규정된 위험이 분명하고 구체적으로 드러나는 경우에만 예외적으로 보호장비를 사용하여야 한다.
따라서 구금된 피의자는 형집행법 제97조 제1항 각호에 규정된 사유에 해당하지 않는 이상 보호장비 착용을 강제당하지 않을 권리를 가진다. 검사는 조사실에서 피의자를 신문할 때 해당 피의자에게 그러한 특별한 사정이 없는 이상 교도관에게 보호장비의 해제를 요청할 의무가 있고, 교도관은 이에 ★응하여야 한다.

[2] 형사소송법 제417조는 검사 또는 사법경찰관의 '구금에 관한 처분'에 불복이 있으면 법원에 그 처분의 취소 또는 변경을 청구할 수 있다고 규정하고 있다. 검사 또는 사법경찰관이 보호장비 사용을 정당화할 예외적 사정이 존재하지 않음에도 구금된 피의자에 대한 교도관의 보호장비 사용을 용인한 채 그 해제를 요청하지 않는 경우에, ★★★★검사 및 사법경찰관의 이러한 조치를 형사소송법 제417조에서 정한 '구금에 관한 처분'으로 보지 않는다면 구금된 피의자로서는 이에 대하여 불복하여 침해된 권리를 구제받을 방법이 없게 된다. 따라서 검사 또는 사법경찰관이 구금된 피의자를 신문할 때 피의자 또는 변호인으로부터 보호장비를 해제해 달라는 요구를 받고도 거부한 조치는 형사소송법 제417조에서 정한 ★★★★'구금에 관한 처분'에 해당한다고 보아야 한다.

[3] 형사소송법 제243조의2 제1항은 검사 또는 사법경찰관은 피의자 또는 변호인 등이 신청할 경우 정당한 사유가 없는 한 변호인을 피의자신문에 참여하게 하여야 한다고 규정하고 있다. 여기에서 '정당한 사유'란 변호인이 피의자신문을 방해하거나 수사기밀을 누설할 염려가 있음이 객관적으로 명백한 경우 등을 말한다.

형사소송법 제243조의2 제3항 단서는 피의자신문에 참여한 변호인은 신문 중이라도 부당한 신문방법에 대하여 이의를 제기할 수 있다고 규정하고 있으므로, 검사 또는 사법경찰관의 부당한 신문방법에 대한 이의제기는 고성, 폭언 등 그 방식이 부적절하거나 또는 합리적 근거 없이 반복적으로 이루어지는 등의 특별한 사정이 없는 한, 원칙적으로 변호인에게 인정된 권리의 행사에 해당하며, 신문을 방해하는 행위로는 볼 수 없다. 따라서 검사 또는 사법경찰관이 그러한 특별한 사정 없이, ★★★★단지 변호인이 피의자신문 중에 부당한 신문방법에 대한 이의제기를 하였다는 이유만으로 변호인을 조사실에서 퇴거시키는 조치는 정당한 사유 없이 변호인의 피의자신문 참여권을 제한하는 것으로서 허용될 수 없다(대법원 2020. 3. 17.자 2015모2357 결정).

4. [1] 용의자의 인상착의 등에 의한 범인식별 절차에서 용의자 한 사람을 단독으로 목격자와 대질시키거나 용의자의 사진 한 장만을 목격자에게 제시하여 범인 여부를 확인하게 하는 것은 사람의 기억력의 한계 및 부정확성과 구체적인 상황하에서 용의자나 그 사진상의 인물이 범인으로 의심받고 있다는 무의식적 암시를 목격자에게 줄 수 있는 가능성으로 인하여, 그러한 방식에 의한 범인식별 절차에서의 목격자의 진술은, 그 용의자가 종전에 피해자와 안면이 있는 사람이라든가 피해자의 진술 외에도 그 용의자를 범인으로 의심할 만한 다른 정황이 존재한다든가 하는 등의 부가적인 사정이 없는 한 그 신빙성이 낮다고 보아야 하므로, ★★범인식별 절차에 있어 목격자의 진술의 신빙성을 높게 평가할 수 있게 하려면, 범인의 인상착의 등에 관한 목격자의 진술 내지 묘사를 사전에 상세히 기록화한 다음, 용의자를 포함하여 그와 인상착의가 비슷한 여러 사람을 동시에 목격자와 대면시켜 범인을 지목하도록 하여야 하고, <<용의자와 목격자 및 비교대상자들이 상호 사전에 접촉하지 못하도록 하여야>> 하며, 사후에 증거가치를 평가할 수 있도록 대질 과정과 결과를 문자와 사진 등으로 서면화하는 등의 조치를 취하여야 하고, 사진제시에 의한 범인식별 절차에 있어서도 기본적으로 이러한 원칙에 따라야 한다. 그리고 이러한 원칙은 동영상제시·가두식별 등에 의한 범인식별 절차와 사진제시에 의한 범인식별 절차에서 목격자가 용의자를 범인으로 지목한 후에 이루어지는 동영상제시·가두식별·대면 등에 의한 범인식별 절차에도 적용되어야 한다.

[2] 강간 피해자가 수사기관이 제시한 47명의 사진 속에서 피고인을 범인으로 지목하자 이어진 범인식별 절차에서 수사기관이 피해자에게 피고인 한 사람만을 촬영한 동영상을 보여주거나 피고인 한 사람만을 직접 보여주어 피해자로부터 범인이 맞다는 진술을 받고, 다시 피고인을 포함한 3명을 동시에 피해자에게 대면시켜 피고인이 범인이라는 확인을 받은 사안에서, ★★위 피해자의 진술은 범인식별 절차에서 목격자 진술의 신빙성을 높이기 위하여 준수하여야 할 절차를 지키지 않은 상태에서 얻어진 것으로서 범인의 인상착의에 관한 피해자의 최초 진술과 피고인의 그것이 불일치하는 점이 많아 신빙성이 낮다고 본 사례(대법원 2008. 1. 17. 선고 2007도5201 판결).

5. [1] 일반적으로 용의자의 인상착의 등에 의한 범인식별 절차에서 용의자 한 사람을 단독으로 목격자와 대질시키거나 용의자의 사진 한 장만을 목격자에게 제시하여 범인 여부를 확인하게 하는 것은, 사람의 기억력의 한계 및 부정확성과 구체적인 상황하에서 용의자나 그 사진상의 인물이 범인으로 의심받고 있다는 무의식적 암시를 목격자에게 줄 수 있는 가능성으로 인하여, 그러한 방식에 의한 범인식별 절차에서의 목격자의 진술은, 그 용의자가 종전에 피해자와 안면이 있는 사람이라든가 피해자의 진술 외에도 그 용의자를 범인으로 의심할 만한 다른 정황이 존재한다든가 하는 등의 부가적인 사정이 없는 한 그 신빙성이 낮다고 보아야 한다. 따라서 범인식별 절차에서 목격자의 진술의 신빙성을 높게 평가할 수 있게 하려면, 범인의 인상착의 등에 관한 목격자의 진술 내지 묘사를 사전에 상세히 기록화한 다음, 용의자를 포함하여 그와 인상착의가 비슷한 여러 사람을 동시에 목격자와 대면시켜 범인을 지목하도록 하여야 하고, 용의자와 목격자 및 비교대상자들이 상호 사전에 접촉하지 못하도록 하여야 하며, 사후에 증거가치를 평가할 수 있도록 대질 과정과 결과를 문자와 사진 등으로 서면화하는 등의 조치를 취하여야 한다. 그러나 ★★★★범죄 발생 직후 목격자의 기억이 생생하게 살아있는 상황에서 현장이나 그 부근에서 범인식별 절차를 실시하는 경우에는, 목격자에 의한 생생하고 정확한 식별의 가능성이 열

려 있고 범죄의 신속한 해결을 위한 즉각적인 대면의 필요성도 인정할 수 있으므로, 용의자와 목격자의 일대일 대면도 허용된다.

[2] 피해자가 경찰관과 함께 범행 현장에서 범인을 추적하다 골목길에서 범인을 놓친 직후 골목길에 면한 집을 탐문하여 용의자를 확정한 경우, <<그 현장에서>> 용의자와 피해자의 <<일대일 대면이 허용된다>>고 한 사례(대법원 2009. 6. 11. 선고 2008도12111 판결)

6. 가. 이 사건 법률조항은 수사기관이 직접 물리적 강제력을 행사하여 피의자에게 강제로 지문을 찍도록 하는 것을 허용하는 규정이 아니며 형벌에 의한 불이익을 부과함으로써 심리적·간접적으로 지문채취를 강요하고 있으므로 피의자가 본인의 판단에 따라 수용여부를 결정한다는 점에서 궁극적으로 당사자의 자발적 협조가 필수적임을 전제로 하므로 물리력을 동원하여 강제로 이루어지는 경우와는 질적으로 차이가 있다. 따라서 이 사건 법률조항에 의한 ★★★★<<지문채취의 강요는 영장주의에 의하여야 할 강제처분이라 할 수 없다.>> 또한 수사상 필요에 의하여 수사기관이 직접강제에 의하여 지문을 채취하려 하는 경우에는 반드시 법관이 발부한 영장에 의하여야 하므로 영장주의원칙은 여전히 유지되고 있다고 할 수 있다.

나. 이 사건 법률조항은 피의자의 신원확인을 원활하게 하고 수사활동에 지장이 없도록 하기 위한 것으로, 수사상 피의자의 신원확인은 피의자를 특정하고 범죄경력을 조회함으로써 타인의 인적 사항 도용과 범죄 및 전과사실의 은폐 등을 차단하고 형사사법제도를 적정하게 운영하기 위해 필수적이라는 점에서 그 목적은 정당하고, 지문채취는 신원확인을 위한 경제적이고 간편하면서도 확실성이 높은 적절한 방법이다. 또한 이 사건 법률조항은 형벌에 의한 불이익을 부과함으로써 심리적·간접적으로 지문채취를 강제하고 그것도 보충적으로만 적용하도록 하고 있어 피의자에 대한 피해를 최소화하기 위한 고려를 하고 있으며, 지문채취 그 자체가 피의자에게 주는 피해는 그리 크지 않은 반면 일단 채취된 지문은 피의자의 신원을 확인하는 효과적인 수단이 될 뿐 아니라 수사절차에서 범인을 검거하는 데에 중요한 역할을 한다. 한편, 이 사건 법률조항에 규정되어 있는 법정형은 형법상의 제재로서는 최소한에 해당되므로 지나치게 가혹하여 범죄에 대한 형벌 본래의 목적과 기능을 달성함에 필요한 정도를 일탈하였다고 볼 수도 없다.-->★★★★1.범죄의 피의자로 입건된 사람들에게 경찰공무원이나 검사의 신문을 받으면서 자신의 신원을 밝히지 않고 지문채취에 불응하는 경우 형사처벌을 통하여 지문채취를 강제하는 구 경범죄처벌법 제1조 제42호(이하 '이 사건 법률조항'이라 한다)가 영장주의의 원칙에 위반되는지 여부(소극)-->위반되지 않음

2. 범죄의 피의자로 입건된 사람들로 하여금 경찰공무원이나 검사의 신문을 받으면서 자신의 신원을 밝히지 않고 지문채취에 불응하는 경우 벌금, 과료, 구류의 형사처벌을 받도록 하고 있는 이 사건 법률조항이 적법절차의 원칙에 위반되는지 여부(소극)-->위반되지 않음

제 4 장 대인적 강제수사

제 1 절 피의자체포

Tool 1.

◆체포영장에 의한 체포제도◆

①의의	(1)**탈법적인 수사관행을 근절하고 적법한 수사절차를 확립하기 위함** (2)즉 임의 동행이나 보호실유치 등의 불법적인 방법에 의한 수사관행을 근절하기 위해 도입
②요건	(1)일반사건 －죄를 범하였다고 의심할 만한 상당한 이유가 있을 것(범죄혐의: **주관적 혐의로 부족, 객관적 혐의가 있을 것을 요함**) －정당한 이유없이 출석에 불응 또는 불응 우려(체포의 필요성) (2)경미사건의 경우(50만원 이하의 벌금, 구류 또는 과료에 해당할 경우) －일정한 주거가 없는 경우 또는 정당한 이유없이 출석요구에 불응
③절차	(1)체포영장청구 －검사의 청구 관할지방법원 판사가 발부 (2)체포영장발부 －청구받은 지방법원판사는 상당하다고 인정할 때 체포영장발부 ★**체포영장발부전 판사에 의한 심문제도는 인정하지 않는다.** ☆구속영장의 경우는 발부전 심문이 가능하다. (3)체포영장의 집행 －검사의 지휘 하에 사법경찰관이 집행 －교도소(구치소)에서는 검사의 지휘 하에 교도관리가 집행 －체포전 **범죄사실의 요지, 체포이유, 변호인선임권고지, 변명기회**를 주어야 함 －또한 체포영장을 제시하여야 한다. ★체포영장의 불소지하고 급속을 요하는 경우에는 **피의사실의 요지와 영장의 발부를 고지하고 집행할 수 있다**(집행완료후 신속히 체포영장을 제시).
④체포 후 조치	(1)구속영장청구 또는 석방 －체포후 구속하고자 할 경우 48시간이내에 구속영장청구 －그 기간내에 구속영장을 청구하지 않은 때에는 <즉시>석방 －★**체포기간의 연장은 없다**(구속은 30, 14개월) (2)**체포적부심사청구** －체포후 피의자 등은 체포적부심사를 청구할 수 있다. －★이 때 법원이 수사관계서류와 증거물을 접수한 때부터 결정후 검찰청에 반환 될 때까지의 기간은 48시간의 청구기간에는 산입되지 않는다.

Tool 2.
현행법상 체포와 구속은 별개의 제도로 규정하고 있다.

Tool 3.

★<비교>

	구속	체포영장	긴급체포	현행범체포
50만원이하의 벌금, 구류, 과료	주거X	주거X 출석X	/////////////////	주거X

Tool 4.
(1) 증거인멸, 도망우려는 구속사유에 해당한다(긴급체포사유X).
(2) 체포영장이나 구속영장의 청구는 검사에게 있고 사법경찰관에게는 없다.
(3) **체포·구속에 있어서 기간의 기산점은 실제로 체포·구속된 날을 기준으로 한다.**
(4) 체포영장은 검사의 지휘에 의하여 사법경찰관리가 집행한다.

Tool 5.

◆긴급체포◆

①의의	(1)**중대한 범죄에 대하여 체포의 필요성이 인정되고 긴급을 요하는 경우에 영장 없이 피의자를 체포하고 사후에 영장을 청구하는 제도** (2)체포제도의 도입으로 긴급구속을 긴급체포로 변경
②요건	(1)범죄의 중대성 －사＋무＋장기3↑징금(범하였다고 의심할 만한 상당한 이유가 있어야) (2)긴급체포의 필요성 －증거인멸염려＋도망 또는 도망염려 －★주거부정은 요건이 아니다.
③절차	(1)방법 －검사 또는 사법경찰관은 사유고지 후 영장 없이 체포가능 －★검사의 사전지휘는 삭제됨 －범죄사실의 요지＋변호인선임＋변명기회를 주어야 함 －긴급체포서 작성 －사법경찰관은 체포 후 <즉시> 검사의 승인을 받아야 한다. (2)체포 후 조치

	−긴급체포의 필요성이 없으면 <즉시> 석방하여야 한다. **−48시간 이내에 관할지방법원판사에게 구속영장을 청구**
④제한사항	구속영장의 청구 없거나+발부 못 받아 석방된 자에 대하여 <영장 없이 동일한 범죄사실에 관하여 다시체포 못함>−−−→★영장이 있으면 다시 체포 가능하다.

Tool 6.
긴급체포된 자에게도 접견교통권이 인정된다.
※접견교통권은 체포나 구속된 피의자의 권리이다.

Tool 7.
긴급체포에 대하는 헌법적 근거가 존재한다.

Tool 8.

◆현행범인체포◆

①의의	(1)고유한 의미의 현행범 −범행실행 중+범행실행직후인자 **−★범죄의 구성요건을 결한 경우는 현행범이 아니다.** **−★형사미성년자는 현행범 체포의 대상이 아니다.** −미수범처벌규정이 있는 범죄는 실행의 착수가 있으면 족하다. −예비·음모를 처벌하는 범죄의 경우는 예비·음모가 실행에 해당한다. −교사범, 방조범의 경우는 교사·방조가 실행행위라는 견해와 정범의 실행행위가 개시된 때에 현행범이라는 견해가 있다. (2)**준현행범**(현행범으로 간주되는 자: **영장없이 누구든지 체포가능**) −1. 범인으로 **호창**되어 **추적**되고 있는 때 2. **장물**이나 **범죄**에 사용되었다고 인정함에 충분한 **흉기 기타의 물건**을 소지하고 있는 때 3. 신체 또는 의복류에 **현저한 증적**이 있는 때 4. 누구임을 물음에 대하여 도망하려 하는 때 −누구냐고 묻는 경우는 경찰관이든 사인이든 상관없다. −★신분증제시 요구를 받은 자가 이에 불응한 경우는 현행범 체포의 대상이 아니다. −★범행대상을 물색 중인 자는 이에 해당하지 않는다. −★경찰관이 불심검문하자 횡설수설하는 자는 준현행범인이 아니다. −★따라서 범행직후인자는 고유한 의미의 현행범에 속하고 준현행범은 아니다.

		(3)이와 같이 현행범인을 누구든지 영장없이 체포할 수 있는 것은 <u>급속을 요할 뿐만 아니라 범인임이 명백하여 부당한 구속의 과오를 범할 우려가 없기 때문</u>이다(시간적 <u>급속성</u>을 요한다. 이에 반하여 긴급체포는 범죄의 중대성이 요건이다.).

	②주의사항	(1)사인은 체포의 권한이 있을 뿐이고 의무가 있는 것은 아니다.
		(2)<u>일반사인은 타인의 주거에 들어갈 수 없다.</u>
		(3)현행범을 체포할 경우-범죄와 범인의 명백성O+비례성O+구속사유가 필요한가(학설대립)
		(4)상당한 실력행사는 무방하나 살인이나 상해는 불가능
		(5)★현행범인은 결과가 발생할 필요가 없다.
		(6)현행범인은 누구든지 체포할 수 있다. 그러므로 체포하여야 하는 것은 아니다.
		(7)현행범인으로 체포할 수 없는 경우
		  -구성요건에 해당하지 않는 경우
		  -위법성이 조각되는 경우
		  -책임이 조각되는 경우(가령 형사미성년자)
		  -★소송조건이 없는 경우는 체포할 수 있다.
		(8)★현행범인을 체포하였을 경우 사후영장을 받아야 하는 것은 아니다. 즉 수사기관에 인도하면 족하고 구속하고자 할 경우 비로소 영장을 청구하면 되는 것이다.

	③체포후절차	(1)사인이 체포할 경우-즉시 검사 또는 사경에게 인도(**필요적**) ★사인이 현행범인을 체포하였을 경우에는 체포 후 임의로 석방하는 것은 허용되지 않는다. (2)체포된 현행범을 구속하고자 한다면 48시간이내에 구속영장청구 (3)그 기간 내에 청구하지 아니한 경우에는 즉시 석방해야 한다.

<<관련판례>>

1. 사법경찰관 등이 체포영장을 소지하고 피의자를 체포하기 위하여는 체포 당시에 피의자에게 체포영장을 제시하고 피의자에 대한 ★<u>범죄사실의 요지, 구속의 이유와 변호인을 선임할 수 있음을 말하고 변명할 기회를 주어야 하는데</u> 형사소송법(2007. 6. 1. 법률 제8496호로 개정되기 전의 것) 제200조의5, 제72조, 제85조 제1항, 이와 같은 체포영장의 제시나 고지 등은 체포를 위한 실력행사에 들어가기 이전에 미리 하여야 하는 것이 원칙이나, 달아나는 피의자를 쫓아가 붙들거나 폭력으로 대항하는 피의자를 실력으로 제압하는 경우에는 ★★<u>붙들거나 제압하는 과정에서 하거나, 그것이 여의치 않은 경우에라도 일단 붙들거나 제압한 후에 지체없이 행하여야 한다</u>(대법원 2008. 2. 14. 선고 2007도10006 판결).

2. [1] 긴급체포는 영장주의원칙에 대한 예외인 만큼 형사소송법 제200조의3 제1항의 요건을 모두 갖춘 경우에 한하여 예외적으로 허용되어야 하고, 요건을 갖추지 못한 긴급체포는 법적 근거에 의하지 아니한 영장 없는 체포로서 위법한 체포에 해당하는 것이고, 여기서 긴급체포의 요건을 갖추었는지 여부는 <u>사후에 밝혀진 사정을 기초로 판단하는 것이 아니라</u> ★★★체포 당시의

상황을 기초로 판단하여야 하고, 이에 관한 검사나 사법경찰관 등 수사주체의 판단에는 상당한 재량의 여지가 있다고 할 것이나, ★긴급체포 당시의 상황으로 보아서도 그 요건의 충족 여부에 관한 검사나 사법경찰관의 판단이 경험칙에 비추어 현저히 합리성을 잃은 경우에는 그 체포는 위법한 체포라 할 것이다.

[2] 형법 제136조가 규정하는 공무집행방해죄는 공무원의 직무집행이 적법한 경우에 한하여 성립하고, 여기서 적법한 공무집행은 그 행위가 공무원의 추상적 권한에 속할 뿐 아니라 구체적 직무집행에 관한 법률상 요건과 방식을 갖춘 경우를 가리키므로, 검사나 사법경찰관이 수사기관에 자진출석한 사람을 긴급체포의 요건을 갖추지 못하였음에도 실력으로 체포하려고 하였다면 적법한 공무집행이라고 할 수 없고, 자진출석한 사람이 검사나 사법경찰관에 대하여 이를 거부하는 방법으로써 폭행을 하였다고 하여 ★★공무집행방해죄가 성립하는 것은 아니다.

[3] 검사가 참고인 조사를 받는 줄 알고 검찰청에 자진출석한 변호사사무실 사무장을 합리적 근거 없이 긴급체포하자 그 변호사가 이를 제지하는 과정에서 위 검사에게 상해를 가한 것이 ★정당방위에 해당한다(대법원 2006. 9. 8. 선고 2006도148 판결).

3. 피고인이 필로폰을 투약한다는 제보를 받은 경찰관이 제보된 주거지에 피고인이 살고 있는지 등 제보의 정확성을 사전에 확인한 후에 제보자를 불러 조사하기 위하여 피고인의 주거지를 방문하였다가, ★★★★<<현관에서 담배를 피우고 있는 피고인을 발견하고 사진을 찍어 제보자에게 전송하여 사진에 있는 사람이 제보한 대상자가 맞다는 확인을 한 후, 가지고 있던 피고인의 전화번호로 전화를 하여 차량 접촉사고가 났으니 나오라고 하였으나 나오지 않고>>, 또한 경찰관임을 밝히고 만나자고 하는데도 현재 집에 있지 않다는 취지로 거짓말을 하자 피고인의 집 문을 강제로 열고 들어가 피고인을 긴급체포한 사안에서, 피고인이 마약에 관한 죄를 범하였다고 의심할 만한 상당한 이유가 있었더라도, 경찰관이 이미 피고인의 신원과 주거지 및 전화번호 등을 모두 파악하고 있었고, 당시 마약 투약의 범죄 증거가 급속하게 소멸될 상황도 아니었던 점 등의 사정을 감안하면, 긴급체포가 미리 체포영장을 받을 시간적 여유가 없었던 경우에 해당하지 않아 ★위법하다(대법원 2016. 10. 13. 선고 2016도5814 판결).

4. 형사소송법 제200조의4 제3항은 영장 없이는 긴급체포 후 석방된 피의자를 동일한 범죄사실에 관하여 체포하지 못한다는 규정으로, 위와 같이 석방된 피의자라도 법원으로부터 구속영장을 발부받아 구속할 수 있음은 물론이고, 같은 법 제208조 소정의 '구속되었다가 석방된 자'라 함은 구속영장에 의하여 구속되었다가 석방된 경우를 말하는 것이지, 긴급체포나 현행범으로 체포되었다가 사후영장발부 전에 석방된 경우는 포함되지 않는다 할 것이므로, ★★★피고인이 수사 당시 긴급체포되었다가 수사기관의 조치로 석방된 후 법원이 발부한 구속영장에 의하여 구속이 이루어진 경우 앞서 본 법조에 위배되는 위법한 구속이라고 볼 수 없다(대법원 2001. 9. 28. 선고 2001도4291 판결).

5. 음주운전을 종료한 후 40분 이상이 경과한 시점에서 길가에 앉아 있던 운전자를 술냄새가 난다는 점만을 근거로 음주운전의 현행범으로 체포한 것은 적법한 공무집행으로 볼 수 없다(대법원

2007. 4. 13. 선고 2007도1249 판결)

6. [1] 피고인이 술에 취하여 지하철 역사 내에서 행패를 부려 출동한 경찰관들이 현행범으로 체포하려고 하자 이에 반항하는 과정에서 경찰관의 안면을 할퀴고 안경을 손괴한 사안에서, 피고인의 위 행위를 폭행죄로 의율하기에는 다소 모호하나 적어도 당시 ★업무방해죄의 현행범인 상태에 있었다고 본 사례

[2] 현행범인의 체포에 있어서 현행범인체포서에 기재된 죄명에 의해 체포 사유가 한정되는지 여부(소극)(대법원 2006. 9. 28. 선고 2005도6461 판결)

7. 피고인이 전날 늦은 밤 시간까지 마신 술 때문에 미처 덜 깬 상태였던 것으로 보이기는 하나, 술을 마신 때로부터 이미 상당한 시간이 경과한 뒤에 운전을 하였으므로 도로교통법위반(음주운전)죄를 저지른 범인임이 명백하다고 쉽게 속단하기는 어려워 보인다. 더군다나 피고인은 위 지구대로부터 차량을 이동하라는 전화를 받고 위 빌라 주차장까지 가 차량을 2m 가량 운전하였을 뿐 피고인 스스로 운전할 의도를 가졌다거나 차량을 이동시킨 후에도 계속하여 운전할 태도를 보인 것도 아니어서 사안 자체가 경미하다. 그런데 ★★★당시는 아침 시간이었던 데다가 위 주차장에서 피고인에게 차량을 이동시키라는 등 시비를 하는 과정에서 경찰관 등도 피고인이 전날 밤에 술을 마셨다는 얘기를 들었으므로, 당시는 술을 마신 때로부터 상당한 시간이 지난 후라는 것을 충분히 알 수 있었다. 나아가 피고인이 음주감지기에 의한 확인 자체를 거부한 사정이 있기는 하나, 공소외인 등 경찰관들로서는 음주운전 신고를 받고 현장에 출동하였으므로 음주감지기 외에 음주측정기를 소지하였더라면 임의동행이나 현행범 체포 없이도 현장에서 곧바로 음주측정을 시도할 수 있었을 것으로 보인다. 이러한 사정을 앞에서 든 정황들과 함께 종합적으로 살펴보면, 피고인이 현장에서 도망하거나 증거를 인멸하려 하였다고 단정하기는 어렵다고 할 것이다(대법원 2017. 4. 7. 선고 2016도19907 판결).-->공소외인 등은 피고인에게 술을 마신 상태에서 차량을 운전하였는지 물어 피고인이 '어젯밤에 술을 마셨다'고 하자 음주감지기에 의한 확인을 요구하였으나 피고인은 ★★★'이만큼 차량을 뺀 것이 무슨 음주운전이 되느냐'며 응하지 아니하였고, 임의동행도 거부하였다. 당시 공소외인 등은 술을 마셨는지 여부만을 확인할 수 있는 음주감지기 외에 주취 정도를 표시하는 음주측정기는 소지하지 않았다. 이에 공소외인 등은 피고인을 도로교통법위반(음주운전)죄의 현행범으로 체포하여 위 지구대로 데리고 가 음주측정을 요구하였다. 따라서, 공소외인 등이 피고인을 현행범으로 체포한 것은 그 요건을 갖추지 못한 것이어서 위법하고, 그와 같이 위법한 체포상태에서 이루어진 공소외인의 음주측정요구 또한 위법하다고 보지 않을 수 없다.

8. [1] 검사 또는 사법경찰관리는 현행범인을 체포하거나 일반인이 체포한 현행범인을 인도받는 경우 형사소송법 제213조의2에 의하여 준용되는 제200조의5에 따라 피의자에 대하여 피의사실의 요지, 체포의 이유와 변호인을 선임할 수 있음을 말하고 변명할 기회를 주어야 하고, ★위와 같은 고지는 체포를 위한 실력행사에 들어가기 전에 미리 하여야 하는 것이 원칙이지만, 달아나는 피의자를 쫓아가 붙들거나 폭력으로 대항하는 피의자를 실력으로 제압하는 경우에는 붙들거나 제압하는 과정에서 하거나 그것이 여의치 않은 경우에는 일단 붙들거나 제압한 후에 지체 없이 하면 된다.

[2] ★★★피고인이 집회금지 장소에서 개최된 옥외집회에 참가하였는데, 당시 경찰이 70명 가량의 전투경찰순경을 동원하여 집회 참가자에 대한 체포에 나서 9명을 현행범으로 체포하고, 그 과정에서 피고인은 전투경찰순경 갑에게 체포되어 바로 호송버스에 탑승하게 되면서 경찰관 을에게서 피의사실의 요지 및 현행범인 체포의 이유와 변호인을 선임할 수 있음을 고지받고 변명의 기회를 제공받은 사안에서, 집회의 개최 상황, 현행범 체포의 과정, 미란다 원칙을 고지한 시기 등에 비추어 현행범 체포 과정에서 형사소송법 제200조의5에 규정된 고지가 이루어졌다고 한 사례(대법원 2012. 2. 9. 선고 2011도7193 판결).

제 2 절 피의자구속

Tool 1.

◆구속◆

①의의	(1)피의자 구속(검사의 영장청구요함)+피고인구속(검사의 영장청구 불요)
	※수소법원은 불구속상태에 있는 피고인을 구속할 수 있다.
	(2)피의자구속(유형)
	㉠피의자체포후(체포영장·긴급·현행범체포)→구속
	㉡구속영장(처음부터)에 의한 구속
	(3)★구속사유
	제70조 (구속의 사유)
	①법원은 피고인이 **죄를 범하였다고 의심할 만한 상당한 이유**가 있고 다음 각호의 1에 해당하는 사유가 있는 경우에는 피고인을 구속할 수 있다.
	  1. 피고인이 일정한 **주거가 없는** 때
	  2. 피고인이 **증거를 인멸할** 염려가 있는 때
	  3. 피고인이 **도망**하거나 도망할 염려가 있는 때
	②법원은 제1항의 구속사유를 심사함에 있어서 범죄의 중대성, 재범의 위험성, 피해자·중요 참고인 등에 대한 위해우려 등을 고려하여야 한다.
	③다액 50만원 이하의 벌금, 구류 또는 과료에 해당하는 사건에 관하여는 제1항 제1호의 경우를 제한 외에는 구속할 수 없다.
	※구속사유=죄주중도
	★죄를 범하였다고 의심할 만한 사유=객관적 혐의
	★객관적 혐의가 없으면 주중도일 경우에도 구속할 수 없다.

②주의사항	(1)구속=구인+구금 (2)피의자에 대한 구인은 체포되지 아니한 피의자 구속전 피의자신문을 위한 수단으로 이용될 수 있다.

	(3)구인의 경우에도 영장을 요하고 구속사유가 있어야 한다. (4)구속은 단순히 수사를 용이하게 하기 위한 제도는 아니다. 즉 수사의 용이는 목적이 아니다. (5)구인한 피고인을 유치할 수 있는 시간은 24시간이다. (6)**급속을 요하는 경우 재판장, 수명법관, 수탁판사가 집행**을 할 수 있다(원칙은 검사의 지휘 하에 사법경찰관리가 집행한다.). 이 경우 **법원의 서기관 또는 서기**에게 집행을 명할 수 있고 **필요할 경우 사법경찰관리에게 보조를 요구**할 수 있다. (7)피의자 구속의 경우는 재차 구속할 수 없고(다른 증거가 발견되면 가능) 피고인 구속의 경우에는 재차 구속이 가능하다(**재구속제한이 없다.**) (8)무죄, 면소, 형면제, 선고유예, 집행유예, 공소기각, 벌금, 과료의 판결선고시 구속영장효력 상실

Tool 2.

<증거수집을 목적으로 한 수사가 가능한가.>

①피의자 검증	O
②피의자 신문	O
③참고인 조사	O
④피의자(피고인)구속	X

피의자(피고인)구속의 목적=출석보장+수사방해제거(증거인멸 등)+확정된 형벌의 집행을 확보
따라서 **증거수집을 위한 목적은 없다**.

Tool 3.

◆구속영장◆

주의사항	(1)<u>피고인을 구속</u>함에는 수소법원은 구속영장을 발부하여야 한다. ★검사의 영장청구는 불필요하다. (2)구속영장의 방식 -구속영장에는 **피고인의 성명, 주거, 죄명, 공소사실의 요지, 인치, 구금할 장소, 발부연월일, 그 유효기간과 그 기간을 경과하면 집행에 착수하지 못하며 영장을 반환하여야 할 취지**를 기재하고 재판장 또는 수명법관이 서명날인 하여야 한다. -피고인의 성명이 분명하지 아니한 때에는 <u>인상, 체격, 기타</u> 피고인을 특정할 수 있는 사항으로 피고인을 <u>표시할 수 있다</u>. -피고인의 <u>주거가 분명하지 아니한 때</u>에는 그 주거의 기재를 생략할 수 있다. (3)수통의 구속영장의 작성 -구속영장은 **수통을 작성**하여 사법경찰관리 수인에게 교부할 수 있다. -전항의 경우에는 **그 사유를 구속영장에 기재하여야 한다**.

(4) **피고인을 구속**하는 경우 구속영장은 **명령장**의 성격을 가진다.
※**피의자**에 대한 구속영장은 **허가장**의 성격을 가진다.
(5) 구속영장은 반드시 서면에 의한다.
(6) 검사는 구속의 필요를 인정할 수 있는 자료를 제출하여야 한다.
(7) 피의자도 구속영장의 청구를 받은 판사에게 유리한 자료를 제출할 수 있다.
(8) 청구를 받은 지방법원판사는 상당하다고 인정할 때에는 구속영장을 발부한다. 이를 발부하지 아니할 때에는 청구서에 그 취지 및 이유를 기재하고 서명날인하여 청구한 검사에게 교부한다.
(9) 동일한 범죄사실에 관하여 그 피의자에 대하여 전에 구속영장을 청구하거나 발부받은 사실이 있을 때에는 다시 구속영장을 청구하는 취지 및 이유를 기재하여야 한다.
(10) 영장의 발부를 기각한 결정에 대하여는 항고나 재항고를 할 수 없다.
(11) 구속영장의 청구에 판사는 재량으로 구속영장발부여부를 결정한다.
※판사는 구속영장을 발부하여야 한다(X).
(12) ★**구속전 피의자 신문절차**를 거친 경우에 피의자를 심문한 후에 피의자를 구속할 사유가 있다고 인정한 때에는 **구금을 위한 구속영장**을 발부하여야 한다(구속을 위한 구속영장X).
(13) **구속은 반드시 사전영장에 의하여야 하고 영장주의에 의하여야 한다. 즉 영장주의의 예외를 인정하지 않는다.**
※체포의 경우와 다르다.
(14) **피고인에 대한 구속영장은 수소법원이 발부하고 예외적으로 재판장 또는 수명법관 및 수탁판사가 발부한다.**
※따라서 **검사는 피고인을 구속할 수 있는 권한이 없다.**

Too 4. <★구속시 자료제출>

①검사	의무적(제출하여야 한다.)
②피고인	선택적(제출할 수 있다.)

Too 5.
(1) 구속영장이 청구된 피의자를 판사가 심문·구인하기 위하여는 구속영장이 필요하다.
(2) 재범의 위험성+피고인이 공소사실을 자백한 경우는 구속사유에 해당하지 않는다.
(3) 피고인이 50만원이하의 벌금, 구류, 과료에 해당하는 경우에는 주거가 없을 때 한하여 구속할 수 있으므로 구속의 실질적 요건은 아니다.
(4) **구속을 하기 위하여는 절차적 요건으로서 범죄사실의 요지와 구속의 이유 및 변호인을 선임할 수 있음을 말하고 변명기회를 주어야 한다.**

Tool 6.

```
*구속
    <절차적 요건>------------<실체적 요건>
     범죄요지                    죄
     구속이유         +          주
     변호인선임                   증
     변명기회                    도
     구속영장사전제시
```

Tool 7.

★피의자 및 피고인에게 **사건명을 고지**하는 것은 구속의 절차적인 요건이 아니다.

Tool 8.

```
*구속영장기재사항(①-⑧필요적 기재사항)
 ①피고인의 성명
 ②주거
 ③죄명
 ④공소사실의 요지
    ※피의자 구속영장은 범죄사실의 요지
 ⑤인치, 구금할 장소,
 ⑥발부연월일 및 그 유효기간과 그 기간을 경과하면 집행에 착수하지 못하며 영장을 반환 하여
   야 할 취지를 기재
 ⑦영장을 청구한 검사의 관직 및 성명
    ※피고인 구속영장에는 기재하지 않는다.
 ⑧재판장 또는 수명법관이 서명날인
    ※피의자의 경우는 영장발부판사가 서명·날인
 ⑨피고인의 성명이 분명하지 아니한 때에는 인상, 체격, 기타 피고인을 특정할 수 있는 사항으
   로 피고인을 표시할 수 있다.
 ⑩피고인의 주거가 분명하지 아니한 때에는 그 주거의 기재를 생략할 수 있다.
```

Tool 9.

<★검사의 관직, 성명>

①피의자 구속영장	필요적 기재사항
②피고인 구속영장	필요적 기재사항이 아니다.

Tool 10.

<구속영장 필요적 기재사항 여부>

①피고인의 주거	X
②변호인의 성명	X
③증거요지	X
④유효기간(착수, 반환)	O

Tool 11(참고).
(1) 피고인구속시 구속영장에 기재할 필요가 없는 사항
 변호인 선임권고지+접견교통권고지+검사의 성명
(2) 구속영장은 수통을 발부하여 사법경찰관 수인에게 교부할 수 있고 이러한 경우 그 사유를 구속영장에 기재하여야 한다.

Tool 12.

◆구속영장의 집행◆

주의사항	(1) 구속영장은 <u>검사의 지휘</u>에 의하여 <u>사법경찰관리가 집행</u>한다. 단, 급속을 요하는 경우에는 <u>재판장, 수명법관 또는 수탁판사</u>가 그 집행을 지휘할 수 있다. 이 때 <u>법원의 서기관 또는 서기</u>에게 그 집행을 명할 수 있다. 이 경우에 서기관 또는 서기는 그 집행에 관하여 필요한 때에는 <u>사법경찰관리</u>에게 보조를 요구할 수 있으며 <u>관할구역외</u>에서도 집행할 수 있다. (2) 교도소 또는 구치소에 있는 피고인에 대하여 발부된 구속영장은 <u>검사의 지휘</u>에 의하여 <u>교도관리가 집행</u>한다. (3) 검사는 필요에 의하여 <u>관할구역외</u>에서 구속영장의 집행을 <u>지휘</u>할 수 있고 또는 당해 관할구역의 검사에게 <u>집행지휘를 촉탁</u>할 수 있다. (4) 사법경찰관리는 필요에 의하여 <u>관할구역외</u>에서 구속영장을 집행할 수 있고 또는 당해 관할구역의 사법경찰관리에게 <u>집행을 촉탁</u>할 수 있다.

(5) 피고인의 현재지가 분명하지 아니한 때에는 재판장은 **고등검찰청 또는 지방검찰청검사장**에게 그 수사와 구속영장의 집행을 촉탁할 수 있다.
(6) 구속영장을 집행함에는 피고인에게 **반드시 이를 제시**하여야 하며 신속히 지정된 법원 기타 장소에 인치하여야 한다. 구속영장을 소지하지 아니한 경우에 급속을 요하는 때에는 피고인에 대하여 공소사실의 요지와 영장이 발부되었음을 고하고 집행할 수 있다. 집행을 완료한 후에는 신속히 구속영장을 제시하여야 한다.
(7) 피고인 또는 피의자에 대하여 **범죄사실의 요지, 구속의 이유와 변호인을 선임할 수 있음**을 말하고 **변명할 기회를 준 후**가 아니면 **구속할 수 없다**.
★따라서 **구속영장집행시 접견교통권의 존부에 대한 고지는 필요없다.**
(8) 피고인도는 피의자를 구속한 때에는 즉시 **공소사실의 요지와 변호인을 선임할 수 있음**을 알려야 한다.
(9) 피고인(피의자)을 구속한 때에는 변호인이 있는 경우에는 변호인에게, 변호인이 없는 경우에는 피고인(피의자)이 지정한 자에게 피고(의)사건명, 구속 일시·장소, 범죄사실의 요지, 구속의 이유와 변호인을 선임할 수 있는 취지를 알려야 한다. 이러한 통지는 지체없이 서면으로 하여야 한다.
(10) 구속의 통지는 구속을 한 때로부터 늦어도 **24시간이내에 서면**으로 하여야 한다. 규정한 자가 없어(지정없는 경우) 통지를 하지 못한 경우에는 그 취지를 기재한 서면을 기록에 철하여야 한다. **급속을 요하는 경우에는 구속되었다는 취지 및 구속의 일시·장소를 전화 또는 모사전송기 기타 상당한 방법**에 의하여 통지할 수 있다. 다만 이 경우에도 구속통지는 다시 서면으로 하여야 한다.
★즉 **변호인이 있는 경우 변호인에게**, 변호인이 없는 경우 법정대리인, 배우자, 직계친족, 형제자매, 호주 등 **변호인선임권자 중 피고인이나 피의자가 지정한 자**에게 구속의 통지를 하여야 한다.
(11) 피고인의 구속시 **변호인이나 가족에게 범죄사실의 요지를 통보토록 추가규정**

Tool 13.
(1) 긴급시 구속영장을 집행하는 때에는 공소사실의 요지와 영장이 발부되었음을 고지하고 집행할 수 있고 긴급집행후 신속히 구속영장을 제시하여야 한다. 따라서 반드시 사전제시가 요건은 아니다.
(2) 진술거부권은 수사기관 또는 법원의 심문시 하여야 하는 것이고 구속시에는 해당하지 않는다.
(3) 구속의 통지는 지체 없이 서면으로 하여야 한다.

Tool 14.

◆구속기간◆

①피의자 구속기간	(1) 제202조 (사법경찰관의 구속기간) 사법경찰관이 피의자를 구속한 때에는 10일이내에 피의자를 검사에게 인치하지 아니하면 석방하여야 한다. (2) 제203조 (검사의 구속기간) 검사가 피의자를 구속한 때 또는 사법경찰관으로부터 피의자의 인치를 받은 때에는 10일이내에 공소를 제기하지 아니하면 석방하여야 한다. (3) 제205조 (구속기간의 연장) 지방법원판사는 검사의 신청에 의하여 수사를 계속함에 상당한 이유가 있다고 인정한 때에는 10일을 초과하지 아니하는 한도에서 제203조의 구속기간의 연장을 1차에 한하여 허가할 수 있다. ★검사의 구속기간의 연장은 1회임을 유의 ★구속기간은 피의자를 체포 또는 구인한 날부터 기산한다. ★국가 보안법상 구속기간의 연장(찬양, 고무, 불고지)에 대하여는 위헌 결정이 났으므로 총 50일까지가 아니라 사경은 10일 검사는 10일(1차 연장가능)을 기준으로 하여야 한다.
②피고인 구속기간 (참고)	(1) 제92조 (구속기간과 갱신) 구속기간은 2월로 한다. 특히 계속할 필요가 있는 경우에는 심급마다 2차에 한하여 결정으로 갱신할 수 있다. 갱신한 기간도 2월로 한다. ★1심-6월/2심-4월/3심-4월--------→총 14개월(일반적) 추가심리가 필요한 부득이한 경우 3차에 한하여 갱신할 수 있다. (2) 구속기간의 초일은 시간을 계산함이 없이 1일로 산정한다. 기간의 말일이 공휴일에 해당하는 날은 기간에 산입하지 아니한다. ★시구는 초일산입(시효와 구속기간) (3) 대법원은 구속기간을 넘어서 구속한 경우라도 구속영장이 당연히 실효되는 것은 아니라고 보고 있다. (4) 제105조 (상소와 구속에 관한 결정) 상소기간중 또는 상소중의 사건에 관하여 **구속기간의 갱신**, 구속의 취소, 보석, 구속의 집행정지와 그 정지의 취소에 대한 결정은 소송 기록이 원심법원에 있는 때에는 **원심법원**이 하여야 한다. ★즉 구속갱신에 대한 결정은 소송기록이 원심법원에 있거나 원심법원을 떠났지만 아직 상소법원에 도달하지 않았다면 원심법원에서 해야 한다. (5) ★구속기간에 산입하지 않는 경우 ㉠**기피신청**으로 인한 공판정지 ㉡**공소장변경**으로 인한 공판절차정지기간 ㉢피고인이 **의사결정능력** 및 사물변별능력이 없으므로 공판절차가 정지된 경우 ㉣피고인이 **질병** 등으로 공판절차가 정지된 경우

Tool 15.

(1) 사법경찰관이 2004년 1월 5일 23시에 피의자를 구속하였다. 언제까지 구속할 수 있는가?
　　　　　　14일 24시 까지(5, 6, 7, 8, 9, 10, 11, 12, 13, 14일 24시까지)
(2) ★2004년 2월 1일에 구속된 자가 동년 2월 10일에 공소제가 되었다. 제1심법원은 언제까지 구속을 할 수 있는가?
　　　　　　2004년 7월 31일 까지(2, 3, 4, 5, 6, 7월 31까지)
　　　　　　※제1심에서는 6월까지 연장가능(2+(2+2)=6)
(3) **판사로부터 구속기간 연장허가가 있을 경우에 그 연장기간은 구속기간 만료 다음 날부터 기산한다.**
(4) 검사는 구속피의자를 구속한 때에는 10일 한도에서 구속기간을 연장하면 되는 것이지 10일 이내에 소추하거나 석방할 필요가 없다.
(5) ★구속기간의 갱신절차는 <결정>의 방식에 의한다.
(6) 피고인의 구속기간은 피고인의 미결구금일수에 산입된다.
(7) ★감정유치기간은 구속기간에 산입하지 않는다.

Tool 16.

<★구속기간에 산입여부>

①공소장변경으로 인한 공판절차정지기간	X
②공판준비절차 기간	O
③호송중 가유치기간	O

Tool 17.

(1) 검사 甲은 법정구속기간내에 피의자 乙에 대하여 공소제기를 하지 않았다. 이러한 경우 법원의 석방결정이 없어도 당연히 석방하여야 한다.
(2) 기간의 말일이 공휴일일 경우(형소법 상)

①원칙	기간에 산입하지 않는다.
②시구(시효, 구속)	기간에 산입한다.

Tool 18.

> (1) 연, 월, 일로 계산하는 것은 초일을 산입하지 않으나 시효와 구속기간은 초일을 산입한다.
> (2) 긴급체포의 경우 판사가 있는 시와 군을 불문(구별없이)하고 구속의 필요성이 있으면 <u>체포한 때로부터 48시간이내에 구속영장을</u> ★청구해야 하고 구속영장이 발부되지 않으면 즉시 석방해야 한다.
> (3) 재구속에 대한 제한은 수사기관(검사 및 사경)이 피의자를 구속하는 경우에만 적용되고 법원이 피고인을 구속하는 경우에는 적용되지 않는다.

Tool 19.

<비교(일반)>

①별건구속	위법
②이중구속	적법

Tool 20.

※일정한 사건을 수사하던 중 다른 범죄사실이 발견되었을 경우 이에 대한 수사는 가능하다(여죄수사가능).

Tool 21.

◆재구속◆

①의의	(1)제208조 제1항 (**재구속의 제한**)
	    검사 또는 사법경찰관에 의하여 구속되었다가 석방된 자는 <u>다른 중요한 증거를 발견한 경우</u>를 제외하고는 동일한 범죄사실에 관하여 재차구속하지 못한다.
	(2)제208조 제2항
	    1개의 목적을 위하여 동시 또는 수단결과의 관계에서 행하여진 행위는 동일한 범죄사실로 간주한다.

②주의사항	(1)★구속적부심사의 결과 석방된 피의자도 재구속이 가능하다.
	(2)지검장 또는 지청장은 검사로 하여금 매월 1회이상 <u>수사관서</u>의 피의자의 체포, 구속장소에 대하여 감찰하게 <u>하여야 한다</u>.
	    ★수사관서O(경찰관서X)
	    ★검사는 적법한 절차에 의하지 아니하고 체포 또는 구속된 것이라고 의심할 만한 상당한 이유가 있는 경우에는 <u>즉시</u> 체포 또는 구속된 자를 <u>석방</u>하거나 사건을 <u>검찰에 송치할 것을 명</u>하여야 한다.

Tool 22.

◆구속영장의 효력상실과 집행정지사유◆

①구속영장**효력상실**사유	②구속영장**집행정지**사유

(1) 구속취소
(2) 구속적부심에 의한 석방(피의자)
(3) 구속기간만료
(4) <u>무죄 등의 선고</u>
  - 무죄+형면제+선고유예+집행유예+벌금+과료+면소+공소기각 판결)
  ※공소기각결정X
  - ★사,무,10↑일 경우 구속영장이 실효되지 않는다는 규정은 삭제됨
(5) <u>사형, 자유형의 확정</u>
  ★사형이 <u>선고된 때가 아니라</u> <u>사형이 확정</u>된 때이다.
  ★가령 금고형이 선고된 때가 아니라 확정된 때이다.
(6) 구속 중인 소년에 대한 법원의 소년부 송치 결정
※구취+구적+구만+무+사자+구소
	(1) 보석허가결정 (2) 구속집행정지
	
	※보허+구집

Tool 23.

(1) 징역 7년을 구형한 사건에 대하여 징역 3년을 <u>선고했을지라도</u> 구속영장의 효력은 상실되지 않는다. 즉 <u>확정되어야</u> 구속영장의 효력이 상실된다.
(2) 직접심리주의는 직접 조사한 증거만을 재판의 기초로 삼을 수 있다는 원칙을 말한다.
(3) <u>판사의 경질시 공판절차의 갱신과 전문증거배제는 직접주의의 표현이다.</u>
(4) **직접심리주의는 변론주의에 반한다.**
(4) <공판정중심주의>란 법원이 피고사건의 실체에 관한 유·무죄의 심증형성을 공판심리에 의하여 한다는 원칙이다. 그러므로 <★공개주의와는 무관하다.>
(5) 공소사실의 동일성은 공소장변경의 한계이고 공소제기의 객관적 범위이며 일사부재리효력의 범위와 같다.

Tool 24.

◆구속의 실효◆

<구속의 실효(제93조, 제209조)>
(1) 구속의 실효=구속의 취소+구속의 당연실효
(2) 구속의 취소
 가) 구속사유 없거나(처음부터 부존재) 소멸(사후에 부존재)
 나) 법원의 직권 또는 검사, 피고인, 변호인, 변호인선임권자의 청구
 다) 검사 또는 사법경찰관의 결정으로 구속 취소
 라) 검사의 의견을 물어야 한다(3일 이내에 의견표명 없을시 동의간주).
 마) 구속취소결정에 검사는 즉시항고가능
 ※ 구속이 취소되면 구속영장의 효력은 소멸된다.
(3) 구속의 당연실효=구속기간의 만료+구속영장의 실효+사형·자유형의 확정
 ※ 구속영장의 실효-무죄, 면소, 형의면제, 형의 선고유예·집행유예, 공소기각, 벌금, 과료의 판결

Tool 25.

◆구속취소◆

주의사항	(1) 피고인구속취소+피의자구속취소 (2) 제93조 (구속의 취소) 　　**구속의 사유가 없거나 소멸된 때**에는 법원은 직권 또는 검사, 피고인, 변호인과 제30조제2항에 규정한 자(피고인의 법정대리인, 배우자, 직계존속, 형제자매)의 청구에 의하여 결정으로 구속을 취소하여야 한다. 　　★따라서 피고인의 숙부(방계혈족)는 청구권자가 아니다. (3) 구속사유가 없는 때=처음부터 존재하지 않는 때 (4) 구속사유가 소멸한 때=사후에 소멸한 때 (5) 구속취소를 함에는 검사의 의견을 물어야 한다. 단, 검사가 3일이내에 의견을 표명하지 아니한 때에는 보석허가에 대하여 동의한 것으로 간주한다(피고인). (6) 구속의 취소에 관한 결정을 함에 있어서도 검사의 청구에 의하거나 급속을 요하는 경우는 검사의 의견을 물을 필요가 없으나 그 이외에는 물어야 한다(피고인). (7) 구속을 취소하는 결정에 대하여는 검사는 즉시항고를 할 수 있다(피고인). (8) 피의자에 대하여는 <직권 또는 청구에 의하여><검사 또는 사법경찰관>이 구속을 취소하여야 한다.

Tool 26.
◆구속의 집행정지◆

주의사항	(1) 제101조 (구속의 집행정지) 　- <u>법원</u>은 상당한 이유가 있는 때에는 <u>결정으로</u> 구속된 피고인을 친족, 보호단체 기타 적당한 자에게 부탁하거나 피고인의 주거를 제한하여 구속의 집행을 정지할 수 있다 (<u>직권으로만</u>). (2) 이러한 결정을 하는 경우에는 <u>**검사의 의견을 물어야**</u> 한다. (3) <u>단 급속을 요하는 경우에는 검사에게 의견을 물을 필요가 없다.</u> ※검사의 의견에 법원은 구속되지 않는다. (4) ★구속의 집행정지 결정에 대하여 검사는 즉시항고를 할 수 있다. (5) 구속의 집행정지는 피의자에게도 할 수 있는데 검사 또는 사법경찰관이 구속의 집행을 정지할 수 있다. 다만 이러한 경우 사법경찰관은 검사의 지휘를 받아야 한다. (6) 국회의원은 현행범인인 경우를 제외하고는 회기중 국회의 동의없이 체포 또는 구금되지 아니한다. 국회의원이 회기전에 체포·구금된 때에는 현행범인이 아닌한 국회의 요구가 있으면 <u>**당연히 구속영장의 집행이 정지된다**</u>. 　★**현행범인일 경우는 구속의 집행이 계속 된다.** (7) 국회의원의 경우 국회의 석방의결을 통보받은 검찰총장은 즉시 석방지휘를 하고 그 사유를 법원에 통지하여야 한다. (8) 법원은 <u>직권 또는 검사의 청구</u>에 의하여 결정으로 보석 또는 구속의 집행정지를 취소할 수 있다. (9) 구속된 피의자의 경우에는 검사 또는 사법경찰관이 결정으로 구속집행정지를 취소할 수 있다. (10) ★<u>구속집행정지사유=보석속취소사유(구정=보취)</u> (11) 구속의 집행정지취소사유(도증출조보) 　1. 도망한 때 　2. 도망하거나 죄증을 인멸할 염려가 있다고 믿을만한 충분한 이유가 있는 때 　3. 소환을 받고 정당한 이유없이 출석하지 아니한 때 　4. 피해자, 당해 사건의 재판에 필요한 사실을 알고 있다고 인정되는 자 또는 그 친족의 생명·신체나 재산에 해를 가하거나 가할 염려가 있다고 믿을만한 충분한 이유가 있는 때 　5. 주거의 제한 기타 법원이 정한 조건을 위반한 때 　※피고인이 사망한 때는 이에 해당하지 않는다. (12) 국회의원에 대한 구속영장의 집행정지는 회기 중에 취소하지 못한다.

Tool 27.

◆보석과 구속의 집행정지에 대한 비교◆

```
                  <보석>                    <구속의 집행정지>
(1) 대상 ─────── 피고인/피의자 ─────────────── 같다.
(2) 청구 ─────── 직권/청구 ─────────────── 직권으로만
(3) 검사의견 ─────── 물어야 ─────────────── 같다.
(4) 조건부과 ─────── O ─────────────── 같다.
(5) 재판형식 ─────── 결정 ─────────────── 같다.
(6) 즉시항고여부 ─── NO ─────────────── Yes
(7) 보증금 ─────── O ─────────────── 필요없다.
(8) 구속영장의 효력 ── 정지사유 ─────────── 같다.
(9) 취소사유 ─────── 도증출조보 ─────────── 같다.
```

Tool 28.

보석과 구속의 집행정지는 대상+검사의견+취소사유+재판의 형식에서 동일함

Tool 29.

◆구속취소와 구속집행정지에 대한 비교◆

```
                  <구속취소>                    <구속의 집행정지>
(1) 대상 ─────── 피고인/피의자 ─────────────────────── 같다
(2) 청구 ─────── 직권/청구 ─────────────────────── 직권으로만
              (단. 구속집행정지취소는 직권 또는 검사의 청구에 의함)
(3) 검사의견 ─── 물어야 ─────────────────────── 같다
              (단 검사의 청구에 의하거나 급속을 요하는 때는 예외)
(4) 동의간주 ─── (검사가 3일이내에 의견을 표명하지 ─────────── 무
              않을 경우 구속취소결정에 동의 간주)
(5) 조건부과 ─── X ─────────────────────── 가능
(6) 재판형식 ─── 결정 ─────────────────────── 같다
(7) 구속영장 효력 - 효력정지 ─────────────────── 집행정지
(8) 즉시항고 ─── Yes ─────────────────────── Yes
```

Tool 30.
(1) 피고인 구속을 취소하는 법원의 결정에 대한 검사의 불복방법은 <즉시항고>이다(이의신청X).
(2) **보석취소결정**에 대하여는 검사의 의견을 물을 필요가 없다.
(3) 구속적부심사제도는 구속된 피의자에게 인정되는 제도이다(피고인X).

Tool 31.
<비교>

①피고인 구속	수소법원의 강제처분
②피의자 구속	수사기관의 강제처분
③참고인에 대한 증인신문	판사의 강제처분
④증거보전을 위한 압수/수색	판사의 강제처분

Tool 32.
◆판례◆

(1)	★사회보호법의 보호영장에 의해 <보호구속된 자> -보석청구를 할 수 없다. -직권보석의 결정도 할 수 없다.
(2)	★피고인이 집행유예기간 중에도 구속취소를 할 수 있다(구속취소의 장애가 되지 않는다.).
(3)	★체포영장에 의하지 아니하고 체포된 피의자도 체포적부심사를 청구할 권리가 있다.
(4)	검사작성의 피의자신문조서가 검사에 의하여 피의자에 대한 변호인 접견이 부당하게 제한되고 있는 동안 작성되었다면 증거능력을 인정할 수 없다.
(5)	★구속기간을 도과한 구속일지라도 구속영장의 효력이 당연히 실효되는 것은 아니다.
(6)	★사례 -甲은 교장실에서 식칼을 휘두르며 乙에게 협박을 가하고 40여분이 지나 서무실에서 체포되었다. 甲은 <방금 범죄를 실행한 범인이라는 죄증이 체포자인 경찰관에게 명백히 인식할만한 상황이었다고 인정하기 어려우므로> 현행범인체포에 해당하지 않는다.
(7)	★재구속제한 -수사기관(검사, 사경이 피의자를 구속하는 경우)O -법원이 피고인을 구속하는 경우X(따라서 법원은 피고인을 재차 구속할 수 있다.)

<<관련판례>>

1. [1] ★★★검사의 체포영장 또는 구속영장 청구에 대한 지방법원판사의 재판은 형사소송법 제402조의 규정에 의하여 항고의 대상이 되는 '법원의 결정'에 해당하지 아니하고, 제416조 제1항의 규정에 의하여 준항고의 대상이 되는 '재판장 또는 수명법관의 구금 등에 관한 재판'에도 해당하지 아니한다. 즉, ★★★항고와 준항고가 부정됨

    [2] 헌법 제12조 제1항, 제3항, 제6항 및 형사소송법 제37조, 제200조의2, 제201조, 제214조의2, 제402조, 제416조 제1항 등의 규정들은, 신체의 자유와 관련한 기본권의 침해는 부당한 구속 등에 의하여 비로소 생길 수 있고 검사의 영장청구가 기각된 경우에는 그로 인한 직접적인 기본권침해가 발생할 여지가 없다는 점 및 피의자에 대한 체포영장 또는 구속영장의 청구에 관한 재판 자체에 대하여 항고 또는 준항고를 통한 불복을 허용하게 되면 그 재판의 효력이 장기간 유동적인 상태에 놓여 피의자의 지위가 불안하게 될 우려가 있으므로 그와 관련된 법률관계를 가급적 조속히 확정시키는 것이 바람직하다는 점 등을 고려하여, 체포영장 또는 구속영장에 관한 재판 그 자체에 대하여 직접 항고 또는 준항고를 하는 방법으로 불복하는 것은 이를 허용하지 아니하는 대신에, ★★★체포영장 또는 구속영장이 발부된 경우에는 피의자에게 체포 또는 구속의 적부심사를 청구할 수 있도록 하고 그 영장청구가 기각된 경우에는 검사로 하여금 그 영장의 발부를 재청구할 수 있도록 허용함으로써, 간접적인 방법으로 불복할 수 있는 길을 열어 놓고 있는 데 그 취지가 있고, 이는 헌법이 법률에 유보한 바에 따라 입법자의 형성의 자유의 범위 내에서 이루어진 합리적인 정책적 선택의 결과일 뿐 헌법에 위반되는 것이라고는 할 수 없다(대법원 2006. 12. 18.자 2006모646 결정).

2. 가. 구속의 취소 및 집행정지와 보석등의 결정에는 재판의 간결성의 요청에 따라 그 구체적 사유에 대한 설명을 생략하고 다만 청구의 이유가 있다 또는 그 이유가 없다고 밝히면 된다고 보는 것이 일반적인 견해이고 그와 같이 처리하는 것이 우리 법원의 오랜 관행이다.

    나. 항소법원은 항소피고사건의 심리중 또는 판결선고후 상고제기 또는 판결확정에 이르기까지 수소법원으로서 형사소송법 제70조 제1항 각호의 사유있는 불구속 피고인을 구속할 수 있고 또 수소법원의 구속에 관하여는 검사 또는 사법경찰관이 피의자를 구속함을 규율하는 형사소송법 제208조의 규정은 적용되지 아니하므로 ★★구속기간의 만료로 피고인에 대한 구속의 효력이 상실된 후 항소법원이 피고인에 대한 판결을 선고하면서 피고인을 구속하였다 하여 위 법 제208조의 규정에 위배되는 재구속 또는 이중구속이라 할 수 없다(대법원 1985. 7. 23.자 85모12 결정).

제 3 절 피의자 및 피고인의 접견교통권

Tool 1.

◆접견교통권◆

①의의	(1)체포, 구속된 피의자나 피고인의 권리+변호인의 고유권 (2)인권보장과 방어권보장 (3)변호인, 가족, 친지 등의 접견+서류, 물품의 수수+의사의 진료를 받을 수 있는 권리
②변호인과의 접견교통권	(1)절대적 보장 (2)그러나 법률에 의하여 제한 될 수는 있음 (3)법원의 결정이나 수사기관의 처분에 의한 제한이 불가능 (4)★**변호인과의 접견에 교도관이 참여하거나 그 내용을 청취 또는 녹취해서는 안 된다**. (5)★다만 보이는 곳에서 감시하는 것은 가능하다.
③비변호인과의 접견교통권	(1)제91조 (비변호인과의 접견, 교통) 법원은 <u>도망하거나 또는 죄증을 인멸할 염려</u>가 있다고 인정할 만한 상당한 이유가 있는 때에는 <u>직권 또는 검사의 청구</u>에 의하여 결정으로 구속된 피고인과 제34조에 규정한 외의 타인과의 접견을 금하거나 수수할 서류 기타 물건의 검열, 수수의 금지 또는 압수를 할 수 있다. 단, <u>의류, 양식, 의료품의 수수를 금지 또는 압수할 수 없다</u>. (2)피의자에 대한 접견교통권제한은 <수사기관의 결정에 의하여 할 수 있다.>
④침해의 구제	(1)법원의 접견교통권 제한 결정에 대하여 불복이 있으면 보통항고를 할 수 있다. (2)검사 또는 사법경찰관의 접견교통권의 제한은 구금에 대한 처분이므로 준항고에 의하여 취소 또는 변경을 청구할 수 있다. (3)접견교통권의 침해시 이에 대한 증거는 위법수집증거로 증거능력이 부정된다.

Tool 2.
(1) ★접견교통권에서 신체를 구속당한 자란 <체포영장에 의하여 체포된 자, 긴급체포 된 자, 감정유치에 의하여 구속된 자> 등이 포함된다.
(2) 비변호인과의 접견교통권은 법률의 범위 내에서 보장된다.

(3)
<★비교(접견교통권침해)>

①법원에 의한 경우	보통항고
②검사 또는 사법경찰관에 이한 경우	준항고

(4) 변호인이 되려는 자도 변호인 접견교통권의 주체가 된다.

<<관련판례>>
1. [1] 변호인의 구속된 피고인 또는 피의자와의 접견교통권은 피고인 또는 피의자 자신이 가지는 변호인과의 접견교통권과는 성질을 달리하는 것으로서 헌법상 보장된 권리라고는 할 수 없고, 형사소송법 제34조에 의하여 비로소 보장되는 권리이지만, 신체구속을 당한 피고인 또는 피의자의 인권보장과 방어준비를 위하여 필수불가결한 권리이므로, ★수사기관의 처분 등에 의하여 이를 제한할 수 없고, 다만 법령에 의하여서만 제한이 가능하다.

   [2] 경찰서 유치장은 미결수용실에 준하는 것이어서(행형법 제68조) 그 곳에 수용된 피의자에 대하여는 행형법 및 그 시행령이 적용되고, 행형법시행령 제176조는 ' 형사소송법 제34조, 제89조, 제209조의 규정에 의하여 피고인 또는 피의자가 의사의 진찰을 받는 경우에는 교도관 및 의무관이 참여하고 그 경과를 신분장부에 기재하여야 한다.'고 규정하고 있는바, 이는 피고인 또는 피의자의 신병을 보호, 관리해야 하는 수용기관의 입장에서 수진과정에서 발생할지도 모르는 돌발상황이나 피고인 또는 피의자의 신체에 대한 위급상황을 예방하거나 대처하기 위한 것으로서 합리성이 있으므로, 행형법 제176조의 규정은 변호인의 수진권 행사에 대한 법령상의 제한에 해당한다고 보아야 할 것이고, 그렇다면 ★★★국가정보원 사법경찰관이 경찰서 유치장에 구금되어 있던 피의자에 대하여 의사의 진료를 받게 할 것을 신청한 변호인에게 국가정보원이 추천하는 의사의 참여를 요구한 것은 행형법시행령 제176조의 규정에 근거한 것으로서 적법하고, 이를 가리켜 변호인의 수진권을 침해하는 위법한 처분이라고 할 수는 없다(대법원 2002. 5. 6.자 2000모112 결정).

2. 신체구속을 당한 피의자 또는 피고인이 범한 것으로 의심받고 있는 범죄행위에 해당 변호인이 관련되어 있다는 등의 사유에 기하여 그 변호인의 변호활동을 광범위하게 규제하는 변호인의 제척(제척)과 같은 제도를 두고 있지 아니한 우리 법제 아래에서는, ★변호인의 접견교통의 상대방인 신체구속을 당한 사람이 그 변호인을 자신의 범죄행위에 공범으로 가담시키려고 하였다는 등의 사정만으로 그 변호인의 신체구속을 당한 사람과의 접견교통을 금지하는 것이 정당화될 수는 없다(대법원 2007. 1. 31.자 2006모656 결정).

3. 형사소송법 제34조는 "변호인 또는 변호인이 되려는 자는 신체구속을 당한 피고인 또는 피의자와 접견하고 서류 또는 물건을 수수할 수 있으며 의사로 하여금 진료하게 할 수 있다."고 규정하고 있는바, ★★★이 규정은 형이 확정되어 집행중에 있는 수형자에 대한 재심개시의 여부를 결정하는 재심청구절차에는 그대로 적용될 수 없다(대법원 1998. 4. 28. 선고 96다48831 판결).-->★개업변호사인 원고들이 국가보안법위반등의 죄로 유죄의 확정판결을 받고 제주교도

소에 수감중인 소외인에게 접견신청을 할 당시, 제주교도소에서는 수용자들의 종교적 교화를 위하여 각종의 종교행사를 개최하고 있었고, 천주교 신자인 수용자에 대하여도 자체적인 천주교 교화행사를 시행하고 있었던 사실(소외인은 천주교 신자가 아니어서 교화행사에 참여한 바는 없다), 소외인이나 그의 처가 제주교도소측에 대하여 재심청구에 관한 의사표시를 하였다거나 재심청구를 위한 변호인을 선임하여 사건을 의뢰하였다고 통지한 바 없었던 사실, 소외인은 그 무렵 교도소 생활에 적응하여 비교적 원만하게 수형생활을 해오고 있었고 달리 자신이 받은 확정판결의 내용과 형에 불만을 품고 재심청구를 시도해 보고자 하는 의사는 갖고 있지 아니하였던 사실을 인정하였는바, 살펴보니 원심의 이러한 사실인정은 정당하고, 거기에 상고이유에서 주장하는 바와 같은 심리미진이나 채증법칙을 위반한 사실오인의 위법이 없다.

사실관계가 이와 같다면, 제주교도소로서는 자체적인 천주교 교화프로그램을 가지고 있었는데 특별한 사정도 없이 그것도 천주교 신자도 아닌 소외인에 대하여 제3의 기관에서 천주교 사목활동을 하기 위한 접견을 허용할 필요가 없었다고 할 것이고, 또 별다른 심리적 동요 없이 착실하게 수형생활을 하고 있는 소외인에 대하여 본인 또는 가족들의 명시적 의사와는 무관하거나 또는 의사에 반하여 명백한 재심청구의뢰의 근거제시도 없이 재심청구를 위한다는 명분의 원고들의 접견신청이 그의 교화에 부적절하다는 판단하에 이를 거부한 것은 재량범위 내에 속하는 ★적법한 처분으로 봄이 상당하다.

4. 검사 작성의 피의자신문조서가 검사에 의하여 피의자에 대한 ★변호인의 접견이 부당하게 제한되고 있는 동안에 작성된 경우에는 증거능력이 없다(대법원 1990. 8. 24. 선고 90도1285 판결).

제 4 절 체포·구속된 피의자 석방제도

Tool 1.

◆체포·구속적부심사제도◆

①의의	(1) 제214조의2 (체포와 구속의 적부심사) 체포 또는 구속된 피의자 또는 그 변호인, 법정대리인, 배우자, 직계친족, 형제자매나 가족, 동거인 또는 고용주는 관할법원에 체포 또는 구속의 적부심사를 청구할 수 있다. (2)★피의자가 해당하고 피고인은 해당하지 않는다.
②주의사항	(1) 규정 ①체포 또는 구속된 피의자 또는 그 변호인, 법정대리인, 배우자, 직계친족, 형제자매나 가족, 동거인 또는 고용주는 관할법원에 체포 또는 구속의 적부심사를 청구할 수 있다. ②피의자를 체포 또는 구속한 검사 또는 사법경찰관은 체포 또는 구속된 피의자와

제1항에 규정된 자 중에서 피의자가 지정하는 자에게 제1항에 따른 적부심사를 청구할 수 있음을 알려야 한다.
③법원은 제1항에 따른 청구가 다음 각 호의 어느 하나에 해당하는 때에는 제4항에 따른 심문 없이 결정으로 청구를 기각할 수 있다.
1. 청구권자 아닌 자가 청구하거나 동일한 체포영장 또는 구속영장의 발부에 대하여 재청구한 때
2. 공범 또는 공동피의자의 순차청구가 수사방해의 목적임이 명백한 때
④제1항의 청구를 받은 법원은 청구서가 접수된 때부터 48시간 이내에 체포 또는 구속된 피의자를 심문하고 수사관계서류와 증거물을 조사하여 그 청구가 이유없다고 인정한 때에는 결정으로 이를 기각하고, 이유있다고 인정한 때에는 결정으로 체포 또는 구속된 피의자의 석방을 명하여야 한다. 심사청구후 피의자에 대하여 공소제기가 있는 경우에도 또한 같다.
⑤법원은 구속된 피의자(심사청구후 공소제기된 자를 포함한다)에 대하여 피의자의 출석을 보증할 만한 보증금의 납입을 조건으로 하여 결정으로 제4항의 석방을 명할 수 있다. 다만, 다음 각호에 해당하는 경우에는 그러하지 아니하다.
1. 죄증을 인멸할 염려가 있다고 믿을만한 충분한 이유가 있는 때
2. 피해자, 당해 사건의 재판에 필요한 사실을 알고 있다고 인정되는 자 또는 그 친족의 생명·신체나 재산에 해를 가하거나 가할 염려가 있다고 믿을만한 충분한 이유가 있는 때
⑥제5항의 석방결정을 하는 경우에 주거의 제한, 법원 또는 검사가 지정하는 일시·장소에 출석할 의무 기타 적당한 조건을 부가할 수 있다.
⑦제99조 및 제100조는 제5항에 따라 보증금의 납입을 조건으로 하는 석방을 하는 경우에 준용한다.

<제99조 (보석조건의 결정 시 고려사항)>

<①법원은 제98조의 조건을 정함에 있어서 다음 각 호의 사항을 고려하여야 한다.
1. 범죄의 성질 및 죄상(罪狀)
2. 증거의 증명력
3. 피고인의 전과·성격·환경 및 자산
4. 피해자에 대한 배상 등 범행 후의 정황에 관련된 사항
②법원은 피고인의 자력 또는 자산 정도로는 이행할 수 없는 조건을 정할 수 없다.>

<제100조 (보석집행의 절차)>
<①제98조 제1호·제2호·제5호·제7호 및 제8호의 조건은 이를 이행한 후가 아니면 보석허가결정을 집행하지 못하며, 법원은 필요하다고 인정하는 때에는 다른 조건에 관하여도 그 이행 이후 보석허가결정을 집행하도록 정할 수 있다.
②법원은 보석청구자 이외의 자에게 보증금의 납입을 허가할 수 있다.
③법원은 유가증권 또는 피고인 외의 자가 제출한 보증서로써 보증금에 갈음함을 허가할 수 있다.
④전항의 보증서에는 보증금액을 언제든지 납입할 것을 기재하여야 한다.

⑤법원은 보석허가결정에 따라 석방된 피고인이 보석조건을 준수하는데 필요한 범위 안에서 관공서나 그 밖의 공사단체에 대하여 적절한 조치를 취할 것을 요구할 수 있다.>
- 제3항과 제4항의 결정에 대하여는 항고하지 못한다.
- **검사·변호인·청구인은 제4항의 심문기일에 출석하여 의견을 진술할 수 있다.**
- 체포 또는 구속된 피의자에게 변호인이 없는 때에는 제33조의 규정을 준용한다.
- 법원은 제4항의 심문을 하는 경우 공범의 분리심문이나 그 밖에 수사상의 비밀보호를 위한 적절한 조치를 취하여야 한다.
- 체포영장 또는 구속영장을 발부한 법관은 제4항부터 제6항까지의 심문·조사·결정에 관여하지 못한다. 다만, 체포영장 또는 구속영장을 발부한 법관외에는 심문·조사·결정을 할 판사가 없는 경우에는 그러하지 아니하다.
- 법원이 수사 관계 서류와 증거물을 접수한 때부터 결정 후 검찰청에 반환된 때까지의 기간은 제200조의2 제5항(제213조의2에 따라 준용되는 경우를 포함한다) 및 제200조의4 제1항의 적용에 있어서는 그 제한기간에 산입하지 아니하고, 제202조·제203조 및 제205조의 적용에 있어서는 <u>그 구속기간에 산입하지 아니한다.</u>
- 제201조의2 제6항은 제4항에 따라 피의자를 심문하는 경우에 준용한다.

(2) 사유 - ★제한 없다.
       - <u>**불법O+부당O**</u>
(3) 분류
  ㉠<u>불법한 경우</u> - <u>영장발부가 위법한 경우</u>
                  가령, 재구속제한 위반, 사후영장발부기간 도과
             - <u>영장발부자체는 적법하지만 구속기간이 경과된 경우</u>
             - 체포, 구속의 요건을 갖추지 못한 경우
                  가령, 주거가 일정한 범죄자
  ㉡<u>부당한 경우</u> - <u>구속영장의 발부가 위법하지 않지만 계속구금의 필요가 없는 경우</u>
                  가령, 피해변상, 고소취소, 합의 등이 있는 경우
                  ※그러나 이와 같은 사정변경이 요건은 아니다.
(4) <u>구속의 계속성을 판단하는 기준시기</u> - ★심사시
(5) 청구방법
  - ★<u>서면으로 관할법원에</u> 해야 한다.
  - ★규칙 제102조 (체포·구속적부심사청구서의 기재사항)
  1. 체포 또는 구속된 피의자의 성명, 주민등록번호(<u>주민등록번호</u>가 없거나 이를 알 수 없는 경우에는 생년월일, <u>성별</u>), 주거
  2. 체포영장 또는 구속영장의 발부일자
  3. 청구의 취지 및 청구의 이유
  4. 청구인의 성명 및 체포 또는 구속된 피의자와의 관계

Tool 2.

(1) ★체포·구속적부심은 체포·구속의 적법, 부당, 필요성까지 포함하여 심사한다.
(2) ★체포후 적부심사까지의 새로운 사유에 대하여도 심사판단의 대상이다.
    갑(청구자)--------------을(법원)----심사
           ★새로운 사유
(3) **체포·구속적부심사청구는 지방법원 합의부 또는 단독부판사가 심사한다.**
(4) 체포·구속적부심사에는 체포영장이나 구속영장을 발부한 법관은 관여할 수 없으나 <영장을 발부했던 법관이외에 다른 법관이 없는 경우에는 관여할 수 있다.>
(5) ★구속적부심사의 대상은 제한이 없다. 즉 개정전의 법에서는 검사인지사건, 국가보안법사건, 내란죄 또는 외환죄의 피의사건, 사형, 무기, 단기 5년 이상의 징역이나 금고에 해당하는 사건은 청구의 대상에서 제외시켰으나 제6차개정시 이를 삭제한 바 있다.
(6) 체포·구속적부심사는 피의자만 해당하고 피고인은 해당하지 않는다.
(7) 법원은 청구서가 접수된 때부터 **48시간 이내**에 체포 또는 구속된 피의자를 심문하고 수사관계 서류와 증거물을 조사하여 그 청구가 이유없다고 인정한 때에는 결정으로 이를 기각하고, 이유 있다고 인정한 때에는 결정으로 체포 또는 구속된 피의자의 석방을 명하여야 한다. 심사청구후 피의자에 대하여 공소제기가 있는 경우에도 또한 같다.
(8) 체포·구속적부심사의 청구가 있는 경우에 국선변호인의 선정사유에 해당하는 경우에는 법원은 국선변호인을 선임해야 한다. 가령, 피의자가 심신장애의 의심이 있는 때 등이 있다.
                    (O)
           신체장애(X)
(8) 구속적부심사의 경우는 기각결정이든 석방결정이든 불복이 불가능하다.
(9) 체포·구속적부심사의 청구사유로서 부당한 경우로서는 구속의 필요성에 대한 판단을 달리하는 경우를 들 수 있다.   (O)
           불법한 경우(X)

Tool 3.
<비교>

①체포·구속적부심사제도	수사기관의 불법·부당한 인신구속+사후적 사법통제+피의자를 석방하는 제도----→피의자의 인권보장이 목적
②보석제도	형사재판에서 불구속 재판을 보장+방어권행사를 용이하게+미결구금에 따른 각종 폐해를 방지

Tool 4.

◆피의자 보석(참고)◆

①의의	(1)법원은 <u>구속된 피의자</u>에 대하여 피의자의 출석을 보증할만한 보증금의 납입을 조건으로 하여 결정으로 피의 석방을 명<u>할 수 있다</u>. 다만, 다음 각호에 해당하는 경우에는 그러하지 아니하다(제한사유=증보). 　1. <u>죄증을 인멸</u>할 염려가 있다고 믿을만한 충분한 이유가 있는 때 　2. 피해자, 당해 사건의 재판에 필요한 사실을 알고 있다고 인정되는 자 또는 그 친족의 생명·신체나 재산에 해를 가하거나 가할 염려가 있다고 믿을 만한 충분한 이유가 있는 때(<u>보복</u>)
②비교(피고인보석)	(1)피의자 보석은 재량보속이다(피의자에게 청구권이 없다.) (2)★피고인보석에는 <u>보석취소, 보증금환부의 규정이 있지만</u> 피의자 보석의 경우는 없다.
③절차	(1)보증금의 결정 　－보석을 허가하는 경우에는 다음 각호의 사항을 고려하여 피고인의 출석을 보증할 만한 보증금액을 정하여야 한다. 　　1. 범죄의 성질, 죄상 　　2. 증거의 증명력 　　3. 피고인의 전과, 성격, 환경과 자산 　－법원은 피고인의 자산정도로는 납입하기 불능한 보증금액을 정할 수 없다. (2)석방결정을 하는 경우에 주거의 제한, 법원 또는 검사가 지정하는 일시·장소에 출석할 의무 기타 적당한 조건을 부가할 수 있다. (3)보석집행절차 　－보증금을 납입한 후가 아니면 집행하지 못한다(선납). 　－법원은 유가증권 또는 피의자 이외의 자가 제출한 보증서로서 보증금에 갈음할 것을 허가 할 수 있다. (4)보증금 몰수－－>몰취로 용어변경 　㉠임의적 몰수－재구속, 재체포사유에 의하여 재차구속+동일범죄에 사실에 대하여 재차구속할 경우(직권+검사의 청구) 　㉡필요적 몰수－피의자 보석사유에 의하여 석방된 자가 동일한 범죄사실에 관하여 <u>＜형의 선고를 받아 그 판결이 확정된 후 집행하기 위한 소환을 받고＞+＜정당한 이유없이 출석하지 아니하거나 도망한 때＞</u>에는 직권 또는 검사의 청구에 의하여 보석금의 전부 또는 일부를 몰 수 <u>하여야 한다</u>.
④재체포/재구속제한	석방된 피의자에 대하여 다음 각호의 1에 해당하는 사유가 있는 경우를 제외하고는 동일한 범죄사실에 관하여 재차 체포 또는 구속하지 못한다(재체포·재구속 제한사유). 　1. <u>도망한 때</u>

	2. 도망하거나 죄증을 인멸할 염려가 있다고 믿을만한 충분한 이유가 있는 때 3. 출석요구를 받고 정당한 이유없이 출석하지 아니한 때 4. 주거의 제한 기타 법원이 정한 조건을 위반한 때 ※피의자 재차체포·구속 ------ 도중출조

Tool 5.

◆체포·구속적부심사에서 재구속할 수 있는 사유◆

(1) 구속된 피의자에 대하여 피의자의 <출석>을 보증할 만한 보증금의 납입을 조건으로 석방되었을 때	도망+도망 OR 죄증인멸+출석요구시불출석+주거제한 기타조건위반
(2) 청구권자의 심사청구로 석방된 경우	도망+죄증인멸

Tool 6.
(1) 구속적부심사에서의 기준은 <★심사시>이며 구속시가 아니다.
(2) 구속의 통지기간

형소법	즉시
형사소송규칙	24시간이내

Tool 7.

(1) 구속의 적부는 구속의 <불법>뿐만 아니라 구속계속의 필요성(★부당)까지도 판단대상에 포함된다.
(2) 보증금은 현금납입 원칙이지만 예외적으로 보석보증보험증권제도의 활용으로 <소액의 보험료> 부담으로도 할 수 있다.
(3) 피고인 보석취소사유는 보증금 임의적 몰수 사유와 같다(도망+도망, 죄증인멸+소환불출석+주거제한 등 위반+보복).
(4) <필요적 보석의 제외사유>가 있을 지라도 법원은 <직권 또는 청구>에 의하여 보석을 허가할 수 있다(재량보석/직권보석/임의적 보석).

Tool 8.

◆ 각 사항 비교 ◆

	보석	구속취소	체포·구속적부심	구속집행정지
주체	법원	<피의자-검사, 사법경찰관> 피고인-법원	법원	<피의자-검사, 사법경찰관> 피고인-법원
객체	피고인, 피의자	피고인, 피의자	피의자	피고인, 피의자
청구권자	피고인, 변호인, 법정대리인, 배우자, 직계존속, 형제자매	<검사>, 피고인, 변호인, 법정대리인, 배우자, 직계친족, 형제자매	피의자, 변호인, 법정대리인, 배우자, 직계친족, 형제자매,<가족>, <동거인>, <고용주>	★직권으로만 한다.
사유	제95조(필요적 보석사유), 제96조(임의적 보석사유), 제214조의 2 제4항(체포·구속적부심사시 보석)	구속사유가 없거나 소멸한 때	구속의 불법·부당	상당한 이유가 있을 때
구속영장의 효력	<지속>	소멸	소멸	<지속>
보증금	<요함>	불요	불요	불요

Tool 9.

(1) 구분
 -체포영장에 의한 체포=출석요구불응/50만이하 벌금, 구류,과료
  (①주거없+②출석불응)
 -구속영장에 의한 구속의 요건=주거없, 증거인멸, 도망/50만원이하 벌금, 과료 (주거없)
(2) 구속의 사유(제70조)=죄를 범하였다고 의심, 주거없고, 증거인멸, 도망
  +
  (다액 50만원 이하의 벌금, 구류, 과료)
(3) 구속의 절차: 범죄사실의 요지고지→변호인선임고지→변명기회→서면으로 지체
  없이 구속의 일시·장소+범죄의 요지+구속이유(변호인선임취지통지)
(4) 구속은 법원이 한다. 그러나 지방법원 판사, 수명법관, 수탁판사에게 촉탁할 수 있다.
※법원서기관은 구속영장발부권한이 없다.
(5) <u>진술거부권의 고지는 구속의 절차적 요건이 아니다. 다만 피의자 신문시 수사기관이 고지하여야 한다.</u>

Tool 10.
<구속영장의 방식>

①피고인의 성명, 주거, 죄명, 공소사실의 요지, 인치·구금할 장소, 발부연월일, 유효기간, 그 기간 경과시 반환취지 기재 후 재판장 또는 수명법관이 서명날인

②성명불분명시 인상, 체격, 기타 특정사항표시할 수 있다.

③주거불분명시 주거의 기재 생략가능

Tool 11.

(1) 구속영장실질심사제는 법원으로 하여금 피의자신문을 필요적으로 운용하게 할 위험이 있다는 것을 근거로 일정한 자의 신청에 의하여 한다. 즉 법관의 직권에 의하는 것이 아니다.
(2) **판사가 발부한 압수, 수색영장은 허가장의 성질**을 가지고 있다.
(3) 피고인을 구속한 후에는 <지체없이+서면으로+변호인 또는 가족>에게 통지를 한다.

Tool 12.
<체포·구속적부심사에 있어서 신문 없이 결정으로 청구를 기각할 수 있는 경우(법 214조의 2 제2항)>

①청구권자가 아닌 자가 청구+동일한 체포·구속영장의 발부에 대하여 청구를 한 때

②공범 또는 공동피의자의 순차청구가 심사방해의 목적임이 명백한 때

Tool 13.
(1) 구속의 집행정지=법원이 상당한 이유+검사의 의견+즉시항고가능
(2) 구속의 당연실효=구속기간만료+구속영장실효+사형·자유형의 확정

<<관련판례>>
1. 형사소송법은 수사단계에서의 체포와 구속을 명백히 구별하고 있고 이에 따라 체포와 구속의 적부심사를 규정한 같은 법 제214조의2에서 체포와 구속을 서로 구별되는 개념으로 사용하고 있는바, 같은 조 제4항에 기소 전 보증금 납입을 조건으로 한 석방의 대상자가 '구속된 피의자'라고 명시되어 있고, 같은 법 제214조의3 제2항의 취지를 체포된 피의자에 대하여도 보증금 납입을 조건으로 한 석방이 허용되어야 한다는 근거로 보기는 어렵다 할 것이어서 ★현행법상 체포된 피의자에 대하여는 보증금 납입을 조건으로 한 석방이 허용되지 않는다(대법원 1997. 8. 27.자 97모21 결정).

2. ★체포, 구금 당시에 헌법 및 형사소송법에 규정된 사항(체포, 구금의 이유 및 변호인의 조력을

받을 권리) 등을 고지받지 못하였고, 그 후의 구금기간 중 면회거부 등의 처분을 받았다 하더라도 이와 같은 사유는 형사소송법 제93조 소정의 구속취소사유에는 해당하지 아니한다(대법원 1991. 12. 30.자 91모76 결정).

제 5 장 대물적 강제수사

<<관련판례>>

1. 전자정보에 대한 압수·수색영장의 집행에 있어서는 원칙적으로 영장 발부의 사유로 된 혐의사실과 관련된 부분만을 문서 출력물로 수집하거나 수사기관이 휴대한 저장매체에 해당 파일을 복사하는 방식으로 이루어져야 하고, ★★★★집행현장의 사정상 위와 같은 방식에 의한 집행이 불가능하거나 현저히 곤란한 부득이한 사정이 있더라도 그와 같은 경우에 그 저장매체 자체를 직접 또는 하드카피나 이미징 등 형태로 수사기관 사무실 등 외부로 반출하여 해당 파일을 압수·수색할 수 있도록 영장에 기재되어 있고 실제 그와 같은 사정이 발생한 때에 한하여 예외적으로 허용될 수 있을 뿐이다. 나아가 이처럼 저장매체 자체를 수사기관 사무실 등으로 옮긴 후 영장에 기재된 범죄 혐의 관련 전자정보를 탐색하여 해당 전자정보를 문서로 출력하거나 파일을 복사하는 과정 역시 전체적으로 압수·수색영장 집행에 포함된다고 보아야 한다. 따라서 그러한 경우 문서출력 또는 파일복사의 대상 역시 혐의사실과 관련된 부분으로 한정되어야 함은 헌법 제12조 제1항, 제3항, 형사소송법 제114조, 제215조의 적법절차 및 영장주의의 원칙상 당연하다. 그러므로 수사기관 사무실 등으로 옮긴 저장매체에서 범죄혐의와의 관련성에 관한 구분 없이 저장된 전자정보 중 임의로 문서출력 또는 파일복사를 하는 행위는 특별한 사정이 없는 한 영장주의 등 원칙에 반하는 위법한 집행이 된다(대법원 2011. 5. 26.자 2009모1190 결정 등 참조).(대법원 2014. 2. 27. 선고 2013도12155 판결)

2. [1] 수사기관의 전자정보에 대한 압수·수색은 원칙적으로 영장 발부의 사유로 된 범죄 혐의사실과 관련된 부분만을 문서 출력물로 수집하거나 수사기관이 휴대한 저장매체에 해당 파일을 복제하는 방식으로 이루어져야 하고, 저장매체 자체를 직접 반출하거나 저장매체에 들어 있는 전자파일 전부를 하드카피나 이미징 등 형태(이하 '복제본'이라 한다)로 수사기관 사무실 등 외부로 반출하는 방식으로 압수·수색하는 것은 현장의 사정이나 전자정보의 대량성으로 관련 정보 획득에 긴 시간이 소요되거나 전문 인력에 의한 기술적 조치가 필요한 경우 등 범위를 정하여 출력 또는 복제하는 방법이 불가능하거나 압수의 목적을 달성하기에 현저히 곤란하다고 인정되는 때에 한하여 ★★★★<<예외적으로>> 허용될 수 있을 뿐이다.

이처럼 저장매체 자체 또는 적법하게 획득한 복제본을 탐색하여 혐의사실과 관련된 전자정보를 문서로 출력하거나 파일로 복제하는 일련의 과정 역시 전체적으로 하나의 영장에 기한 압수·수색의 일환에 해당하므로, 그러한 경우의 문서출력 또는 파일복제의 대상 역시 저장매체 소재지에서의 압수·수색과 마찬가지로 혐의사실과 관련된 부분으로 한정되어야 함은 헌법 제12조 제1

항, 제3항과 형사소송법 제114조, 제215조의 적법절차 및 영장주의 원칙이나 비례의 원칙에 비추어 당연하다. 따라서 수사기관 사무실 등으로 반출된 저장매체 또는 복제본에서 혐의사실 관련성에 대한 ★★★★<<구분 없이>> 임의로 저장된 전자정보를 문서로 출력하거나 파일로 복제하는 행위는 원칙적으로 영장주의 원칙에 반하는 위법한 압수가 된다.

[2] 저장매체에 대한 압수·수색 과정에서 범위를 정하여 출력 또는 복제하는 방법이 불가능하거나 압수의 목적을 달성하기에 현저히 곤란한 ★★★★예외적인 사정이 인정되어 전자정보가 담긴 저장매체 또는 하드카피나 이미징 등 형태(이하 '복제본'이라 한다)를 수사기관 사무실 등으로 옮겨 복제·탐색·출력하는 경우에도, 그와 같은 일련의 과정에서 형사소송법 제219조, 제121조에서 규정하는 피압수·수색 당사자(이하 '피압수자'라 한다)나 변호인에게 참여의 기회를 보장하고 혐의사실과 무관한 전자정보의 임의적인 복제 등을 막기 위한 적절한 조치를 취하는 등 영장주의 원칙과 적법절차를 준수하여야 한다. 만약 그러한 조치가 취해지지 않았다면 피압수자 측이 참여하지 아니한다는 의사를 명시적으로 표시하였거나 절차 위반행위가 이루어진 과정의 성질과 내용 등에 비추어 피압수자 측에 절차 참여를 보장한 취지가 실질적으로 침해되었다고 볼 수 없을 정도에 해당한다는 등의 특별한 사정이 없는 이상 압수·수색이 적법하다고 평가할 수 없고, ★★★★비록 수사기관이 저장매체 또는 복제본에서 혐의사실과 관련된 전자정보만을 복제·출력하였다 하더라도 달리 볼 것은 아니다.

[3] 전자정보에 대한 압수·수색 과정에서 이루어진 현장에서의 저장매체 압수·이미징·탐색·복제 및 출력행위 등 수사기관의 처분은 ★★★★하나의 영장에 의한 압수·수색 과정에서 이루어진다. 그러한 일련의 행위가 모두 진행되어 압수·수색이 종료된 이후에는 특정단계의 처분만을 취소하더라도 그 이후의 압수·수색을 저지한다는 것을 상정할 수 없고 수사기관에게 압수·수색의 결과물을 보유하도록 할 것인지가 문제 될 뿐이다. 그러므로 이 경우에는 준항고인이 전체 압수·수색 과정을 단계적·개별적으로 구분하여 각 단계의 개별 처분의 취소를 구하더라도 준항고법원은 특별한 사정이 없는 한 구분된 개별 처분의 위법이나 취소 여부를 판단할 것이 아니라 당해 압수·수색 과정 전체를 하나의 절차로 파악하여 그 과정에서 나타난 위법이 압수·수색 절차 전체를 위법하게 할 정도로 중대한지 여부에 따라 ★★★★전체적으로 압수·수색 처분을 취소할 것인지를 가려야 한다. 여기서 위법의 중대성은 위반한 절차조항의 취지, 전체과정 중에서 위반행위가 발생한 과정의 중요도, 위반사항에 의한 법익침해 가능성의 경중 등을 종합하여 판단하여야 한다.

[4] ★★★★검사가 압수·수색영장을 발부받아 갑 주식회사 빌딩 내 을의 사무실을 압수·수색하였는데, 저장매체에 범죄혐의와 관련된 정보(이하 '유관정보'라 한다)와 범죄혐의와 무관한 정보(이하 '무관정보'라 한다)가 혼재된 것으로 판단하여 갑 회사의 동의를 받아 저장매체를 수사기관 사무실로 반출한 다음 을 측의 참여하에 저장매체에 저장된 전자정보파일 전부를 '이미징'의 방법으로 다른 저장매체로 복제(이하 '제1 처분'이라 한다)하고, 을 측의 참여 없이 이미징한 복제본을 외장 하드디스크에 재복제(이하 '제2 처분'이라 한다)하였으며, 을 측의 참여 없이 하드디스크에서 유관정보를 탐색하는 과정에서 갑 회사의 별건 범죄혐의와 관련된 전자정보 등 무관정보도 함께 출력(이하 '제3 처분'이라 한다)한 사안에서, ★★★★제1 처분은 위법하다고 볼 수 없으나, 제2·3 처분은 제1 처분 후 피압수·수색 당사자에게 계속적인 참여권을 보장하는

등의 조치가 이루어지지 아니한 채 유관정보는 물론 무관정보까지 재복제·출력한 것으로서 영장이 허용한 범위를 벗어나고 적법절차를 위반한 위법한 처분이며, 제2·3 처분에 해당하는 전자정보의 복제·출력 과정은 증거물을 획득하는 행위로서 압수·수색의 목적에 해당하는 중요한 과정인 점 등 위법의 중대성에 비추어 위 영장에 기한 압수·수색이 전체적으로 취소되어야 한다고 한 사례.

[5] 전자정보에 대한 압수·수색에 있어 저장매체 자체를 외부로 반출하거나 하드카피·이미징 등의 형태로 복제본을 만들어 외부에서 저장매체나 복제본에 대하여 압수·수색이 허용되는 예외적인 경우에도 혐의사실과 관련된 전자정보 이외에 이와 무관한 전자정보를 탐색·복제·출력하는 것은 원칙적으로 위법한 압수·수색에 해당하므로 허용될 수 없다. 그러나 ★★★★전자정보에 대한 압수·수색이 종료되기 전에 혐의사실과 관련된 전자정보를 적법하게 탐색하는 과정에서 <<별도의 범죄혐의와 관련된 전자정보를 우연히 발견한 경우라면>>, 수사기관은 더 이상의 추가 탐색을 중단하고 법원에서 <<별도의 범죄혐의에 대한 압수·수색영장을 발부받은 경우에 한하여>> 그러한 정보에 대하여도 적법하게 압수·수색을 할 수 있다.

나아가 이러한 경우에도 별도의 압수·수색 절차는 최초의 압수·수색 절차와 구별되는 별개의 절차이고, 별도 범죄혐의와 관련된 전자정보는 최초의 압수·수색영장에 의한 압수·수색//////의 대상이 아니어서 저장매체의 원래 소재지에서 별도의 압수·수색영장에 기해 압수·수색을 진행하는 경우와 마찬가지로 피압수·수색 당사자(이하 '피압수자'라 한다)는 최초의 압수·수색 이전부터 해당 전자정보를 관리하고 있던 자라 할 것이므로, 특별한 사정이 없는 한 피압수자에게 형사소송법 제219조, 제121조, 제129조에 따라 참여권을 보장하고 압수한 전자정보 목록을 교부하는 등 피압수자의 이익을 보호하기 위한 적절한 조치가 이루어져야 한다.

[6] ★★★★검사가 압수·수색영장(이하 '제1 영장'이라 한다)을 발부받아 갑 주식회사 빌딩 내 을의 사무실을 압수·수색하였는데, 저장매체에 범죄혐의와 관련된 정보(이하 '유관정보'라 한다)와 범죄혐의와 무관한 정보(무관정보)가 혼재된 것으로 판단하여 갑 회사의 동의를 받아 저장매체를 수사기관 사무실로 반출한 다음 을 측의 참여하에 저장매체에 저장된 전자정보파일 전부를 '이미징'의 방법으로 다른 저장매체로 복제하고, 을 측의 참여 없이 이미징한 복제본을 외장 하드디스크에 재복제하였으며, 을 측의 참여 없이 하드디스크에서 유관정보를 탐색하던 중 우연히 을 등의 별건 범죄혐의와 관련된 전자정보(이하 '별건 정보'라 한다)를 발견하고 문서로 출력하였고, 그 후 을 측에 참여권 등을 보장하지 않은 채 다른 검사가 별건 정보를 소명자료로 제출하면서 압수·수색영장(이하 '제2 영장'이라 한다)을 발부받아 외장 하드디스크에서 별건 정보를 탐색·출력한 사안에서, ★★★★제2 영장 청구 당시 압수할 물건으로 삼은 정보는 제1 영장의 피압수·수색 당사자에게 참여의 기회를 부여하지 않은 채 임의로 재복제한 외장 하드디스크에 저장된 정보로서 그 자체가 위법한 압수물이어서 별건 정보에 대한 영장청구 요건을 충족하지 못하였고, 나아가 제2 영장에 기한 압수·수색 당시 을 측에 압수·수색 과정에 참여할 기회를 보장하지 않았으므로, 제2 영장에 기한 압수·수색은 전체적으로 위법하다고 한 사례 (대법원 2015. 7. 16.자 2011모1839 전원합의체 결정)

3. 수사기관에 의한 압수·수색의 경우 헌법과 형사소송법이 정한 적법절차와 영장주의 원칙은 법

률에 따라 허용된 예외사유에 해당하지 않는 한 관철되어야 한다. 세관공무원이 수출입물품을 검사하는 과정에서 마약류가 감추어져 있다고 밝혀지거나 그러한 의심이 드는 경우, 검사는 마약류의 분산을 방지하기 위하여 충분한 감시체제를 확보하고 있어 수사를 위하여 이를 외국으로 반출하거나 대한민국으로 반입할 필요가 있다는 요청을 세관장에게 할 수 있고, 세관장은 그 요청에 응하기 위하여 필요한 조치를 할 수 있다(마약류 불법거래 방지에 관한 특례법 제4조 제1항). 그러나 이러한 조치가 수사기관에 의한 압수·수색에 해당하는 경우에는 영장주의 원칙이 적용된다.

물론 ★★★<u>수출입물품 통관검사절차에서 이루어지는 물품의 개봉, 시료채취, 성분분석 등의 검사는 수출입물품에 대한 적정한 통관 등을 목적으로 조사를 하는 것으로서 이를 수사기관의 강제처분이라고 할 수 없으므로, 세관공무원은 <<압수·수색영장 없이>> 이러한 검사를 진행할 수 있다</u>. 세관공무원이 통관검사를 위하여 직무상 소지하거나 보관하는 물품을 수사기관에 임의로 제출한 경우에는 비록 소유자의 동의를 받지 않았더라도 수사기관이 강제로 점유를 취득하지 않은 이상 해당 물품을 압수하였다고 할 수 없다. 그러나 ★★★<<마약류 불법거래 방지에 관한 특례법 제4조 제1항에 따른 조치의 일환으로 특정한 수출입물품을 개봉하여 검사하고 그 내용물의 점유를 취득한 행위>>는 위에서 본 수출입물품에 대한 적정한 통관 등을 목적으로 조사를 하는 경우와는 달리, 범죄수사인 압수 또는 수색에 해당하여 사전 또는 사후에 영장을 받아야 한다(대법원 2017. 7. 18. 선고 2014도8719 판결).

4. 형사소송법 제215조 제1항은 "검사는 범죄수사에 필요한 때에는 피의자가 죄를 범하였다고 의심할 만한 정황이 있고 해당 사건과 관계가 있다고 인정할 수 있는 것에 한정하여 지방법원판사에게 청구하여 발부받은 영장에 의하여 압수, 수색 또는 검증을 할 수 있다."라고 정하고 있다. 따라서 영장 발부의 사유로 된 범죄 혐의사실과 무관한 별개의 증거를 압수하였을 경우 이는 원칙적으로 유죄 인정의 증거로 사용할 수 없다. 그러나 압수·수색의 목적이 된 범죄나 이와 <u>관련된 범죄의 경우에는 그 압수·수색의 결과를 유죄의 증거로 사용할 수 있다.</u>

★★★<u>압수·수색영장의 범죄 혐의사실과 관계있는 범죄라는 것은 압수·수색영장에 기재한 혐의사실과 객관적 관련성이 있고 압수·수색영장 대상자와 피의자 사이에 인적 관련성이 있는 범죄를 의미한다.</u> ★★★<u>그중 혐의사실과의 객관적 관련성은 압수·수색영장에 기재된 혐의사실 자체 또는 그 기본적 사실관계가 동일한 범행과 직접 관련되어 있는 경우는 물론 범행 동기와 경위, 범행 수단과 방법, 범행 시간과 장소 등을 증명하기 위한 간접증거나 정황증거 등으로 사용될 수 있는 경우에도 인정될 수 있다. 그 관련성은 압수·수색영장에 기재된 혐의사실의 내용과 수사의 대상, 수사 경위 등을 종합하여 구체적·개별적 연관관계가 있는 경우에만 인정되고,</u> ★★★<u>혐의사실과 단순히 동종 또는 유사 범행이라는 사유만으로 관련성이 있다고 할 것은 아니다. 그리고 피의자와 사이의 인적 관련성은 압수·수색영장에 기재된 대상자의 공동정범이나 교사범 등 공범이나 간접정범은 물론 필요적 공범 등에 대한 피고사건에 대해서도 인정될 수 있다</u>(대법원 2017. 12. 5. 선고 2017도13458 판결).

5. 헌법과 형사소송법이 구현하고자 하는 적법절차와 영장주의의 정신에 비추어 볼 때, 법관이 압수수색영장을 발부하면서 '압수할 물건'을 특정하기 위하여 기재한 문언은 이를 엄격하게 해석하여야 하고, 함부로 피압수자 등에게 불리한 내용으로 확장 또는 유추해석하는 것은 허용될 수

없다. 그러나 압수의 대상을 압수수색영장의 범죄사실 자체와 직접적으로 연관된 물건에 한정할 것은 아니고, 압수수색영장의 범죄사실과 기본적 사실관계가 동일한 범행 또는 동종·유사의 범행과 관련된다고 의심할 만한 상당한 이유가 있는 범위 내에서는 압수를 실시할 수 있다(대법원 2009. 7. 23. 선고 2009도2649 판결 참조).

6. 수사기관이 피의자 갑의 공직선거법 위반 범행을 영장 범죄사실로 하여 발부받은 압수·수색영장의 집행 과정에서 을, 병 사이의 대화가 녹음된 녹음파일(이하 '녹음파일'이라 한다)을 압수하여 을, 병의 공직선거법 위반 혐의사실을 발견한 사안에서, ★★★압수·수색영장에 기재된 '피의자'인 갑이 녹음파일에 의하여 의심되는 혐의사실과 무관한 이상, 수사기관이 별도의 압수·수색영장을 발부받지 아니한 채 압수한 녹음파일은 형사소송법 제219조에 의하여 수사기관의 압수에 준용되는 형사소송법 제106조 제1항이 규정하는 '피고사건' 내지 같은 법 제215조 제1항이 규정하는 '해당 사건'과 '관계가 있다고 인정할 수 있는 것'에 해당하지 않으며, 이와 같은 압수에는 헌법 제12조 제1항 후문, 제3항 본문이 규정하는 영장주의를 위반한 절차적 위법이 있으므로, 녹음파일은 형사소송법 제308조의2에서 정한 '적법한 절차에 따르지 아니하고 수집한 증거'로서 증거로 쓸 수 없고, ★★★그 절차적 위법은 헌법상 영장주의 내지 적법절차의 실질적 내용을 침해하는 중대한 위법에 해당하여 예외적으로 증거능력을 인정할 수도 없다고 한 사례(대법원 2014. 1. 16. 선고 2013도7101 판결)

7. ★★★피고인이 2018. 5. 6.경 피해자 갑(여, 10세)에 대하여 저지른 간음유인미수 및 성폭력범죄의 처벌 등에 관한 특례법 위반(통신매체이용음란) 범행과 관련하여 수사기관이 피고인 소유의 휴대전화를 압수하였는데, 위 휴대전화에 대한 디지털정보분석 결과 피고인이 2017. 12.경부터 2018. 4.경까지 사이에 저지른 피해자 을(여, 12세), 병(여, 10세), 정(여, 9세)에 대한 간음유인 및 간음유인미수, 미성년자의제강간, 성폭력범죄의 처벌 등에 관한 특례법 위반(13세미만미성년자강간), 성폭력범죄의 처벌 등에 관한 특례법 위반(통신매체이용음란) 등 범행에 관한 추가 자료들이 획득되어 그 증거능력이 문제 된 사안에서, 추가 자료들로 인하여 밝혀진 피고인의 을, 병, 정에 대한 범행은 압수·수색영장의 범죄사실과 단순히 동종 또는 유사 범행인 것을 넘어서서 구체적·개별적 연관관계가 있는 경우로서 객관적·인적 관련성을 모두 갖추었다고 한 사례(대법원 2020. 2. 13. 선고 2019도14341, 2019전도130 판결)

8. ★★★수사기관이 인터넷서비스이용자인 피의자를 상대로 피의자의 컴퓨터 등 정보처리장치 내에 저장되어 있는 이메일 등 전자정보를 압수·수색하는 것은 전자정보의 소유자 내지 소지자를 상대로 해당 전자정보를 압수·수색하는 대물적 강제처분으로 형사소송법의 해석상 허용된다.

나아가 ★★★압수·수색할 전자정보가 압수·수색영장에 기재된 수색장소에 있는 컴퓨터 등 정보처리장치 내에 있지 아니하고 그 정보처리장치와 정보통신망으로 연결되어 제3자가 관리하는 원격지의 서버 등 저장매체에 저장되어 있는 경우에도, 수사기관이 피의자의 이메일 계정에 대한 접근권한에 갈음하여 발부받은 영장에 따라 영장 기재 수색장소에 있는 컴퓨터 등 정보처리장치를 이용하여 적법하게 취득한 피의자의 이메일 계정 아이디와 비밀번호를 입력하는 등 피의자가 접근하는 통상적인 방법에 따라 원격지의 저장매체에 접속하고 그곳에 저장되어 있는 피의자의 이메일 관련 전자정보를 수색장소의 정보처리장치로 내려받거나 그 화면에 현출시키는 것 역시 피의자의 소유에 속하거나 소지하는 전자정보를 대상으로 이루어지는 것이므로 그 전자정보에 대한 압수·수색을 위와 달리 볼 필요가 없다.

비록 ★★★수사기관이 위와 같이 원격지의 저장매체에 접속하여 그 저장된 전자정보를 수색장소의 정보처리장치로 내려받거나 그 화면에 현출시킨다 하더라도, 이는 인터넷서비스제공자가 허용한 피의자의 전자정보에 대한 접근 및 처분권한과 일반적 접속 절차에 기초한 것으로서, 특별한 사정이 없는 한 인터넷서비스제공자의 의사에 반하는 것이라고 단정할 수 없다.

또한 ★★★형사소송법 제109조 제1항, 제114조 제1항에서 영장에 수색할 장소를 특정하도록 한 취지와 정보통신망으로 연결되어 있는 한 정보처리장치 또는 저장매체 간 이전, 복제가 용이한 전자정보의 특성 등에 비추어 보면, 수색장소에 있는 정보처리장치를 이용하여 정보통신망으로 연결된 원격지의 저장매체에 접속하는 것이 위와 같은 형사소송법의 규정에 위반하여 압수·수색영장에서 허용한 집행의 장소적 범위를 확대하는 것이라고 볼 수 없다. 수색행위는 정보통신망을 통해 원격지의 저장매체에서 수색장소에 있는 정보처리장치로 내려받거나 현출된 전자정보에 대하여 위 정보처리장치를 이용하여 이루어지고, 압수행위는 위 정보처리장치에 존재하는 전자정보를 대상으로 그 범위를 정하여 이를 출력 또는 복제하는 방법으로 이루어지므로, 수색에서 압수에 이르는 일련의 과정이 모두 압수·수색영장에 기재된 장소에서 행해지기 때문이다.

위와 같은 사정들을 종합하여 보면, ★★★피의자의 이메일 계정에 대한 접근권한에 갈음하여 발부받은 압수·수색영장에 따라 원격지의 저장매체에 적법하게 접속하여 내려받거나 현출된 전자정보를 대상으로 하여 범죄 혐의사실과 관련된 부분에 대하여 압수·수색하는 것은, 압수·수색영장의 집행을 원활하고 적정하게 행하기 위하여 필요한 최소한도의 범위 내에서 이루어지며 그 수단과 목적에 비추어 사회통념상 타당하다고 인정되는 대물적 강제처분 행위로서 허용되며, 형사소송법 제120조 제1항에서 정한 압수·수색영장의 집행에 필요한 처분에 해당한다. 그리고 이러한 법리는 원격지의 저장매체가 국외에 있는 경우라 하더라도 그 사정만으로 달리 볼 것은 아니다(대법원 2017. 11. 29. 선고 2017도9747 판결).

9. 형사소송법 제215조에 의한 압수·수색영장은 수사기관의 압수·수색에 대한 허가장으로서 거기에 기재되는 유효기간은 ★★★집행에 착수할 수 있는 종기를 의미하는 것일 뿐이므로, ★★★수사기관이 압수·수색영장을 제시하고 집행에 착수하여 압수·수색을 실시하고 그 집행을 종료하였다면 이미 그 영장은 목적을 달성하여 효력이 상실되는 것이고, 동일한 장소 또는 목적물에 대하여 다시 압수·수색할 필요가 있는 경우라면 그 필요성을 소명하여 법원으로부터 새로운 압수·수색영장을 발부 받아야 하는 것이지, 앞서 발부 받은 압수·수색영장의 유효기간이 남아있다고 하여 이를 제시하고 다시 압수·수색을 할 수는 없다(대법원 1999. 12. 1.자 99모161 결정).

10. 형사소송법 제215조, 제219조, 제106조 제1항의 규정을 종합하여 보면, 검사는 범죄수사에 필요한 때에는 증거물 또는 몰수할 것으로 사료하는 물건을 법원으로부터 영장을 발부받아서 압수할 수 있는 것이고, 합리적인 의심의 여지가 없을 정도로 범죄사실이 인정되는 경우에만 압수할 수 있는 것은 아니라 할 것이며, 한편 ★★★범인으로부터 압수한 물품에 대하여 몰수의

선고가 없어 그 압수가 해제된 것으로 간주된다고 하더라도 공범자에 대한 범죄수사를 위하여 여전히 그 물품의 압수가 필요하다거나 공범자에 대한 재판에서 그 물품이 몰수될 가능성이 있다면 검사는 그 압수해제된 물품을 다시 압수할 수도 있다(대법원 1997. 1. 9.자 96모34 결정).

11. 압수·수색영장을 집행하는 수사기관은 피압수자로 하여금 법관이 발부한 영장에 의한 압수·수색이라는 사실을 확인함과 동시에 형사소송법이 압수·수색영장에 필요적으로 기재하도록 정한 사항이나 그와 일체를 이루는 사항을 충분히 알 수 있도록 압수·수색영장을 제시하여야 한다(대법원 2017. 9. 21. 선고 2015도12400 판결).

12. [1] 헌법과 형사소송법이 구현하고자 하는 적법절차와 영장주의의 정신에 비추어 볼 때, 법관이 압수·수색영장을 발부하면서 '압수할 물건'을 특정하기 위하여 기재한 문언은 엄격하게 해석하여야 하고, 함부로 피압수자 등에게 불리한 내용으로 확장 또는 유추 해석하여서는 안 된다. 따라서 압수·수색영장에서 압수할 물건을 '압수장소에 보관중인 물건'이라고 기재하고 있는 것을 ★★★★<<'압수장소에 현존하는 물건'으로 해석할 수는 없다.>>

[2] 압수·수색영장은 처분을 받는 자에게 반드시 제시하여야 하는바, 현장에서 압수·수색을 당하는 사람이 여러 명일 경우에는 그 사람들 모두에게 개별적으로 영장을 제시해야 하는 것이 원칙이다. 수사기관이 압수·수색에 착수하면서 그 장소의 ★★★★관리책임자에게 영장을 제시하였다고 하더라도, 물건을 소지하고 있는 다른 사람으로부터 이를 압수하고자 하는 때에는 그 사람에게 따로 영장을 제시하여야 한다.

[3] 공무원인 수사기관이 작성하여 피압수자 등에게 교부해야 하는 압수물 목록에는 작성연월일을 기재하고, 그 내용은 사실에 부합하여야 한다. 압수물 목록은 피압수자 등이 압수물에 대한 환부·가환부신청을 하거나 압수처분에 대한 준항고를 하는 등 권리행사절차를 밟는 가장 기초적인 자료가 되므로, 이러한 권리행사에 지장이 없도록 압수 직후 현장에서 바로 작성하여 교부해야 하는 것이 원칙이다.

[4] 헌법과 형사소송법이 정한 절차에 위반하여 수집한 증거는 기본적 인권 보장을 위해 마련된 적법한 절차에 따르지 않은 것으로서 원칙적으로 유죄의 증거로 삼을 수 없다. 다만, 수사기관의 증거 수집 과정에서 이루어진 절차 위반행위와 관련된 모든 사정을 전체적·종합적으로 살펴볼 때, 수사기관의 절차 위반행위가 적법절차의 실질적인 내용을 침해하는 경우에 해당하지 아니하고, 오히려 그 증거의 증거능력을 배제하는 것이 헌법과 형사소송법이 형사소송에 관한 절차 조항을 마련하여 적법절차의 원칙과 실체적 진실 규명의 조화를 도모하고 이를 통하여 형사 사법 정의를 실현하려 한 취지에 반하는 결과를 초래하는 것으로 평가되는 예외적인 경우라면 법원은 그 증거를 유죄 인정의 증거로 사용할 수 있으나, 구체적 사안이 위와 같은 예외적인 경우에 해당하는지를 판단하는 과정에서 적법한 절차를 따르지 않고 수집된 증거를 유죄의 증거로 삼을 수 없다는 원칙이 훼손되지 않도록 유념하여야 하고, 그러한 예외적인 경우에 해당한다고 볼 만한 구체적이고 특별한 사정이 존재한다는 것은 검사가 입증하여야 한다(대법원 2009. 3. 12. 선고 2008도763 판결).

13. 수사기관이 갑 주식회사에서 압수수색영장을 집행하면서 갑 회사에 ★<<팩스로 영장 사본을 송신하기만 >>하고 영장 원본을 제시하거나 압수조서와 압수물 목록을 작성하여 피압수·수색 당사자에게 <<교부하지도 않은 채>> 피고인의 이메일을 압수한 후 이를 증거로 제출한 사안에서, 위와 같은 방법으로 압수된 이메일은 증거능력이 없다(대법원 2017. 9. 7. 선고 2015도10648 판결).

14. 형사소송법 제219조, 제121조가 규정한 변호인의 참여권은 피압수자의 보호를 위하여 변호인에게 주어진 고유권이다. 따라서 설령 피압수자가 수사기관에 압수·수색영장의 집행에 참여하지 않는다는 의사를 명시하였다고 하더라도, 특별한 사정이 없는 한 그 변호인에게는 형사소송법 제219조, 제122조에 따라 미리 집행의 일시와 장소를 통지하는 등으로 압수·수색영장의 집행에 참여할 기회를 별도로 보장하여야 한다(대법원 2020. 11. 26. 선고 2020도10729 판결).

15. [1] 형사소송법 제219조, 제121조에 의하면, 수사기관이 압수·수색영장을 집행할 때 피의자 또는 변호인은 그 집행에 참여할 수 있다. 압수의 목적물이 컴퓨터용디스크 그 밖에 이와 비슷한 정보저장매체인 경우에는 영장 발부의 사유로 된 범죄 혐의사실과 관련 있는 정보의 범위를 정하여 출력하거나 복제하여 이를 제출받아야 하고, 피의자나 변호인에게 참여의 기회를 보장하여야 한다. 만약 그러한 조치를 취하지 않았다면 이는 형사소송법에 정한 영장주의 원칙과 적법절차를 준수하지 않은 것이다. ★★★★<<수사기관이 정보저장매체에 기억된 정보 중에서 키워드 또는 확장자 검색 등을 통해 범죄 혐의사실과 관련 있는 정보를 선별한 다음 정보저장매체와 동일하게 비트열 방식으로 복제하여 생성한 파일(이하 '이미지 파일'이라 한다)을 제출받아 압수하였다면 이로써 압수의 목적물에 대한 압수·수색 절차는 종료된 것이므로,>> ★★★★<<수사기관이 수사기관 사무실에서 위와 같이 압수된 이미지 파일을 탐색·복제·출력하는 과정에서도 피의자 등에게 참여의 기회를 보장하여야 하는 것은 아니다.>>

[2] 형사소송법 제219조, 제129조에 의하면, 압수한 경우에는 목록을 작성하여 소유자, 소지자, 보관자 기타 이에 준할 자에게 교부하여야 한다. 그리고 법원은 압수·수색영장의 집행에 관하여 범죄 혐의사실과 관련 있는 정보의 탐색·복제·출력이 완료된 때에는 지체 없이 압수된 정보의 상세목록을 피의자 등에게 교부할 것을 정할 수 있다. 압수물 목록은 피압수자 등이 압수처분에 대한 준항고를 하는 등 권리행사절차를 밟는 가장 기초적인 자료가 되므로, 수사기관은 이러한 권리행사에 지장이 없도록 압수 직후 현장에서 압수물 목록을 바로 작성하여 교부해야 하는 것이 원칙이다. 이러한 압수물 목록 교부 취지에 비추어 볼 때, 압수된 정보의 상세목록에는 정보의 파일 명세가 특정되어 있어야 하고, ★★★★수사기관은 이를 출력한 서면을 교부하거나 전자파일 형태로 복사해 주거나 이메일을 전송하는 등의 방식으로도 할 수 있다(대법원 2018. 2. 8. 선고 2017도13263 판결).

16. 형사소송법 제133조의 규정에 의하면, 압수를 계속할 필요가 없다고 인정되는 압수물 또는 증거에 공할 압수물은 환부 또는 가환부할 수 있도록 되어 있는 바, 본건 약속어음은 범죄행위로 인하여 생긴 위조문서로서 아무도 이를 소유하는 것이 허용되지 않는 물건이므로 몰수가 될 뿐 환부나 가환부할 수 없고 다만 검사는 몰수의 선고가 있은 뒤에 형사소송법 제485조에 의

하여 위조의 표시를 하여 환부할 수 있다(대법원 1984. 7. 24.자 84모43 결정).

17. 세관이 시계행상이 소지하고 있던 외국산시계를 관세장물의 혐의가 있다고 하여 압수하였던 것을 검사가 그것이 관세포탈품인지를 확인할 수 없어 그 사건을 ★<<기소중지처분하였다면>> 위 압수물은 관세장물이라고 단정할 수 없으므로 국고에 귀속시킬 수 없음은 물론 압수를 더 이상 단속할 필요도 없다(대법원 1988. 12. 14.자 88모55 결정).

18. 피압수자 등 환부를 받을 자가 압수 후 그 소유권을 포기하는 등에 의하여 실체법상의 권리를 상실하더라도 그 때문에 압수물을 환부하여야 하는 수사기관의 의무에 어떠한 영향을 미칠 수 없고, 또한 수사기관에 대하여 형사소송법상의 환부청구권을 포기한다는 의사표시를 하더라도 그 효력이 없어 그에 의하여 수사기관의 필요적 환부의무가 면제된다고 볼 수는 없으므로, 압수물의 소유권이나 그 환부청구권을 포기하는 의사표시로 인하여 위 환부의무에 대응하는 압수물에 대한 환부청구권이 소멸하는 것은 아니다(대법원 1996. 8. 16.자 94모51 전원합의체 결정).

19. 피의자들이 밀수출하기 위해 허위의 수출신고 후 선적하려다 미수에 그친 수출물품으로서 갑 주식회사 소유의 렌트차량인 자동차를 세관의 특별사법경찰관이 압수수색검증영장에 기해 압수하였는데, 갑 회사와 밀수출범죄 사이에 아무런 관련성이 발견되지 않음에도 검사가 갑 회사의 압수물 가환부 청구를 거부하자 갑 회사가 준항고를 제기하여 원심에서 준항고가 인용된 사안에서, 검사에게 갑 회사의 가환부 청구를 거부할 수 있는 특별한 사정이 있는 경우라고 보기 어렵다는 이유로, 원심이 ★준항고를 받아들인 것은 결론적으로 정당하다고 한 사례(대법원 2017. 9. 29.자 2017모236 결정)

20. 가. 형사소송법 제134조 소정의 "환부할 이유가 명백한 때"라 함은 사법상 피해자가 그 압수된 물건의 인도를 청구할 수 있는 권리가 있음이 명백한 경우를 의미하고 위 인도청구권에 관하여 사실상, 법률상 다소라도 의문이 있는 경우에는 환부할 명백한 이유가 있는 경우라고는 할 수 없다.

나. 매수인이 피해자로 부터 물건을 매수함에 있어 사기행위로써 취득하였다 하더라도 피해자가 매수인에게 사기로 인한 매매의 의사표시를 취소한 여부가 분명하지 않고, 위 매수인으로 부터 위탁을 받은 (갑)이 위 물건을 인도받아 재항고인의 창고에 임치하여 재항고인이 보관하게 되었고 달리 재항고인이 위 물건이 장물이라는 정을 알았다고 확단할 자료가 없다면, 재항고인은 정당한 점유자라 할 것이고 이를 보관시킨 매수인에 대해서는 임치료 청구권이 있고 그 채권에 의하여 위 물건에 대한 유치권이 있다고 보여지므로 피해자는 재항고인에 대하여 위 물건의 반환 청구권이 있음이 명백하다고 보기는 ★어렵다 할 것이므로 이를 피해자에게 환부할 것이 아니라 ★민사소송에 의하여 해결함이 마땅하다(대법원 1984. 7. 16.자 84모38 결정).

제 2 절 수사상 검증

Tool 1.

◆검증(수사상)◆

①의의	(1)검증이라 함은 오관의 작용에 의하여 물건 또는 신체, 장소의 존재, 상태를 직접 실험, 인식하는 강제처분을 말한다. (2)수사상검증은 증거확보를 위한 강제처분이다. 따라서 검증영장이 필요하다.
②주의사항	(1)절차는 압수·수색과 동일하다. (2)검증을 함에는 **신체의 검사, 사체해부, 분묘발굴, 물건의 파괴 기타 필요한 처분**을 할 수 있다. ★감정유치X (3)신체검사는 신체자체를 검사의 대상으로 하는 강제처분이다. 이에 반하여 신체수색은 신체외부와 착의에 대하여 증거물을 수색하는 것을 말한다. (4)신체검사는 검증영장을 요한다. (5)신체검사는 피의자를 대상으로 함이 원칙이나 <피의자가 아닌 자라도 증적의 존재를 확인할 수 있는 현저한 사유가 있는 때에 한하여 가능하다.> (6)수사기관이 여자의 신체를 검사하는 경우에는 의사나 성년의 여자를 참여하게 하여야 한다. ★여자신체검사=의사 OR 성년의 여자[검의성] ★여자신체수색=성년의 여자[수성] (7)수사기관은 체포 또는 구속된 피의자에 대하여 체포현장에서 **영장없이** 지문 또는 족형을 체취하고 신장과 체중 등 신체상의 특징을 측정할 수 있다. (8)수사기관의 사체해부시에는 법관의 검증영장(실무상으로는 법관의 압수수색영장)이 필요하다. (9)검증조서는 검사 또는 사법경찰관이 작성한다. (10)이러한 검증조서에는 사진을 첨부할 수 있다. (11)★검증조서에는 검증을 행한 자와 참여한 사법경찰관리 등이 서명날인을 해야 한다(피의자가 서명날인하는 것은 아니다). (12)★법원 또는 법관의 검증에는 피의자의 검증참여권이 보장되지만 **수사기관의 검증에는 피의자의 검증참여가 인정되지 않는다.** (13)실황조사서는 실질적으로 검증조서와 동일한 내용을 가지므로 그 증거능력을 인정되는 요건도 검증조서와 동일하다고 본다. (14)범행중 또는 범행직후의 범죄장소에서 영장없이 검증을 할 수 있으나 사후에 지체 없이 영장을 발부받아야 한다. (15)체포영장에 의한 체포, 긴급체포, 현행범인체포시에도 영장없이 검증을 할 수 있다. 이러한 경우에도 사후에 검증영장을 발부받아야 한다.

(16) 법원의 검증은 증거조사의 일종이고 수사기관의 검증은 강제처분이다.
(17) 강제채혈, 강제채뇨 등을 할 경우(체내검사)에는 압수·수색영장과 감정처분허가장을 법관으로부터 발부받아야 한다.
(18) 신체내부에 숨겨놓은(예 삼켜버린) 것을 찾기 위하여는 압수·수색영장과 검증영장이 필요하다.
(19) 범죄현장에서 검증(현장검증)하기 위하여는 압수·수색영장이 필요하다.

<<관련판례>>

1. ★★형사소송법 규정에 위반하여 수사기관이 법원으로부터 영장 또는 감정처분허가장을 발부받지 아니한 채 피의자의 동의 없이 피의자의 신체로부터 혈액을 채취하고 더구나 사후적으로도 지체없이 이에 대한 영장을 발부받지 아니하고서 위와 같이 강제 채혈한 피의자의 혈액 중 알코올농도에 관한 감정이 이루어졌다면, 이러한 ★★감정결과보고서 등은 형사소송법상 영장주의 원칙을 위반하여 수집하거나 그에 기초한 증거로서 그 절차 위반행위가 적법절차의 실질적인 내용을 침해하는 정도에 해당한다고 할 것이므로, 피고인이나 변호인의 증거동의 여부를 불문하고 이 사건 범죄사실을 유죄로 인정하는 증거로 사용할 수 없다고 보아야 한다(대법원 2011. 5. 13. 선고 2009도10871 판결).

2. [1] 수사기관이 범죄 증거를 수집할 목적으로 피의자의 동의 없이 피의자의 혈액을 취득·보관하는 행위는 법원으로부터 감정처분허가장을 받아 형사소송법 제221조의4 제1항, 제173조 제1항에 의한 '감정에 필요한 처분'으로도 할 수 있지만, 형사소송법 제219조, 제106조 제1항에 정한 압수의 방법으로도 할 수 있고, <u>압수의 방법에 의하는 경우 혈액의 취득을 위하여 피의자의 신체로부터 혈액을 채취하는 행위는 혈액의 압수를 위한 것으로서 형사소송법 제219조, 제120조 제1항에 정한 ★'압수영장의 집행에 있어 필요한 처분'에 해당한다.</u>

[2] ★★★음주운전 중 교통사고를 야기한 후 피의자가 의식불명 상태에 빠져 있는 등으로 도로교통법이 음주운전의 제1차적 수사방법으로 규정한 호흡조사에 의한 음주측정이 불가능하고 혈액 채취에 대한 동의를 받을 수도 없을 뿐만 아니라 법원으로부터 혈액 채취에 대한 감정처분허가장이나 사전 압수영장을 발부받을 시간적 여유도 없는 긴급한 상황이 생길 수 있다. ★★★이러한 경우 피의자의 신체 내지 의복류에 주취로 인한 냄새가 강하게 나는 등 형사소송법 제211조 제2항 제3호가 정하는 범죄의 증적이 현저한 준현행범인의 요건이 갖추어져 있고 교통사고 발생 시각으로부터 사회통념상 범행 직후라고 볼 수 있는 시간 내라면, ★★★피의자의 생명·신체를 구조하기 위하여 사고현장으로부터 곧바로 후송된 병원 응급실 등의 장소는 형사소송법 제216조 제3항의 범죄 장소에 준한다 할 것이므로, 검사 또는 사법경찰관은 피의자의 혈중알코올농도 등 증거의 수집을 위하여 의료법상 의료인의 자격이 있는 자로 하여금 의료용 기구로 의학적인 방법에 따라 필요최소한의 한도 내에서 피의자의 혈액을 채취하게 한 후 그 혈액을 영장 없이 압수할 수 있다. 다만 이 경우에도 형사소송법 제216조 제3항 단서, 형사소송규칙 제58조, 제107조 제1항 제3호에 따라 사후에 지체 없이 강제채혈에 의한 압수의 사유 등을 기재한 영장청구서에 의하여 법원으로부터 압수영장을 받아야 한다(대법원 2012. 11. 15. 선고 2011도15258 판결).

3. 피고인이 운전 중 교통사고를 내고 의식을 잃은 채 병원 응급실로 호송되자, 출동한 경찰관이 법원으로부터 압수·수색 또는 검증 영장을 발부받지 아니한 채 피고인의 동서로부터 채혈동의를 받고 의사로 하여금 채혈을 하도록 한 사안에서, 원심이 적법한 절차에 따르지 아니하고 수집된 피고인의 혈액을 이용한 혈중알콜농도에 관한 국립과학수사연구소 감정서 및 이에 기초한 주취운전자적발보고서의 증거능력을 부정한 것은 정당하고, 음주운전자에 대한 채혈에 관하여 영장주의를 요구할 경우 증거가치가 없게 될 위험성이 있다거나 음주운전 중 교통사고를 야기하고 의식불명 상태에 빠져 병원에 후송된 자에 대해 수사기관이 수사의 목적으로 의료진에게 요청하여 혈액을 채취한 사정이 있다고 하더라도 이러한 증거의 ★증거능력을 배제하는 것이 형사사법 정의를 실현하려고 한 취지에 반하는 결과를 초래하는 예외적인 경우에 해당한다고 볼 수 없다(대법원 2011. 4. 28. 선고 2009도2109 판결).

4. [1] ★★★★강제 채뇨는 피의자가 임의로 소변을 제출하지 않는 경우 피의자에 대하여 강제력을 사용해서 도뇨관(catheter)을 요도를 통하여 방광에 삽입한 뒤 체내에 있는 소변을 배출시켜 소변을 취득·보관하는 행위이다. 수사기관이 범죄 증거를 수집할 목적으로 하는 강제 채뇨는 피의자의 신체에 직접적인 작용을 수반할 뿐만 아니라 피의자에게 신체적 고통이나 장애를 초래하거나 수치심이나 굴욕감을 줄 수 있다. 따라서 피의자에게 범죄 혐의가 있고 그 범죄가 중대한지, 소변성분 분석을 통해서 범죄 혐의를 밝힐 수 있는지, 범죄 증거를 수집하기 위하여 피의자의 신체에서 소변을 확보하는 것이 필요한 것인지, 채뇨가 아닌 다른 수단으로는 증명이 곤란한지 등을 고려하여 범죄 수사를 위해서 강제 채뇨가 부득이하다고 인정되는 경우에 최후의 수단으로 적법한 절차에 따라 허용된다고 보아야 한다. ★★★★이때 의사, 간호사, 그 밖의 숙련된 의료인 등으로 하여금 소변 채취에 적합한 의료장비와 시설을 갖춘 곳에서 피의자의 신체와 건강을 해칠 위험이 적고 피의자의 굴욕감 등을 최소화하는 방법으로 소변을 채취하여야 한다.

[2] ★★★★수사기관이 범죄 증거를 수집할 목적으로 <<피의자의 동의 없이>> 피의자의 소변을 채취하는 것은 법원으로부터 감정허가장을 받아 형사소송법 제221조의4 제1항, 제173조 제1항에서 정한 ★★★★<<'감정에 필요한 처분'>>로 할 수 있지만(피의자를 병원 등에 유치할 필요가 있는 경우에는 형사소송법 제221조의3에 따라 법원으로부터 감정유치장을 받아야 한다), 형사소송법 제219조, 제106조 제1항, 제109조에 따른 ★★★★압수·수색의 방법으로도 할 수 있다. 이러한 압수·수색의 경우에도 수사기관은 원칙적으로 형사소송법 제215조에 따라 판사로부터 압수·수색영장을 적법하게 발부받아 집행해야 한다.

★★★★<<압수·수색의 방법으로 소변을 채취하는 경우>> 압수대상물인 피의자의 소변을 확보하기 위한 수사기관의 노력에도 불구하고, 피의자가 인근 병원 응급실 등 소변 채취에 적합한 장소로 이동하는 것에 동의하지 않거나 저항하는 등 임의동행을 기대할 수 없는 사정이 있는 때에는 수사기관으로서는 ★★★★<<소변 채취에 적합한 장소로 피의자를 데려가기 위해서 필요 최소한의 유형력을 행사하는 것이 허용된다.>> 이는 형사소송법 제219조, 제120조 제1항에서 정한 ★★★★압수·수색영장의 집행에 필요한 처분'에 해당한다고 보아야 한다. 그렇지 않으면 피의자의 신체와 건강을 해칠 위험이 적고 피의자의 굴욕감을 최소화하기 위하여 마련된 절차에 따른 강제 채뇨가 불가능하여 압수영장의 목적을 달성할 방법이 없기 때문이다.

[3] ★★★★피고인이 메트암페타민(일명 '필로폰')을 투약하였다는 마약류 관리에 관한 법률 위반(향정) 혐의에 관하여, 피고인의 소변(30cc), 모발(약 80수), 마약류 불법사용 도구 등에 대한 압수·수색·검증영장을 발부받은 다음 경찰관이 피고인의 주거지를 수색하여 사용 흔적이 있는 주사기 4개를 압수하고, 위 영장에 따라 3시간가량 소변과 모발을 제출하도록 설득하였음에도 피고인이 계속 거부하면서 자해를 하자 이를 제압하고 수갑과 포승을 채운 뒤 강제로 병원 응급실로 데리고 가 응급구조사로 하여금 피고인의 신체에서 소변(30cc)을 채취하도록 하여 이를 압수한 사안에서, ★★★★피고인에 대한 피의사실이 중대하고 객관적 사실에 근거한 명백한 범죄 혐의가 있었다고 보이고, 경찰관의 장시간에 걸친 설득에도 피고인이 소변의 임의 제출을 거부하면서 판사가 적법하게 발부한 압수영장의 집행에 저항하자 경찰관이 다른 방법으로 수사목적을 달성하기 곤란하다고 판단하여 강제로 피고인을 소변 채취에 적합한 장소인 인근 병원 응급실로 데리고 가 의사의 지시를 받은 응급구조사로 하여금 피고인의 신체에서 소변을 채취하도록 하였으며, 그 과정에서 피고인에 대한 강제력의 행사가 필요 최소한도를 벗어나지 않았으므로, ★★★★경찰관의 조치는 형사소송법 제219조, 제120조 제1항에서 정한 '압수영장의 집행에 필요한 처분'으로서 허용되고, 한편 경찰관이 압수영장을 집행하기 위하여 피고인을 병원 응급실로 데리고 가는 과정에서 공무집행에 항거하는 피고인을 제지하고 자해 위험을 방지하기 위해 수갑과 포승을 사용한 것은 경찰관 직무집행법에 따라 허용되는 경찰장구의 사용으로서 ★★★★적법하다는 이유로, 같은 취지에서 피고인의 소변에 대한 압수영장 집행이 적법하다고 본 원심판단을 수긍한 사례(대법원 2018. 7. 12. 선고 2018도6219 판결)

5. 형사소송법 제218조는 "검사 또는 사법경찰관은 피의자, 기타인의 유류한 물건이나 소유자, 소지자 또는 보관자가 임의로 제출한 물건을 영장 없이 압수할 수 있다."라고 규정하고 있고, 같은 법 제219조에 의하여 준용되는 제112조 본문은 "변호사, 변리사, 공증인, 공인회계사, 세무사, 대서업자, 의사, 한의사, 치과의사, 약사, 약종상, 조산사, 간호사, 종교의 직에 있는 자 또는 이러한 직에 있던 자가 그 업무상 위탁을 받아 소지 또는 보관하는 물건으로 타인의 비밀에 관한 것은 압수를 거부할 수 있다."라고 규정하고 있을 뿐이고, 달리 ★★★★형사소송법 및 기타 법령상 의료인이 진료 목적으로 채혈한 혈액을 수사기관이 수사 목적으로 압수하는 절차에 관하여 특별한 절차적 제한을 두고 있지 않으므로, ★★★★의료인이 진료 목적으로 채혈한 환자의 혈액을 수사기관에 임의로 제출하였다면 그 혈액의 증거사용에 대하여도 환자의 사생활의 비밀 기타 인격적 법익이 침해되는 등의 특별한 사정이 없는 한 반드시 그 환자의 동의를 받아야 하는 것이 아니고, 따라서 ★★★★<<경찰관이 간호사로부터 진료 목적으로 이미 채혈되어 있던 피고인의 혈액 중 일부를 주취운전 여부에 대한 감정을 목적으로 임의로 제출 받아 이를 압수한 경우>>, 당시 간호사가 위 혈액의 소지자 겸 보관자인 병원 또는 담당의사를 대리하여 혈액을 경찰관에게 임의로 제출할 수 있는 권한이 없었다고 볼 특별한 사정이 없는 이상, 그 압수절차가 피고인 또는 피고인의 가족의 동의 및 영장 없이 행하여졌다고 하더라도 이에 적법절차를 위반한 위법이 있다고 할 수 없다(대법원 1999. 9. 3. 선고 98도968 판결).

6. ★★★★교통안전과 위험방지를 위한 필요가 없음에도 주취운전을 하였다고 인정할 만한 상당한 이유가 있다는 이유만으로 이루어지는 음주측정은 이미 행하여진 주취운전이라는 범죄행위에 대한 증거 수집을 위한 수사절차로서의 의미를 가지는 것인데, 구 도로교통법(2005. 5. 31. 법률 제7545호로 전문 개정되기 전의 것)상의 규정들이 음주측정을 위한 강제처분의 근거가 될

수 없으므로 위와 같은 음주측정을 위하여 당해 운전자를 강제로 연행하기 위해서는 수사상의 강제처분에 관한 형사소송법상의 절차에 따라야 하고, 이러한 절차를 무시한 채 이루어진 강제연행은 위법한 체포에 해당한다. ★★★★이와 같은 위법한 체포 상태에서 음주측정요구가 이루어진 경우, 음주측정요구를 위한 위법한 체포와 그에 이은 음주측정요구는 주취운전이라는 범죄행위에 대한 증거 수집을 위하여 연속하여 이루어진 것으로서 개별적으로 그 적법 여부를 평가하는 것은 적절하지 않으므로 그 일련의 과정을 전체적으로 보아 위법한 음주측정요구가 있었던 것으로 볼 수밖에 없고, 운전자가 주취운전을 하였다고 인정할 만한 상당한 이유가 있다 하더라도 그 운전자에게 경찰공무원의 이와 같은 위법한 음주측정요구에 대해서까지 그에 응할 의무가 있다고 보아 이를 강제하는 것은 부당하므로 그에 불응하였다고 하여 음주측정거부에 관한 도로교통법 위반죄로 처벌할 수 없다(대법원 2006. 11. 9. 선고 2004도8404 판결).

7. 가. ★★★★구 도로교통법(2018. 3. 27. 법률 제15530호로 개정되기 전의 것, 이하 '구 도로교통법'이라고 한다) 제44조 제2항에 따라 경찰공무원이 운전자가 술에 취하였는지를 알아보기 위하여 실시하는 측정은 호흡을 채취하여 그로부터 주취의 정도를 객관적으로 환산하는 측정방법, 즉 음주측정기에 의한 측정으로 이해하여야 한다. 그리고 경찰공무원은 음주 여부나 주취 정도를 측정하는 경우 합리적으로 필요한 한도 내에서 그 측정 방법이나 측정 횟수에 관하여 어느 정도 재량을 갖는다. 따라서 ★★★★경찰공무원은 운전자의 음주 여부나 주취 정도를 확인하기 위하여 운전자에게 음주측정기를 면전에 제시하면서 호흡을 불어넣을 것을 요구하는 것 이외에도 그 사전절차로서 음주측정기에 의한 측정과 밀접한 관련이 있는 검사 방법인 음주감지기에 의한 시험도 요구할 수 있다.

★★★★구 도로교통법 제148조의2 제1항 제2호에서 말하는 '경찰공무원의 측정에 응하지 아니한 경우'란 전체적인 사건의 경과에 비추어 술에 취한 상태에 있다고 인정할 만한 상당한 이유가 있는 운전자가 음주측정에 응할 의사가 없음이 객관적으로 명백하다고 인정되는 때를 의미한다. 경찰공무원이 술에 취한 상태에 있다고 인정할 만한 상당한 이유가 있는 운전자에게 음주 여부를 확인하기 위하여 음주측정기에 의한 측정의 사전 단계로 음주감지기에 의한 시험을 요구하는 경우, ★★★★그 시험 결과에 따라 음주측정기에 의한 측정이 예정되어 있고 운전자가 그러한 사정을 인식하였음에도 음주감지기에 의한 시험에 명시적으로 불응함으로써 음주측정을 거부하겠다는 의사를 표명하였다면, 음주감지기에 의한 시험을 거부한 행위도 음주측정기에 의한 측정에 응할 의사가 없음을 객관적으로 명백하게 나타낸 것으로 볼 수 있다(대법원 2017. 6. 8. 선고 2016도16121 판결, 대법원 2017. 6. 15. 선고 2017도5115 판결 등 참조).(대법원 2018. 12. 13. 선고 2017도12949 판결)

8. [1] 음주운전에 대한 수사과정에서 음주운전의 혐의가 있는 운전자에 대하여 도로교통법 제44조 제2항에 따른 호흡측정이 이루어진 경우에는 그에 따라 과학적이고 중립적인 호흡측정 수치가 도출된 이상 다시 음주측정을 할 필요가 사라졌으므로 운전자의 불복이 없는 한 다시 음주측정을 하는 것은 원칙적으로 허용되지 아니한다. 또한 도로교통법 제44조 제2항, 제3항의 내용 등에 비추어 보면, ★★★★호흡측정 방식에 따라 혈중알코올농도를 측정한 경찰공무원에게 특별한 사정이 없는 한 혈액채취의 방법을 통하여 혈중알코올농도를 다시 측정할 수 있다는 취지를 운전자에게 고지하여야 할 의무가 있다고 볼 수 없다.

[2] ★★★★위드마크 공식은 운전자가 음주한 상태에서 운전한 사실이 있는지에 대한 경험법칙에 의한 증거수집 방법에 불과하다. 따라서 ★★★★경찰공무원에게 위드마크 공식의 존재 및 나아가 호흡측정에 의한 혈중알코올농도가 음주운전 처벌기준 수치에 미달하였더라도 위드마크 공식에 의한 역추산 방식에 의하여 운전 당시의 혈중알코올농도를 산출할 경우 그 결과가 음주운전 처벌기준 수치 이상이 될 가능성이 있다는 취지를 운전자에게 미리 고지하여야 할 의무가 있다고 보기도 어렵다(대법원 2017. 9. 21. 선고 2017도661 판결).

9. [1] 구 도로교통법(2014. 12. 30. 법률 제12917호로 개정되기 전의 것, 이하 같다) 제44조 제2항, 제3항, 제148조의2 제1항 제2호의 입법연혁과 내용 등에 비추어 보면, ★★★★구 도로교통법 제44조 제2항, 제3항은 음주운전 혐의가 있는 운전자에게 수사를 위한 호흡측정에도 응할 것을 간접적으로 강제하는 한편 혈액 채취 등의 방법에 의한 재측정을 통하여 호흡측정의 오류로 인한 불이익을 구제받을 수 있는 기회를 보장하는 데 취지가 있으므로, 이 규정들이 음주운전에 대한 수사방법으로서의 혈액 채취에 의한 측정의 방법을 운전자가 호흡측정 결과에 불복하는 경우에만 한정하여 허용하려는 취지의 규정이라고 해석할 수는 없다.

[2] ★★★★음주운전에 대한 수사 과정에서 음주운전 혐의가 있는 운전자에 대하여 구 도로교통법(2014. 12. 30. 법률 제12917호로 개정되기 전의 것) 제44조 제2항에 따른 호흡측정이 이루어진 경우에는 그에 따라 과학적이고 중립적인 호흡측정 수치가 도출된 이상 다시 음주측정을 할 필요성은 사라졌으므로 운전자의 불복이 없는 한 다시 음주측정을 하는 것은 원칙적으로 허용되지 아니한다. 그러나 ★★★★운전자의 태도와 외관, 운전 행태 등에서 드러나는 주취 정도, 운전자가 마신 술의 종류와 양, 운전자가 사고를 야기하였다면 경위와 피해 정도, 목격자들의 진술 등 호흡측정 당시의 구체적 상황에 비추어 호흡측정기의 오작동 등으로 인하여 호흡측정 결과에 오류가 있다고 인정할 만한 객관적이고 합리적인 사정이 있는 경우라면 그러한 호흡측정 수치를 얻은 것만으로는 수사의 목적을 달성하였다고 할 수 없어 추가로 음주측정을 할 필요성이 있으므로, 경찰관이 음주운전 혐의를 제대로 밝히기 위하여 운전자의 자발적인 동의를 얻어 혈액 채취에 의한 측정의 방법으로 다시 음주측정을 하는 것을 위법하다고 볼 수는 없다. ★★★★이 경우 운전자가 일단 호흡측정에 응한 이상 재차 음주측정에 응할 의무까지 당연히 있다고 할 수는 없으므로, 운전자의 혈액 채취에 대한 동의의 임의성을 담보하기 위하여는 경찰관이 미리 운전자에게 혈액 채취를 거부할 수 있음을 알려주었거나 운전자가 언제든지 자유로이 혈액 채취에 응하지 아니할 수 있었음이 인정되는 등 운전자의 자발적인 의사에 의하여 혈액 채취가 이루어졌다는 것이 객관적인 사정에 의하여 명백한 경우에 한하여 혈액 채취에 의한 측정의 적법성이 인정된다(대법원 2015. 7. 9. 선고 2014도16051 판결).

10. 도로교통법 제44조 제2항에 의하여 경찰공무원이 운전자가 술에 취하였는지의 여부를 알아보기 위하여 실시하는 측정은 호흡을 채취하여 그로부터 주취의 정도를 객관적으로 환산하는 측정 방법 즉, 호흡측정기에 의한 측정으로 이해하여야 할 것이고, 또한 ★★★★운전자가 경찰공무원에 대하여 호흡측정기에 의한 측정 결과에 불복하여 그 즉시, 또는 2차, 3차 호흡측정을 실시하여 그 재측정 결과에도 불복하면서 혈액채취의 방법에 의한 측정을 요구할 수 있는 것은 경찰공무원이 운전자에게 호흡측정의 결과를 제시하여 확인을 구하는 때로부터 상당한 정도로 근접한 시점에 한정된다 할 것이고, ★★★★운전자가 정당한 이유 없이 위 시점으로부터

상당한 시간이 경과한 후에야 호흡측정 결과에 이의를 제기하면서 2차 호흡측정 또는 혈액채취의 방법에 의한 측정을 요구하는 경우에는 이를 정당한 요구라고 할 수 없으므로, 이와 같은 경우에는 경찰공무원이 2차 호흡측정 또는 혈액채취의 방법에 의한 측정을 실시하지 않았다고 하더라도 1차 호흡측정기에 의한 측정의 결과만으로 음주운전 사실을 증명할 수 있다(대법원 2002. 3. 15. 선고 2001도7121 판결 등 참조).

기록에 의하면, ★★★★피고인은 이 사건 음주운전으로 단속당할 당시 단속경찰관에게 호흡측정기에 의한 혈중알콜농도 측정 결과에 불복하면서 상당한 시간 내에 명시적으로 2차 호흡측정 또는 혈액채취에 의한 혈중알콜농도 측정을 요구하였음을 인정할 자료가 없고, 또한 피고인에 대한 호흡측정기에 의한 혈중알콜농도 측정 결과가 피고인의 실제 음주 정도보다 높게 나왔다고 인정할 만한 객관적 사정도 없는 이상, 이 사건 음주운전단속 당시 피고인에 대한 호흡측정기에 의한 혈중알콜농도 측정 결과의 신빙성을 부정할 수 없다 할 것이다(대법원 2008. 5. 8. 선고 2008도2170 판결).

11. [1] 교통단속처리지침 제38조 제6항은 호흡측정기에 의한 측정결과의 오류방지와 음주운전 단속자에게 정확한 혈중알콜농도 측정의 기회를 제공하기 위한 규정으로서, 위 규정의 '주취운전자 적발보고서를 작성한 후 즉시'의 의미는 상당한 시간 경과 등으로 운전 당시의 혈중알콜농도 입증이 곤란하여지는 것 등을 방지하기 위하여 ★★★★운전자가 경찰공무원에 대하여 호흡측정기에 의한 측정결과에 불복하고 혈액채취의 방법에 의한 측정을 요구한 때로부터 상당한 이유 없이 장시간 지체하지 않을 것을 의미한다고 해석함이 상당하다.

[2] 범죄의 예방·진압 및 수사는 경찰관의 직무에 해당하며 그 직무행위의 구체적 내용이나 방법 등이 경찰관의 전문적 판단에 기한 합리적인 재량에 위임되어 있으므로, 경찰관이 구체적 상황하에서 그 인적·물적 능력의 범위 내에서의 적절한 조치라는 판단에 따라 범죄의 진압 및 수사에 관한 직무를 수행한 경우, 경찰관에게 그와 같은 권한을 부여한 취지와 목적, 경찰관이 다른 조치를 취하지 아니함으로 인하여 침해된 국민의 법익 또는 국민에게 발생한 손해의 심각성 내지 그 절박한 정도, 경찰관이 그와 같은 결과를 예견하여 그 결과를 회피하기 위한 조치를 취할 수 있는 가능성이 있는지 여부 등을 종합적으로 고려하여 볼 때, 그것이 객관적 정당성을 상실하여 현저하게 불합리하다고 인정되지 않는다면 그와 다른 조치를 취하지 아니한 부작위를 내세워 국가배상책임의 요건인 법령 위반에 해당한다고 할 수 없다.

[3] ★★★★경찰관이 음주운전 단속시 운전자의 요구에 따라 곧바로 채혈을 실시하지 않은 채 호흡측정기에 의한 음주측정을 하고 1시간 12분이 경과한 후에야 채혈을 하였다는 사정만으로는 위 행위가 법령에 위배된다거나 객관적 정당성을 상실하여 운전자가 음주운전 단속과정에서 받을 수 있는 권익이 현저하게 침해되었다고 단정하기 어렵다고 본 사례(대법원 2008. 4. 24. 선고 2006다32132 판결)

12. 도로교통법 제41조 제2항에서 말하는 '측정'이란, 측정결과에 불복하는 운전자에 대하여 그의 동의를 얻어 혈액채취 등의 방법으로 다시 측정할 수 있음을 규정하고 있는 같은 조 제3항과의 체계적 해석상, 호흡을 채취하여 그로부터 주취의 정도를 객관적으로 환산하는 측정방법,

즉 호흡측정기에 의한 측정이라고 이해하여야 할 것이고, 호흡측정기에 의한 음주측정치와 혈액검사에 의한 음주측정치가 다른 경우에 어느 음주측정치를 신뢰할 것인지는 법관의 자유심증에 의한 증거취사선택의 문제라고 할 것이나, 호흡측정기에 의한 측정의 경우 그 측정기의 상태, 측정방법, 상대방의 협조정도 등에 의하여 그 측정결과의 정확성과 신뢰성에 문제가 있을 수 있다는 사정을 고려하면, 혈액의 채취 또는 검사과정에서 인위적인 조작이나 관계자의 잘못이 개입되는 등 혈액채취에 의한 검사결과를 믿지 못할 특별한 사정이 없는 한, ★★★<u>혈액검사에 의한 음주측정치가 호흡측정기에 의한 음주측정치보다 측정 당시의 혈중알콜농도에 더 근접한 음주측정치라고 보는 것이 경험칙에 부합한다</u>(대법원 2004. 2. 13. 선고 2003도6905 판결).

13. [1] 도로교통법 제107조의2 제2호의 음주측정불응죄는 술에 취한 상태에 있다고 인정할 만한 상당한 이유가 있는 사람이 같은 법 제41조 제2항의 규정에 의한 경찰공무원의 측정에 응하지 아니한 경우에 성립하는 것인바, 같은 법 제41조 제2항의 규정에 비추어 보면 음주측정 요구 당시의 객관적 사정을 종합하여 볼 때 운전자가 술에 취한 상태에서 자동차 등을 운전하였다고 인정할 만한 상당한 이유가 있고 운전자의 음주운전 여부를 확인하기 위하여 필요한 경우에는 ★★<u>사후의 음주측정에 의하여 음주운전 여부를 확인할 수 없음이 명백하지 않는 한 경찰공무원은 당해 운전자에 대하여 음주측정을 요구할 수 있고, 당해 운전자가 이에 불응한 경우에는 같은 법 제107조의2 제2호 소정의 음주측정불응죄가 성립한다</u>.

[2] 운전자가 술에 취한 상태에서 자동차 등을 운전하였다고 인정할 만한 상당한 이유가 있는지의 여부는 음주측정 요구 당시 개별 운전자마다 그의 외관·태도·운전 행태 등 객관적 사정을 종합하여 판단하여야 할 것이고, 특히 운전자의 운전이 종료한 후에는 운전자의 외관·태도 및 기왕의 운전 행태, 운전자가 마신 술의 종류 및 양, 음주운전의 종료로부터 음주측정의 요구까지의 ★★★★<u>시간적·장소적 근접성</u> 등 객관적 사정을 종합하여 판단하여야 한다.

[3] ★★<u>피고인의 음주와 음주운전을 목격한 참고인이 있는 상황에서 경찰관이 음주 및 음주운전 종료로부터 약 5시간 후 집에서 자고 있는 피고인을 연행하여 음주측정을 요구한 데에 대하여 피고인이 불응한 경우, 도로교통법상의 음주측정불응죄가 성립한다고 본 사례</u>(대법원 2001. 8. 24. 선고 2000도6026 판결).

14. [1] 도로교통법 제41조 제2항, 제3항의 해석상, 운전자의 신체 이상 등의 사유로 호흡측정기에 의한 측정이 불가능 내지 심히 곤란하거나 운전자가 ★★<u>처음부터 호흡측정기에 의한 측정의 방법을 불신하면서 혈액채취에 의한 측정을 요구하는 경우 등에는 호흡측정기에 의한 측정의 절차를 생략하고 바로 혈액채취에 의한 측정으로 나아가야 할 것이고, 이와 같은 경우라면 호흡측정기에 의한 측정에 불응한 행위를 음주측정불응으로 볼 수 없다</u>.

[2] ★★<u>특별한 이유 없이 호흡측정기에 의한 측정에 불응하는 운전자에게 경찰공무원이 혈액채취에 의한 측정방법이 있음을 고지하고 그 선택 여부를 물어야 할 의무가 있다고는 할 수 없다</u>(대법원 2002. 10. 25. 선고 2002도4220 판결).

제 3 절 압수 · 수색 · 검증과 영장주의 예외

Tool 1.

<★★압수, 수색 핵심 규정)>

제106조 (압수)
① **법원은 필요한 때에는 피고사건과 관계가 있다고 인정할 수 있는 것에 한정하여 증거물 또는 몰수할 것으로 사료하는 물건을 압수할 수 있다.** 단, 법률에 다른 규정이 있는 때에는 예외로 한다.
② 법원은 압수할 물건을 지정하여 소유자, 소지자 또는 보관자에게 제출을 명할 수 있다.
③ 법원은 압수의 목적물이 컴퓨터용디스크, 그 밖에 이와 비슷한 정보저장매체(이하 이 항에서 "정보저장매체등"이라 한다)인 경우에는 기억된 정보의 범위를 정하여 출력하거나 복제하여 제출받아야 한다. 다만, 범위를 정하여 출력 또는 복제하는 방법이 불가능하거나 압수의 목적을 달성하기에 현저히 곤란하다고 인정되는 때에는 정보저장매체등을 압수할 수 있다.
④ 법원은 제3항에 따라 정보를 제공받은 경우 「개인정보 보호법」 제2조 제3호에 따른 정보주체에게 해당 사실을 지체 없이 알려야 한다.

제107조 (우체물의 압수)
① 법원은 필요한 때에는 피고사건과 관계가 있다고 인정할 수 있는 것에 한정하여 우체물 또는 「통신비밀보호법」 제2조 제3호에 따른 전기통신(이하 "전기통신"이라 한다)에 관한 것으로서 체신관서, 그 밖의 관련 기관 등이 소지 또는 보관하는 물건의 제출을 명하거나 압수를 할 수 있다.
② 삭제
③ 제1항에 따른 처분을 할 때에는 발신인이나 수신인에게 그 취지를 통지하여야 한다. 단, 심리에 방해될 염려가 있는 경우에는 예외로 한다.

제108조 (임의제출물 등의 압수)
소유자, 소지자 또는 보관자가 임의로 제출한 물건 또는 유류한 물건은 영장없이 압수할 수 있다.

제109조 (수색)
① **법원은 필요한 때에는 피고사건과 관계가 있다고 인정할 수 있는 것에 한정하여 피고인의 신체, 물건 또는 주거, 그 밖의 장소를 수색할 수 있다.**
② 피고인 아닌 자의 신체, 물건, 주거 기타 장소에 관하여는 압수할 물건이 있음을 인정할 수 있는 경우에 한하여 수색할 수 있다.

제114조 (영장의 방식)
① 압수·수색영장에는 피고인의 성명, 죄명, 압수할 물건, 수색할 장소, 신체, 물건, 발부연월일, 유

효기간과 그 기간을 경과하면 집행에 착수하지 못하며 영장을 반환하여야 한다는 취지 기타 대법원규칙으로 정한 사항을 기재하고 **재판장 또는 수명법관이 서명날인하여야 한다. 다만, 압수·수색할 물건이 전기통신에 관한 것인 경우에는 작성기간을 기재하여야 한다.**
② 제75조 제2항의 규정은 전항의 영장에 준용한다.

제215조 (압수, 수색, 검증)
① 검사는 범죄수사에 필요한 때에는 피의자가 죄를 범하였다고 의심할 만한 정황이 있고 해당 사건과 관계가 있다고 인정할 수 있는 것에 한정하여 지방법원판사에게 청구하여 발부받은 영장에 의하여 압수, 수색 또는 검증을 할 수 있다.
② 사법경찰관이 범죄수사에 필요한 때에는 피의자가 죄를 범하였다고 의심할 만한 정황이 있고 해당 사건과 관계가 있다고 인정할 수 있는 것에 한정하여 검사에게 신청하여 검사의 청구로 지방법원판사가 발부한 영장에 의하여 압수, 수색 또는 검증을 할 수 있다.

제218조의2 (압수물의 환부, 가환부)
① 검사는 사본을 확보한 경우 등 압수를 계속할 필요가 없다고 인정되는 압수물 및 증거에 사용할 압수물에 대하여 공소제기 전이라도 소유자, 소지자, 보관자 또는 제출인의 청구가 있는 때에는 환부 또는 가환부하여야 한다.
② 제1항의 청구에 대하여 검사가 이를 거부하는 경우에는 신청인은 해당 검사의 소속 검찰청에 대응한 법원에 압수물의 환부 또는 가환부 결정을 청구할 수 있다.
③ 제2항의 청구에 대하여 법원이 환부 또는 가환부를 결정하면 검사는 신청인에게 압수물을 환부 또는 가환부하여야 한다.
④ 사법경찰관의 환부 또는 가환부 처분에 관하여는 제1항부터 제3항까지의 규정을 준용한다. 이 경우 사법경찰관은 검사의 지휘를 받아야 한다.

Tool 2.
◆압수·수색(개관)◆

①의의	(1) 압수는 물건의 점유를 취득하는 강제처분을 의미한다. (2) <u>압수＝압류＋영치＋제출명령</u> (3) 압류는 영장발부를 전제로 하여 점유를 취득하는 좁은 의미의 압수에 해당한다. (4) ★영치는 소유자, 소지자, 보관자가 임의로 제출한 물건이나 유류물에 대하여 <영장 없이> 점유를 취득하는 것을 말한다. (5) 제출명령은 강제력이 행사되지 않지만 제출의무를 부과한다. (6) 제출명령을 거부한 경우에는 압류절차를 이용할 수 있다. (7) ★제출명령은 수사절차에서는 인정되지 않는다. 　★즉 <u>수사기관(검사, 사경)은 할 수 없다</u>. 　★제출명령－법원은 영장없이 처분할 수 있다.

	– 의무부과의 대물적 강제처분이다. – 제출명령을 거부하는 경우에 압류절차를 이용할 수 있다. (8) 수색은 압수할 물건이나 체포할 사람을 발견할 목적으로 주거, 물건, 신체, 기타 장소에 대하여 행하여지는 강제처분이다.
②대상	(1) 제106조 (압수) ① <u>법원은 필요한 때에는 피고사건과 관계가 있다고 인정할 수 있는 것에 한정하여 증거물 또는 몰수할 것으로 사료하는 물건을 압수할 수 있다</u>. 단, 법률에 다른 규정이 있는 때에는 예외로 한다. ② 법원은 압수할 물건을 지정하여 소유자, 소지자 또는 보관자에게 제출을 명할 수 있다. ③ 법원은 압수의 목적물이 컴퓨터용디스크, 그 밖에 이와 비슷한 정보저장매체(이하 이 항에서 "정보저장매체등"이라 한다)인 경우에는 기억된 정보의 범위를 정하여 출력하거나 복제하여 제출받아야 한다. 다만, 범위를 정하여 출력 또는 복제하는 방법이 불가능하거나 압수의 목적을 달성하기에 현저히 곤란하다고 인정되는 때에는 정보저장매체등을 압수할 수 있다. ④ 법원은 제3항에 따라 정보를 제공받은 경우 「개인정보 보호법」 제2조 제3호에 따른 정보주체에게 해당 사실을 지체 없이 알려야 한다. (2) 제109조 (수색) ① 법원은 필요한 때에는 피고사건과 관계가 있다고 인정할 수 있는 것에 한정하여 피고인의 신체, 물건 또는 주거, 그 밖의 장소를 수색할 수 있다. ② 피고인 아닌 자의 신체, 물건, 주거 기타 장소에 관하여는 압수할 물건이 있음을 인정할 수 있는 경우에 한하여 수색할 수 있다. (3) 제110조 (군사상비밀과 압수) – 군사상비밀을 요하는 장소는 그 <u>책임자의 승낙없이는</u> 압수 또는 수색할 수 없다. – 이러한 책임자는 <u>국가의 중대한 이익을 해하는 경우를 제외하고는</u> 승낙을 거부하지 못한다. ★ <u>군사상비밀에 관한 서류는 그 책임자의 승낙이 없더라도 압수·수색영장의 발부는 허용되지만 집행을 할 수 없다.</u> (4) 제111조 (공무상비밀과 압수) – 공무원 또는 공무원이었던 자가 소지 또는 보관하는 물건에 관하여는 본인 또는 그 해당 공무소가 직무상의 비밀에 관한 것임을 신고한 때에는 그 소속공무소 또는 당해 감독관공서의 승낙없이는 압수하지 못한다. – 소속공무소 또는 당해 감독관공서는 <u>국가의 중대한 이익을 해하는 경우</u>를 제외하고는 승낙을 거부하지 못한다. (5) 제112조 (업무상비밀과 압수) – ★<u>변호사, 변리사, 공증인, 공인회계사, 세무사, 대서업자, 의사, 한</u>

의사, 치과의사, 약사, 약종상, 조산사, 간호사, 종교의 직에 있는 자 또는 이러한 직에 있던 자가 그 업무상 위탁을 받아 소지 또는 보관하는 물건으로 타인의 비밀에 관한 것은 압수를 거부할 수 있다. 단, 그 타인의 승낙이 있거나 중대한 공익상 필요가 있는 때에는 예외로 한다.
★노무사X, 감정인X
★압수의 제한=㉠우체물에 대한 제한
(우비군공업)　　　+
　　　　　　　㉡비밀보호를 위한 제한=군사상+공무상+업무상(군공업)
※통신상 비밀X

(6) 제107조 (우체물의 압수)
① 법원은 필요한 때에는 피고사건과 관계가 있다고 인정할 수 있는 것에 한정하여 우체물 또는 「통신비밀보호법」 제2조 제3호에 따른 전기통신(이하 "전기통신"이라 한다)에 관한 것으로서 체신관서, 그 밖의 관련 기관 등이 소지 또는 보관하는 물건의 제출을 명하거나 압수를 할 수 있다.
② 삭제
③ 제1항에 따른 처분을 할 때에는 발신인이나 수신인에게 그 취지를 통지하여야 한다. 단, 심리에 방해될 염려가 있는 경우에는 예외로 한다.

(7) 제108조 (임의제출물등의 압수)
- 소유자, 소지자 또는 보관자가 임의로 제출한 물건 또는 유류한 물건은 영장없이 압수할 수 있다.

③절차

(1) 수소법원의 압수·수색은
㉠공판정일경우-영장불요
㉡공판정외일 경우-영장필요
(2) 검사는 범죄수사에 필요한 때에는 지방법원판사에게 청구하여 발부받은 영장에 의하여 압수, 수색을 할 수 있다.
★압수영장은 사전영장이다.
★압수·수색영장은 수소법원+수명법관+수탁판사가 발부한다(재판장X).
★압수·수색영장의 필요적 기재사항
- 압수·수색영장에는 피고인(피의자)의 성명, 죄명, 압수할 물건, 수색할 장소, 신체, 물건, 발부연월일, 유효기간과 그 기간을 경과하면 집행에 착수하지 못 하며 영장을 반환하여야 한다는 취지 기타 대법원규칙으로 정한 사항을 기재하고 재판장 또는 수명법관이 서명날인하여야 한다(수사상 압수·수색영장은 지방법원 판사가 서명·날인한다).
★영장을 집행할 검사의 성명X

(3) 사법경찰관이 범죄수사에 필요한 때에는 검사에게 신청하여 검사의 청구로 지방법원판사가 발부한 영장에 의하여 압수, 수색을 할 수 있다.
(4) 압수·수색영장은 검사의 지휘에 의하여 사법경찰관리가 집행한다. 단, 필요한 경우에는 재판장은 법원서기관 또는 서기에게 그 집행을 명할 수 있다.
(5) 압수·수색영장은 처분을 받는 자에게 반드시 제시하여야 한다.
(6) ★영장의 제시는 반드시 사전에 제시를 하여야 하고 구속영장에서처럼 사후제시의 방법에 의한 경우 즉 긴급집행은 허용되지 않는다.
(7) 검사, 피고인 또는 변호인은 압수·수색영장의 집행에 참여할 수 있다.
(8) 제123조 (영장의 집행과 책임자의 참여)
 - 공무소, 군사용의 항공기 또는 선차내에서 압수·수색영장을 집행함에는 그 책임자에게 참여할 것을 통지하여야 한다.
 - 이러한 규정한 이외의 타인의 주거, 간수자 있는 가옥, 건조물, 항공기 또는 선차내에서 압수·수색영장을 집행함에는 주거주, 간수자 또는 이에 준하는 자를 참여하게 하여야 한다.
 - 이러한 자를 참여하게 하지 못할 때에는 인거인 또는 지방공공단체의 직원을 참여하게 하여야 한다.
(9) 제124조 (여자의 수색과 참여)
 - 여자의 신체에 대하여 수색할 때에는 성년의 여자를 참여하게 하여야 한다.
(10) 제125조 (야간집행의 제한)
 - 일출전, 일몰후에는 압수·수색영장에 야간집행을 할 수 있는 기재가 없으면 그 영장을 집행하기 위하여 타인의 주거, 간수자 있는 가옥, 건조물, 항공기 또는 선차내에 들어가지 못한다.
(11) 제126조 (야간집행제한의 예외: 야간에도 집행이 가능한 경우)
 ★다음 장소에서 압수·수색영장을 집행함에는 전조의 제한을 받지 아니한다.
  1. 도박 기타 풍속을 해하는 행위에 상용된다고 인정하는 장소
  2. 여관, 음식점 기타 야간에 공중이 출입할 수 있는 장소. 단, 공개한 시간내에 한한다.
 ★영업 중인 여관-가능
 ★윤락행위를 하는 업소-가능
 ★영업 중인 음식점-가능
 ★야간에 예배 중인 교회-X
 ★이와 같은 야간의 집행에서도 언제라도 할 수 있는 것이 아니라 야간집행을 할 수 있다는 영장의 기재가 있어야 한다.
(12) 제127조 (집행중지와 필요한 처분)
 - 압수·수색영장의 집행을 중지한 경우에 필요한 때에는 집행이 종료될 때까지 그 장소를 폐쇄하거나 간수자를 둘 수 있다.

(13) 제128조 (증명서의 교부)
- 수색한 경우에 증거물 또는 몰수할 물건이 없는 때에는 그 취지의 증명서를 교부하여야 한다.

(14) 제129조 (압수목록의 교부)
- 압수한 경우에는 목록을 작성하여 소유자, 소지자, 보관자 기타 이에 준할 자에게 교부하여야 한다.

★물건을 압수할 경우 **압수목록교부O, 압수조서교부X**

(15) 제130조 (압수물의 보관과 폐기)
- 운반 또는 보관에 불편한 압수물에 관하여는 간수자를 두거나 소유자 또는 적당한 자의 승낙을 얻어 보관하게 할 수 있다.
- <u>위험발생의 염려</u>가 있는 압수물은 폐기할 수 있다.

(16) 압수물에 대하여는 그 <u>상실 또는 파손등의 방지를 위하여 상당한 조치</u>를 하여야 한다.

★몰수 또는 몰수할 것으로 사료되는 물건의 압수에는 **영장**이 필요하다.

★압수시 영장은 반드시 제시하여야 한다. 즉 <u>긴급집행은 인정되지 않는다</u>(급속을 요하거나 영장을 소지하지 아니한 경우 범죄사실의 요지와 영장발부 사실을 고지하고 집행할 수 없다).

★압수절차가 위법할 지라도(영장없이 압수·수색) 압수물 자체의 성질·형상에 변경을 가져오는 것이 아니므로 증거능력이 인정된다.

★법원이 검증을 함에 필요한 경우에는 신체검사, 사체해부, 분묘발굴, 물건파괴 기타 필요한 처분을 할 수 있으나 <u>법원이 발부한 압수·수색영장을 집행하는 경우에는 신체검사, 물건파괴가 허용되지 않는다</u>.

★수사상 압수를 하는 경우에도 신체구속의 경우와 같이 범죄혐의가 존재해야 한다.

★압수·수색영장은 개별영장에 의하여하며 일반영장은 금지된다.

★일출전, 일몰수에 압수·수색할 경우에는 별도의 야간집행영장이 필요한 것이 아니라 야간집행을 할 수 있다는 기재가 있는 영장이면 된다.

★동일한 영장으로 수회 같은 장소에서 압수·수색·검증을 할 수 없다.

★동일한 물건 또는 장소에 대한 처분일지라도 영장기재 사실과 다른 피의사실에 대해 영장을 사용할 수 없다.

★영장에 압수·수색 대상의 예비적 기재가 인정되지 않는다.

★압수·수색영장의 집행시 변호인을 선임할 수 있다는 사실의 고지는 필요없다. 즉 변호인 선임고지는 체포·구속 시이다.

★군사상 비밀을 요하는 장소에서는 압수할 수 없지만 피고인이 발송한 우체물, 몰수할 것으로 사료되는 물건, 피고인에 대하여 발송된 서신은 압수할 수 있다.

(17) 제132조 (압수물의 대가보관)

－몰수하여야 할 압수물로서 <u>멸실, 파손 또는 부패의 염려가 있거나 보관하기 불편한</u> 경우에는 이를 매각하여 대가를 보관할 수 있다.
★압수물의 보관－＜자청보관(원칙)＞
　　　　　　　　　－압수물을 압수한 법원 또는 수사기관의 청사로 운반하여 직접 보관함이 원칙
　　　　　　　　－＜위탁보관＞
　　　　　　　　　－운반 또는 보관에 불편한 압수물에 대하여는 간수자를 두거나 소유자 또는 적당한 자의 승낙을 얻어 보관하게 할 수 있다.
(18) 제133조 (압수물의 환부, 가환부)
★환부는 압수물을 종국적으로 소유자 또는 피압수자에게 반환하는 법원 또는 수사기관의 처분
★압수를 계속할 필요가 없다고 인정되는 경우 압수물은 피의사건종결전 및 피고사건종결전이라도 수사기관 또는 환부결정을 해야 하는데 이 경우 소유자 등이 청구는 할 수 있지만 <u>소유자 등의 청구가 있을 것을 요하지는 않는다</u>.
★환부시 사법경찰관은 검사의 지휘를 받아야 한다.
★**가환부－증거에 공할 목적으로 압수한 물건O/몰수의 대상이 되는 압수물X(증공O/몰수X)**
★가환부는 압수의 효력을 존속시키면서 압수물을 소유자, 소지자, 보관자 등에게 잠정적으로 환부하는 것을 말한다.
★가환부는 <u>청구에 의하여</u> 법원 또는 수사기관의 결정으로 한다.
★<u>압수계속의 필요가 있는 압수물도 증거에 사용할 압수물은 소유자, 소지자, 보관자, 제출인의 청구에 의하여 가환부할 수 있다.</u>
★가환부의 경우에도 사법경찰관은 검사의 지휘를 받아야 한다.
(19) 제134조 (압수장물의 피해자환부)
－압수한 장물은 피해자에게 환부할 이유가 명백한 때에는 피고사건의 종결전이라도 결정으로 피해자에게 <u>환부할 수 있다</u>.
(20) 제135조 (압수물처분과 당사자에의 통지)
－이러한 결정을 함에는 검사, <u>피해자</u>, 피고인 또는 변호인에게 미리 통지하여야 한다.
★**압수물의 처분－＜폐기처분＋대가보관＋환부＋가환부＞(몰수처분X)**
　　　　　　　　－폐기처분: 수사기관 또는 법원은 위험발생의 염려가 있는 압수물은 폐기할 수 있다.
　　　　　　　　－환가처분(대가보관): 몰수하여야 할 압수물로서 멸실, 파손 또는 부패의 염려가 있거나 보관하기 불편한 경우에는 이를 매각하여 대가를 보관할 수 있다.
　　　　　　★몰수의 대상물이어야 환가처분<u>가능</u>
　　　　　　★증거에만 공할 압수물은 환가처분<u>불가능</u>
　　　　　　※증거물인 경우에는 그 자체가 중요하기 때문이다. 증

거물인 때에도 환가처분은 가능하다.
★사법경찰관은 검사의 지휘를 받아야 한다.
(21) 제136조 (수명법관, 수탁판사)
 - 법원은 압수 또는 수색을 합의부원에게 명할 수 있고 그 목적물의 소재지를 관할하는 지방법원판사에게 촉탁할 수 있다.
 - 수탁판사는 압수 또는 수색의 목적물이 그 관할구역내에 없는 때에는 그 목적물 소재지 지방법원판사에게 전촉할 수 있다.
(22) 증거물 또는 몰수할 물건을 압수하였을 때에는 압수조서를 작성하여야 한다.
(23) 피고사건종결선고시 압수물 처리
 - 제332조 (몰수의 선고와 압수물)
  압수한 서류 또는 물품에 대하여 몰수의 선고가 없는 때에는 압수를 해제한 것으로 간주한다.
 - 제333조 (압수장물의 환부)
  압수한 장물로서 피해자에게 환부할 이유가 명백한 것은 판결로써 피해자에게 환부하는 선고를 하여야 한다. 이 경우 장물을 처분하였을 때에는 판결로써 그 대가로 취득한 것을 피해자에게 교부하는 선고를 하여야 한다. 가환부한 장물에 대하여 별단의 선고가 없는 때에는 환부의 선고가 있는 것으로 간주한다.
(24) **피압수자가 소유권을 포기한 경우에도 법원 또는 수사기관은 환부결정을 해야 한다.**
(25) **소유권을 포기한 자도 가환부를 청구할 수 있다.**
(26) 검찰에 의해 압수된 후 피의자에게 환부된 물건에 대하여도 수소법원은 그 피의자였던 피고인에게 몰수를 선고할 수 있다.
(27) 사법경찰관이 압수물을 폐기하는 경우에는 폐기조서를 작성하고 사진을 첨부하여야 하고 검사 또는 법원이 행하는 경우에도 폐기조서를 작성하고 사진을 촬영하여 첨부하여야 한다.
(28) 법원의 압수물에 대한 환부, 가환부처분에 대하여 보통항고를 할 수 있다.
(29) 수명법관의 압수물에 대한 환부, 가환부에 대한 재판이나 수사기관의 압수물의 환부에 대한 처분에 대하여는 준항고를 할 수 있다.

Tool 3.

◆판례(요약)◆

① ㉠압수한 장물은 피해자에게 환부할 이유가 명백한 때에는 피고사건 종결전이라도 피해자에게 환부할 수 있다.
㉡환부할 이유가 명백한 때라 함은
 - 사법상 피해자가 그 압수물의 인도를 청구할 수 있는 권리가 있음이 명백한 경우를 말함O

	－인도청구권에 관하여 사실상, 법률상 다소라도 의문이 있는 경우는 이에 해당X
②	법원 또는 수사기관이 가환부를 결정하는 경우에는 <미리> 이해관계인에게 통지를 하여야 하므로 <피고인에게 의견을 진술할 기회를 주지 않고> 가환부결정을 한 경우는 위법하다.
③	대가보관은 몰수와의 관계에 있어서 압수물과 동일성이 인정되므로 법원은 **대가를 추징하지 않고 압수물을 몰수** 할 수 있다.
④	㉠피압수자 등 환부를 받을 자가 압수후 그 <u>소유권을 포기</u>하는 등에 의하여 실체법상의 권리를 상실하더라도 그러한 이유로 인하여 압수물을 환부해야 하는 수사기관의 의무에는 아무런 영향을 끼치지 못한다. 즉 <u>소유권포기시에도 압수물을 환부해 주어야 한다.</u> ㉡수사기관에 대하여 형소법상의 <u>환부청구권을 포기한다는 의사표시</u>를 하더라도 그것은 <u>효력이 없다.</u> 따라서 이러한 경우에도 <u>수사기관의 필요적 환부여부가 면제되는 것은 아니다.</u>
⑤	몰수해야 할 물건이 아닌 이상 멸실, 부패의 염려가 있어도 환가처분은 허용되지 않는다.

Tool 4.

<압수에서 사법경찰관이 검사의 지휘를 받는가 여부>

①압수물의 환부, 가환부	지휘받음
②압수물의 환가처분(대가보관)	지휘받음
③압수물의 피해자 환부	지휘받음
④압수장물의 피해자 환부	지휘받음
⑤★<u>압수물의 폐기처분</u>	X
⑥★<u>압수물의 위탁처분</u>	X

Tool 5.

◆환부, 가환부 비교◆

	대상	절차	효과
환부	<압수를 계속할 필요성이 없는 압수물>	법원 또는 수사기관이 청구가 없어도 결정 (수사기관의 직권에 의하여 행함이 원칙이나 예외적으로 이해관계인도 청구할 수 있다.)	압수의 효력 소멸

| 가환부 | ★증거에 공할 압수물(몰수의 대상이 되는 압수물X) | 청구에 의하여 결정 | ★압수의 효력유지 |

Tool 6.

◆영장주의의 예외◆

①수사기관의 강제처분	②법원의 강제처분
(1)긴급체포-검사 또는 사법경찰관은 피의자가 사형·무기 또는 장기 3년이상의 징역이나 금고에 해당하는 죄를 범하였다고 의심할 만한 상당한 이유가 있고, 제70조 제1항 제2호 및 제3호에 해당하는 사유가 있는 경우에 긴급을 요하여 지방법원판사의 체포영장을 받을 수 없는 때에는 그 사유를 알리고 영장없이 피의자를 체포할 수 있다. 이 경우 긴급을 요한다 함은 피의자를 우연히 발견한 경우등과 같이 체포영장을 받을 시간적 여유가 없는 때를 말한다. (2)현행범인 체포 (3)유류물·임의제출물압수-검사, 사법경찰관은 피의자 기타인의 유류한 물건이나 소유자, 소지자 또는 보관자가 임의로 제출한 물건을 영장없이 압수 할 수 있다. (4)체포·구속목적피의자수색-필요한 경우 주거, 건조물 등이 들어가 피의자 발견을 위한 수색가능하다. 가령, 구속영장이 발부된 피의자를 발견하기 위하여 타인의 주거를 수색한 경우 영장을 요하지 않는다. (5)체포현장에서 압수·수색·검증 가령, 피의자에 대한 구속영장을 집행하면서 그 체포 현장에서 검증을 한 경우에는 영장을 요하지 않는다. (6)범죄장소에서 압수·수색·검증-피의자의 체포·구속을 전제로 하지 않는다는 점에서 체포현장에서의 압수·수색·검증과 다르다. (7)긴급체포된 자의 압수·수색·검증-검사, 사법	(1)제출명령 (2)임의제출물 등의 압수-소유자 등이 임의로 제출한 물건 또는 유류한 물건은 영장없이 압수가능하다. (3)공판정에서의 압수·수색 ★그러나 공판정외에서는 영장을 요한다. (4)구속영장의 집행을 위한 압수수색·검증-필요시에 가능 ★집행현장에서 압수·수색·검증-수사기관으로서의 수사처분 ★피고인에 대한 구속영장의 집행-재판의 집행기관으로서의 활동 ★처분은 아니나 그 밖에 법원의 출석명령, 공무서조회 등도 영장을 요하지 않는다.

경찰관은 긴급체포규정에 의하여 체포할 수 있는 자의 소유, 소지, 보관 물건에 대하여 피의자를 체포한 때로부터 24시간이내에는 영장없이 압수·수색·검증을 할 수 있다. <u>다만 압수한 물건을 계속 압수할 필요가 있는 경우 지체없이 압수수색영장을 청구해야 한다. 이 경우 체포시 부터 48시간이내에 해야 한다.</u>

(8) 변사체에 대한 검증 - 긴급을 요하는 경우 영장없이 가능하다.

<u>(1에서 8까지는 사후에도 영장을 요하지 않음)</u>
★즉 구속영장집행시 압수는 영장을 요하지 않는다.
★그러나 일반적인 압수, 수색, 검증은 영장이 필요하다. 가령 범행직후 범죄 현장에서 영장없이 압수·수색을 하였을 경우에는 사후 영장을 요한다.

Tool 7.

◆영장제도의 예외사유가 아닌 경우(영장을 요하는 경우)◆

①2회 이상의 출석요구를 발송하였으나 이에 응하지 않은 경우	요
②수사기관의 검증	요
③증거인멸의 염려가 있는 경우	요
④검사의 공소유지에 필요한 물건을 압수할 경우	요
⑤증거물의 압수	요
⑥몰수물의 압수(몰수할 물건의 압수)	요
⑦★<u>승낙에 의한 유치</u>	요
⑧피고인이 도망할 염려가 있는 경우	요
⑨법원이 하는 공판정외에서의 압수·수색	

<<관련판례>>

1. 전자정보에 대한 압수·수색영장의 집행에 있어서는 원칙적으로 영장 발부의 사유로 된 혐의사실과 관련된 부분만을 문서 출력물로 수집하거나 수사기관이 휴대한 저장매체에 해당 파일을 복사하는 방식으로 이루어져야 하고, ★★★집행현장의 사정상 위와 같은 방식에 의한 집행이 불가능하거나 현저히 곤란한 부득이한 사정이 있더라도 그와 같은 경우에 그 저장매체 자체를

직접 또는 하드카피나 이미징 등 형태로 수사기관 사무실 등 외부로 반출하여 해당 파일을 압수·수색할 수 있도록 영장에 기재되어 있고 실제 그와 같은 사정이 발생한 때에 한하여 예외적으로 허용될 수 있을 뿐이다. 나아가 이처럼 저장매체 자체를 수사기관 사무실 등으로 옮긴 후 영장에 기재된 범죄 혐의 관련 전자정보를 탐색하여 해당 전자정보를 문서로 출력하거나 파일을 복사하는 과정 역시 전체적으로 압수·수색영장 집행에 포함된다고 보아야 한다. 따라서 그러한 경우 문서출력 또는 파일복사의 대상 역시 혐의사실과 관련된 부분으로 한정되어야 함은 헌법 제12조 제1항, 제3항, 형사소송법 제114조, 제215조의 적법절차 및 영장주의의 원칙상 당연하다. 그러므로 수사기관 사무실 등으로 옮긴 저장매체에서 범죄혐의와의 관련성에 관한 구분 없이 저장된 전자정보 중 임의로 문서출력 또는 파일복사를 하는 행위는 특별한 사정이 없는 한 영장주의 등 원칙에 반하는 위법한 집행이 된다(대법원 2011. 5. 26.자 2009모1190 결정 등 참조).(대법원 2014. 2. 27. 선고 2013도12155 판결)

2. [1] 수사기관의 전자정보에 대한 압수·수색은 원칙적으로 영장 발부의 사유로 된 범죄 혐의사실과 관련된 부분만을 문서 출력물로 수집하거나 수사기관이 휴대한 저장매체에 해당 파일을 복제하는 방식으로 이루어져야 하고, 저장매체 자체를 직접 반출하거나 저장매체에 들어 있는 전자파일 전부를 하드카피나 이미징 등 형태(이하 '복제본'이라 한다)로 수사기관 사무실 등 외부로 반출하는 방식으로 압수·수색하는 것은 현장의 사정이나 전자정보의 대량성으로 관련 정보 획득에 긴 시간이 소요되거나 전문 인력에 의한 기술적 조치가 필요한 경우 등 범위를 정하여 출력 또는 복제하는 방법이 불가능하거나 압수의 목적을 달성하기에 현저히 곤란하다고 인정되는 때에 한하여 ★★★★<<예외적으로>> 허용될 수 있을 뿐이다.

이처럼 저장매체 자체 또는 적법하게 획득한 복제본을 탐색하여 혐의사실과 관련된 전자정보를 문서로 출력하거나 파일로 복제하는 일련의 과정 역시 전체적으로 하나의 영장에 기한 압수·수색의 일환에 해당하므로, 그러한 경우의 문서출력 또는 파일복제의 대상 역시 저장매체 소재지에서의 압수·수색과 마찬가지로 혐의사실과 관련된 부분으로 한정되어야 함은 헌법 제12조 제1항, 제3항과 형사소송법 제114조, 제215조의 적법절차 및 영장주의 원칙이나 비례의 원칙에 비추어 당연하다. 따라서 수사기관 사무실 등으로 반출된 저장매체 또는 복제본에서 혐의사실 관련성에 대한 ★★★★<<구분 없이>> 임의로 저장된 전자정보를 문서로 출력하거나 파일로 복제하는 행위는 원칙적으로 영장주의 원칙에 반하는 위법한 압수가 된다.

[2] 저장매체에 대한 압수·수색 과정에서 범위를 정하여 출력 또는 복제하는 방법이 불가능하거나 압수의 목적을 달성하기에 현저히 곤란한 ★★★★예외적인 사정이 인정되어 전자정보가 담긴 저장매체 또는 하드카피나 이미징 등 형태(이하 '복제본'이라 한다)를 수사기관 사무실 등으로 옮겨 복제·탐색·출력하는 경우에도, 그와 같은 일련의 과정에서 형사소송법 제219조, 제121조에서 규정하는 피압수·수색 당사자(이하 '피압수자'라 한다)나 변호인에게 참여의 기회를 보장하고 혐의사실과 무관한 전자정보의 임의적인 복제 등을 막기 위한 적절한 조치를 취하는 등 영장주의 원칙과 적법절차를 준수하여야 한다. 만약 그러한 조치가 취해지지 않았다면 피압수자 측이 참여하지 아니한다는 의사를 명시적으로 표시하였거나 절차 위반행위가 이루어진 과정의 성질과 내용 등에 비추어 피압수자 측에 절차 참여를 보장한 취지가 실질적으로 침해되었다고 볼 수 없을 정도에 해당한다는 등의 특별한 사정이 없는 이상 압수·수색이 적법하다고 평가

할 수 없고, ★★★★비록 수사기관이 저장매체 또는 복제본에서 혐의사실과 관련된 전자정보만을 복제·출력하였다 하더라도 달리 볼 것은 아니다.

[3] 전자정보에 대한 압수·수색 과정에서 이루어진 현장에서의 저장매체 압수·이미징·탐색·복제 및 출력행위 등 수사기관의 처분은 ★★★★하나의 영장에 의한 압수·수색 과정에서 이루어진다. 그러한 일련의 행위가 모두 진행되어 압수·수색이 종료된 이후에는 특정단계의 처분만을 취소하더라도 그 이후의 압수·수색을 저지한다는 것을 상정할 수 없고 수사기관에게 압수·수색의 결과물을 보유하도록 할 것인지가 문제 될 뿐이다. 그러므로 이 경우에는 준항고인이 전체 압수·수색 과정을 단계적·개별적으로 구분하여 각 단계의 개별 처분의 취소를 구하더라도 준항고법원은 특별한 사정이 없는 한 구분된 개별 처분의 위법이나 취소 여부를 판단할 것이 아니라 당해 압수·수색 과정 전체를 하나의 절차로 파악하여 그 과정에서 나타난 위법이 압수·수색 절차 전체를 위법하게 할 정도로 중대한지 여부에 따라 ★★★★전체적으로 압수·수색 처분을 취소할 것인지를 가려야 한다. 여기서 위법의 중대성은 위반한 절차조항의 취지, 전체과정 중에서 위반행위가 발생한 과정의 중요도, 위반사항에 의한 법익침해 가능성의 경중 등을 종합하여 판단하여야 한다.

[4] ★★★★검사가 압수·수색영장을 발부받아 갑 주식회사 빌딩 내 을의 사무실을 압수·수색하였는데, 저장매체에 범죄혐의와 관련된 정보(이하 '유관정보'라 한다)와 범죄혐의와 무관한 정보(이하 '무관정보'라 한다)가 혼재된 것으로 판단하여 갑 회사의 동의를 받아 저장매체를 수사기관 사무실로 반출한 다음 을 측의 참여하에 저장매체에 저장된 전자정보파일 전부를 '이미징'의 방법으로 다른 저장매체로 복제(이하 '제1 처분'이라 한다)하고, 을 측의 참여 없이 이미징한 복제본을 외장 하드디스크에 재복제(이하 '제2 처분'이라 한다)하였으며, 을 측의 참여 없이 하드디스크에서 유관정보를 탐색하는 과정에서 갑 회사의 별건 범죄혐의와 관련된 전자정보 등 무관정보도 함께 출력(이하 '제3 처분'이라 한다)한 사안에서, ★★★★제1 처분은 위법하다고 볼 수 없으나, 제2·3 처분은 제1 처분 후 피압수·수색 당사자에게 계속적인 참여권을 보장하는 등의 조치가 이루어지지 아니한 채 유관정보는 물론 무관정보까지 재복제·출력한 것으로서 영장이 허용한 범위를 벗어나고 적법절차를 위반한 위법한 처분이며, 제2·3 처분에 해당하는 전자정보의 복제·출력 과정은 증거물을 획득하는 행위로서 압수·수색의 목적에 해당하는 중요한 과정인 점 등 위법의 중대성에 비추어 위 영장에 기한 압수·수색이 전체적으로 취소되어야 한다고 한 사례.

[5] 전자정보에 대한 압수·수색에 있어 저장매체 자체를 외부로 반출하거나 하드카피·이미징 등의 형태로 복제본을 만들어 외부에서 저장매체나 복제본에 대하여 압수·수색이 허용되는 예외적인 경우에도 혐의사실과 관련된 전자정보 이외에 이와 무관한 전자정보를 탐색·복제·출력하는 것은 원칙적으로 위법한 압수·수색에 해당하므로 허용될 수 없다. 그러나 ★★★★전자정보에 대한 압수·수색이 종료되기 전에 혐의사실과 관련된 전자정보를 적법하게 탐색하는 과정에서 <<별도의 범죄혐의와 관련된 전자정보를 우연히 발견한 경우라면>>, 수사기관은 더 이상의 추가 탐색을 중단하고 법원에서 <<별도의 범죄혐의에 대한 압수·수색영장을 발부받은 경우에 한하여>> 그러한 정보에 대하여도 적법하게 압수·수색을 할 수 있다.

나아가 이러한 경우에도 별도의 압수·수색 절차는 최초의 압수·수색 절차와 구별되는 별개의 절차이고, 별도 범죄혐의와 관련된 전자정보는 최초의 압수·수색영장에 의한 압수·수색의 대상이 아니어서 저장매체의 원래 소재지에서 별도의 압수·수색영장에 기해 압수·수색을 진행하는 경우와 마찬가지로 피압수·수색 당사자(이하 '피압수자'라 한다)는 최초의 압수·수색 이전부터 해당 전자정보를 관리하고 있던 자 할 것이므로, 특별한 사정이 없는 한 피압수자에게 형사소송법 제219조, 제121조, 제129조에 따라 참여권을 보장하고 압수한 전자정보 목록을 교부하는 등 <u>피압수자의 이익을 보호하기 위한 적절한 조치가 이루어져야 한다.</u>

[6] ★★★★검사가 압수·수색영장(이하 '제1 영장'이라 한다)을 발부받아 갑 주식회사 빌딩 내 을의 사무실을 압수·수색하였는데, 저장매체에 범죄혐의와 관련된 정보(이하 '유관정보'라 한다)와 범죄혐의와 무관한 정보(무관정보)가 혼재된 것으로 판단하여 갑 회사의 동의를 받아 저장매체를 수사기관 사무실로 반출한 다음 을 측의 참여하에 저장매체에 저장된 전자정보파일 전부를 '이미징'의 방법으로 다른 저장매체로 복제하고, 을 측의 참여 없이 이미징한 복제본을 외장 하드디스크에 재복제하였으며, 을 측의 참여 없이 하드디스크에서 유관정보를 탐색하던 중 우연히 을 등의 별건 범죄혐의와 관련된 전자정보(이하 '별건 정보'라 한다)를 발견하고 문서로 출력하였고, 그 후 을 측에 참여권 등을 보장하지 않은 채 다른 검사가 별건 정보를 소명자료로 제출하면서 압수·수색영장(이하 '제2 영장'이라 한다)을 발부받아 외장 하드디스크에서 별건 정보를 탐색·출력한 사안에서, ★★★★제2 영장 청구 당시 압수할 물건으로 삼은 정보는 제1 영장의 피압수·수색 당사자에게 참여의 기회를 부여하지 않은 채 임의로 재복제한 외장 하드디스크에 저장된 정보로서 그 자체가 위법한 압수물이어서 별건 정보에 대한 영장청구 요건을 충족하지 못하였고, 나아가 제2 영장에 기한 압수·수색 당시 을 측에 압수·수색 과정에 참여할 기회를 보장하지 않았으므로, 제2 영장에 기한 압수·수색은 전체적으로 위법하다고 한 사례 (대법원 2015. 7. 16.자 2011모1839 전원합의체 결정)

3. 수사기관에 의한 압수·수색의 경우 헌법과 형사소송법이 정한 적법절차와 영장주의 원칙은 법률에 따라 허용된 예외사유에 해당하지 않는 한 관철되어야 한다. 세관공무원이 수출입물품을 검사하는 과정에서 마약류가 감추어져 있다고 밝혀지거나 그러한 의심이 드는 경우, 검사는 마약류의 분산을 방지하기 위하여 충분한 감시체제를 확보하고 있어 수사를 위하여 이를 외국으로 반출하거나 대한민국으로 반입할 필요가 있다는 요청을 세관장에게 할 수 있고, 세관장은 그 요청에 응하기 위하여 필요한 조치를 할 수 있다(마약류 불법거래 방지에 관한 특례법 제4조 제1항). 그러나 이러한 조치가 수사기관에 의한 압수·수색에 해당하는 경우에는 영장주의 원칙이 적용된다.

물론 ★★★★<u>수출입물품 통관검사절차에서 이루어지는 물품의 개봉, 시료채취, 성분분석 등의 검사는 수출입물품에 대한 적정한 통관 등을 목적으로 조사를 하는 것으로서 이를 수사기관의 강제처분이라고 할 수 없으므로, 세관공무원은 <<압수·수색영장 없이>> 이러한 검사를 진행할 수 있다.</u> 세관공무원이 통관검사를 위하여 직무상 소지하거나 보관하는 물품을 수사기관에 임의로 제출한 경우에는 비록 소유자의 동의를 받지 않았더라도 수사기관이 강제로 점유를 취득하지 않은 이상 해당 물품을 압수하였다고 할 수 없다. 그러나 ★★★★<<마약류 불법거래 방지에 관한 특례법 제4조 제1항에 따른 조치의 일환으로 특정한 수출입물품을 개봉하여 검사

하고 그 내용물의 점유를 취득한 행위>>는 위에서 본 수출입물품에 대한 적정한 통관 등을 목적으로 조사를 하는 경우와는 달리, 범죄수사인 압수 또는 수색에 해당하여 사전 또는 사후에 영장을 받아야 한다(대법원 2017. 7. 18. 선고 2014도8719 판결).

4. 형사소송법 제215조 제1항은 "검사는 범죄수사에 필요한 때에는 피의자가 죄를 범하였다고 의심할 만한 정황이 있고 해당 사건과 관계가 있다고 인정할 수 있는 것에 한정하여 지방법원판사에게 청구하여 발부받은 영장에 의하여 압수, 수색 또는 검증을 할 수 있다."라고 정하고 있다. 따라서 영장 발부의 사유로 된 범죄 혐의사실과 무관한 별개의 증거를 압수하였을 경우 이는 원칙적으로 유죄 인정의 증거로 사용할 수 없다. 그러나 압수·수색의 목적이 된 범죄나 이와 관련된 범죄의 경우에는 그 압수·수색의 결과를 유죄의 증거로 사용할 수 있다.

★★★압수·수색영장의 범죄 혐의사실과 관계있는 범죄라는 것은 압수·수색영장에 기재한 혐의사실과 객관적 관련성이 있고 압수·수색영장 대상자와 피의자 사이에 인적 관련성이 있는 범죄를 의미한다. ★★★그중 혐의사실과의 객관적 관련성은 압수·수색영장에 기재된 혐의사실 자체 또는 그와 기본적 사실관계가 동일한 범행과 직접 관련되어 있는 경우는 물론 범행 동기와 경위, 범행 수단과 방법, 범행 시간과 장소 등을 증명하기 위한 간접증거나 정황증거 등으로 사용될 수 있는 경우에도 인정될 수 있다. 그 관련성은 압수·수색영장에 기재된 혐의사실의 내용과 수사의 대상, 수사 경위 등을 종합하여 구체적·개별적 연관관계가 있는 경우에만 인정되고, ★★★혐의사실과 단순히 동종 또는 유사 범행이라는 사유만으로 관련성이 있다고 할 것은 아니다. 그리고 피의자와 사이의 인적 관련성은 압수·수색영장에 기재된 대상자의 공동정범이나 교사범 등 공범이나 간접정범은 물론 필요적 공범 등에 대한 피고사건에 대해서도 인정될 수 있다(대법원 2017. 12. 5. 선고 2017도13458 판결).

5. 헌법과 형사소송법이 구현하고자 하는 적법절차와 영장주의의 정신에 비추어 볼 때, 법관이 압수수색영장을 발부하면서 '압수할 물건'을 특정하기 위하여 기재한 문언은 이를 엄격하게 해석하여야 하고, 함부로 피압수자 등에게 불리한 내용으로 확장 또는 유추해석하는 것은 허용될 수 없다. 그러나 압수의 대상을 압수수색영장의 범죄사실 자체와 직접적으로 연관된 물건에 한정할 것은 아니고, 압수수색영장의 범죄사실과 기본적 사실관계가 동일한 범행 또는 동종·유사의 범행과 관련된다고 의심할 만한 상당한 이유가 있는 범위 내에서는 압수를 실시할 수 있다(대법원 2009. 7. 23. 선고 2009도2649 판결 참조).

6. 수사기관이 피의자 갑의 공직선거법 위반 범행을 영장 범죄사실로 하여 발부받은 압수·수색영장의 집행 과정에서 을, 병 사이의 대화가 녹음된 녹음파일(이하 '녹음파일'이라 한다)을 압수하여 을, 병의 공직선거법 위반 혐의사실을 발견한 사안에서, ★★★압수·수색영장에 기재된 '피의자'인 갑이 녹음파일에 의하여 의심되는 혐의사실과 무관한 이상, 수사기관이 별도의 압수·수색영장을 발부받지 아니한 채 압수한 녹음파일은 형사소송법 제219조에 의하여 수사기관의 압수에 준용되는 형사소송법 제106조 제1항이 규정하는 '피고사건' 내지 같은 법 제215조 제1항이 규정하는 '해당 사건'과 '관계가 있다고 인정할 수 있는 것'에 해당하지 않으며, 이와 같은 압수에는 헌법 제12조 제1항 후문, 제3항 본문이 규정하는 영장주의를 위반한 절차적 위법이 있으므로, 녹음파일은 형사소송법 제308조의2에서 정한 '적법한 절차에 따르지 아니하고 수집한

증거'로서 증거로 쓸 수 없고, ★★★그 절차적 위법은 헌법상 영장주의 내지 적법절차의 실질적 내용을 침해하는 중대한 위법에 해당하여 예외적으로 증거능력을 인정할 수도 없다고 한 사례(대법원 2014. 1. 16. 선고 2013도7101 판결)

7. ★★★피고인이 2018. 5. 6.경 피해자 갑(여, 10세)에 대하여 저지른 간음유인미수 및 성폭력범죄의 처벌 등에 관한 특례법 위반(통신매체이용음란) 범행과 관련하여 수사기관이 피고인 소유의 휴대전화를 압수하였는데, 위 휴대전화에 대한 디지털정보분석 결과 피고인이 2017. 12.경부터 2018. 4.경까지 사이에 저지른 피해자 을(여, 12세), 병(여, 10세), 정(여, 9세)에 대한 간음유인 및 간음유인미수, 미성년자의제강간, 성폭력범죄의 처벌 등에 관한 특례법 위반(13세미만미성년자강간), 성폭력범죄의 처벌 등에 관한 특례법 위반(통신매체이용음란) 등 범행에 관한 추가 자료들이 획득되어 그 증거능력이 문제 된 사안에서, 추가 자료들로 인하여 밝혀진 피고인의 을, 병, 정에 대한 범행은 압수·수색영장의 범죄사실과 단순히 동종 또는 유사 범행인 것을 넘어서서 구체적·개별적 연관관계가 있는 경우로서 객관적·인적 관련성을 모두 갖추었다고 한 사례(대법원 2020. 2. 13. 선고 2019도14341, 2019전도130 판결)

8. ★★★수사기관이 인터넷서비스이용자인 피의자를 상대로 피의자의 컴퓨터 등 정보처리장치 내에 저장되어 있는 이메일 등 전자정보를 압수·수색하는 것은 전자정보의 소유자 내지 소지자를 상대로 해당 전자정보를 압수·수색하는 대물적 강제처분으로 형사소송법의 해석상 허용된다.

나아가 ★★★압수·수색할 전자정보가 압수·수색영장에 기재된 수색장소에 있는 컴퓨터 등 정보처리장치 내에 있지 아니하고 그 정보처리장치와 정보통신망으로 연결되어 제3자가 관리하는 원격지의 서버 등 저장매체에 저장되어 있는 경우에도, 수사기관이 피의자의 이메일 계정에 대한 접근권한에 갈음하여 발부받은 영장에 따라 영장 기재 수색장소에 있는 컴퓨터 등 정보처리장치를 이용하여 적법하게 취득한 피의자의 이메일 계정 아이디와 비밀번호를 입력하는 등 피의자가 접근하는 통상적인 방법에 따라 원격지의 저장매체에 접속하고 그곳에 저장되어 있는 피의자의 이메일 관련 전자정보를 수색장소의 정보처리장치로 내려받거나 그 화면에 현출시키는 것 역시 피의자의 소유에 속하거나 소지하는 전자정보를 대상으로 이루어지는 것이므로 그 전자정보에 대한 압수·수색을 위와 달리 볼 필요가 없다.

비록 ★★★수사기관이 위와 같이 원격지의 저장매체에 접속하여 그 저장된 전자정보를 수색장소의 정보처리장치로 내려받거나 그 화면에 현출시킨다 하더라도, 이는 인터넷서비스제공자가 허용한 피의자의 전자정보에 대한 접근 및 처분권한과 일반적 접속 절차에 기초한 것으로서, 특별한 사정이 없는 한 인터넷서비스제공자의 의사에 반하는 것이라고 단정할 수 없다.

또한 ★★★형사소송법 제109조 제1항, 제114조 제1항에서 영장에 수색할 장소를 특정하도록 한 취지와 정보통신망으로 연결되어 있는 한 정보처리장치 또는 저장매체 간 이전, 복제가 용이한 전자정보의 특성 등에 비추어 보면, 수색장소에 있는 정보처리장치를 이용하여 정보통신망으로 연결된 원격지의 저장매체에 접속하는 것이 위와 같은 형사소송법의 규정에 위반하여 압수·수색영장에서 허용한 집행의 장소적 범위를 확대하는 것이라고 볼 수 없다. 수색행위는 정보통신망을 통해 원격지의 저장매체에서 수색장소에 있는 정보처리장치로 내려받거나 현출된 전자정보에 대하여 위 정보처리장치를 이용하여 이루어지고, 압수행위는 위 정보처리장치에 존재하는 전자정보를 대상으로 그 범위를 정하여 이를 출력 또는 복제하는 방법으로 이루어지므로, 수색에서 압수에 이르는 일련의 과정이 모두 압수·수색영장에 기재된 장소에서 행해지기 때문이다.

위와 같은 사정들을 종합하여 보면, ★★★피의자의 이메일 계정에 대한 접근권한에 갈음하여 발부받은 압수·수색영장에 따라 원격지의 저장매체에 적법하게 접속하여 내려받거나 현출된 전자정보를 대상으로 하여 범죄 혐의사실과 관련된 부분에 대하여 압수·수색하는 것은, 압수·수색영장의 집행을 원활하고 적정하게 행하기 위하여 필요한 최소한도의 범위 내에서 이루어지며 그 수단과 목적에 비추어 사회통념상 타당하다고 인정되는 대물적 강제처분 행위로서 허용되며, 형사소송법 제120조 제1항에서 정한 압수·수색영장의 집행에 필요한 처분에 해당한다. 그리고 이러한 법리는 원격지의 저장매체가 국외에 있는 경우라 하더라도 그 사정만으로 달리 볼 것은 아니다(대법원 2017. 11. 29. 선고 2017도9747 판결).

9. 형사소송법 제215조에 의한 압수·수색영장은 수사기관의 압수·수색에 대한 허가장으로서 거기에 기재되는 유효기간은 ★★★집행에 착수할 수 있는 종기를 의미하는 것일 뿐이므로, ★★★수사기관이 압수·수색영장을 제시하고 집행에 착수하여 압수·수색을 실시하고 그 집행을 종료하였다면 이미 그 영장은 목적을 달성하여 효력이 상실되는 것이고, 동일한 장소 또는 목적물에 대하여 다시 압수·수색할 필요가 있는 경우라면 그 필요성을 소명하여 법원으로부터 새로운 압수·수색영장을 발부 받아야 하는 것이지, 앞서 발부 받은 압수·수색영장의 유효기간이 남아있다고 하여 이를 제시하고 다시 압수·수색을 할 수는 없다(대법원 1999. 12. 1.자 99모161 결정).

10. 형사소송법 제215조, 제219조, 제106조 제1항의 규정을 종합하여 보면, 검사는 범죄수사에 필요한 때에는 증거물 또는 몰수할 것으로 사료하는 물건을 법원으로부터 영장을 발부받아서 압수할 수 있는 것이고, 합리적인 의심의 여지가 없을 정도로 범죄사실이 인정되는 경우에만 압수할 수 있는 것은 아니라 할 것이며, 한편 ★★★범인으로부터 압수한 물품에 대하여 몰수의 선고가 없어 그 압수가 해제된 것으로 간주된다고 하더라도 공범자에 대한 범죄수사를 위하여 여전히 그 물품의 압수가 필요하다거나 공범자에 대한 재판에서 그 물품이 몰수될 가능성이 있다면 검사는 그 압수해제된 물품을 다시 압수할 수도 있다(대법원 1997. 1. 9.자 96모34 결정).

11. 압수·수색영장을 집행하는 수사기관은 피압수자로 하여금 법관이 발부한 영장에 의한 압수·수색이라는 사실을 확인함과 동시에 형사소송법이 압수·수색영장에 필요적으로 기재하도록 정한 사항이나 그와 일체를 이루는 사항을 충분히 알 수 있도록 압수·수색영장을 제시하여야 한다 (대법원 2017. 9. 21. 선고 2015도12400 판결).

12. [1] 헌법과 형사소송법이 구현하고자 하는 적법절차와 영장주의의 정신에 비추어 볼 때, 법관이 압수·수색영장을 발부하면서 '압수할 물건'을 특정하기 위하여 기재한 문언은 엄격하게 해석하여야 하고, 함부로 피압수자 등에게 불리한 내용으로 확장 또는 유추 해석하여서는 안 된다. 따라서 압수·수색영장에서 압수할 물건을 '압수장소에 보관중인 물건'이라고 기재하고 있

는 것을 ★★★★<<'압수장소에 현존하는 물건'으로 해석할 수는 없다.>>

[2] 압수·수색영장은 처분을 받는 자에게 반드시 제시하여야 하는바, 현장에서 압수·수색을 당하는 사람이 여러 명일 경우에는 그 사람들 모두에게 개별적으로 영장을 제시해야 하는 것이 원칙이다. 수사기관이 압수·수색에 착수하면서 그 장소의 ★★★★관리책임자에게 영장을 제시하였다고 하더라도, 물건을 소지하고 있는 다른 사람으로부터 이를 압수하고자 하는 때에는 그 사람에게 따로 영장을 제시하여야 한다.

[3] 공무원인 수사기관이 작성하여 피압수자 등에게 교부해야 하는 압수물 목록에는 작성연월일을 기재하고, 그 내용은 사실에 부합하여야 한다. 압수물 목록은 피압수자 등이 압수물에 대한 환부·가환부신청을 하거나 압수처분에 대한 준항고를 하는 등 권리행사절차를 밟는 가장 기초적인 자료가 되므로, 이러한 권리행사에 지장이 없도록 압수 직후 현장에서 바로 작성하여 교부해야 하는 것이 원칙이다.

[4] 헌법과 형사소송법이 정한 절차에 위반하여 수집한 증거는 기본적 인권 보장을 위해 마련된 적법한 절차에 따르지 않은 것으로서 원칙적으로 유죄의 증거로 삼을 수 없다. 다만, 수사기관의 증거 수집 과정에서 이루어진 절차 위반행위와 관련된 모든 사정을 전체적·종합적으로 살펴볼 때, 수사기관의 절차 위반행위가 적법절차의 실질적인 내용을 침해하는 경우에 해당하지 아니하고, 오히려 그 증거의 증거능력을 배제하는 것이 헌법과 형사소송법이 형사소송에 관한 절차 조항을 마련하여 적법절차의 원칙과 실체적 진실 규명의 조화를 도모하고 이를 통하여 형사 사법 정의를 실현하려 한 취지에 반하는 결과를 초래하는 것으로 평가되는 예외적인 경우라면 법원은 그 증거를 유죄 인정의 증거로 사용할 수 있으나, 구체적 사안이 위와 같은 예외적인 경우에 해당하는지를 판단하는 과정에서 적법한 절차를 따르지 않고 수집된 증거를 유죄의 증거로 삼을 수 없다는 원칙이 훼손되지 않도록 유념하여야 하고, 그러한 예외적인 경우에 해당한다고 볼 만한 구체적이고 특별한 사정이 존재한다는 것은 검사가 입증하여야 한다(대법원 2009. 3. 12. 선고 2008도763 판결).

13. 수사기관이 갑 주식회사에서 압수수색영장을 집행하면서 갑 회사에 ★<<팩스로 영장 사본을 송신하기만 >>하고 영장 원본을 제시하거나 압수조서와 압수물 목록을 작성하여 피압수·수색 당사자에게 <<교부하지도 않은 채>> 피고인의 이메일을 압수한 후 이를 증거로 제출한 사안에서, 위와 같은 방법으로 압수된 이메일은 증거능력이 없다(대법원 2017. 9. 7. 선고 2015도10648 판결).

14. 형사소송법 제219조, 제121조가 규정한 변호인의 참여권은 피압수자의 보호를 위하여 변호인에게 주어진 고유권이다. 따라서 설령 피압수자가 수사기관에 압수·수색영장의 집행에 참여하지 않는다는 의사를 명시하였다고 하더라도, 특별한 사정이 없는 한 그 변호인에게는 형사소송법 제219조, 제122조에 따라 미리 집행의 일시와 장소를 통지하는 등으로 압수·수색영장의 집행에 참여할 기회를 별도로 보장하여야 한다(대법원 2020. 11. 26. 선고 2020도10729 판결).

15. [1] 형사소송법 제219조, 제121조에 의하면, 수사기관이 압수·수색영장을 집행할 때 피의자

또는 변호인은 그 집행에 참여할 수 있다. 압수의 목적물이 컴퓨터용디스크 그 밖에 이와 비슷한 정보저장매체인 경우에는 영장 발부의 사유로 된 범죄 혐의사실과 관련 있는 정보의 범위를 정하여 출력하거나 복제하여 이를 제출받아야 하고, 피의자나 변호인에게 참여의 기회를 보장하여야 한다. 만약 그러한 조치를 취하지 않았다면 이는 형사소송법에 정한 영장주의 원칙과 적법절차를 준수하지 않은 것이다. ★★★★<<수사기관이 정보저장매체에 기억된 정보 중에서 키워드 또는 확장자 검색 등을 통해 범죄 혐의사실과 관련 있는 정보를 선별한 다음 정보저장매체와 동일하게 비트열 방식으로 복제하여 생성한 파일(이하 '이미지 파일'이라 한다)을 제출받아 압수하였다면 이로써 압수의 목적물에 대한 압수·수색 절차는 종료된 것이므로,>> ★★★★<<수사기관이 수사기관 사무실에서 위와 같이 압수된 이미지 파일을 탐색·복제·출력하는 과정에서도 피의자 등에게 참여의 기회를 보장하여야 하는 것은 아니다.>>

[2] 형사소송법 제219조, 제129조에 의하면, 압수한 경우에는 목록을 작성하여 소유자, 소지자, 보관자 기타 이에 준할 자에게 교부하여야 한다. 그리고 법원은 압수·수색영장의 집행에 관하여 범죄 혐의사실과 관련 있는 정보의 탐색·복제·출력이 완료된 때에는 지체 없이 압수된 정보의 상세목록을 피의자 등에게 교부할 것을 정할 수 있다. 압수물 목록은 피압수자 등이 압수처분에 대한 준항고를 하는 등 권리행사절차를 밟는 가장 기초적인 자료가 되므로, 수사기관은 이러한 권리행사에 지장이 없도록 압수 직후 현장에서 압수물 목록을 바로 작성하여 교부해야 하는 것이 원칙이다. 이러한 압수물 목록 교부 취지에 비추어 볼 때, 압수된 정보의 상세목록에는 정보의 파일 명세가 특정되어 있어야 하고, ★★★★수사기관은 이를 출력한 서면을 교부하거나 전자파일 형태로 복사해 주거나 이메일을 전송하는 등의 방식으로도 할 수 있다(대법원 2018. 2. 8. 선고 2017도13263 판결).

16. 형사소송법 제133조의 규정에 의하면, 압수를 계속할 필요가 없다고 인정되는 압수물 또는 증거에 공할 압수물은 환부 또는 가환부할 수 있도록 되어 있는 바, 본건 약속어음은 범죄행위로 인하여 생긴 위조문서로서 아무도 이를 소유하는 것이 허용되지 않는 물건이므로 몰수가 될 뿐 환부나 가환부할 수 없고 다만 검사는 몰수의 선고가 있은 뒤에 형사소송법 제485조에 의하여 위조의 표시를 하여 환부할 수 있다(대법원 1984. 7. 24.자 84모43 결정).

17. 세관이 시계행상이 소지하고 있던 외국산시계를 관세장물의 혐의가 있다고 하여 압수하였던 것을 검사가 그것이 관세포탈품인지를 확인할 수 없어 그 사건을 ★<<기소중지처분하였다면>> 위 압수물은 관세장물이라고 단정할 수 없으므로 국고에 귀속시킬 수 없음은 물론 압수를 더 이상 단속할 필요도 없다(대법원 1988. 12. 14.자 88모55 결정).

18. 피압수자 등 환부를 받을 자가 압수 후 그 소유권을 포기하는 등에 의하여 실체법상의 권리를 상실하더라도 그 때문에 압수물을 환부하여야 하는 수사기관의 의무에 어떠한 영향을 미칠 수 없고, 또한 수사기관에 대하여 형사소송법상의 환부청구권을 포기한다는 의사표시를 하더라도 그 효력이 없어 그에 의하여 수사기관의 필요적 환부의무가 면제된다고 볼 수는 없으므로, 압수물의 소유권이나 그 환부청구권을 포기하는 의사표시로 인하여 위 환부의무에 대응하는 압수물에 대한 환부청구권이 소멸하는 것은 아니다(대법원 1996. 8. 16.자 94모51 전원합의체 결정).

19. 피의자들이 밀수출하기 위해 허위의 수출신고 후 선적하려다 미수에 그친 수출물품으로서 갑 주식회사 소유의 렌트차량인 자동차를 세관의 특별사법경찰관이 압수수색검증영장에 기해 압수하였는데, 갑 회사와 밀수출범죄 사이에 아무런 관련성이 발견되지 않음에도 검사가 갑 회사의 압수물 가환부 청구를 거부하자 갑 회사가 준항고를 제기하여 원심에서 준항고가 인용된 사안에서, 검사에게 갑 회사의 가환부 청구를 거부할 수 있는 특별한 사정이 있는 경우라고 보기 어렵다는 이유로, 원심이 ★준항고를 받아들인 것은 결론적으로 정당하다고 한 사례(대법원 2017. 9. 29.자 2017모236 결정)

20. 가. 형사소송법 제134조 소정의 "환부할 이유가 명백한 때"라 함은 사법상 피해자가 그 압수된 물건의 인도를 청구할 수 있는 권리가 있음이 명백한 경우를 의미하고 위 인도청구권에 관하여 사실상, 법률상 다소라도 의문이 있는 경우에는 환부할 명백한 이유가 있는 경우라고는 할 수 없다.

나. 매수인이 피해자로 부터 물건을 매수함에 있어 사기행위로써 취득하였다 하더라도 피해자가 매수인에게 사기로 인한 매매의 의사표시를 취소한 여부가 분명하지 않고, 위 매수인으로부터 위탁을 받은 (갑)이 위 물건을 인도받아 재항고인의 창고에 임치하여 재항고인이 보관하게 되었고 달리 재항고인이 위 물건이 장물이라는 정을 알았다고 확단할 자료가 없다면, 재항고인은 정당한 점유자라 할 것이고 이를 보관시킨 매수인에 대해서는 임치료 청구권이 있고 그 채권에 의하여 위 물건에 대한 유치권이 있다고 보여지므로 피해자는 재항고인에 대하여 위 물건의 반환 청구권이 있음이 명백하다고 보기는 ★어렵다 할 것이므로 이를 피해자에게 환부할 것이 아니라 ★민사소송에 의하여 해결함이 마땅하다(대법원 1984. 7. 16.자 84모38 결정).

<<관련판례>>
1. 구 정보통신망 이용촉진 및 정보보호 등에 관한 법률상 음란물 유포의 범죄혐의를 이유로 압수·수색영장을 발부받은 사법경찰리가 피고인의 주거지를 수색하는 과정에서 대마를 발견하자, 피고인을 마약류관리에 관한 법률 위반죄의 <<현행범으로 체포하면서 대마를 압수하였으나, 그 다음날 피고인을 석방하였음에도>> <<사후 압수·수색영장을 발부받지 ★않은 사안>>에서, 위 압수물과 압수조서는 ★★형사소송법상 영장주의를 위반하여 수집한 증거로서 증거능력이 부정된다(대법원 2009. 5. 14. 선고 2008도10914 판결).

2. [1] 수사기관이 법원으로부터 영장 또는 감정처분허가장을 발부받지 아니한 채 피의자의 동의 없이 피의자의 신체로부터 혈액을 채취하고 사후에도 지체 없이 영장을 발부받지 아니한 채 혈액 중 알코올농도에 관한 감정을 의뢰하였다면, 이러한 과정을 거쳐 얻은 감정의뢰회보 등은 형사소송법상 영장주의 원칙을 위반하여 수집하거나 그에 기초하여 획득한 증거로서, 원칙적으로 절차위반행위가 적법절차의 실질적인 내용을 침해하여 피고인이나 변호인의 동의가 있더라도 유죄의 증거로 사용할 수 없다.

[2] 수사기관이 범죄 증거를 수집할 목적으로 피의자의 동의 없이 피의자의 혈액을 취득·보관하는 행위는 법원으로부터 감정처분허가장을 받아 형사소송법 제221조의4 제1항, 제173조 제1항에 의한 '감정에 필요한 처분'으로도 할 수 있지만, 형사소송법 제219조, 제106조 제1항에 정한 압수의 방법으로도 할 수 있고, 압수의 방법에 의하는 경우 혈액의 취득을 위하여 피의자의 신체로부터 혈액을 채취하는 행위는 혈액의 압수를 위한 것으로서 형사소송법 제219조, 제120조 제1항에 정한 '압수영장의 집행에 있어 필요한 처분'에 해당한다.

[3] 음주운전 중 교통사고를 야기한 후 피의자가 의식불명 상태에 빠져 있는 등으로 도로교통법이 음주운전의 제1차적 수사방법으로 규정한 호흡조사에 의한 음주측정이 불가능하고 혈액 채취에 대한 동의를 받을 수도 없을 뿐만 아니라 법원으로부터 혈액 채취에 대한 감정처분허가장이나 사전 압수영장을 발부받을 시간적 여유도 없는 긴급한 상황이 생길 수 있다. 이러한 경우 피의자의 신체 내지 의복류에 주취로 인한 냄새가 강하게 나는 등 형사소송법 제211조 제2항 제3호가 정하는 범죄의 증적이 현저한 준현행범인의 요건이 갖추어져 있고 교통사고 발생 시각으로부터 사회통념상 범행 직후라고 볼 수 있는 시간 내라면, 피의자의 생명·신체를 구조하기 위하여 사고현장으로부터 ★★★★곧바로 후송된 병원 응급실 등의 장소는 형사소송법 제216조 제3항의 범죄 장소에 준한다 할 것이므로, 검사 또는 사법경찰관은 피의자의 혈중알코올농도 등 증거의 수집을 위하여 의료법상 의료인의 자격이 있는 자로 하여금 의료용 기구로 의학적인 방법에 따라 필요최소한의 한도 내에서 피의자의 혈액을 채취하게 한 후 그 혈액을 영장 없이 압수할 수 있다. 다만 이 경우에도 형사소송법 제216조 제3항 단서, 형사소송규칙 제58조, 제107조 제1항 제3호에 따라 사후에 지체 없이 강제채혈에 의한 압수의 사유 등을 기재한 영장청구서에 의하여 법원으로부터 압수영장을 받아야 한다(대법원 2012. 11. 15. 선고 2011도15258 판결).

3. 범행 중 또는 범행 직후의 범죄 장소에서 긴급을 요하여 법원 판사의 영장을 받을 수 없는 때에는 영장 없이 압수·수색 또는 검증을 할 수 있으나, 사후에 지체없이 영장을 받아야 한다(형사소송법 제216조 제3항). 형사소송법 제216조 제3항의 요건 중 어느 하나라도 갖추지 못한 경우에 그러한 압수·수색 또는 검증은 위법하며, 이에 대하여 사후에 법원으로부터 영장을 발부받았다고 하여 그 위법성이 치유되지 아니한다(대법원 2012. 2. 9. 선고 2009도14884 판결 등 참조).(대법원 2017. 11. 29. 선고 2014도16080 판결).-->경찰관이 이른바 전화사기죄 범행의 혐의자를 긴급체포하면서 그가 보관하고 있던 다른 사람의 주민등록증, 운전면허증 등을 압수한 사안에서, 이는 구 형사소송법(2007. 6. 1. 법률 제8496호로 개정되기 전의 것) 제217조 제1항에서 규정한 해당 범죄사실의 수사에 필요한 범위 내의 압수로서 적법하므로, 이를 위 혐의자의 점유이탈물횡령죄 범행에 대한 증거로 인정한 사례(대법원 2008. 7. 10. 선고 2008도2245 판결)

4. (1) 서울지방경찰서 소속 경찰관들은 2016. 10. 5. 20:00 경기 광주시 (주소 1 생략) 앞 도로에서 위장거래자와 만나서 마약류 거래를 하고 있는 피고인을 긴급체포한 뒤 현장에서 피고인이 위장거래자에게 건네준 메트암페타민 약 9.50g이 들어 있는 비닐팩 1개(증제1호)를 압수하였다.

(2) 위 경찰관들은 같은 날 20:24경 영장 없이 체포현장에서 약 2km 떨어진 경기 광주시 (주소 2 생략)에 있는 피고인의 주거지에 대한 수색을 실시해서 작은 방 서랍장 등에서 메트암페타민 약 4.82g이 들어 있는 비닐팩 1개(증제2호) 등을 추가로 찾아내어 이를 압수하였다.

(3) 이후 사법경찰관은 압수한 위 메트암페타민 약 4.82g이 들어 있는 비닐팩 1개(증제2호)에 대하여 감정의뢰 등 계속 압수의 필요성을 이유로 검사에게 사후 압수수색영장 청구를 신청하였고, 검사의 청구로 서울중앙지방법원 영장전담판사로부터 2016. 10. 7. 사후 압수수색영장을 발부받았다.

다. 위와 같은 피고인에 대한 긴급체포 사유, 압수·수색의 시각과 경위, 사후 영장의 발부 내역 등에 비추어 보면, 수사기관이 피고인의 주거지에서 ★긴급 압수한 메트암페타민 4.82g은 긴급체포의 사유가 된 범죄사실 수사에 필요한 범위 내의 것으로서 형사소송법 제217조에 따라 적법하게 압수되었다고 할 것이다. 원심은 증제2호 등을 증거로 삼아 2016. 10. 5.자 마약류관리에 관한 법률 위반(향정)죄의 공소사실을 유죄로 인정한 제1심판결을 유지하였는데, 이는 위 법리에 따른 것으로 정당하다(대법원 2017. 9. 12. 선고 2017도10309 판결).

5. 검사 또는 사법경찰관은 형사소송법 제212조의 규정에 의하여 피의자를 현행범 체포하는 경우에 필요한 때에는 체포 현장에서 영장 없이 압수·수색·검증을 할 수 있으나, 이와 같이 압수한 물건을 계속 압수할 필요가 있는 경우에는 체포한 때부터 48시간 이내에 지체 없이 압수영장을 청구하여야 한다(제216조 제1항 제2호, 제217조 제2항). 그리고 검사 또는 사법경찰관이 범행 중 또는 범행 직후의 범죄 장소에서 긴급을 요하여 판사의 영장을 받을 수 없는 때에는 영장 없이 압수·수색 또는 검증을 할 수 있으나, 이 경우에는 사후에 지체 없이 영장을 받아야 한다(제216조 제3항). 다만 ★형사소송법 제218조에 의하면 검사 또는 사법경찰관은 피의자 등이 유류한 물건이나 소유자·소지자 또는 보관자가 임의로 제출한 물건은 영장 없이 압수할 수 있으므로, 현행범 체포 현장이나 범죄 장소에서도 소지자 등이 임의로 제출하는 물건은 위 조항에 의하여 영장 없이 압수할 수 있고, 이 경우에는 검사나 사법경찰관이 사후에 영장을 받을 필요가 없다(대법원 2016. 2. 18. 선고 2015도13726 판결).

6. 사고일인 2008. 11. 11.부터 3개월 가까이 경과한 2009. 2. 2. 이 사건 사고가 발생한 대전차 방호벽의 안쪽 벽면에 부착된 철제구조물(이하 '이 사건 철제구조물'이라 한다)에서 발견된 강판조각(이하 '이 사건 강판조각'이라 한다), 국립과학수사연구소(현재 국립과학수사연구원, 이하 '국과수'라 한다) 소속 감정인 공소외 1의 감정 과정에서 이 사건 사고 차량인 (차량번호 생략) 그랜저TG 승용차(이하 '이 사건 차량'이라 한다) 우측 앞 펜더에서 탈거된 보강용 강판(이하 '이 사건 보강용 강판'이라 한다) 및 이 사건 차량에서 채취된 페인트의 증거능력에 대하여 살펴본다.

원심 및 제1심의 각 판결이유와 그 채택 증거들 및 법령의 규정에 의하면, 이 사건 ★강판조각은 형사소송법 제218조에 규정된 유류물에, 이 사건 차량에서 탈거 또는 채취된 이 사건 보강용 강판과 페인트는 위 차량의 보관자가 감정을 위하여 임의로 제출한 물건에 각 해당함을 알 수 있다. 따라서 이 사건 강판조각과 보강용 강판 및 차량에서 채취된 페인트는 형사소송법 제2

18조에 의하여 영장 없이 압수할 수 있다(대법원 2011. 5. 26. 선고 2011도1902 판결).

7. 형사소송법 및 기타 법령상 교도관이 그 직무상 위탁을 받아 소지 또는 보관하는 물건으로서 재소자가 작성한 비망록을 수사기관이 수사 목적으로 압수하는 절차에 관하여 특별한 절차적 제한을 두고 있지 않으므로, 교도관이 재소자가 맡긴 비망록을 수사기관에 임의로 제출하였다면 그 비망록의 증거사용에 대하여도 재소자의 사생활의 비밀 기타 인격적 법익이 침해되는 등의 특별한 사정이 없는 한 반드시 그 재소자의 동의를 받아야 하는 것은 아니다. 따라서 ★검사가 교도관으로부터 그가 보관하고 있던 피고인의 비망록을 뇌물수수 등의 증거자료로 임의로 제출받아 이를 압수한 경우, 그 압수절차가 피고인의 승낙 및 영장 없이 행하여졌다고 하더라도 이에 적법절차를 위반한 위법이 있다고 할 수 없다(대법원 2008. 5. 15. 선고 2008도1097 판결).

8. 형사소송법 제218조는 "사법경찰관은 소유자, 소지자 또는 보관자가 임의로 제출한 물건을 영장없이 압수할 수 있다"고 규정하고 있는바, 위 규정을 위반하여 ★소유자, 소지자 또는 보관자가 아닌 자로부터 제출받은 물건을 영장없이 압수한 경우 그 '압수물' 및 '압수물을 찍은 사진'은 이를 유죄 인정의 증거로 사용할 수 없는 것이고, 헌법과 형사소송법이 선언한 영장주의의 중요성에 비추어 볼 때 피고인이나 변호인이 이를 증거로 함에 동의하였다고 하더라도 달리 볼 것은 아니다(대법원 2010. 1. 28. 선고 2009도10092 판결).

제 4 절 수사상 감정유치

Tool 1.

◆수사상 감정유치◆

①의의	(1)피고인이나 피의자의 정신 또는 신체를 감정하기 위하여 일정기간 동안 병원 기타 적당한 장소에 유치시키는 강제처분 (2)감정유치의 종류는 수사기관의 감정유치청구와 수소법원이 하는 감정유치가 있다.
②대상	(1)피의자가 대상이다. (2)피의자이면 족하고 **구속 중임을 요하지 않는다**.
③절차	(1)검사의 청구에 의한다. (2)감정유치의 종국적인 필요성에 대한 판단은 검사에게 있다. (3)감정유치의 청구는 감정유치서에 의한다. (4)판사는 청구가 <상당하다고 인정하였을 때에는 유치처분(감정유치장을 발부)을 하여야 한다.> (5)★청구서에 기재된 유치기간이 <장기라고 인정될 때에는><법원

	은 상당기간으로 단축하여 감정유치장을 발부할 수 있다.> (6) ★불복여부 - 감정유치를 <u>기각하는 결정은 물론 유치결정에도</u> **준항고가 허용되지 않는다.** (7) 감정유치에 필요한 **유치기간은 제한이 없다.** (8) 수사상감정유치장의 유치기간을 연장할 때에는 검사의 청구에 의하여 판사가 결정한다. (9) 감정유치장의 집행에 관하여는 구속영장의 집행에 관한 규정이 준용된다.
④구속	(1) 실질적으로 구속에 해당하므로 구속에 대한 규정이 준용된다. (2) ★미결구금일수의 산입에 있어서 유치기간은 구속으로 간주된다. (3) 구속중인 피의자에 대하여 감정유치장이 집행되었을 때에는 유치되어 있는 기간 동안은 <u>구속의 집행이 정지된 것으로 간주</u>한다. 그러므로 감정유치기간은 구속기간에 포함되지 않는다.
⑤처분	(1) 수사기관으로부터 감정을 위촉받은 자는 감정에 관하여 필요한 때에는 법원의 허가를 얻어 타인의 주거, 간수자있는 가옥, 건조물, 항공기, 선차내에 들어갈 수 있고 신체의 검사, 사체의 해부, 분묘의 발굴, 물건의 파괴를 할 수 있다. (2) 필요한 처분에 대한 허가는 검사가 청구해야 한다. (3) 판사는 청구가 필요하다고 인정하면 허가장을 발부하여야 한다.

제 5 절 기술적 수단에 의한 수사(통신비밀보호법 등)

<<관련판례>>
1. [1] 통신비밀보호법에 규정된 '통신제한조치'는 '우편물의 검열 또는 전기통신의 감청'을 말하는 것으로(제3조 제2항), 여기서 '전기통신'은 전화·전자우편·모사전송 등과 같이 유선·무선·광선 및 기타의 전자적 방식에 의하여 모든 종류의 음향·문언·부호 또는 영상을 송신하거나 수신하는 것을 말하고(제2조 제3호), '감청'은 전기통신에 대하여 당사자의 동의 없이 전자장치·기계장치 등을 사용하여 통신의 음향·문언·부호·영상을 청취·공독하여 그 내용을 지득 또는 채록하거나 전기통신의 송·수신을 방해하는 것을 말한다고 규정되어 있다(제2조 제7호). 따라서 ★★★★<u>'전기통신의 감청'은 '감청'의 개념 규정에 비추어 전기통신이 이루어지고 있는 상황에서 실시간으로 전기통신의 내용을 지득·채록하는 경우와 통신의 송·수신을 직접적으로 방해하는 경우를 의미하는 것이지, 이미 수신이 완료된 전기통신에 관하여 남아 있는 기록이나 내용을 열어보는 등의 행위는 포함하지 않는다</u>.

[2] 통신제한조치허가서에는 통신제한조치의 종류·목적·대상·범위·기간 및 집행장소와 방법을

특정하여 기재하여야 하고(통신비밀보호법 제6조 제6항), 수사기관은 허가서에 기재된 허가의 내용과 범위 및 집행방법 등을 준수하여 통신제한조치를 집행하여야 한다. 이때 수사기관은 통신기관 등에 통신제한조치허가서의 사본을 교부하고 집행을 위탁할 수 있으나(통신비밀보호법 제9조 제1항, 제2항), 그 경우에도 집행의 위탁을 받은 통신기관 등은 수사기관이 직접 집행할 경우와 마찬가지로 허가서에 기재된 집행방법 등을 준수하여야 함은 당연하다. 따라서 허가된 통신제한조치의 종류가 전기통신의 '감청'인 경우, 수사기관 또는 수사기관으로부터 통신제한조치의 집행을 위탁받은 통신기관 등은 통신비밀보호법이 정한 감청의 방식으로 집행하여야 하고 그와 다른 방식으로 집행하여서는 아니 된다. 한편 수사기관이 통신기관 등에 통신제한조치의 집행을 위탁하는 경우에는 집행에 필요한 설비를 제공하여야 한다(통신비밀보호법 시행령 제21조 제3항).

그러므로 수사기관으로부터 통신제한조치의 집행을 위탁받은 통신기관 등이 집행에 필요한 설비가 없을 때에는 수사기관에 설비의 제공을 요청하여야 하고, ★그러한 요청 없이 통신제한조치허가서에 기재된 사항을 준수하지 아니한 채 통신제한조치를 집행하였다면, 그러한 집행으로 취득한 전기통신의 내용 등은 헌법과 통신비밀보호법이 국민의 기본권인 통신의 비밀을 보장하기 위해 마련한 적법한 절차를 따르지 아니하고 수집한 증거에 해당하므로(형사소송법 제308조의2), 이는 유죄 인정의 증거로 할 수 없다(대법원 2016. 10. 13. 선고 2016도8137 판결).

2. [1] ★★★전화통화의 당사자 일방이 상대방과의 통화내용을 녹음하는 행위가 통신비밀보호법 제3조 제1항의 '전기통신의 감청'에 해당하지 않는다.

   [2] 골프장 운영업체가 예약전용 전화선에 녹취시스템을 설치하여 예약담당직원과 고객 간의 골프장 예약에 관한 통화내용을 녹취한 행위는 통신비밀보호법 제3조 제1항 위반죄에 해당하지 않는다고 한 사례(대법원 2008. 10. 23. 선고 2008도1237 판결)

3. [1] 통신비밀보호법 제2조 제8호 및 구 통신비밀보호법시행령(2002. 3. 25. 대통령령 제17548호로 개정되기 전의 것) 제3조 제8호의 규정에서 감청설비제외대상으로 하고 있는 것은 수신전용무선기기임을 전제로 하고 있음은 명백한데, 한국도로공사 상황실과 순찰차간에 순찰상황 보고 등의 통신목적으로 사용된 송수신이 가능한 무전기는 당초에 수신전용무선기기로 제작된 것이 아니고, 비록 위 무전기가 설치될 당시 송신이 가능하지 않도록 마이크를 떼어버렸다고 하더라도 언제든지 다시 마이크를 부착하여 송신이 가능한 이상 달리 볼 것이 아니므로 위 무전기는 수신전용무선기기가 아니라고 할 것이어서 구 통신비밀보호법시행령 제3조 제8호에 규정된 감청설비제외대상에 해당한다고 할 수 없다.

   [2] 통신비밀보호법에서는 그 규율의 대상을 통신과 대화로 분류하고 그 중 통신을 다시 우편물과 전기통신으로 나눈 다음, 그 제2조 제3호로 "전기통신"이라 함은 유선·무선·광선 및 기타의 전자적 방식에 의하여 모든 종류의 음향·문언·부호 또는 영상을 송신하거나 수신하는 것을 말한다고 규정하고 있는바, 무전기와 같은 무선전화기를 이용한 통화가 위 법에서 규정하고 있는 전기통신에 해당함은 전화통화의 성질 및 위 규정 내용에 비추어 명백하므로 이를 같은 법 제3조 제1항 소정의 '타인간의 대화'에 포함된다고 할 수 없다.

[3] ★★★렉카 회사가 무전기를 이용하여 한국도로공사의 상황실과 순찰차간의 무선전화통화를 청취한 경우 무전기를 설치함에 있어 한국도로공사의 정당한 계통을 밟은 결재가 있었던 것이 아닌 이상 전기통신의 당사자인 한국도로공사의 동의가 있었다고는 볼 수 없으므로 통신비밀보호법상의 감청에 해당한다고 한 사례(대법원 2003. 11. 13. 선고 2001도6213 판결)

4. 통신제한조치에 대한 기간연장결정은 원 허가의 내용에 대하여 단지 기간을 연장하는 것일 뿐 원 허가의 대상과 범위를 초과할 수 없다 할 것이므로 ★★★통신제한조치허가서에 의하여 허가된 통신제한조치가 '전기통신 감청 및 우편물 검열'뿐인 경우 그 후 <<연장결정서에 당초 허가내용에 없던 '대화녹음'이 기재되어 있다 하더라도 이는 대화녹음의 적법한 근거가 되지 못한다>>(대법원 1999. 9. 3. 선고 99도2317 판결).

5. ★★★'대화의 녹음·청취'에 관하여 통신비밀보호법 제14조 제2항은 통신비밀보호법 제9조 제1항 전문을 적용하여 집행주체가 집행한다고 규정하면서도, 통신기관 등에 대한 집행위탁이나 협조요청에 관한 같은 법 제9조 제1항 후문을 적용하지 않고 있으나, 이는 '대화의 녹음·청취'의 경우 통신제한조치와 달리 통신기관의 업무와 관련이 적다는 점을 고려한 것일 뿐이므로, 반드시 집행주체가 '대화의 녹음·청취'를 직접 수행하여야 하는 것은 아니다. 따라서 ★★★집행주체가 제3자의 도움을 받지 않고서는 '대화의 녹음·청취'가 사실상 불가능하거나 곤란한 사정이 있는 경우에는 비례의 원칙에 위배되지 않는 한 제3자에게 집행을 위탁하거나 그로부터 협조를 받아 '대화의 녹음·청취'를 할 수 있다고 봄이 타당하고, 그 경우 통신기관 등이 아닌 일반 사인에게 대장을 작성하여 비치할 의무가 있다고 볼 것은 아니다(대법원 2015. 1. 22. 선고 2014도10978 전원합의체 판결).

6. 통신비밀보호법은 통신제한조치의 집행으로 인하여 취득된 전기통신의 내용은 통신제한조치의 목적이 된 범죄나 이와 관련되는 범죄를 수사·소추하거나 그 범죄를 예방하기 위한 경우 등에 한정하여 사용할 수 있도록 규정하고(제12조 제1호), 통신사실확인자료의 사용제한에 관하여 이 규정을 준용하도록 하고 있다(제13조의5). 따라서 ★★★통신사실확인자료 제공요청에 의하여 취득한 통화내역 등 통신사실확인자료를 범죄의 수사·소추를 위하여 사용하는 경우 대상 범죄는 통신사실확인자료 제공요청의 목적이 된 범죄 및 이와 관련된 범죄에 한정되어야 한다. 여기서 통신사실확인자료 제공요청의 목적이 된 범죄와 관련된 범죄란 통신사실 확인자료제공요청 허가서에 기재한 혐의사실과 객관적 관련성이 있고 자료제공 요청대상자와 피의자 사이에 인적 관련성이 있는 범죄를 의미한다.

그중 ★★★혐의사실과의 객관적 관련성은, 통신사실 확인자료제공요청 허가서에 기재된 혐의사실 자체 또는 그와 기본적 사실관계가 동일한 범행과 직접 관련되어 있는 경우는 물론 범행 동기와 경위, 범행 수단 및 방법, 범행 시간과 장소 등을 증명하기 위한 간접증거나 정황증거 등으로 사용될 수 있는 경우에도 인정될 수 있다. 다만 통신비밀보호법이 통신사실확인자료의 사용 범위를 제한하고 있는 것은 특정한 혐의사실을 전제로 제공된 통신사실확인자료가 별건의 범죄사실을 수사하거나 소추하는 데 이용되는 것을 방지함으로써 통신의 비밀과 자유에 대한 제한을 최소화하는 데 입법 취지가 있다. 따라서 ★★★그 관련성은 통신사실 확인자료제공요청 허가서에 기재된 혐의사실의 내용과 수사의 대상 및 수사 경위 등을 종합하여 구체적·개별적 연관관계가 있는 경우에만 인정되고, ★★★혐의사실과 단순히 동종 또는 유사 범행이라는 사유만으로 관련성이 있는 것은 아니다.

그리고 피의자와 사이의 인적 관련성은 ★★★통신사실 확인자료제공요청 허가서에 기재된 대상자의 공동정범이나 교사범 등 공범이나 간접정범은 물론 필요적 공범 등에 대한 피고사건에 대해서도 인정될 수 있다(대법원 2017. 1. 25. 선고 2016도13489 판결).

7. 통신비밀보호법(이하 '법'이라고만 한다) 제2조 제7호는 "감청"이라 함은 전기통신에 대하여 당사자의 동의없이 전자장치·기계장치 등을 사용하여 통신의 음향·문언·부호·영상을 청취·공독하여 그 내용을 지득 또는 채록하거나 전기통신의 송·수신을 방해하는 것을 말한다고 규정하고, 제3조 제1항은 누구든지 이 법과 형사소송법 또는 군사법원법의 규정에 의하지 아니하고는 전기통신의 감청을 하지 못한다고 규정하며, 나아가 제4조는 제3조의 규정에 위반하여, 불법감청에 의하여 지득 또는 채록된 전기통신의 내용은 재판 또는 징계절차에서 증거로 사용할 수 없다고 규정하고 있다. 이에 따르면 전기통신의 감청은 제3자가 전기통신의 당사자인 송신인과 수신인의 동의를 받지 아니하고 전기통신 내용을 녹음하는 등의 행위를 하는 것만을 말한다고 풀이함이 상당하다고 할 것이므로, 전기통신에 해당하는 전화통화 당사자의 일방이 상대방 모르게 통화 내용을 녹음하는 것은 여기의 감청에 해당하지 아니하지만, ★★★제3자의 경우는 설령 전화통화 당사자 일방의 동의를 받고 그 통화 내용을 녹음하였다 하더라도 그 상대방의 동의가 없었던 이상, 이는 여기의 감청에 해당하여 법 제3조 제1항 위반이 되고(대법원 2002. 10. 8. 선고 2002도123 판결 참조), 이와 같이 법 제3조 제1항에 위반한 불법감청에 의하여 녹음된 전화통화의 내용은 법 제4조에 의하여 증거능력이 없다 (대법원 2001. 10. 9. 선고 2001도3106 판결 등 참조). 그리고 ★★★사생활 및 통신의 불가침을 국민의 기본권의 하나로 선언하고 있는 헌법규정과 통신비밀의 보호와 통신의 자유 신장을 목적으로 제정된 통신비밀보호법의 취지에 비추어 볼 때 피고인이나 변호인이 이를 <<증거로 함에 동의하였다고 하더라도>> 달리 볼 것은 아니다(대법원 2009. 12. 24. 선고 2009도11401 판결 참조).

기록에 의하면, 공소외인은 2009. 9. 21.경 ★★★검찰에서 피고인의 이 사건 공소사실 범행을 진술하는 등 다른 마약사범에 대한 수사에 협조해 오던 중, 같은 달 29일경 필로폰을 투약한 혐의 등으로 구속되었는데, 구치소에 수감되어 있던 같은 해 11. 3.경 피고인의 이 사건 공소사실에 관한 증거를 확보할 목적으로 검찰로부터 자신의 압수된 휴대전화를 제공받아 구속수감 상황 등을 숨긴 채 피고인과 통화하고 그 내용을 녹음한 다음 그 휴대전화를 검찰에 제출한 사실, 이에 따라 ★★★작성된 이 사건 수사보고는 ' 공소외인이 2009. 11. 3. 오전 10:00경 피고인으로부터 걸려오는 전화를 자신이 직접 녹음한 후 이를 수사기관에 임의제출하였고, 이에 필로폰 관련 대화 내용을 붙임과 같이 녹취하였으며, 휴대전화에 내장된 녹음파일을 mp3파일로 변환시켜 붙임과 같이 첨부하였음을 보고한다'는 내용으로, 첨부된 녹취록에는 피고인이 이전에 공소외인에게 준 필로폰의 품질에는 아무런 문제가 없다는 피고인의 통화 내용이 포함되어 있는 사실을 알 수 있다.

위 인정 사실을 앞서 본 법리에 비추어 보면, ★★★위와 같은 녹음행위는 수사기관이 공소외인으로부터 피고인의 이 사건 공소사실 범행에 대한 진술을 들은 다음 추가적인 증거를 확보할 목적으로 구속수감되어 있던 공소외인에게 그의 압수된 휴대전화를 제공하여 그로 하여금 피고인과 통화하고 피고인의 이 사건 공소사실 범행에 관한 통화 내용을 녹음하게 한 것이라 할 것이고, 이와 같이 수사기관이 구속수감된 자로 하여금 피고인의 범행에 관한 통화 내용을 녹음하게 한 행위는 수사기관 스스로가 주체가 되어 구속수감된 자의 동의만을 받고 상대방인 피고인의 동의가 없는 상태에서 그들의 통화 내용을 녹음한 것으로서 범죄수사를 위한 통신제한조치의 허가 등을 받지 아니한 불법감청에 해당한다고 보아야 할 것이므로, 그 녹음 자체는 물론이고 이를 근거로 작성된 이 사건 수사보고의 기재 내용과 첨부 녹취록 및 첨부 mp3파일도 모두 피고인과 변호인의 증거동의에 상관없이 증거능력이 없다고 할 것이다(대법원 2010. 10. 14. 선고 2010도9016 판결).

8. ★★★피고인이 ○○○신문사 빌딩에서 휴대폰의 녹음기능을 작동시킨 상태로 공소외 1 재단법인(이하 '공소외 1 법인'이라고 한다)의 이사장실에서 집무 중이던 공소외 1 법인 이사장인 공소외 2의 휴대폰으로 전화를 걸어 공소외 2와 약 8분간의 전화통화를 마친 후 상대방에 대한 예우 차원에서 바로 전화통화를 끊지 않고 공소외 2가 전화를 먼저 끊기를 기다리던 중, 평소 친분이 있는 △△방송 기획홍보본부장 공소외 3이 공소외 2와 인사를 나누면서 △△방송 전략기획부장 공소외 4를 소개하는 목소리가 피고인의 휴대폰을 통해 들려오고, 때마침 공소외 2가 <<실수로 휴대폰의 통화종료 버튼을 누르지 아니한 채>> ★★★이를 이사장실 내의 탁자 위에 놓아두자, <<공소외 2의 휴대폰과 통화연결상태에 있는 자신의 휴대폰 수신 및 녹음기능을 이용하여 이 사건 대화를 몰래 청취하면서>> 녹음한 사실을 인정한 다음, 피고인은 이 사건 대화에 원래부터 참여하지 아니한 제3자이므로, 통화연결상태에 있는 휴대폰을 이용하여 이 사건 대화를 청취·녹음하는 행위는 작위에 의한 구 통신비밀보호법 제3조의 위반행위로서 같은 법 제16조 제1항 제1호에 의하여 처벌된다(대법원 2016. 5. 12. 선고 2013도15616 판결).

9. 통신비밀보호법 제1조, 제3조 제1항 본문, 제4조, 제14조 제1항, 제2항의 문언, 내용, 체계와 입법 취지 등에 비추어 보면, 통신비밀보호법에서 보호하는 타인 간의 '대화'는 원칙적으로 현장에 있는 당사자들이 육성으로 말을 주고받는 의사소통행위를 가리킨다. 따라서 ★★★사람의 육성이 아닌 사물에서 발생하는 <<음향>>은 타인 간의 '대화'에 해당하지 않는다. 또한 사람의 목소리라고 하더라도 상대방에게 의사를 전달하는 말이 아닌 단순한 비명소리나 탄식 등은 타인과 의사소통을 하기 위한 것이 아니라면 특별한 사정이 없는 한 타인 간의 '대화'에 해당한다고 볼 수 없다(대법원 2017. 3. 15. 선고 2016도19843 판결).-->공소외인은 평소 친분이 있던 피해자와 휴대전화로 통화를 마친 후 전화가 끊기지 않은 상태에서 1~2분간 위와 같은 소리를 들었다고 진술하였음을 알 수 있고, 통화를 마칠 무렵 몸싸움을 연상시키는 소리가 들려 전화를 끊지 않았던 것으로 보인다.

위에서 본 법리에 비추어 보면, 공소외인이 들었다는 ★★★'우당탕' 소리는 사물에서 발생하는 음향일 뿐 사람의 목소리가 아니므로 통신비밀보호법에서 말하는 타인 간의 '대화'에 해당하지 않는다. '악' 소리도 사람의 목소리이기는 하나 단순한 비명소리에 지나지 않아 그것만으로 상대방에게 의사를 전달하는 말이라고 보기는 어려워 특별한 사정이 없는 한 타인 간의 '대화'에 해당한다고 볼 수 없다. 나아가 위와 같은 소리는 막연히 몸싸움이 있었다는 것 외에 사생활에 관한 다른 정보는 제공하지 않는 점, 공소외인이 소리를 들은 시간이 길지 않은 점, 소리를 듣게

된 동기와 상황, 공소외인과 피해자의 관계 등 기록에 나타난 여러 사정에 비추어 볼 때, 통신비밀보호법에서 보호하는 타인 간의 '대화'에 준하는 것으로 보아 증거능력을 부정할 만한 특별한 사정이 있다고 보기도 어렵다(대법원 2017. 3. 15. 선고 2016도19843 판결).

10. 구 통신비밀보호법(2001. 12. 29. 법률 제6546호로 개정되기 전의 것)에서는 그 규율의 대상을 통신과 대화로 분류하고 그 중 통신을 다시 우편물과 전기통신으로 나눈 다음, 동법 제2조 제3호로 '전기통신'이라 함은 유선·무선·광선 및 기타의 전자적 방식에 의하여 모든 종류의 음향·문언·부호 또는 영상을 송신하거나 수신하는 것을 말한다고 규정하고 있는바, 전화통화가 위 법에서 규정하고 있는 전기통신에 해당함은 전화통화의 성질 및 위 규정 내용에 비추어 명백하므로 이를 동법 제3조 제1항 소정의 '타인간의 대화'에 포함시킬 수는 없고, 나아가, 동법 제2조 제7호가 규정한 '전기통신의 감청'은 그 전호의 '우편물의 검열' 규정과 아울러 고찰할 때 제3자가 전기통신의 당사자인 송신인과 수신인의 동의를 받지 아니하고 같은 호 소정의 각 행위를 하는 것만을 말한다고 풀이함이 상당하다고 할 것이므로, ★★★전기통신에 해당하는 전화통화 당사자의 일방이 상대방 모르게 통화내용을 녹음(위 법에는 '채록'이라고 규정한다)하는 것은 여기의 감청에 해당하지 아니하지만(따라서 전화통화 당사자의 일방이 상대방 몰래 통화내용을 녹음하더라도, 대화 당사자 일방이 상대방 모르게 그 대화내용을 녹음한 경우와 마찬가지로 동법 제3조 제1항 위반이 되지 아니한다), ★★★제3자의 경우는 설령 전화통화 당사자 일방의 동의를 받고 그 통화내용을 녹음하였다 하더라도 그 상대방의 동의가 없었던 이상, 사생활 및 통신의 불가침을 국민의 기본권의 하나로 선언하고 있는 헌법규정과 통신비밀의 보호와 통신의 자유신장을 목적으로 제정된 통신비밀보호법의 취지에 비추어 이는 동법 제3조 제1항 위반이 된다고 해석하여야 할 것이다(이 점은 제3자가 공개되지 아니한 타인간의 대화를 녹음한 경우에도 마찬가지이다).(대법원 2002. 10. 8. 선고 2002도123 판결).

11. 통신비밀보호법 제3조 제1항이 "공개되지 아니한 타인간의 대화를 녹음 또는 청취하지 못한다"라고 정한 것은, 대화에 원래부터 참여하지 않는 제3자가 그 대화를 하는 타인들 간의 발언을 녹음해서는 아니 된다는 취지이다. ★★★3인 간의 대화에 있어서 그 중 한 사람이 그 대화를 녹음하는 경우에 다른 두 사람의 발언은 그 녹음자에 대한 관계에서 '타인 간의 대화'라고 할 수 없으므로, 이와 같은 녹음행위가 통신비밀보호법 제3조 제1항에 위배된다고 볼 수는 없다(대법원 2006. 10. 12. 선고 2006도4981 판결).

12. ★★★택시 운전기사인 피고인이 자신의 택시에 승차한 피해자들에게 질문하여 피해자들의 지속적인 답변을 유도하는 등의 방법으로 피해자들과의 대화를 이어나가면서 그 대화 내용을 공개하였다는 것인데, 피고인이 피해자들 사이의 대화에서 완전히 벗어나 있었다는 사정을 찾아볼 수 없고, 기록에 의하면 피해자들이 피고인의 질문에 응하여 답변하면서 자신들의 신상에 관련된 내용을 적극적으로 이야기한 사실을 알 수 있다.

위 사실관계를 앞서 본 법리에 비추어 살펴보면, ★★★피고인 역시 피해자들과 함께 3인 사이에 이루어진 대화의 한 당사자로 보일 뿐 그 대화에 참여하지 않은 제3자라고 하기는 어려울 것이고, 피고인이 주로 질문을 하면서 듣는 등으로 그 발언 분량이 적었다거나 대화의 주제가 피해자들과 관련된 내용이고 피고인이 대화 내용을 공개할 의도가 있었다고 하여 달리 볼 것은 아니다.

따라서 ★★★★피해자들의 발언은 피고인에 대한 관계에서 통신비밀보호법 제3조 제1항에서 정한 '타인 간의 대화'에 해당한다고 할 수 없으므로, <<피고인이 피해자들 몰래 피해자들의 대화를 소형 촬영기와 무선통신장치를 이용하여 실시간으로 중계하는 방식으로 인터넷을 통하여 불특정 다수의 시청자에게 공개하였다고 하더라도,>> 피해자들에 대하여 초상권 등의 부당한 침해로 인한 민사상의 손해배상책임을 질 수는 있을지언정, 이를 두고 피고인이 통신비밀보호법 제3조 제1항에 위반하여 지득한 타인 간의 대화 내용을 공개한 것으로서 통신비밀보호법 16조 제1항 제2호에 해당한다고 볼 수는 <<없다>>(대법원 2014. 5. 16. 선고 2013도16404 판결).

13. 누구든지 자기의 얼굴 기타 모습을 함부로 촬영당하지 않을 자유를 가지나 이러한 자유도 국가권력의 행사로부터 무제한으로 보호되는 것은 아니고 국가의 안전보장·질서유지·공공복리를 위하여 필요한 경우에는 상당한 제한이 따르는 것이고, 수사기관이 범죄를 수사함에 있어 현재 범행이 행하여지고 있거나 행하여진 직후이고, 증거보전의 필요성 및 긴급성이 있으며, 일반적으로 허용되는 상당한 방법에 의하여 촬영을 한 경우라면 위 촬영이 ★★★<<영장 없이 이루어졌다 하여 이를 위법하다고 단정할 수 없다>>(대법원 1999. 9. 3. 선고 99도2317 판결).--> ★★★이 사건 비디오촬영은 피고인들에 대한 범죄의 혐의가 상당히 포착된 상태에서 그 회합의 증거를 보전하기 위한 필요에서 이루어진 것이고 ★★★공소외 2의 주거지 외부에서 담장 밖 및 2층 계단을 통하여 공소외 2의 집에 출입하는 피고인들의 모습을 촬영한 것으로 ★★★그 촬영방법 또한 반드시 상당성이 결여된 것이라고는 할 수 없다 할 것인바, 위와 같은 사정 아래서 원심이 이 사건 비디오 촬영행위가 위법하지 않다고 판단하고 그로 인하여 취득한 비디오테이프의 증거능력을 인정한 것은 정당하고 거기에 영장 없이 촬영한 비디오테이프의 증거능력에 관한 해석을 그르친 잘못이 있다고 할 수 없다

14. 수사, 즉 범죄혐의의 유무를 명백히 하여 공소를 제기·유지할 것인가의 여부를 결정하기 위하여 범인을 발견·확보하고 증거를 수집·보전하는 수사기관의 활동은 수사 목적을 달성함에 필요한 경우에 한하여 사회통념상 상당하다고 인정되는 방법 등에 의하여 수행되어야 하는 것인바, ★★★★<<무인장비에 의한 제한속도 위반차량 단속>>은 이러한 수사활동의 일환으로서 도로에서의 위험을 방지하고 교통의 안전과 원활한 소통을 확보하기 위하여 도로교통법령에 따라 정해진 제한속도를 위반하여 차량을 주행하는 범죄가 현재 행하여지고 있고, 그 범죄의 성질·태양으로 보아 긴급하게 증거보전을 할 필요가 있는 상태에서 일반적으로 허용되는 한도를 넘지 않는 상당한 방법에 의한 것이라고 판단되므로, 이를 통하여 운전 차량의 차량번호 등을 촬영한 사진을 두고 위법하게 수집된 증거로서 증거능력이 없다고 말할 수 없다(대법원 1999. 12. 7. 선고 판결).

15. [1] 모든 국민의 인간으로서의 존엄과 가치를 보장하는 것은 국가기관의 기본적인 의무에 속하는 것이고, 이는 형사절차에서도 당연히 구현되어야 하는 것이기는 하나 그렇다고 하여 국민의 사생활 영역에 관계된 모든 증거의 제출이 곧바로 금지되는 것으로 볼 수는 없고, 법원으로서는 효과적인 형사소추 및 형사소송에서의 진실발견이라는 ★★★공익과 개인의 사생활의

보호이익을 비교형량하여 그 허용 여부를 결정하고, 적절한 증거조사의 방법을 선택함으로써 국민의 인간으로서의 존엄성에 대한 침해를 피할 수 있다고 보아야 할 것이므로, ★★★<<피고인의 동의하에 촬영된 나체사진의 존재>>만으로 피고인의 인격권과 초상권을 침해하는 것으로 볼 수 없고, 가사 사진을 촬영한 제3자가 그 사진을 이용하여 피고인을 공갈할 의도였다고 하더라도 사진의 촬영이 임의성이 배제된 상태에서 이루어진 것이라고 할 수는 없으며, 그 사진은 범죄현장의 사진으로서 피고인에 대한 형사소추를 위하여 반드시 필요한 증거로 보이므로, 공익의 실현을 위하여는 그 사진을 범죄의 증거로 제출하는 것이 허용되어야 하고, 이로 말미암아 피고인의 사생활의 비밀을 침해하는 결과를 초래한다 하더라도 이는 피고인이 수인하여야 할 기본권의 제한에 해당된다.

[2] 피고인이 제1심에서 ★★★증거동의의 의사표시를 한 후, 항소심에 이르러 증거동의를 철회하였다고 하더라도 증거조사를 마친 후의 증거에 대하여는 동의의 철회로 인하여 적법하게 부여된 증거능력이 상실되는 것이 아니다(대법원 1997. 9. 30. 선고 97도1230 판결).

제 6 장 수사상 증거보전

제 1 절 증거보전

Tool 1.

◆증거보전◆

①의의	(1)제184조 (증거보전의 청구와 그 절차) 　　**검사, 피고인, 피의자 또는 변호인**은 미리 증거를 보전하지 아니하면 그 증거를 사용하기 곤란한 사정이 있는 때에는 **제1회공판기일전**이라도 판사에게 **압수, 수색, 검증, 증인신문 또는 감정**을 청구할 수 있다. 　★법정대리인X 　★피의자신문X, 피고인신문X (2)피고인이나 피의자에게 유리한 증거를 수집·보전하는데 더 의의가 있다.
②요건	(1)미리증거를 보전해 두지 않으면 그 증거로 상용하기가 곤란한 사정이 있어야 한다. (2)제1회공판기일전에 해야 한다. **공소제기전후불문**한다. (3)따라서 **항소심, 파기환송후의 절차에서는 불가능하다.**
③절차	(1)증거보전청구는 검사+피고인+피의자+변호인(독립대리권: 피의자나 피고인의 명시적 의사에 반해서도 가능)이다. (2)증거보전청구는 **수소법원에 하는 것이 아니다.**

즉 규칙 제91조 (증거보전처분을 하여야 할 법관)
-증거보전의 청구는 다음 지역을 관할하는 **지방법원 판사**에게 하여야 한다.
  1. 압수에 관하여는 압수할 물건의 소재지
  2. 수색 또는 검증에 관하여는 수색 또는 검증할 장소, 신체 또는 물건의 소재지
  3. 증인신문에 관하여는 증인의 주거지 또는 현재지
  4. 감정에 관하여는 감정대상의 소재지 또는 현재지
(3) 규칙 제92조 (청구의 방식)
-증거보전청구서에는 다음 사항을 기재하여야 한다.
  1. 사건의 **개요**
  2. 증명할 **사실**
  3. 증거 및 보전의 **방법**
  4. 증거보전을 필요로 하는 **사유**
  ※증거보전을 필요로 하는 사유에 대하여는 소명을 요한다.
(4) **증거보전절차를 이용하여 공동피고인이나 공범자를 증인으로 신문하는 것은 가능하다.**
(5) 증거보전에 대한 처분(청구받은 판사의 처분)
-청구가 적법하고 필요성이 있다고 인정→증거보전을 하여야 한다.
-**증거보전청구에 대한 재판은 하지 않는다.**
-청구가 부적법하거나 필요성이 없다고 인정할 때→기각결정을 하여야 한다.
-증거보전을 **기각하는 결정**에 대하여는 **즉시항고**나 **보통항고, 준항고 모두 불가능하다.**
-증거보전청구를 받은 판사는 처분에 관하여 법원 또는 재판장과 동일한 권한을 가진다.
-증거보전청구를 받은 판사는 증인신문에 전제가 되는 소환·구인을 할 수 있다. 또한 법원 또는 재판장이 하는 압수·수색·검증·증인신문·감정에 관한 규정이 준용된다. 따라서 당사자의 참여권이 보장된다.

④ 기타

(1) 증거보전절차에서 압수한 물건 또는 작성한 조서-증거보전을 한 판사소속의 법원에서 보관
(2) 검사, 피의자, 피고인, 변호인은 <판사의 허가를 얻어> 서류와 증거물을 열람 등사할 수 있다. 시기는 제한이 없다.
(3) 변호인에는 공동피고인의 변호인도 포함된다. 공동피의자는 피고인이 된 때에 비로소 열람·등사권이 인정된다.
(4) 증거능력
-증거보전절차에서 작성된 각종의 조서는 **당연히 증거능력을 갖는다.**
-당사자가 이를 이러한 사항에 대하여 증거로 하고자 할 경우에는 <**수소법원에 증거조사를 신청해야 하며**> 수소법원은 증거보전을 한 법원으로부터 증거를 송부 받아 증거조사를 하여야 한다.
(5) 증거보전청구는 서면으로만 해야 한다.

Tool 2.
판사에 대하여 하는 강제처분청구=증거보전청구+증인신문청구+수사상감정유치청구

Tool 3.
◆판례요약◆

①	**입건되기 전의 자는 피의자가 아니므로 증거보전을 신청할 수 없다.**
②	증거보전절차에 있어서 피고인신문 또는 피의자신문은 할 수 없다.
③	**증거보전을 기각하는 결정에 대하여는 즉시항고, 보통항고, 준항고를 할 수 없다.**
④	공동피고인 또는 공범자를 증거보전절차에서 증인으로 신문하는 것은 허용된다.
⑤	★재심사건, 항고사건, 파기환송사건은 제1회공판기일 후의 절차에 해당하므로 증거보전은 인정되지 않는다.
⑥	제1회 공판기일 전에 증거보전절차에서 심문(제184조)을 하면서 증인신문일시와 장소를 피의자, 변호인에게 미리 통지하지 아니하여 증인신문에 참여할 수 있는 기회를 주지 않았고, 변호인이 제1심 공판기일에 증인신문의 증거조사에 참여할 기회를 주지않았다면 증인신문조서는 증거능력이 인정되지 않는다. 또한 차후에 증인 법정에서 그 조서의 진정성립을 인정하더라도 다시 증거능력을 취득하는 것이 아니다.

<<관련판례>>
1. 가. ★★공동피고인과 피고인이 뇌물을 주고 받은 사이로 필요적 공범관계에 있다고 하더라도 검사는 수사단계에서 피고인에 대한 증거를 미리 보전하기 위하여 필요한 경우에는 판사에게 공동피고인을 증인으로 신문할 것을 청구할 수 있다.

    나. 판사가 형사소송법 제184조에 의한 증거보전절차로 증인신문을 하는 경우에는 동법 제221조의2에 의한 증인신문의 경우와는 달라 동법 제163조에 따라 검사, 피의자 또는 변호인에게 증인신문의 시일과 장소를 미리 통지하여 증인신문에 참여할 수 있는 기회를 주어야 하나 참여의 기회를 주지 아니한 경우라도 피고인과 변호인이 증인신문조서를 증거로 할 수 있음에 동의하여 별다른 이의없이 적법하게 증거조사를 거친 경우에는 위 증인신문조서는 증인신문절차가 위법하였는지의 여부에 관계없이 증거능력이 부여된다(대법원 1988. 11. 8. 선고 86도1646 판결).

2. 제1회 공판기일 전에 형사소송법 제184조에 의한 증거보전절차에서 증인신문을 하면서, 위 증인신문의 일시와 장소를 피의자 및 변호인에게 미리 통지하지 아니하여 ★★증인신문에 참여할 수 있는 기회를 주지 아니하였고, 또 변호인이 제1심 공판기일에 위 증인신문조서의 증거조사에 관하여 이의신청을 하였다면, 위 증인신문조서는 증거능력이 없다 할 것이고, ★★그 증인이 후에 법정에서 그 조서의 진정성립을 인정한다 하여 다시 그 증거능력을 취득한다고볼 수도 없다(대법원 1992. 2. 28. 선고 91도2337 판결).

제 2 절 참고인에 대한 증인신문

Tool 1.

◆증인 신문청구◆

①의의	(1)제221조의2 (증인신문의 청구) －범죄의 수사에 없어서는 아니될 사실을 안다고 명백히 인정되는 자(참고인)가 <u>출석 또는 진술을 거부한 경우에는 검사는 제1회공판기일전에 한하여 판사에게 그에 대한 증인신문을 청구할 수 있다.</u> (2)예외적으로 참고인에 대하여 증인의 자격에서 신문을 할 수 있도록 한 규정
②요건	(1)필요성＋제1회공판기일전에 해야 한다. (2)★참고인이 <u>수사단계에서의 진술을 공판기일에 번복할 염려가 있다는 이유로 그 참고인에 대하여 증인신문하는 것은 허용되지 않는다(위헌).</u> (3)제1회공판기일전이란 피고인 신문이 개시되기 전을 의미한다.
③절차	(1)판사에 대한 증인신문청구는 <서면으로>하여야 한다. (2)사법경찰관의 출석요구에 거부하거나 진술을 거부한 경우에도 증인신문을 청구할 수 있다. 이러한 경우에는 검사가 청구한다. (3)증인신문을 청구함에는 <서면으로 소명하여야 한다.> (4)요건을 구비했을 때-별도의 결정없이 증인신문을 개시 (5)요건을 구비하지 않았을 때-결정으로 기각 ※<u>이러한 기각결정에 불복할 수 없다.</u> (6)증인신문을 하는 판사는 법원 또는 재판장과 동일한 권한이 있다. ※증인신문의 경우에는 수소법원의 증인신문에 관한 규정이 준용된다. (7)증인신문을 하는 경우에도 피의자, 피고인, 변호인의 참여권이 보장된다. ★개정전에는 판사는 피고인, 피의자, 변호인을 참여하게 할 수 있다고 규정하여 원칙적으로 참여권이 보장되지 않았다(헌법재판소는 적정절차의 원칙과 공정한 재판을 받을 권리를 침해하였다고 위헌을 결정한 바 있다). ★개정후에는 판사는 <특별히 수사에 지장이 있다고 인정하는 경우를 제외하고>는 증인신문에 참여하게 하여야 한다고 규정하여 참여권을 보장하고 있다.
④기타	(1)판사가 검사의 청구에 의하여 증인신문을 한 때에는 참여한 서기에게 증인신문조서를 작성하도록 하여야 하며, 증인신문에 관한 서류를 지체없이 이에 관한 서류를 검사에게 송부하여야 한다. (2)<u>증인신문의 경우에는 피의자 등에게 서류의 열람·등사권이 없다.</u> (3)증거능력 －법관의 면전조서로서 당연히 증거능력이 인정된다. (4)검사에게 증인신문, 조서송부 등의 권한이 없다.

Tool 2.
증거보전(법 제184조)와 판사에 대한 증인신문청구(법 제221조의 2)에서는 피고인 등의 참여권이 인정된다.

Tool 3.

◆증거보전과 증인신문◆

	목적	기간	권한	불복	증거능력	요건	제척/기피	청구	내용	열람/등사	절차참여	기타
증거보전	당사자주의 실현	제1회 공판기일 전	법원, 재판장의 권한과 동일	X	증인신문시 조서의 절대적 증거능력	증거방법의 사용불가능+현저곤란	★판례-X/학설-O	검사+피고인+피의자+변호인	압수/수색/검증/증인신문 ★피의자 및 피고인신문X	O	O	기각결정에 불복방법X/검사의 청구권이 문제
증인신문	실체적진실주의 실현	실체적진실주의 실현	법원, 재판장의 권한과 동일	X	증인신문조서의 절대적 증거능력	출석+진술거부+진술번복(위헌)	X	검사	증인신문	★X	O	열람등사권을 부정하면서 절대적 증거능력을 인정하는 것은 오류

Tool 4. 참고인조사

(1) <u>참고인조사는 **필요시 들을 수 있다**</u>(제221조 제1항 1문).
(2) 수사절차상 피의자 아닌 제3자
(3) **참고인에 대한 진술거부권(陳述拒否權)은 고지(告知)할 필요가 없다.** 왜냐하면 피의자에 대한 진술거부권의 고지는 수사기관이 조사대상에 대한 범죄혐의(犯罪嫌疑)를 인정하여 수사를 개시하는 행위를 한 때 인정되기 때문이다.
(4) 판례는 범죄의 혐의를 받고 있는 공범이 참고인으로서 조사를 받은 경우 진술거부권을 고지받지 않았다고 하더라도 그 이유만으로 참고인진술조서가 위법수집증거로서 증거능력이 없다고 할 수 없다고 한다(대판 2011.11.10, 2011도8125).
(5) <u>참고인조사과정기록제도도입</u>: 적법성과 투명성을 강화(제244조의4 제3항)
(6) 참고인에 대한 조사과정의 기록은 참고인진술의 임의성이나 특신성에 대한 판단자료로 사용될 수 있다(법무부, 개정형사소송법, 2007, 128면).

Tool 5.

제221조 (제3자의 출석요구 등)
①검사 또는 사법경찰관은 수사에 필요한 때에는 피의자가 아닌 자의 출석을 요구하여 진술을 들을 수 있다. 이 경우 그의 동의를 받아 **영상녹화할 수 있다.**
②검사 또는 사법경찰관은 수사에 필요한 때에는 감정·통역 또는 번역을 위촉할 수 있다.
③제163조의2 제1항부터 제3항까지는 검사 또는 사법경찰관이 범죄로 인한 피해자를 조사하는 경우에 준용한다.

제221조의2 (증인신문의 청구)
①범죄의 수사에 없어서는 아니될 사실을 안다고 명백히 인정되는 자가 전조의 규정에 의한 출석 또는 진술을 거부한 경우에는 검사는 제1회 공판기일전에 한하여 판사에게 그에 대한 증인신문을 청구할 수 있다.
②삭제
③제1항의 청구를 함에는 서면으로 그 사유를 소명하여야 한다.
④<u>제1항의 청구를 받은 판사는 증인신문에 관하여 법원 또는 [재판장]과 동일한 권한이 있다.</u>
⑤판사는 제1항의 청구에 따라 증인신문기일을 정한 때에는 피고인·피의자 또는 변호인에게 이를 통지하여 증인신문에 참여할 수 있도록 하여야 한다.
⑥판사는 제1항의 청구에 의한 증인신문을 한 때에는 지체없이 이에 관한 서류를 검사에게 송부하여야 한다.

Tool 8.

<★비교(영상녹화)>

참고인 조사의 영상녹화(제221조 제1항 제2문)	**동의를 얻어야만 가능**
피의자신술의 영상녹화(244조의2 제1항)	수사기관의 재량적 판단에 의하여 영상녹화가 허용

<<관련판례>>
★★★공판기일 전 증인신문절차마다 피고인이 피의자로서 참석하였으나 그에게 공격·방어할 수 있는 기회가 충분히 보장되었다고 보기 어려운 사정이 있었다면, 검사가 증인들의 진술번복을 우려하여 제1회 공판기일 전 증인신문을 청구하여 작성된 증인신문조서는 비록 그 신문이 법관의 면전에서 행하여졌지만 결과적으로 헌법 제27조가 보장하는 공정하고 신속한 공개재판을 받을 권리를 침해하여 수집된 증거로서 증거능력이 없다(대법원 1997. 12. 26. 선고 97도2249 판결).

제 7 장 수사종결

제1절 수사종결의 의미

Tool 1.

```
                                                        (증거불충분)
              (1) 공소제기                    ⓐ혐의 없음-구성요건해당X
                                   ①협의의 불기소처분 -ⓑ죄가안됨-구O,위법X,책임X
수사종결처분   (2) 불기소처분 -②기소유예-종합          ⓒ공소권없음-소송조건X,형면제
                                   ③기소중지-소재불명----------<기소중지>
              (3) 타관송치                  ★수사종결처분X, 수사중지처분O
                                                   ★(잠정적 수사종결처분O)
```

Tool 2.
(1) 수사기관과 피의자는 당사자 대등의 원칙이 적용되지 않는다.
(2) 소송구조의 당사자주의, 직권주의는 적용되지 않는다.

Tool 3.

<비교>

보석청구권	피고인O, 피의자X
수사서류 등사·열람요구	피의자X, 피고인X
수사재개신청권	피의자X
검사기피신청권	피의자X
수사중지요청권	피의자X

*정식재판청구권은 피의자의 권리가 아니고 피고인의 권리이다.

Tool 4.

◆검사의 처분후의 통지 및 이유설명제도 보충◆

(1)고소인·고발인에게 <취지>의 통지 ※기소+불기소+공소취소+타관송치	7일
(2)피의자에 대한 통지 ※불기소+타관송치	즉시
(3)고소인·고발인에게 <불기소이유 설명(서면)>★이 경우는 고소인 또는 고발인이 청구가 있어야 한다. ※불기소	7일

Tool 5.

◆수사의 종결(주의사항)◆

주의사항	(1)수시종결=공소제기+불기소처분(협의의 불기소처분: 혐의없음, 죄안됨, 공소권 없음+기소유예(공소보류))+기타처분(기소중지+타관송치) ★구약식은 불기소처분의 유형이 아니다. (2)공소취소, 고소·고발의 취소는 수사종결처분이 아니다. (3)기소중지는 수사중간처리에 해당한다. (4)참고인 또는 고소·고발인의 소재불명으로 수사를 종결할 수 없을 때 검사는 참고인중지처분을 한다. (5)검사의 불기소처분에 대한 불복방법=재정신청+검찰항고+헌법소원(공소취소X) (6)고소인 또는 중요참고인의 소재가 불명한 경우에도 기소중지를 할 수 있다. (7)★불기소처분에 대하여는 일사부재리의 원칙이 적용되지 않는다.

(8) 검사만 불기소처분을 할 수 있다.
(9) 공소제기후에는 수소법원과 별개로 압수, 수색, 검증을 할 수 없다고 봄이 다수설이다.
(10) 고소인에 대하여 불기소의 이유를 고지하는 것은 필수적이다.
(11) ★<u>친고죄에서 고소가 취소된 경우 공소권없음을 이유로 불기소처분을 하여야 한다</u>(처벌조건의 부존재를 들어 불기소처분X).
(12) 피의사실에 위법성조각사유가 있을 경우 검사는 죄가 안됨의 불기소처분을 한다.
(13) <u>불기소처분사유=증거불충분+형면제사유+정상참작 등</u>
　　　　　　 ≠피의자의 자백
(14) 정상참작은 기소유예처분에 해당하므로 협의의 불기소처분 사유가 아니다.
(15) 제256조 (타관송치)
　　　검사는 사건이 그 소속검찰청에 대응한 법원의 관할에 속하지 아니한 때에는 사건을 서류와 증거물과 함께 관할법원에 대응한 검찰청검사에게 <u>송치하여야 한다</u>(필요적).
(16) <u>공소장변경은 고소인에게 통지할 사유가 아니다</u>.
(17) 수사중의 사건에 관하여는 공권력의 행사 또는 불행사가 없다는 이유로 헌법소원의 대상에서 제외된다.
(18) ★증인이 법정에서 증언을 한 후에 검사가 그 증인을 검찰청에 소환하여 일방적인 신문방식으로 그 증언 내용의 진실여부를 추궁하여 작성한 진술조서는 피고인의 <반대신문권의 기회>가 확보된 법정진술을 검사의 일방적인 신문으로 번복하는 것이어서 유죄의 증거로 삼을 수 없다.

<<관련판례>>
1. 원고의 직원이 원고의 소유인 일화를 원고의 지시에 따라 일본국으로 반출하려다가 이를 압수당하고 원고와의 공범으로 재판을 받아 특정경제범죄가중처벌등에관한법률위반죄(재산국외도피)로 징역형의 선고유예 및 위 <u>일화에 대한 몰수의 확정판결을 받았고</u>, ★<u>원고는 위 직원과 공동피의자로 입건되고서도 조사에 응하지 아니하여 기소중지처분이 되어 지금까지 그 피의사건이 완결되지 아니하고 있다면, 그 일화에 대한 압수의 효력은 원고에 대한 관계에 있어서는 여전히 남아 있으므로, 원고가 그 압수물에 대한 소유권에 의하여 인도를 구하는 몰수금반환청구는 배척될 수밖에 없다</u>(대법원 1995. 3. 3. 선고 94다37097 판결).

2. 금의 수입이 금지되어 있는 것도 아니므로 압수된 금괴가 외국에서 생산된 것이라고 하여 당연히 밀수입된 것이라고 추정되는 것은 아니고, ★<u>외국산이라고 하여도 언제, 누구에 의하여 관세포탈된 물건인지 알 수 없어 검사가 사건을 기소중지처분하였다면 그 압수물은 관세장물이라고 단정할 수 없으므로 국고에 귀속시킬 수 없을 뿐 아니라 압수를 더 이상 계속할 필요도 없다</u>(대법원 1991. 4. 22.자 91모10 결정).

제2절 불송치 및 불기소결정에 대한 불복

Tool 1. 수사종결처분에 대한 불복
(1) 수사종결은 소송절차상 핵심적 분기점에 해당
(2) 불복방법의 유형

불기소처분에 대한 불복방법	(1) 검찰항고: 검찰청법 제10조 (2) 재정신청: 제260조이하 (3) 헌법소원: 헌법 제111조 제1항, 헌법재판소법 제68조 제1항)
부당기소에 대한 불복방법	공소권남용이론: 위법·부당하게 공소제기 된 경우

(3) 수사종결처분

일반적	통상절차
예외적	즉결심판절차에 관한 법률-->즉결심판청구기각결정-->검찰송치

(4) 정당한 불만해소+검사의 적정한 수사종결처분 담보: 제도적 장치요구
(5) 검찰항고(검찰청법 제10조): 검찰조직 내부에 항고절차 마련
(6) 검찰항고제도: 검사동일체원칙에 기초한 검찰내부의 자체통제장치
(7) 검사동일체원칙-->검찰항고(직접적 견제장치, but 검찰내부의 자체통제라는 점에서 한계
(8) 재정신청제도의 확대+검찰항고전치주의(결합)
(9)

<비교>

검사의 통제장치	검찰청법 제10조(검찰항고)
법관의 통제장치	(1) 헌법소원(제68조 제1항) (2) 재정신청(제260조)

(10)

<비교>

협의의 불기소처분	혐, 죄, 공
기소유예	기소편의주의
사실상 불기소처분	(1) 기소중지 (2) 참고인중지

(11)

<검찰항고의 두 가지 유형>

제1유형	(1) 고소사건(제123조 내지 제126조 고발사건 포함): 126조—>피의사실공표죄 (2) **고등검찰청에 대한 검찰항고--->고등법원에 재정신청** (3) 고등법원의 재정결정은 재판이기 때문에 이에 대한 헌법소원(憲法訴願)은 불가
제2유형	(1) 고발사건(제123조에서 제126조 고발사건제외) (2) 고등검찰청에 대한 검찰항고--->검찰총장에 대한 재항고 (3) 고발사건에 대하여는 고등법원에의 재정신청이 불허된다. (4) 헌재는 고발사건에 대한 헌법소원을 인정하지 않는다. (5) 헌법소원은 이른바 원처분주의가 적용, 검찰항고 또는 재항고 자체에 고유한 위법이 있음을 이유로 내세워야 한다. 이 경우는 원해의 불기소결정이 아닌 검찰항고 또는 재항고결정에 대한 것이므로 헌법소원불허

(12) **고소인 아닌 피해자--->다시고소--->불기소처분에 대한 검찰항고, 처음의 불기소처분에 대하여 헌법소원**

(13) 협의의 불기소처분으로 처리될 사안이 기소유예로 종결된 경우에 당해 피의자는 검찰항고를 할 수 없다. 왜냐하면 피의자는 고소인 또는 고발인이 아니기 때문이다.

(14) 검찰항고사건의 처리(항고가 이유 있는가 여부)

★검찰청법 제10조 (항고 및 재항고)

① 검사의 불기소처분에 불복하는 고소인이나 고발인은 그 검사가 속한 지방검찰청 또는 지청을 거쳐 서면으로 관할 고등검찰청 검사장에게 항고할 수 있다. 이 경우 해당 지방검찰청 또는 지청의 검사는 항고가 이유 있다고 인정하면 그 처분을 경정(更正)하여야 한다.
② 고등검찰청 검사장은 제1항의 항고가 이유 있다고 인정하면 소속 검사로 하여금 지방검찰청 또는 지청 검사의 불기소처분을 직접 경정하게 할 수 있다. 이 경우 고등검찰청 검사는 지방검찰청 또는 지청의 검사로서 직무를 수행하는 것으로 본다.
③ 제1항에 따라 항고를 한 자[「형사소송법」 제260조에 따라 재정신청(裁定申請)을 할 수 있는 자는 제외한다. 이하 이 조에서 같다]는 그 항고를 기각하는 처분에 불복하거나 항고를 한 날부터 항고에 대한 처분이 이루어지지 아니하고 3개월이 지났을 때에는 그 검사가 속한 고등검찰청을 거쳐 서면으로 검찰총장에게 재항고할 수 있다. 이 경우 해당 고등검찰청의 검사는 재항고가 이유 있다고 인정하면 그 처분을 경정하여야 한다.
④ 제1항의 항고는 「형사소송법」 제258조 제1항에 따른 통지를 받은 날부터 30일 이내에 하여야 한다.

⑤ 제3항의 재항고는 항고기각 결정을 통지받은 날 또는 항고 후 항고에 대한 처분이 이루어지지 아니하고 <u>3개월이 지난 날부터 30일 이내에 하여야 한다.</u>
⑥ 제4항과 제5항의 경우 항고 또는 재항고를 한 자가 자신에게 책임이 없는 사유로 정하여진 기간 이내에 항고 또는 재항고를 하지 못한 것을 소명하면 그 항고 또는 재항고 기간은 그 사유가 해소된 때부터 기산한다.
⑦ 제4항 및 제5항의 기간이 지난 후 접수된 항고 또는 재항고는 기각하여야 한다. 다만, 중요한 증거가 새로 발견된 경우 고소인이나 고발인이 그 사유를 소명하였을 때에는 그러하지 아니하다.

이유 있다고 인정	지방검찰청 또는 지청 검사는 처분을 경정(更正)하여야 한다.
이유 없다고 인정	(1) <u>고등검찰청 차원에서 고소인의 항고에 대한 판단이 내려진다.</u> (2) 고등검찰청 검사장은 제1항의 항고가 이유 있다고 인정하면 소속 검사로 하여금 지방검찰청 또는 지청 검사의 불기소처분을 직접 경정하게 할 수 있다. 이 경우 고등검찰청 검사는 지방검찰청 또는 지청의 검사로서 직무를 수행하는 것으로 본다.

(15) 고등검사장의 검찰항고를 기각-->형소법 제260조(재정신청)
(16) 즉, 재정신청에 앞서서 반드시 검찰항고를 거치도록함-->검찰항고전치주의
(17) 고발사건에 대한 항고절차
① 검사의 불기소처분에 불복하는 고소인이나 고발인은 <u>그 검사가 속한 지방검찰청 또는 지청을 거쳐 서면으로 관할 고등검찰청 검사장에게 항고할 수 있다. 이 경우 해당 지방검찰청 또는 지청의 검사는 항고가 이유 있다고 인정하면 그 처분을 경정하여야 한다.</u>
② <u>고등검찰청 검사장은 제1항의 항고가 이유 있다고 인정하면 소속 검사로 하여금 지방검찰청 또는 지청 검사의 불기소처분을 직접 경정하게 할 수 있다.</u> 이 경우 고등검찰청 검사는 지방검찰청 또는 지청의 검사로서 직무를 수행하는 것으로 본다.
③ 제1항에 따라 항고를 한 자[「형사소송법」 제260조에 따라 재정신청(裁定申請)을 할 수 있는 자는 제외한다. 이하 이 조에서 같다]는 그 항고를 기각하는 처분에 불복하거나 항고를 한 날부터 항고에 대한 처분이 이루어지지 아니하고 3개월이 지났을 때에는 그 검사가 속한 고등검찰청을 거쳐 서면으로 검찰총장에게 재항고할 수 있다. 이 경우 해당 <u>고등검찰청의 검사는 재항고가 이유 있다고 인정하면 그 처분을 경정하여야 한다.</u>
④ 제1항의 항고는 「형사소송법」 제258조 제1항에 따른 통지를 받은 날부터 <u>30일 이내에 하여야 한다.</u>
⑤ 제3항의 재항고는 항고기각 결정을 통지받은 날 또는 항고 후 항고에 대한 처분이 이루어지지 아니하고 <u>3개월이 지난 날부터 30일 이내에 하여야 한다.</u>
⑥ 제4항과 제5항의 경우 항고 또는 재항고를 한 자가 자신에게 책임이 없는 사유로 정하여진 기간 이내에 항고 또는 재항고를 하지 못한 것을 소명하면 그 항고 또는 재항고 기간은 그 사유가 해소된 때부터 기산한다.
⑦ 제4항 및 제5항의 기간이 지난 후 접수된 항고 또는 재항고는 기각하여야 한다. 다만, 중요한 증거가 새로 발견된 경우 고소인이나 고발인이 그 사유를 소명하였을 때에는 그러하지 아니하다.

(18) 고발인에 대한 검찰총장의 기각처분은 형사소송법 제260조 이하의 재정신청의 대상이 되지 않는다. <이론상으로는> 헌법소원심판을 제기하는 방법이 남아 있지만 헌재는 이를 인정하지 않고 있다.
(19) 검찰항고는 불기소처분에 대한 직접적 통제는 가능하지만 검찰내부의 통제라는 점에서 본질적 한계를 갖는다.
(20) 위의 안전장치 및 제3의 독립기관으로 하여금 심사 절실히 요청
(21) 일본형사수속법 참조
(22) 민간인으로 구속되는 검찰심사회: 일본검찰심사회법
(23) 종전에는 재정신청제도와 준기소절차가 혼용되어 왔다.

재정신청제도(裁定申請制度)	법원의 재판을 통해 불기소처분의 당부를 가린다는 의미
준기소절차(準起訴節次)	법원의 재판을 통하여 공소제기와 동일한 효과를 발생시키는 제도라는 의미

제3절 재정신청 및 그에 따른 기소강제절차

Tool 1.

<재정신청제도 일반(규정)>

제260조 ★(재정신청)
①고소권자로서 고소를 한 자(「형법」 제123조부터 제126조까지의 죄에 대하여는 고발을 한 자를 포함한다. 이하 이 조에서 같다)는 검사로부터 공소를 제기하지 아니한다는 통지를 받은 때에는 그 검사 소속의 지방검찰청 소재지를 관할하는 고등법원(이하 "관할 고등법원"이라 한다)에 그 당부에 관한 재정을 신청할 수 있다. 다만, 「형법」 제126조의 죄에 대하여는 피공표자의 명시한 의사에 반하여 재정을 신청할 수 없다.
②제1항에 따른 재정신청을 하려면 「검찰청법」 제10조에 따른 항고를 거쳐야 한다. 다만, 다음 각 호의 어느 하나에 해당하는 경우에는 그러하지 아니하다.
 1. 항고 이후 재기수사가 이루어진 다음에 다시 공소를 제기하지 아니한다는 통지를 받은 경우
 2. 항고 신청 후 항고에 대한 처분이 행하여지지 아니하고 3개월이 경과한 경우
 3. 검사가 공소시효 만료일 30일 전까지 공소를 제기하지 아니하는 경우
③제1항에 따른 재정신청을 하려는 자는 항고기각 결정을 통지받은 날 또는 제2항 각 호의 사유가 발생한 날부터 10일 이내에 지방검찰청검사장 또는 지청장에게 재정신청서를 제출하여야 한다. 다만, 제2항 제3호의 경우에는 공소시효 만료일 전날까지 재정신청서를 제출할 수 있다.
④재정신청서에는 재정신청의 대상이 되는 사건의 범죄사실 및 증거 등 재정신청을 이유있게 하는 사유를 기재하여야 한다.

제261조 (지방검찰청검사장 등의 처리)
제260조 제3항에 따라 재정신청서를 제출받은 지방검찰청검사장 또는 지청장은 재정신청서를 제출받은 날부터 7일 이내에 재정신청서·의견서·수사 관계 서류 및 증거물을 관할 고등검찰청을 경유하여 관할 고등법원에 송부하여야 한다. 다만, 제260조 제2항 각 호의 어느 하나에 해당하는 경우에는 지방검찰청검사장 또는 지청장은 다음의 구분에 따른다.
1. 신청이 이유 있는 것으로 인정하는 때에는 즉시 공소를 제기하고 그 취지를 관할 고등법원과 재정신청인에게 통지한다.
2. 신청이 이유 없는 것으로 인정하는 때에는 30일 이내에 관할 고등법원에 송부한다.

제262조 (심리와 결정)
① 법원은 재정신청서를 송부받은 때에는 송부받은 날부터 10일 이내에 피의자에게 그 사실을 통지하여야 한다.
② 법원은 재정신청서를 송부받은 날부터 3개월 이내에 항고의 절차에 준하여 다음 각 호의 구분에 따라 결정한다. 이 경우 필요한 때에는 증거를 조사할 수 있다.
1. 신청이 법률상의 방식에 위배되거나 이유 없는 때에는 신청을 기각한다.
2. 신청이 이유 있는 때에는 사건에 대한 공소제기를 결정한다.
③ 재정신청사건의 심리는 특별한 사정이 없는 한 공개하지 아니한다.
④ 제2항의 결정에 대하여는 불복할 수 없다. 제2항 제1호의 결정이 확정된 사건에 대하여는 다른 중요한 증거를 발견한 경우를 제외하고는 소추할 수 없다.
⑤ 법원은 제2항의 결정을 한 때에는 즉시 그 정본을 재정신청인·피의자와 관할 지방검찰청검사장 또는 지청장에게 송부하여야 한다. 이 경우 제2항 제2호의 결정을 한 때에는 관할 지방검찰청검사장 또는 지청장에게 사건기록을 함께 송부하여야 한다.
⑥ 제2항 제2호의 결정에 따른 재정결정서를 송부받은 관할 지방검찰청 검사장 또는 지청장은 지체 없이 담당 검사를 지정하고 지정받은 검사는 공소를 제기하여야 한다.

제262조의2 (재정신청사건 기록의 열람·등사 제한)
재정신청사건의 심리 중에는 관련 서류 및 증거물을 열람 또는 등사할 수 없다. 다만, 법원은 제262조 제2항 후단의 증거조사과정에서 작성된 서류의 전부 또는 일부의 열람 또는 등사를 허가할 수 있다.

제262조의3 (비용부담 등)
① 법원은 제262조 제2항 제1호의 결정 또는 제264조 제2항의 취소가 있는 경우에는 결정으로 재정신청인에게 신청절차에 의하여 생긴 비용의 전부 또는 일부를 부담하게 할 수 있다.
② 법원은 직권 또는 피의자의 신청에 따라 재정신청인에게 피의자가 재정신청절차에서 부담하였거나 부담할 변호인선임료 등 비용의 전부 또는 일부의 지급을 명할 수 있다.
③ 제1항 및 제2항의 결정에 대하여는 즉시항고를 할 수 있다.
④ 제1항 및 제2항에 따른 비용의 지급범위와 절차 등에 대하여는 대법원규칙으로 정한다.

제262조의4 (공소시효의 정지 등)
①제260조에 따른 재정신청이 있으면 제262조에 따른 재정결정이 있을 때까지 공소시효의 진행이 정지된다.
②제262조 제2항 제2호의 결정이 있는 때에는 공소시효에 관하여 그 결정이 있는 날에 공소가 제기된 것으로 본다.

제263조
삭제

제264조 (대리인에 의한 신청과 1인의 신청의 효력, 취소)
①재정신청은 대리인에 의하여 할 수 있으며 공동신청권자 중 1인의 신청은 그 전원을 위하여 효력을 발생한다.
②재정신청은 제262조 제2항의 결정이 있을 때까지 취소할 수 있다. 취소한 자는 다시 재정신청을 할 수 없다.
③전항의 취소는 다른 공동신청권자에게 효력을 미치지 아니한다.

제264조의2 (공소취소의 제한)
검사는 제262조 제2항 제2호의 결정에 따라 공소를 제기한 때에는 이를 취소할 수 없다.

제265조
삭제

<직접적 재정신청>
제260조 ②: 제1항에 따른 재정신청을 하려면 「검찰청법」 제10조에 따른 항고를 거쳐야 한다. 다만, 다음 각 호의 어느 하나에 해당하는 경우에는 그러하지 아니하다.
1. 항고 이후 재기수사가 이루어진 다음에 다시 공소를 제기하지 아니한다는 통지를 받은 경우
2. 항고 신청 후 항고에 대한 처분이 행하여지지 아니하고 3개월이 경과한 경우
3. 검사가 공소시효 만료일 30일 전까지 공소를 제기하지 아니하는 경우

특히, 2의 경우는 방치시 피고인의 지위가 장기간 불안정해지는 것을 방지하기 위함이다.

Tool 2.
<비교>

일반(검찰항고를 거친 경우)	재정신청을 하려는자--->10일내---->지검장, 지청장---->7일내--->고검경유 고법송부
검찰항고를 거치지 않은	제260조 제2항 각 호의 어느 하나에 해당하는 경우에는 지방검찰청

경우	검사장 또는 지청장은 다음의 구분에 따른다. 1. 신청이 이유 있는 것으로 인정하는 때에는 즉시 공소를 제기하고 그 취지를 관할 고등법원과 재정신청인에게 통지한다. 2. 신청이 이유 없는 것으로 인정하는 때에는 30일 이내에 관할 고등법원에 송부한다.

Tool 3.

(1) 재정신청사건의 관할법원은 고등법원이다. 이유는 고등검찰청의 항고심사를 마친 불기소처분에 대해 당부를 판단한다는 점을 고려하여 심급체계를 일치시키기 위함이다.
(2) 기소강제절차의 구조
수사설, 항고소송설, 중간설, 형사항고유사설이 주장된바 있지만 제262조 ②에서 법원은 재정신청서를 송부받은 날부터 3개월 이내에 항고의 절차에 준하여 다음 각 호의 구분에 따라 결정한다.라고 규정하여 항고소송유사설을 지지하고 있다. **따라서 구두변론 없이 기소강제절차를 진행할 수 있고 필요한 경우 사실과 증거를 조사할 수 있다.**
(3) 관할고등법원의 증거조사는 인정하지만 소송관계인의 증거신청권에 대하여는 아무런 규정이 없다(침묵).
(4) 기소강제절차에 있어서 고등법원이 피의자에게 구인, 구속, 압수, 수색, 검증과 같은 강제처분을 할 수 있는지 견해가 나뉜다. 강제처분허용설은 항고절차는 공판절차를 전제로 하여 그에 부수하여 발생하는 문제를 해결하기 위한 심급절차라는 점을 강조한다.
(5) **재정신청인은 기피신청을 할 수 있다.** 그러나 문제는 피의자도 법관에 대하여 기피신청할 수 있는가인데 여기에 대하여는 견해가 나뉜다.

Tool 4.

<재정신청기각 사유>

형식적 사유	(1) 제262조 ②: 법원은 재정신청서를 송부받은 날부터 3개월 이내에 항고의 절차에 준하여 다음 각 호의 구분에 따라 결정한다. 이 경우 필요한 때에는 증거를 조사할 수 있다. 1. 신청이 법률상의 방식에 위배되거나 이유 없는 때에는 신청을 기각한다(★). 2. 신청이 이유 있는 때에는 사건에 대한 공소제기를 결정한다. (2) 형식적 사유--> **법률상의 방식에 위배되는 경우: 재정신청권자가 아닌 자의 재정신청, 신청기간 도과 후 재정신청, 이유미비의 재정신청 등**
실질적 사유	(1) 검사의 불기소처분이 적법하고 타당한 경우 (2) 위법부당해도 공소시효가 완성된 경우에는 공소권이 없으므로 재

	정신청이 허용되지 않는다. (3) 검사의 기소유예처분에 대하여 기소강제를 행사할 수 있는지에 대하여 견해가 나뉜다. 판례는 검사가 행한 협의의 불기소처분이 위법한 것이라고 하여도 그 처분이 기소유예에 해당할 만한 사건인 경우에는 재정신청이 이유 없는 경우에 해당한다고 판단된다. (4) 검사의 기소유예처분이 검사의 소추재량권 일탈이나 남용에 해당하는 경우에는 고등법원은 기각결정을 할 수 없다(판례).

Tool 5.

<재정신청(경과)>

(1) 2007년 형사소송법은 검찰항고전치주의를 취하고 있다. 즉, 지방검찰청의 자체심사-->고등검찰청의 항고심사-->고등법원의 재정심리: 사실상 3심제도를 구비하고 있다.
(2) 헌법재판소는 재정신청기각 결정에 대한 불복방법으로 보통항고와 재항고로 나누어 검토하고 있다. 보통항고(제402조)는 불가하다. 그러나 제415조 즉, 재항고 방법에 의한 불복의 경우까지 허용하지 않는 것은 재판청구권 침해로 보았다.
(3) 준기소절차-->기소강제절차로 전환하면서 제246조가 규정한 기소독점주의를 한층 강화하였다.
(4) 공소장변경여부에 대하여는 견해가 나뉜다. 종전의 준기소절차에 있어서 판례는 공소장변경이 가능하다고 보았다. 이러한 판례의 논지는 기소강제절차로 전환한 후에도 여전히 타당성을 유지하고 있다고 판단된다.
(5) **피의자의 신청뿐만 아니라 법원의 직권에 의하여도 비용부담의 결정이 내려질 수 있다.**

Tool 6.

<재정신청(핵심)>

(1) 재정신청의 관할법원을 고등법원으로 조정
(2) 고소인(모든 범죄)+고발인(형법 제123조 내지 제126조)
(3) 고소인은 항고가 기각되면 재항고를 거치지 않고 재정신청가능
(4) 고법에 재정신청 후 기각된 경우 고법에 단심제(대법원항고X)
(5) 재정신청기각결정을 받은 자에 대한 소송비용부담제도입
(6) 재정결정-<구법>----->공소제기간주
         <개정법>--->공소제기를 결정, 즉, 검사가 공소제기해야
(7) 이 경우 검사는 공소취소를 할 수 없다.
(8) 부심판 결정서≠공소장
(9) 지정변호사제도 삭제-->검사로 개정
(10) 기타 비공개, 열람 및 등사 제한

Tool 7.
<제정신청제도(구법과 비교)>

| 주의사항 | (1) 검사의 불기소처분의 폐단을 막기 위함
(2) 협의의 불기소처분+기소유예에 대한 불복
★공소취소X
(3) 제정신청의 취소는 서면으로만 고등법원에 한다. 그러나 기록송부 전에는 기록이 있는 검찰청 검사장 또는 지청장에게 한다.
(4) 재정신청을 취소한 자는 다시 재정신청을 할 수 없다.
(5) 재정신청사건의 관할법원은 불기소처분을 한 검사소속의 고등검찰청에 대응한 고등법원이다.
(6) 고등검사장(이유 없을 때)의 고등법원에의 송치(송부)기간은 30일이다.
(7) 10------------→7----→30---------→3개월----→즉시
    (제출) (지검장→고검장) (고검장→고등법원) (재정결정) (검사장,지청장)
(8) 공소유지변호사는 지방법원에서 지정한다.-->검사로 개정
(9) 재정신청에 대하여 고등법원에서 기각된 사건에 대하여는 다른 중요한 증거를 발견할 경우를 제외하고는 소추할 수 없다.
(10) 재판상준기소절차는 지방법원의 재판에 부치는 제도이다.
(11) 재판상준기소절차의 존재이유=기소독점주의에 대한 공제+피해자보호+고소인 또는 고발인의 의사존중
    ★그러나 사법권의 우위X
(12) 재정신청서는 불기소처분을 한 검사소속의 검찰청 또는 지청에 제출한다.
(13) 지정변호사는 재판의 집행지휘권을 가지지 못한다(지정변호사는 검사로 대체). 즉 재정결정서를 송부받은 지방검찰청 검사장 또는 지청장은 지체 없이 담당검사를 지정하고 검사는 공소를 제기하여야 한다.
(14) 재판상준기소절차의 경우도 일반의 공판절차와 동일하다(O). 다른 점은(X)
    ㉠부심판결정서 정본이 공소장에 대신한다.-->개정 즉 검사의 공소제기
    ㉡공소유지를 검사가 아니라 지정변호사가 한다.-->개정 검사(지정변호사삭제)
(15) 지정변호사는 재판장이 인정한 사항에 대하여만 사법경찰관리에 대한 지휘를 할 수 있다(X).-->삭제
(16) 지정변호사는 공무에 종사하는 자로 간주된다.-->삭제
(17) 재정결정서에 필요적 기재사항=공소장기재사항+심판할 지방법원기재
    ★재정신청인의 성명, 주소, 본적 등X
    ★피고인의 성명, 주소, 직업 등O
(18) 재정신청은 고등법원의 재정결정(공소제기결정)이 있을 때 가지 취소할 수 있다.
(19) 부심판 결정이 있으면 공소제기가 간주된다(X).-->개정 검사가 공소제기
(20) 재정신청의 취소는 다른 공동신청권자에게 효력이 없다.
(21) 지정변호사는 직권남용죄 이외의 죄로 공소장을 변경할 수 없다.-->개정
(22) 부심판사건의 공판절차에서는 증거조사O, 피의자신문O, 기피신청O(대립), 간이 |

　　　　　　　공판절차X(제1심에서만 가능하므로)-->종전의 내용(견해)
(23)★재정신청은 반드시 지방검찰청을 경유해야 하나 헌법소원은 검찰항고 또는 재정신청을 거친 후에 제기할 수 있으므로 지방검찰청을 경유해야 하는 것이 아니다.
(24)검찰항고를 반드시 거쳐야 한다. 예외 있음(조문참조)
(25)고소권자(모든 범죄)+고발권자(형법 제123조 내지 제126조)
(26)법원의 공소제기결정에 대하여 불복불가
(27)비용부담에 대하여는 즉시항고가능
<형법>★[직불폭피]
　제123조(직권남용)
　제124조(불법체포, 불법감금)
　제125조(폭행, 가혹행위)
　제126조(피의사실공표)

<<관련판례>>
1. 재정신청 제기기간이 경과된 후에 ★재정신청보충서를 제출하면서 원래의 재정신청에 재정신청 대상으로 포함되어 있지 않은 고발사실을 재정신청의 대상으로 추가한 경우, 그 재정신청보충서에서 추가한 부분에 관한 재정신청은 법률상 방식에 어긋난 것으로서 부적법하다(대법원 1997. 4. 22.자 97모30 결정).

2. ★★★재정신청서에 대하여는 형사소송법에 제344조 제1항과 같은 특례규정이 없으므로 재정신청서는 같은 법 제260조 제2항이 정하는 기간 안에 불기소 처분을 한 검사가 소속한 지방검찰청의 검사장 또는 지청장에게 도달하여야 하고, 설령 ★★★구금중인 고소인이 재정신청서를 그 기간 안에 교도소장 또는 그 직무를 대리하는 사람에게 제출하였다 하더라도 재정신청서가 위의 기간 안에 불기소 처분을 한 검사가 소속한 지방검찰청의 검사장 또는 지청장에게 도달하지 아니한 이상 이를 적법한 재정신청서의 제출이라고 할 수 없다(대법원 1998. 12. 14.자 98모127 결정).

3. ★1개의 고소로서 수인을 무고하여 피해자의 수만큼 무고죄가 성립한다 할지라도 피해자 중의 한사람이 한 고소에 대하여 검사의 혐의 없다는 불기소처분이 있었고 이에 대한 고소인의 재정신청이 이유없다 하여 기각된 이상 그 기각된 사건 내용과 동일한 사실로서는 소추할 수 없다 할 것이다(대법원 1967. 7. 25. 선고 66도1222 판결).

4. 형사소송법 제262조 제4항 후문은 재정신청 기각결정이 확정된 사건에 대하여는 다른 중요한 증거를 발견한 경우를 제외하고는 소추할 수 없다고 규정하고 있다. 여기에서 ★★'다른 중요한 증거를 발견한 경우'란 재정신청 기각결정 당시에 제출된 증거에 새로 발견된 증거를 추가하면 충분히 유죄의 확신을 가지게 될 정도의 증거가 있는 경우를 말하고, ★★단순히 재정신청 기각결정의 정당성에 의문이 제기되거나 범죄피해자의 권리를 보호하기 위하여 형사재판절차를 진행할 필요가 있는 정도의 증거가 있는 경우는 여기에 해당하지 않는다.

그리고 ★★관련 민사판결에서의 사실인정 및 판단은, 그러한 사실인정 및 판단의 근거가 된 증거자료가 새로 발견된 증거에 해당할 수 있음은 별론으로 하고, 그 자체가 새로 발견된 증거라고 할 수는 없다(대법원 2018. 12. 28. 선고 2014도17182 판결).

5. [1] 형사소송법(이하 '법'이라고 한다) 제262조 제2항, 제4항은 검사의 불기소처분에 따른 재정신청에 대한 법원의 재정신청기각 또는 공소제기의 결정에 불복할 수 없다고 규정하고 있는데, 법 제262조 제2항 제2호의 공소제기결정에 잘못이 있는 경우에는 그 공소제기에 따른 본안사건의 절차가 개시되어 본안사건 자체의 재판을 통하여 대법원의 최종적인 판단을 받는 길이 열려 있으므로, 이와 같은 공소제기의 결정에 대한 재항고를 허용하지 않는다고 하여 재판에 대하여 최종적으로 대법원의 심사를 받을 수 있는 권리가 침해되는 것은 아니고, 따라서 ★★★법 제262조 제2항 제2호의 공소제기결정에 대하여는 법 제415조의 재항고가 허용되지 않는다고 보아야 한다.

[2] 형사소송법(이하 '법'이라고 한다) 제415조에 규정된 재항고 절차에 관하여는 법에 아무런 규정을 두고 있지 아니하므로 성질상 상고에 관한 규정을 준용하여야 하고, 한편 상고에 관한 법 제376조 제1항에 의하면 상고의 제기가 법률상의 방식에 위반하거나 상고권 소멸 후인 것이 명백한 때에는 원심법원은 결정으로 상고를 기각하여야 하는데, ★★★재항고의 대상이 아닌 공소제기의 결정에 대하여 재항고가 제기된 경우에는 재항고의 제기가 법률상의 방식에 위반한 것이 명백한 때에 해당하므로 원심법원은 결정으로 이를 기각하여야 한다(대법원 2012. 10. 29.자 2012모1090 결정).

6. ★★법원이 재정신청서에 재정신청을 이유 있게 하는 사유가 기재되어 있지 않음에도 이를 간과한 채 형사소송법 제262조 제2항 제2호 소정의 공소제기결정을 한 관계로 그에 따른 공소가 제기되어 본안사건의 절차가 개시된 후에는, 다른 특별한 사정이 없는 한 이제 그 본안사건에서 위와 같은 잘못을 다툴 수 없다. 그렇지 아니하고 위와 같은 잘못을 본안사건에서 다툴 수 있다고 한다면 이는 재정신청에 대한 결정에 대하여 그것이 기각결정이든 인용결정이든 불복할 수 없도록 한 같은 법 제262조 제4항의 규정취지에 위배하여 형사소송절차의 안정성을 해칠 우려가 있기 때문이다. 또한 위와 같은 잘못은 본안사건에서 공소사실 자체에 대하여 무죄, 면소, 공소기각 등을 할 사유에 해당하는지를 살펴 무죄 등의 판결을 함으로써 그 잘못을 바로잡을 수 있다. 뿐만 아니라 본안사건에서 심리한 결과 범죄사실이 유죄로 인정되는 때에는 이를 처벌하는 것이 오히려 형사소송의 이념인 실체적 정의를 구현하는 데 보다 충실하다는 점도 고려하여야 한다(대법원 2010. 11. 11. 선고 2009도224 판결).

7. ★★법원이 재정신청 대상 사건이 아님에도 이를 간과한 채 형사소송법 제262조 제2항 제2호에 따라 공소제기결정을 하였더라도, 그에 따른 공소가 제기되어 본안사건의 절차가 개시된 후에는 다른 특별한 사정이 없는 한 본안사건에서 위와 같은 잘못을 다툴 수 없다(대법원 2017. 11. 14. 선고 2017도13465 판결).

8. 법원이 재정신청서를 송부받았음에도 송부받은 날부터 형사소송법 제262조 제1항에서 정한 기

간 안에 피의자에게 그 사실을 통지하지 아니한 채 형사소송법 제262조 제2항 제2호에서 정한 공소제기결정을 하였더라도, ★★그에 따른 공소가 제기되어 본안사건의 절차가 개시된 후에는 다른 특별한 사정이 없는 한 본안사건에서 위와 같은 잘못을 다툴 수 없다(대법원 2017. 3. 9. 선고 2013도16162 판결).

9. 형사소송법은 이러한 도달주의 원칙에 대한 예외로서, 교도소 또는 구치소에 있는 피고인(이하 '재소자 피고인'이라 한다)이 제출하는 상소장에 대하여 상소의 제기기간 내에 교도소장이나 구치소장 또는 그 직무를 대리하는 사람에게 이를 제출한 때에 상소의 제기기간 내에 상소한 것으로 간주하는 재소자 피고인에 대한 특칙(제344조 제1항, 이하 '재소자 피고인 특칙'이라 한다)을 두고 있다. 그런데 ★★형사소송법은 상소장 외에 재소자가 제출하는 다른 서류에 대하여는 재소자 피고인 특칙을 일반적으로 적용하거나 준용하지 아니한다(대법원 2015. 7. 16.자 2013모2347 전원합의체 결정).

10. 형사소송법 제262조 제2항, 제4항과 형사소송법 제262조 제4항 후문의 입법 취지 등에 비추어 보면, 형사소송법 제262조 제4항 후문에서 말하는 ★★'제2항 제1호의 결정이 확정된 사건'은 재정신청사건을 담당하는 법원에서 공소제기의 가능성과 필요성 등에 관한 심리와 판단이 현실적으로 이루어져 재정신청 기각결정의 대상이 된 사건만을 의미한다(대법원 2015. 9. 10. 선고 2012도14755 판결).

제4절 공소제기후 수사

<<관련판례>>
1. 형사소송법은 제215조(압수·수색·검증)에서 검사가 압수·수색 영장을 청구할 수 있는 시기를 공소제기 전으로 명시적으로 한정하고 있지는 아니하나, 헌법상 보장된 적법절차의 원칙과 재판받을 권리, 공판중심주의·당사자주의·직접주의를 지향하는 현행 형사소송법의 소송구조, 관련 법규의 체계, 문언 형식, 내용 등을 종합하여 보면, 일단 공소가 제기된 후에는 피고사건에 관하여 검사로서는 형사소송법 제215조에 의하여 압수·수색을 할 수 없다고 보아야 하며, 그럼에도 ★★★검사가 공소제기 후 형사소송법 제215조에 따라 수소법원 이외의 지방법원 판사에게 청구하여 발부받은 영장에 의하여 압수·수색을 하였다면, 그와 같이 수집된 증거는 기본적 인권 보장을 위해 마련된 적법한 절차에 따르지 않은 것으로서 원칙적으로 유죄의 증거로 삼을 수 없다(대법원 2011. 4. 28. 선고 2009도10412 판결).

2. ★★★검사가 국가보안법 위반죄로 구속영장을 발부받아 피의자신문을 한 다음, 구속 기소한 후 다시 피의자를 소환하여 공범들과의 조직구성 및 활동 등에 관한 신문을 하면서 피의자신문조서가 아닌 일반적인 진술조서의 형식으로 조서를 작성한 사안에서, ★★★진술조서의 내용이 피

의자신문조서와 실질적으로 같고, 진술의 임의성이 인정되는 경우라도 미리 피의자에게 진술거부권을 고지하지 않았다면 위법수집증거에 해당하므로, 유죄인정의 증거로 사용할 수 없다(대법원 2009. 8. 20. 선고 2008도8213 판결).

3. ★★★제1심에서 피고인에 대하여 무죄판결이 선고되어 검사가 항소한 후, 수사기관이 항소심 공판기일에 증인으로 신청하여 신문할 수 있는 사람을 특별한 사정 없이 미리 수사기관에 소환하여 작성한 진술조서는 피고인이 증거로 할 수 있음에 동의하지 않는 한 증거능력이 없다. 검사가 공소를 제기한 후 참고인을 소환하여 피고인에게 불리한 진술을 기재한 진술조서를 작성하여 이를 공판절차에 증거로 제출할 수 있게 한다면, 피고인과 대등한 당사자의 지위에 있는 검사가 수사기관으로서의 권한을 이용하여 일방적으로 법정 밖에서 유리한 증거를 만들 수 있게 하는 것이므로 당사자주의·공판중심주의·직접심리주의에 반하고 피고인의 공정한 재판을 받을 권리를 침해하기 때문이다.
위 ★★★참고인이 나중에 법정에 증인으로 출석하여 위 진술조서의 성립의 진정을 인정하고 피고인 측에 반대신문의 기회가 부여된다 하더라도 위 진술조서의 증거능력을 인정할 수 없음은 마찬가지이다.
위 참고인이 법정에서 위와 같이 증거능력이 없는 진술조서와 같은 취지로 피고인에게 불리한 내용의 진술을 한 경우, 그 진술에 신빙성을 인정하여 유죄의 증거로 삼을 것인지는 증인신문 전 수사기관에서 진술조서가 작성된 경위와 그것이 법정진술에 영향을 미쳤을 가능성 등을 종합적으로 고려하여 신중하게 판단하여야 한다(대법원 2019. 11. 28. 선고 2013도6825 판결).

4. 공판준비 또는 공판기일에서 이미 증언을 마친 증인을 검사가 소환한 후 피고인에게 유리한 증언 내용을 추궁하여 이를 일방적으로 번복시키는 방식으로 작성한 진술조서를 유죄의 증거로 삼는 것은 당사자주의·공판중심주의·직접주의를 지향하는 현행 형사소송법의 소송구조에 어긋나는 것일 뿐만 아니라, 헌법 제27조가 보장하는 기본권, 즉 법관의 면전에서 모든 증거자료가 조사·진술되고 이에 대하여 피고인이 공격·방어할 수 있는 기회가 실질적으로 부여되는 재판을 받을 권리를 침해하는 것이므로, ★★★이러한 진술조서는 피고인이 증거로 할 수 있음에 동의하지 아니하는 한 증거능력이 없고, 그 후 원진술자인 종전 증인이 다시 법정에 출석하여 증언을 하면서 그 진술조서의 성립의 진정함을 인정하고 피고인 측에 반대신문의 기회가 부여되었다고 하더라도 그 증언 자체를 유죄의 증거로 할 수 있음은 별론으로 하고 위와 같은 진술조서의 증거능력이 없다는 결론은 달리할 것이 아니다. ★★★이는 검사가 공판준비 또는 공판기일에서 이미 증언을 마친 증인에게 수사기관에 출석할 것을 요구하여 그 증인을 상대로 위증의 혐의를 조사한 내용을 담은 피의자신문조서의 경우도 마찬가지이다(대법원 2013. 8. 14. 선고 판결).

5. ★★★공판준비 또는 공판기일에서 이미 증언을 마친 증인을 검사가 소환한 후 피고인에게 유리한 그 증언 내용을 추궁하여 이를 일방적으로 번복시키는 방식으로 작성한 진술조서를 유죄의 증거로 삼는 것은 당사자주의·공판중심주의·직접주의를 지향하는 현행 형사소송법의 소송구조에 어긋나는 것일 뿐만 아니라, 헌법 제27조가 보장하는 기본권, 즉 법관의 면전에서 모든 증거자료가 조사·진술되고 이에 대하여 피고인이 공격·방어할 수 있는 기회가 실질적으로 부여되는 재판을 받을 권리를 침해하는 것이므로, ★★★이러한 진술조서는 피고인이 증거로 할 수 있음에 동의하지 아니하는 한 그 증거능력이 없다고 하여야 할 것이고, 그 후 원진술자인 종전 증인

이 다시 법정에 출석하여 증언을 하면서 그 진술조서의 성립의 진정함을 인정하고 피고인측에 반대신문의 기회가 부여되었다고 하더라도 그 증언 자체를 유죄의 증거로 할 수 있음은 별론으로 하고 위와 같은 진술조서의 증거능력이 없다는 결론은 달리할 것이 아니다(대법원 2000. 6. 15. 선고 99도1108 전원합의체 판결).

MEMO

형사법
형사소송법의 도

제 2 편 증거

- 142P ◆ 제 1 장 증거법의 기본개념
- 142P ◆ 제 2 장 증명의 기본원칙
- 168P ◆ 제 3 장 위법수집증거배제법칙
- 183P ◆ 제 4 장 자백배제법칙
- 193P ◆ 제 5 장 전문법칙(傳聞法則: hearsay rule)
- 239P ◆ 제 6 장 당사자의 증거동의 및 증거능력부여
- 248P ◆ 제 7 장 탄핵증거
- 253P ◆ 제 8 장 자백의 보강법칙
- 263P ◆ 제 9 장 공판조서의 증명력

제 1 장 증거법의 기본개념

제1절 증거의 의의 및 종류

<<관련판례>>
★살인죄와 같이 법정형이 무거운 범죄의 경우에도 직접증거 없이 간접증거만으로도 유죄를 인정할 수 있으나, ★그 경우에도 주요사실의 전제가 되는 간접사실의 인정은 합리적 의심을 허용하지 않을 정도의 증명이 있어야 하고, 그 하나하나의 간접사실이 상호 모순, 저촉이 없어야 함은 물론 논리와 경험칙, 과학법칙에 의하여 뒷받침되어야 한다(대법원 2017. 5. 30. 선고 2017도1549 판결).

제2절 증거능력 및 증명력

제 2 장 증명의 기본원칙

제1절 증거재판주의

Tool 1.

(1) 증거는 증거자료를 의미하는데 이는 증거방법과 증거자료를 포함한다.
(2) 증거방법과 증거자료(방→자)
(3) 증거<방>법: 유형물(대상물)→증인, 감정인, 증거물, 증거서류
(4) 증거<자>료: 내용--------->증언, 감정, 진술, 서증의 내용, <물건의 존재, 형상>
(5) 증거자료의 취득 순서(방→조→자)
(6) <증거물(증거방법)>---><검증(증거조사)>-----><증거물의 성질·형상(증거자료)>

Tool 2.

◆증거능력과 증명력◆

	의의	규정	적용
증거능력	**법률상의 자격**	미리 법률로 정해짐(증거재판주의)	자백배제법칙+위법수집증거배제법칙+전문법칙
증명력	**실질적 가치**	법관의 자유심증주의	★자백의 보강법칙+공판조서의 증명력

Tool 3.

<비교>

(비교)
(1) 증거능력유무에 대한 잘못판단→법령위반의 문제(법에 규정되어 있으므로)
(2) 증명력유무에 대한 잘못판단→사실오인의 문제(법관에 맡겨져 있으므로)

Tool 4.

<비교>

증명	법관의 증거에 의한 <확신>
소명	(1)신속을 요하는 결정 (2)중요사항이 아닌 경우 (3)<법관으로 하여금 추측> 　(※일응 진실할 것이다라고 심증을 갖게 함으로 족함) (4)★사유 　①기피사유 　②증언거부사유 　③증거보전청구사유 　④증인신문청구사유 　⑤상소권회복청구사유

※주의사항: <u>증명은 법관이 행하고/ 소명은 청구한 당사자가 부담한다.</u>

Tool 5.

<증거의 종류(1)>

(1) 직접증거(요증사실을 직접증명): 증언, 위조통화 등
(2) 간접증거(요증사실을 간접증명: 정황증거): 지문, 혈흔, ★상해사건에서 피해자의 진단서 등

※자유심증주의 하에서는 직접증거와 간접증거 간에 <심증형성>에는 차이가 없다.

Tool 6.

<증거의 종류(2)>

인적증거(증언, 감정, 통역, 번역, 진술)+물적증거(증거물인 서류, 지문, 흉기)+증거서류(공판조서, 증인신문조서, 검증조서 등)

Tool 7.

(1) 증거서류(법원의 공판조서, 수사기관의 조서, 의사의 진단서)는 <서류의 내용>이 증거로 되는 것을 말하고 증거물인 서면은 서면의 <내용>과 동시에 <존재와 상태>가 증거로 되는 처분문서를 말한다(수사기관의 각종조서→대법원예규→증거서류/학설→증거물인 서면).
(2) 본증은 거증책임자가 제출한 증거를 말하고 반증은 본증을 부정하기 위하여 제출한 증거를 말한다.

Tool 8.
<증거의 종류(3)>

(1) 실질증거: 주요사실의 존부를 <직·간접>으로 증명하기 위한 증거
(2) 보조증거−1) 보강증거: 증명력을 강화하기 위한 증거
          2) 탄핵증거: 증명력을 감쇄시키기 위한 증거

Tool 9.
<증거의 종류(4)>

(1) 진술증거−1) 본래증거(원본증거): 범죄사실을 체험한자가 법원에 진술
          2) 전문증거: 타인에 의하여 간접적으로 법원에 전달
(2) 비진술증거: 서증과 물적증거

Tool 10.

◆엄격한 증명과 자유로운 증명의 대상◆

엄격한 증명 (공+법+간+경 +법+보)	①공소범죄사실(구+위+책/처벌조건) －정당방위나 긴급피난의 요건이 되는 사실의 부존재 －사전수뢰죄(공무원/중재인), 친족상도례의 친족관계 ②법률상 형의 가중·감면되는 사실 －누범/심신미약/중지미수/자수/자복 －★임의적 감면사유도 포함 ③간접사실(알리바이의 증명) ④과학적 법칙(경험법칙) －일반적인 경험법칙은 증명의 대상이 아니다. －경험법칙의 내용이 명백하지 않을 때 엄격한 증명의 대상임 ⑤법규(외국의 특별법규) －원칙적으로는 법원의 직권조사사항이므로 증명의 대상이 아님 －외국법/관습법/자치법규 등은 내용이 명백하지 않을 경우 엄격한 증명의 대상이 된다. ⑥★보강증거
자유로운 증명 (정+보+소)	㉠소송법적 사실 －친고죄 고소유무/구속기간/공소제기여부/★자백의 임의성의 기초가 되는 사실/관할권존재 ㉡정황(상)관계사실(양형의 기초) －★누범전과이외의 전과/형의 선고유예/집행유예/피고인의 성격/환경/범죄 후의 정황 등 －※정상관계사실일지라도 <범죄의 수단, 방법, 피해정도>와 같이 범죄사실의 내용이 될 때에는 엄격한 증명의 대상이 된다. ㉢보조사실 －★탄핵증거 ㉣몰수 및 추징

Tool 11.

◆불요증사실◆

①공지의 사실	(1)일반적으로 알려져 있는 사실로서 보통의 지식과 경험이 있는 사람이라면 의심하지 않는 사실 (2)※일정한 범위의 사람에게 알려져 있으면 족하다(모든 사람이 알 필요는 없다.). (3)공지의 사실은 증명을 요하지 않을 뿐이고 <반증이 금지되는 것

	은 아니다.> (4) 예, 6.25/4.19/임진왜란 ★법원에 현저한 사실(직무상 명백히 알고 있는 사실)은 증명을 요한다.
②추정된 사실	(1) 전제사실로부터 다른 사실을 추정하는 것이 논리적으로 합리적인 사실 (2) 가령 구성요건이 인정되면 위법성과 책임이 사실상 추정된다. (3) <법률상 추정되는 사실은 자유심증주의에 반하므로 인정할 수 없다.>
③거증금지사실	(1) 증명으로 인하여 얻은 소송법적 이익보다 큰 소송법적 이익 때문에 증명이 금지되는 경우이다. (2) 예를 들어, 공무원 또는 중재인이었던 자의 직무상의 비밀에 속하는 사실(제147조)을 들 수 있다.

*증거재판주의에 위반한 판결에 대하여는 항소이유(법 제361조의5 1호)나 상고이유(법 제383조 1호)가 된다.

Tool 12.

◆거증책임◆

①의의	(1) <u>요증사실의 존부에 대하여 <증명이 불충분한 경우> <불이익을 받을 당사자의 법적 지위></u> (2) ★당사자주의 및 직권주의 소송구조 모두 필요
②입증책임의 부담	(1) 형식적 거증책임을 말한다. (2) 실질적 거증책임은 고정되어 있으나 <형식적 거증책임(입증부담)은 소송의 발전과정에 따라 유동적이다.>
③거증책임분배의 원칙	(1) 무죄추정의 원칙 (2) 유형 ㉠공소범죄사실-검사가 입증 ㉡처벌조건인 사실-검사가 입증 ㉢형의 가중·감면되는 사실-검사가 입증 ㉣소송법적 사실(소송조건인 친고죄의 고소, 공소시효의 완성)-검사가 입증
④★거증책임의 전환	(1) 피고인이 입증 (2) <법에 규정이 있을 때에만 가능> (3) 예 ㉠상해죄의 동시범의 특례 ㉡<u>명예훼손죄의 위법성조각사유의 증명(진실+공공의 이익)</u>

Tool 13.

◆증거서류와 증거물인 서면(분류1)◆

(1) 절차기준설→당해소송절차에서 작성된 서류는 모두 증거서류
        (증인신문조서/검증조서/수사기관 작성 진술조서)
(2) 내용기준설→1) 증거서류: 서면의 내용만을 증거로 하는 서류
    (대법원예규)   (법원의 공판조서/ 검증조서/ 수사기관의 피의자 신문조서/ 의사의 진단서)
            2) 증거물인 서면: 존재나 상태도 증거가 되는 각종의 처분문서
                    (위조죄의 위조문서/ 협박죄의 협박편지/명예훼손죄의 명예훼손물)
(3) 작성자 기준설(다수설)→1) 증거서류: 법원이나 법관의 면전에서 작성(증인신문조서/ 공판조서)
            2) 증거물인 서면: 그 이외(다른 사건에 법관이 작성한조서/ 수사기관이 작성한 조서)

Tool 14.

◆증거서류와 증거물인 서면(분류2)◆

①절차기준설	②내용기준설(대법원예규)	③작성자기준설(다수설)
(1)당해사건에서 작성된 서류는 **모두 증거서류**이다. (2)수사기관작성의 진술조서, 증인신문조서, 검증조서 All 증거서류	(1)**보고적 문서는 증거서류**이고, 그 존재나 상태도 증거가 되는 각종의 처분문서는 증물인 서면이다. (2)보고적 문서는 서면의 내용만을 증거로 하는 서류를 말한다. (3)증거서류(**각종조서+의사진단서**)-공판조서, 검증조서, 피의자신문조서, 의사의 진단서 (4)증거물인서면(**위조+협박+명예+일기**)-위조죄의 위조문서, 협박죄의 협박편지, 명예훼손죄의 훼손물, 피고인의 일기	(1)**당해법관 또는 법원의 면전에서 법령에 의하여 작성된 서면이 증거서류이다.** 그 이외의 서류는 증거물인 서면에 해당 (2)증거서류-**증인신문조서, 공판조서(면전+법령)** (3)증거물서면-수사기관작성의 각종조서, <u>다른</u> 사건의 법관이 작성한 조서

Tool 15.

(1) 형사소송법에서 증거법을 일관(포괄)하는 지도이념은 **자유심증주의와 실체적 진실주의**이다.
(2) <국가소추주의><공소장일본주의>는 증거법의 원칙이 아니라 공소제기의 기본원칙이다.
(3) 우리나라에서는 법정증거주의를 채택하고 있지 않다(↔자유심증주의).
(4) 법정증거주의는 일정한 증거가 존재하면 반드시 일정한 사실의 존재를 인정하여야 하고 만일 일정한 증거가 존재하지 않는다면 일정한 사실의 존재를 인정할 수 없도록 하는 주의를 의미한다.
(5) 증거자료를 획득하는 과정(**방조자**)
 증거방법→증거조사→증거자료
 (예, 증인→증인신문→증언)
(6) 증인, 증거물, 증거서류 등은 증거방법에 해당하지만 심증은 증거방법이 아니다.
 ※증거방법은 사실인정의 자료가 되는 유형물 그 자체를 말한다.
(7) 즉 증거자료란 증거방법을 조사하여 감득된 내용을 말한다.
(8) 간접증거=지문+혈흔+상해진단서+어떤 자가 사건 당일 범죄현장에서 배회하고 있었던 사실+어떤 자가 피해자에 대하여 며칠전부터 원한을 품고 있었던 사실+절도사건에서 피고인이 장물을 소지하고 있는 것을 보았다는 증언
 ★상해피고사건에 있어 피해자의 진술은 직접증거이다.
 ★범죄현장 목격자의 증언 역시 직접증거이다.
 ★위조문서 역시 직접증거이다.
(9) 감정은 인적증거에 해당하지만 검증은 인적증거가 아니다.
(10) 요증사실을 직접 증명하는 증거가 직접증거이고 요증사실을 간접적으로 추인케 하는 사실을 증명하는 증거가 간접증거이다.
 ※요증사실은 증거에 의하여 인정함을 요하는 사실을 말한다.
(11) 증거물인 서면은 증거방법에 해당하고 감정인의 감정결과, 피고인의 진술 등은 증거자료에 해당한다.
(12) 증거서류는 서면의 의미의 내용이 증거로 되는 것을 의미한다(서류의 형식을 가진 것X).
(13) 피고인이 제출한 증거는 반증에 해당한다(원칙).
(14) 본증은 거증책임자(검사)가 제출한 증거를 말한다.
(15) 물적 증거에 대한 강제처분은 압수이다.
(16) 사람의 신체는 물증에 해당하고 사람의 진술은 인증에 해당한다.
(17) ★공소장, 고소장(무고죄 등)과 같이 의사표시를 내용으로 하는 문서를 **의사표시적 문서**라 일컫고 이러한 문서는 **증거능력이 없다**.
(18) 무고죄에 있어서 고소장은 의사표시적 문서로서 증거물이 될 수 없다.
(19) 증거서류와 증거물인 서면은 공판기일의 <증거조사방법에서 차이가 있다.>
(20) 서증=증거서류+증거물인 서면
(21) 증인신문조서는 수사기관에 의하여 수집된 증거가 아니고 법원 또는 법관의 증인신문시 작성된 조서로서 증거조사에 해당한다.
 ★정황증거(情況證據)
 요증사실을 간접적으로 추인할 수 있는 사실, 즉 간접사실을 증명함에 의하여 요증사실의 증명에 이용되는 증거를 말함. **간접증거**라고도 함. 직접증거에 대하는 말. 가령, 범행현장에 남

아있는 지문은 정황증거. 직접증거에 높은 증명력을 인정하였던 증거법정주의에서는 의미가 있음. 그러나 **직접증거의 우월을 인정하지 않는 자유심증주의에서는 이러한 구별은 의미를 잃음.** 과학적 채증의 발달에 따라 정황증거의 중요성이 더욱 강조됨

Tool 16.

◆판례(정리)◆

①	<위조문서자체만으로는> 명의인의 동의나 승낙 없이 문서를 작성하였는지 여부에 대한 증거로 되지 않는다.
②	<민간인이 군에 입대하여 군인신분을 취득하였는가>의 여부는 <엄격한 증명의 대상>이다.
③	강간죄에서 피해자의 피해전말에 관한 증언을 토대로 범행을 인정할 수 있으면 유죄로 해야 한다.
④	★공모공동정범에 있어서 <공모나 모의의 인정>은 <엄격한 증명에 의할 것을 요한다.>

Tool 17. <형사소송법 제307조의 사실의 인정은 증거에 의하여야 한다는 규정에서 <사실>의 의미 (증거재판주의에서 <사실>의 의미)>

①공소범죄사실을 의미한다. 이는 엄격한 증명을 요한다. 즉 소명으로 충분하지 않다.	O
②사실은 증거능력이 있고 적법한 증거조사를 거친 증거에 의하여 인정하여야 한다.	O
③공소범죄사실은 주요사실(주요사실)을 말한다. 이러한 주요사실에 대하여는 최소한의 증명을 요한다.	O
④범의(고의) 등 주관적 요소는 포함되지 않는다.	O
⑤공소범죄사실이 아닌 것은 엄격한 증명을 요하지 않는다.	O
⑥사실은 피고인에게 관련된 모든 범죄사실을 말한다.	X
⑦사실의 인정은 법관의 자유심증에 의한다.	X

Tool 18.

(1) **친고죄의 고소의 유무** 등 **소송법적 사실은 자유로운 증명**에 의한다.
(2) 형사소송법상 증거재판주의의 주류는 <자유심증주의이다.> 즉 사실의 존부에 대한 판단은 <①증거능력이 있고><②적법한 증거조사를 거친> 증거에 의하여야 하나 이러한 증거에 대한 <③실질적 가치판단은 법관의 자유판단에 의한다.>
(3) 증명에 있어서 법관에게 요구되는 심증은 <**확신**의 정도를 요구하고 있다.>

Tool 19.
◆엄격한 증명과 자유로운 증명, 불요증사실 보충◆

주의사항	(1) 알리바이의 증명(현장부재에 대한 증명)은 주요사실에 대한 간접적인 반대증거가 될 수 있는 간접사실이다. (2) 보조사실은 증거의 증명력에 영향을 미치는 사실로서 증거의 증명력을 탄핵하는 사실과 보강하는 사실로 나뉜다. (3) 범행당시 정신상태가 **심신상실인가, 심신미약인가의 문제는 자유로운 증명**이면 족하다(판례). (4) 몰수와 추징에 대하여는 **판례는 자유로운 증명이면 족하고 다수설은 엄격한 증명**임을 요한다. (5) **파산범죄에 있어서 파산선고의 확정, 친족상도례에 있어 일정한 친족관계**는 처벌조건으로서 **엄격한 증명**을 요한다. (6) **고의(범의)의 증명**--> 판례 및 학설은 엄격한 증명임을 요한다고 본다. (7) 누범전과는 엄격한 증명을 요하나 누범 이외의 전과는 자유로운 증명이면 족하다. (8) 엄격한 증명의 대상=공소범죄사실(구/위/책/처)+형벌권의 범위에 관한 사실(법률상 형이 가중, 감면의 이유가 되는 사실: 누범, 심신미약, 자수, 자복, 몰수, 추징)+**간접사실(알리바이의 증명)+보조사실(보강증거)+경험법칙**(특별한 경험법칙이어야 함: 일반적X)+**법규**(외국법, 관습법, 자치법규 등 내용이 명백하지 않은 경우) [공법간경법보] (9) 자유로운 증명의 대상=정상(황)관계사실(양형의 기초가 되는 사실)(성격, 경력, 환경, 범죄후의 정황(작량감경의 조건사실), 집행유예, 선고유예, 누범이외의 전과 : 정상관계사실일지라도 범죄의 수단, 방법, 피해 정도와 같이 범죄사실의 내용이 된 때에는 엄격한 증명의 대상이 된다.)+**보조사실(탄핵증거)+소송법적 사실**(친고죄의 고소의 유무, 관할권의 존재, 피고인의 구속기간, 공소제기 여부, 자백의 임의성의 기초가 되는 사실, 소송조건존부)[정보소] (10) 불요증사실=**공지사실**(모든 사람이 알 필요는 없음)+**추정된 사실**(사실상 추정된 사실: 법률상 추정된 사실은 인정할 수 없으므로 결국 증명을 요하지 않는 것과 같다.)+**거증금지사실**(공무원 또는 중재인이었던 자의 직무상의 비밀에 속하는 사실) (11) 엄격한 증명인가 자유로운 증명인가는 <증거능력의 유무와 증거조사방법>의 차이에 있다. (12) 양형의 기초가 되는 사실은 비유형적이므로 증명의 대상으로 삼기에 적합하지 않고 양형의 성질상 법원의 재량에 맡겨져 있으므로 자유로운 증명이면 족하다. (13) 처벌조건이 사실은 엄격한 증명임을 요한다. (14) 재판상 현저한 사실은 증명을 요한다. (15) 학설은 행위의 주체, 객체, 결과발생, 인과관계 등 객관적 구성요건 요소뿐만 아니라 주관적 구성요건 요소인 고의, 과실, 목적, 공모 등(구성요건에 해당하는 사실)도 엄격한 증명을 요한다고 판단. (16) 범죄후 정황에 관계되는 사실은 자유로운 증명이면 족하다. (17) 범죄성립을 조각하는 사유는 엄격한 증명을 요한다.

◇ 형사소송법의 도 | 151

(18) 법관의 사적 지식은 불요증사실이 아니다.
(19) <u>엄격한 증명과 자유로운 증명은 심증의 정도에서 차이가 있을 뿐이다.</u>
(20) 일반적인 전과사실은 자유로운 증명이면 족하다.
(21) 소명사유=기피사유+증거보전청구사유+증인신문청구사유+증언거부사유+상소권회복청구사유[기중증중상]

Tool 20.

◆거증책임(보충)◆

주의사항	(1) 거증책임=실질적 거증책임+형식적 거증책임 (2) 실질적 거증책임은 요증사실의 존부에 대하여 증명이 불충분한 경우에 증명곤란으로 인한 불이익을 소송관계인 어느 일방에게 주어야 되는데 이러한 <u>불이익을 받을 위험부담</u>을 의미한다. (3) 형식적 거증책임은 어느 사실이 증명되지 않음으로써 불이익을 받을 염려가 있는 당사자가 그 불이익을 면하기 위하여 <u>당해사실을 증명할 증거를 제출할 부담</u>을 의미한다(=입증의 부담). (4) 실질적 거증책임은 고정되어 있으나 형식적 거증책임은 유동적이다. (5) 가령 구성요건해당성에 대하여 검사가 입증을 하면 위법성조각사유나 책임조각사유의 존재에 대하여는 피고인이 입증을 부담한다. (6) 형법 제263조 (동시범): 거증책임이 전환되는 경우(피고인이 거증책임을 짐) 독립행위가 경합하여 상해의 결과를 발생하게 한 경우에 있어서 원인된 행위가 판명되지 아니한 때에는 공동정범의 예에 의한다. (7) 형법 제310조 (위법성의 조각): 거증책임이 전환되는 경우(피고인의 거증책임)-**명예훼손죄에 있어서 사실의 증명** - 형법 제307조제1항의 행위(공연히 사실을 적시하여 사람의 명예를 훼손한 경우)가 **진실한 사실**로서 **오로지 공공의 이익**에 관한 때에는 처벌하지 아니한다(오로지=주로). (8) 거증책임은 당사자 주의는 물론 직권주의소송구조에서도 필요한 개념이다. (9) 자백의 임의성에 대하여는 검사가 입증한다. (10) 소송종건의 존부에 대하여는 검사가 입증한다. (11) ★증거능력의 조건인 사실의 존재에 관해서는 그러한 **증거를 제출한 당사자가 입증책임**을 진다(가령, 의사의 진단서를 검사가 증거로 제출하면 검사가 피고인측에서 제출하면 피고인측이 거증책임을 진다.). (12) 위법성조각사실, 책임조각사실, 형벌감면사유 등은 **피고인이 입증책임**이 있다. (13) 범죄구성요건사실, 형벌가중사실, 처벌조건인 사실은 **검사에게 거증책임**이 있다.

Tool 21.

◆판례(요약)◆

①	범의(고의)와 전과는 자백만으로도 인정<할 수 있다.>
②	친고죄에서 고소의 유무는 자유로운 증명이면 족하다.
③	외국법규나 관습법, 자치법규와 같이 법규내용이 명백하지 않고 외국법 등이 엄격한 증명을 요하는 사실관계의 전제가 될 때에는 엄격한 증명의 대상이 된다. 즉 법규 자체는 엄격한 증명의 대상이 아니다.
④	엄격한 증명과 자유로운 증명은 증거능력의 유무와 증거조사방법에서 차이가 있을 뿐이며 <심증의 정도에서는 차이가 없다.> 그러므로 양자 모두 <합리적 의심이 없는 증명을 요한다.>
⑤	공모공동정범에서 <공모의 사실>은 <엄격한 증명을 요한다.>

Tool 22.

◆증거능력◆

주의사항	(1) 증거능력이란 증거가 **엄격한 증명의 자료**로 사용될 수 있는 법률상의 자격을 말한다. (2) 증거능력은 증거가 공소범죄사실 등 형사소송에 있어서 중요한 사실의 증명에 사용될 수 있는 법률상의 자격을 의미한다. (3) 증거능력이 없는 증거는 공판정에 증거로서 제출하여 증거조사를 하는 것도 허용되지 않는다. (4) 이에 반하여 증거의 증명력은 <어떠한 사실을 입증할 수 있는 증거의 실질적인 가치를 의미한다. 그러한 가치판단은 법관의 자유로운 판단에 맡겨져 있다. (5) 증거능력→증명력→법관의 자유심증주의 　　(자격)　(가치)　　(객관적 판단) 　　　　　　　↓ 　　　　　(엄격한 증명) (6) **증거의 증거능력의 유무는 미리 법률에 의하여 형식적으로 정해져 있기 때문에 법관의 자유로운 판단은 허용되지 않는다.** (7) 증거능력이 없는 증거는 유죄의 증거로 사용할 수 없다. (8) 증거능력이 없는 증거는 증명력의 문제가 발생하지 않는다. (9) 증명력(증거의 실질적 가치)이 있는 증거라 할지라도 증거능력이 없다면 사실인정의 자료로 사용할 수 없다. (10) 증인소환절차에 하자(잘못)가 있는 경우일지라도 증거능력에는 영향이 없으므로 증거능력이 있다. (11) 그러나 영장이 발부된 경우 압수대상물이 특정되지 않았으나 그에 의하여 수집한 경우, 야간에 압수, 수색금지규정에 위반하여 압수, 수색으로 수집된 증거, 영장자체에 하자가 있음에도 그에 의하여 수집된 증거는 증거능력이 없다. (12) 공판정에서의 증언일지라도 선서를 하지 않은 경우, 피고인에게 반대신문권을 주

지 않은 경우 등 증인신문절차에 중대한 위법이 있는 경우에는 증거능력을 인정할 수 없다. 그러므로 공판정에서의 증언일지라도 항상 증거능력이 인정되는 것은 아니다.
(13) 자백의 임의성은 자백의 증거능력이 인정되는 조건에 해당한다.
(14) **고소장, 공소장(검사 등)은** 의사적 문서로서 당해 사건에 증거능력이 없다.
(15) 수사단계에서의 자백은 일정한 조건하에 증거능력을 인정한다.
(16) **간이공판절차에서의 전문증거는 증거능력이 있다.**

Tool 23.

<보충내용>

(1) 증거서류와 증거물인 서면은 <증거조사의 방식>에서 차이가 있다. 즉 증거서류는 요지의 고지와 낭독의 방식에 의하지만 증거물인 서면은 제시와 요지의 고지 또는 낭독에 의한다.
(2) 공모공동정범에 있어서 <공모 등의 인정>은 <엄격한 증명의 방식>으로 그 유무를 판단한다.
(3) ★형소법 제307조의 사실의 인정은 증거에 의한다는 의미는 엄격한 증명의 대상이 되는 사실을 의미하므로 <모든 공소범죄사실>을 말하는 것은 <아니다.> 즉 정상관계사실, 소송법적 사실, 보조사실 등은 제외된다.
(4) ★사실의 인정은 증거에 의하여야 하며 법관의 자유심증주의에 의하면 안 된다.
  *사실존부에 대한 판단은 <증거능력이 있고>→<적법한 증거조사를 거친 증거에 의한다.>→ 이러한 증거에 대한 실질적인 가치판단은 <법관의 자유판단 즉 자유심증주의에 의한다.>
(5) 증명에 있어서 요구되는 심증의 정도는 <법관이 확신하는 정도>가 되어야 한다. 즉 협의의 증명이란 <증거를 통해 법관이 일정한 사실에 대해 확신을 가지는 정도에 이른 경우를 말한다.>

Tool 24.

◆증명(보충)◆

①구성요건에 해당하는 사실은 엄격한 증명의 대상이다.
★배임죄 고의-->간접사실을 증명하는 방법가능

②파산범죄에서 파산선고확정은 엄격한 증명의 대상이다.

③범행당시 정신상태가 <심신상실인가 심신미약>인가의 문제는 <자유로운 증명>이면 족하다.

④★몰수 및 추징
 ㉠판례-자유로운 증명
 ㉡학설-엄격한 증명

Tool 25.

<보충 내용>

(1) ★<처벌조건>은 공소범죄사실 자체는 아니지만 형벌권 발생에 직접 관련되는 사실이므로 <엄격한 증명>을 요한다.
(2) ★<관할권존부의 사실(소송조건의 존부)과 작량감경의 조건사실>은 <자유로운 증명>으로 족하다.
(3) 엄격한 증명인가 자유로운 증명인가는 <증거능력의 유무와 증거조사방법>의 차이가 있을 뿐이고 <심증의 정도에는 차이가 없다.> 양자 모두 <합리적 의심이 없는 증명 또는 확신을 요한다.>
(4) <범죄 후 정황관계사실>은 엄격한 증명을 요하지 않고 자유로운 증명을 요한다.
(5) <범죄성립을 조각하는 사유>는 엄격한 증명을 요한다.
(6) ★<법원에 현저한 사실과 법관의 사적 지식(개인적 지식)>은 <증명을 요한다.>
(7) <자연계의 현저한 사실>은 불요증사실이므로 증명을 요하지 않는다.

Tool 26.

<비교>

①누범전과	엄격한 증명
②전과(일반적 전과 사실)	자유로운 증명

Tool 27.

구성요건에 해당하는 사실은 검사에게 입증책임이 있다. 그러나 ★위법성조각사실, 책임조각사실, 상해죄의 동시범 등에 있어서는 피고인이 입증을 해야 한다.

<<관련판례>>
1. 형사소송법 제314조는 참고인 소재불명 등의 경우에 직접심리주의 등 기본원칙에 대한 예외를 인정한 것에 대하여 다시 중대한 예외를 인정하여 원진술자 등에 대한 반대신문의 기회조차 없이 증거능력을 부여할 수 있도록 한 것이다. 따라서 이러한 경우 참고인의 진술 또는 작성이 '특히 신빙할 수 있는 상태 하에서 행하여졌음에 대한 증명'은 단지 그러할 개연성이 있다는 정도로는 부족하고 합리적인 의심의 여지를 배제할 정도에 이르러야 한다(대법원 2017. 7. 18. 선고 2015도12981, 2015전도218 판결).

2. 목적과 용도를 정하여 위탁한 금전을 수탁자가 임의로 소비한 경우, 횡령죄가 성립하는지 여부(적극) 및 이 경우 피해자 등이 목적과 용도를 정하여 금전을 위탁한 사실과 그 ★목적과 용도가 무엇인지가 엄격한 증명의 대상이다(대법원 2013. 11. 14. 선고 2013도8121 판결).

3. 엄격한 증명의 대상에는 검사가 공소장에 기재한 <<구체적 범죄사실이 모두 포함>>되고, 특히 공소사실에 ★특정된 범죄의 일시는 피고인의 방어권 행사의 주된 대상이 되므로 엄격한 증명을 통해 그 특정한 대로 범죄사실이 인정되어야 한다(대법원 2011. 4. 28. 선고 2010도14487 판결).

4. ★뇌물죄에서 수뢰액은 다과에 따라 범죄구성요건이 되므로 엄격한 증명의 대상이 된다(대법원 2011. 5. 26. 선고 2009도2453 판결).

5. ★★★<<범죄단체의 구성·가입행위 자체>>는 엄격한 증명을 요하는 범죄의 구성요건이라 하더라도, 그 행위의 성질상 외부에서 알아보기 어려운 상태에서 극비에 행하여지는 것이 통례이고, 일단 구성원이 된 경우에는 그 탈퇴가 자유롭지 못할 뿐 아니라, 이탈자에 대한 잔학한 보복이 자행되는 경우가 많아서 이에 대한 직접적인 물적 증거나 증인의 존재를 기대하기가 극히 어려우므로, 그 단체의 구성·가입 시기는 특별한 사정이 없는 한 구성원들의 인적관계, 평소의 행동 태양, 구성원들에 의하여 행해진 범법행위의 발전과정 등 여러 가지 간접증거들을 종합하여 정상적인 경험칙에 따라 그 행위가 있었다고 볼 수 있는 시기를 합리적으로 판단하여 이를 인정할 수 있는 것이다(대법원 2005. 9. 9. 선고 2005도3857 판결).

6. [1] 단속공무원이 직접적으로 적재량 측정요구를 하는 경우뿐 아니라, 관리청이 도로에 설치한 시설에 의하여 측정유도를 하는 경우에도 담당공무원에 의한 직접적인 측정요구에 준할 정도로 특정한 차량의 운전자에 대하여 구체적이고 현실적인 적재량 측정요구가 있었다고 할 수 있는 경우라면 도로법 제54조 제2항 소정의 적재량 측정요구가 있었다고 볼 수 있을 것이나, 물적 설비에 의한 측정유도를 담당공무원에 의한 직접적인 측정요구에 준할 정도로 구체적이고 현실적인 측정요구라고 볼 수 있으려면, 그 측정유도가 도로의 구조를 보전하고 운행의 위험을 방지하기 위한 필요성에 따라 자신의 차량에 대하여 이루어지는 것임을 그 길을 통행하는 화물차량의 운전자가 명확하게 알 수 있었다는 점이 전제가 되어야 할 것이고, ★★★그러한 측정요구가 있었다는 점은 범죄사실을 구성하는 중요부분으로서 이를 인정하기 위하여는 엄격한 증명이 요구된다.

[2] 과적차량 검문소 전방 200m 지점에 설치된 전광판에 '화물차량 우측진입'이라는 문구가 점등되었다는 사정만으로 화물차량 운전자에 대하여 구체적이고 현실적인 적재량 측정요구가 있었다고 보기 어렵다고 한 사례(대법원 2005. 6. 24. 선고 2004도7212 판결)

7. [1] 피고인의 자필로 작성된 진술서의 경우에는 서류의 작성자가 동시에 진술자이므로 진정하게 성립된 것으로 인정되어 형사소송법 제313조 단서에 의하여 그 진술이 특히 신빙할 수 있는 상태하에서 행하여진 때에는 증거능력이 있고, 이러한 ☆특신상태는 증거능력의 요건에 해당하므로 검사가 그 존재에 대하여 구체적으로 주장·입증하여야 하는 것이지만, 이는 소송상의 사실에 관한 것이므로, ☆엄격한 증명을 요하지 아니하고 자유로운 증명으로 족하다.

[2] ★★★불법영득의사를 실현하는 행위로서의 횡령행위가 있다는 점은 검사가 입증하여야 하

는 것으로서, 그 입증은 법관으로 하여금 합리적인 의심을 할 여지가 없을 정도의 확신을 생기게 하는 증명력을 가진 ★★★엄격한 증거에 의하여야 하는 것이고 이와 같은 증거가 없다면 설령 피고인에게 유죄의 의심이 간다고 하더라도 피고인의 이익으로 판단할 수밖에 없지만, 피고인이 자신이 위탁받아 보관하고 있던 돈이 없어졌는데도 그 행방이나 사용처를 제대로 설명하지 못한다면 일단 피고인이 이를 임의소비하여 횡령한 것이라고 추단할 수 있다(대법원 2001. 9. 4. 선고 2000도1743 판결).

8. ★★★교사자의 교사행위는 정범에게 범죄의 결의를 가지게 하는 것을 말하는 것으로서, 그 범죄를 결의하게 할 수 있는 것이면 그 수단에는 아무런 제한이 없고, 반드시 명시적·직접적 방법에 의할 것을 요하지도 않으며, 이와 같은 교사범에 있어서의 교사사실은 범죄사실을 구성하는 것으로서 이를 인정하기 위하여는 ★★★엄격한 증명이 요구되지만, 피고인이 교사사실을 부인하고 있는 경우에는 사물의 성질상 그와 상당한 관련성이 있는 간접사실을 증명하는 방법에 의하여 이를 입증할 수도 있고, 이러한 경우 무엇이 상당한 관련성이 있는 간접사실에 해당할 것인가는 정상적인 경험칙에 바탕을 두고 치밀한 관찰력이나 분석력에 의하여 사실의 연결상태를 합리적으로 판단하는 방법에 의하여야 한다(대법원 2000. 2. 25. 선고 99도1252 판결).

9. 형사재판에서 공소가 제기된 범죄의 구성요건을 이루는 사실에 대한 증명책임은 검사에게 있으므로 특정범죄 가중처벌 등에 관한 법률 제5조의9 제1항 위반의 죄의 ★★★행위자에게 보복의 목적이 있었다는 점 또한 검사가 증명하여야 하고 그러한 증명은 법관으로 하여금 합리적인 의심을 할 여지가 없을 정도의 확신을 생기게 하는 ★★★엄격한 증명에 의하여야 하며 이와 같은 증명이 없다면 피고인의 이익으로 판단할 수밖에 없다. 다만 피고인의 자백이 없는 이상 피고인에게 보복의 목적이 있었는지 여부는 피해자와의 인적 관계, 수사단서의 제공 등 보복의 대상이 된 피해자의 행위(이하 '수사단서의 제공 등'이라 한다)에 대한 피고인의 반응과 이후 수사 또는 재판과정에서의 태도 변화, 수사단서의 제공 등으로 피고인이 입게 된 불이익의 내용과 정도, 피고인과 피해자가 범행 시점에 만나게 된 경위, 범행 시각과 장소 등 주변환경, 흉기 등 범행도구의 사용 여부를 비롯한 범행의 수단·방법, 범행의 내용과 태양, 수사단서의 제공 등 이후 범행에 이르기까지의 피고인과 피해자의 언행, 피고인의 성행과 평소 행동특성, 범행의 예견가능성, 범행 전후의 정황 등과 같은 여러 객관적인 사정을 종합적으로 고려하여 판단할 수밖에 없다(대법원 2014. 9. 26. 선고 2014도9030 판결).

10. ★★★★공모공동정범에 있어서 <<공모 내지는 모의>>, <<편취의 범의>>, <<국헌문란목적>>, <<업무추진비의 불법영득의사로 횡령한 것>>, <<횡령한 재물의 가액이 특정경제범죄법의 적용 기준이 되는 하한 금액을 초과한다는 점>>, <<행위지 법률에 의하여 범죄를 구성하는 지>> 등은 엄격한 증명을 요한다(대판 2016도10389 등).

11. ★★★범죄구성요건사실의 존부를 알아내기 위해 과학공식 등의 경험칙을 이용하는 경우에 그 법칙 적용의 전제가 되는 개별적이고 구체적인 사실에 대하여는 엄격한 증명을 요하는바, ★★★위드마크 공식의 경우 그 적용을 위한 자료로 섭취한 알코올의 양, 음주 시각, 체중 등이 필요하므로 그런 전제사실에 대한 ★★★엄격한 증명이 요구된다. 한편, 위드마크 공식에 따른 혈

중알코올농도의 추정방식에는 알코올의 흡수분배로 인한 최고 혈중알코올농도에 관한 부분과 시간경과에 따른 분해소멸에 관한 부분이 있고, 그 중 최고 혈중알코올농도의 계산에서는 섭취한 알코올의 체내흡수율과 성, 비만도, 나이, 신장, 체중 등이 그 결과에 영향을 미칠 수 있으며 개인마다의 체질, 음주한 술의 종류, 음주 속도, 음주시 위장에 있는 음식의 정도 등에 따라 최고 혈중알코올농도에 이르는 시간이 달라질 수 있고, 알코올의 분해소멸에는 평소의 음주 정도, 체질, 음주 속도, 음주 후 신체활동의 정도 등이 시간당 알코올 분해량에 영향을 미칠 수 있는 등 음주 후 특정 시점에서의 혈중알코올농도에 영향을 줄 수 있는 다양한 요소들이 있는바, 형사재판에 있어서 유죄의 인정은 법관으로 하여금 합리적인 의심을 할 여지가 없을 정도로 공소사실이 진실한 것이라는 확신을 가지게 할 수 있는 증명이 필요하므로, 위 각 영향요소들을 적용함에 있어 피고인이 평균인이라고 쉽게 단정하여서는 아니 되고 필요하다면 전문적인 학식이나 경험이 있는 자의 도움을 받아 객관적이고 합리적으로 혈중알코올농도에 영향을 줄 수 있는 요소들을 확정하여야 한다(대법원 2008. 8. 21. 선고 2008도5531 판결).

12. ★★★범죄구성요건에 해당하는 사실을 증명하기 위한 근거가 되는 과학적인 연구 결과는 적법한 증거조사를 거친 증거능력 있는 증거에 의하여 엄격한 증명으로 증명되어야 한다(대법원 2010. 2. 11. 선고 2009도2338 판결).

13. ☆☆☆심신미약이나 심신상실, 몰수·추징은 자유로운 증명이면 족하다(2005도9858 등)

14. ☆☆☆<<친고죄에서 적법한 고소가 있었는지 유무, 특신상태, 반의사불벌죄에서 처벌을 희망하지 않는다는 의사표시 및 처벌희망의사표시의 철회, 진술의 임의성>> 등은 자유로운 증명이면 족하다(2000도1216 등).

15. ★범죄사실, 고의의 존재, 이적행위를 할 목적이 있었다는 점 등은 검사가 입증해야 한다(2010도1189).-->형사재판에 있어서 공소가 제기된 범죄사실에 대한 입증책임은 검사에 있고, 유죄의 인정은 법관으로 하여금 합리적인 의심을 할 여지가 없을 정도로 공소사실이 진실한 것이라는 확신을 가지게 하는 증명력을 가진 증거에 의하여야 하므로, 그와 같은 증거가 없다면 설령 피고인에게 유죄의 의심이 간다 하더라도 피고인의 이익으로 판단할 수밖에 없으며, ★★★민사재판이었더라면 입증책임을 지게 되었을 피고인이 그 쟁점이 된 사항에 대하여 자신에게 유리한 입증을 하지 못하고 있다 하여 위와 같은 원칙이 달리 적용되는 것은 아니다(대법원 2003. 12. 26. 선고 2003도5255 판결).

16. ★형사재판에서 공소가 제기된 범죄사실에 대한 증명책임은 검사에게 있고, 유죄의 인정은 법관으로 하여금 합리적인 의심을 할 여지가 없을 정도로 공소사실이 진실한 것이라는 확신을 가지게 하는 증명력을 가진 엄격한 증거에 의하여야 하며, 이러한 법리는 선행차량에 이어 피고인 운전 차량이 피해자를 연속하여 역과하는 과정에서 피해자가 사망한 경우에도 마찬가지로 적용되므로, ★피고인이 일으킨 후행 교통사고 당시에 피해자가 생존해 있었다는 증거가 없다면 설령 피고인에게 유죄의 의심이 있다고 하더라도 피고인의 이익으로 판단할 수밖에 없다(대법원 2014. 6. 12. 선고 2014도3163 판결).

17. 산업기술보호법 제36조 제1항 위반의 죄는 고의 외에 '외국에서 사용하거나 사용되게 할 목적'을, 위 조항이 인용하는 제14조 제2호는 '부정한 이익을 얻거나 그 대상기관에 손해를 가할 목적'을 추가적인 범죄성립요건으로 하는 ★★목적범이다. 그리고 형사재판에서 공소가 제기된 범죄의 구성요건을 이루는 사실에 대한 증명책임은 검사에게 있으므로 행위자에게 '부정한 이익을 얻거나 그 대상기관에 손해를 가할 목적'과 '외국에서 사용하거나 사용되게 할 목적'이 있었다는 점은 ★★★검사가 증명하여야 한다. 따라서 ★★★행위자가 산업기술임을 인식하고 제14조 각호의 행위를 하거나, 외국에 있는 사람에게 산업기술을 보냈다는 사실만으로 그에게 위와 같은 목적이 있었다고 추정해서는 아니 된다. 행위자에게 위와 같은 목적이 있음을 증명할 직접증거가 없는 때에는 산업기술 및 비밀유지의무를 인정할 여러 사정들에 더하여 피고인의 직업, 경력, 행위의 동기 및 경위와 수단, 방법, 그리고 산업기술 보유기업과 산업기술을 취득한 제3자와의 관계, 외국에 보내게 된 경위 등 여러 사정을 종합하여 사회통념에 비추어 합리적으로 판단하여야 한다(대법원 2018. 7. 12. 선고 2015도464 판결).

18. ★기록상 진술증거의 임의성에 관하여 의심할 만한 사정이 나타나 있는 경우에는 법원은 직권으로 그 임의성 여부에 관하여 조사를 하여야 하고, ★★검사가 그 임의성의 의문점을 없애는 증명을 하지 못한 경우에는 그 진술증거는 증거능력이 부정되며(대법원 2006. 11. 23. 선고 2004도7900 판결 등 참조), 검사 이전의 수사기관에서 고문 등 가혹행위로 인하여 임의성이 없는 진술을 하고 그 후 검사의 조사 단계에서도 임의성 없는 심리상태가 계속된 상태에서 같은 내용으로 진술하였다면 검사의 조사 단계에서 고문 등의 강요행위가 없었다고 하여도 검사 앞에서의 진술도 임의성 없는 진술이라고 보아야 한다(대법원 1992. 11. 24. 선고 92도2409 판결, 대법원 2011. 10. 27. 선고 2009도1603 판결 등 참조).(대법원 2013. 7. 25. 선고 2011도6380 판결)

19. 공연히 사실을 적시하여 사람의 명예를 훼손한 행위가 형법 제310조의 규정에 따라서 위법성이 조각되어 처벌대상이 되지 않기 위하여는 그것이 진실한 사실로서 오로지 공공의 이익에 관한 때에 해당된다는 점을 ★★★행위자가 증명하여야 하는 것이나, 그 증명은 유죄의 인정에 있어 요구되는 것과 같이 법관으로 하여금 의심할 여지가 없을 정도의 확신을 가지게 하는 증명력을 가진 ★★★<<엄격한 증거에 의하여야 하는 것은 아니므로,>> ★★★★<<이 때에는 전문증거에 대한 증거능력의 제한을 규정한 형사소송법 제310조의2는 적용될 여지가 없다>>(대법원 1996. 10. 25. 선고 95도1473 판결).

제3절 자유중심주의

Tool 1.

◆자유심증주의(1)◆

①의의	증거의 증명력을 법관의 자유로운 판단에 일임 (소극적·적극적으로 법정X)
②내용	(1)주체-법관 (2)대상=신용력(진실일 가능성)+협의의 증명력 (3)자유판단의 의미-형식적인 법률적 구속으로부터의 자유 ※자유재량X ※서로 모순되는 증거에 대하여 어느 것을 믿는가는 자유→선서무능력자의 증언믿음/직접증거보다 간접증거 및 정황증거를 신뢰하여도OK (4)기준-객관적·합리적인 보편타당성 　　　-논리와 경험법칙에 법관은 구속된다. 　　　-이를 벗어나면 절대적 항소이유가 된다.
③합리성 보장제도	(1)상소제도-논리와 경험법칙 위배 시 채증법칙와 심리미진의 위법으로 상소 이유 (2)증거요지의 적시-유죄판결시 증거설명 (3)증거능력의 제한-증거능력 없는 증거는 증명력평가의 대상에서 제외 (4)★탄핵증거-증명력판단의 합리성을 보장하기 위한 제도
④자유심 증주의의 예외	(1)★자백의 증명력 제한(자백의 보강법칙) (2)★공판조서의 절대적 증명력 　(법관의 심증여하를 불문하고 조서만으로 증명) (3)★진술거부권 　(진술거부권을 행사하면 법관이 이를 빌미로 불리한 판단을 하게 되어 진술거부권의 침해가 된다.)

Tool 5.

◆자유심증주의(2)◆

주의사항	(1)자유심증주의는 간접증거에도 적용된다. (2)자유심증주의에 의하여 법관이 자유롭게 판단하는 것은 <증거의 **증명력**>이다. 왜냐하면 증거능력은 법정되어 있으므로 법관의 자유로운 판단이 허용되지 않는다. (3)증인이 성년인가 미성년인가 책임능력자인가 그렇지 않은가에 따라 증거의 증명력에는 차이가 없다. 이는 **법관의 재량**에 맡겨져 있는 사항이다. (4)법관은 감정인의 감정에 구속되지 않는다. 즉 감정인의 감정결과에 반하는 사실

인정도 가능하다.
(5) 법관이 자의적 판단을 하는 것은 허용되지 않는다. 즉 보편타당해야 한다.
(6) 이는 법관의 사실인정의 논리와 경험법칙에 의하여 판단해야 한다.
(7) 자백의 보강법칙에서 보강증거는 법관의 자유심증주의를 제한하는 역할을 한다.
(8) ★자유심증주의에 대한 제한=판결서에 의한 제한+당사자주의에 의한 제한+증거능력의 제한에 의한 제한+논리경험측에 의한 제한+자백의 신빙성요구+진술거부의 불리한 정황증거사용 불허+공판기일의 소송절차에 관한 공판조서+자백의 증명력제한

≠직권주의에 의한 제한+탄핵증거

(9) 증명력의 문제=자유심증주의+자백보강법칙+공판조서의 배타적 증명력
(10) 증거능력이 없는 증거는 증명력의 평가의 대상이 되지 않는다.
(11) 우리는 법정증거주의를 채택하고 있지 않다.
(12) 자백의 증명력제한은 자유심증주의의 예외가 된다.
(13) 전과나 범죄의 주관적 구성요소(고의, 과실, 목적)는 자백만으로 인정할 수 있고 보강증거는 불필요하다.
(14) 간접증거나 정황증거에 의하여도 사실을 인정할 수 있다.
(15) 피고인의 법정진술이 절대적 증명력을 가지는 것은 아니다.
(16) 13, 14세 정도의 증인이 증언에 의하여 사실을 인정할 수 있다. 위법이 아니다.
(17) 법관은 피고인이 자백한 때에도 자백의 진실성을 심리하여 자백과 다른 사실을 인정할 수 있다. 또한 피고인이 부인한 때에도 검찰에서의 자백을 믿을 수 있다.
(18) 증거의 취지와 이를 근거로 한 사실의 인정은 < 그것이 경험법칙에 위배된다는 특단의 사정이 없는 한 사실심법원의 전권에 속한다.>
(19) 검사의 증인신문청구에 의한 증인신문조서의 기재내용이나 증거보전절차에서의 신문조서가 공판정에서의 조서기재내용보다 증명력이 떨어지는 것은 아니다.

★사법(司法): 법에 의한 민사·형사 사건의 재판 및 그에 관련되는 국가작용

<<관련판례>>

1. [1] 자유심증주의를 규정한 형사소송법 제308조가 증거의 증명력을 법관의 자유판단에 의하도록 한 것은 그것이 실체적 진실발견에 적합하기 때문이라 할 것이므로, ★★★증거판단에 관한 전권을 가지고 있는 사실심 법관은 사실인정에 있어 공판절차에서 획득된 인식과 조사된 증거를 남김 없이 고려하여야 한다.

[2] 형사재판에 있어 심증형성은 반드시 직접증거에 의하여 형성되어야만 하는 것은 아니고 간접증거에 의할 수도 있는 것이며, 간접증거는 이를 개별적·고립적으로 평가하여서는 아니 되고 모든 관점에서 빠짐 없이 상호 관련시켜 종합적으로 평가하고, 치밀하고 모순 없는 논증을 거쳐야 한다(대법원 2004. 6. 25. 선고 2004도2221 판결).

2. 국회의원인 피고인이 갑 주식회사 대표이사 을에게서 3차례에 걸쳐 불법정치자금을 수수하였다는 내용으로 기소되었는데, 을이 ★★★검찰의 소환 조사에서는 자금을 조성하여 피고인에게 정

치자금으로 제공하였다고 진술하였다가, ★★★제1심 법정에서는 이를 번복하여 자금 조성 사실은 시인하면서도 피고인에게 정치자금으로 제공한 사실을 부인하고 자금의 사용처를 달리 진술한 사안에서, 자금 사용처에 관한 을의 검찰진술의 신빙성이 인정되므로, 을의 검찰진술 등을 종합하여 공소사실을 모두 유죄로 인정한 원심판단에 <u>자유심증주의의 한계를 벗어나는 등의 잘못이 없다</u>(대법원 2015. 8. 20. 선고 2013도11650 전원합의체 판결).

3. 성폭행 피해자의 대처 양상은 피해자의 성정이나 가해자와의 관계 및 구체적인 상황에 따라 다르게 나타날 수밖에 없다. 따라서 개별적, 구체적인 사건에서 성폭행 등의 피해자가 처하여 있는 특별한 사정을 충분히 고려하지 않은 채 피해자 진술의 증명력을 가볍게 배척하는 것은 정의와 형평의 이념에 입각하여 논리와 경험의 법칙에 따른 증거판단이라고 볼 수 없다. 피고인의 친딸로 가족관계에 있던 피해자가 ★★★'마땅히 그러한 반응을 보여야만 하는 피해자'로 보이지 않는다는 이유만으로 피해자 진술의 신빙성을 함부로 배척할 수 없다. 그리고 친족관계에 의한 성범죄를 당하였다는 피해자의 진술은 피고인에 대한 이중적인 감정, 가족들의 계속되는 회유와 압박 등으로 인하여 번복되거나 불분명해질 수 있는 특수성이 있다는 점을 고려해야 한다 (대법원 2020. 8. 20. 선고 2020도6965, 2020전도74 판결).

4. ★★★경찰에서의 진술조서의 기재와 당해사건의 공판정에서의 같은 사람의 증인으로서의 진술이 상반되는 경우 반드시 공판정에서의 증언에 따라야 한다는 법칙은 없고 그중 어느 것을 채용하여 사실인정의 자료로 할 것인가는 오로지 사실심법원의 자유심증에 속하는 것이다(대법원 1987. 6. 9. 선고 87도691,87감도63 판결).

5. 미성년자인 피해자가 자신을 보호·감독하는 지위에 있는 친족으로부터 강간이나 강제추행 등 성범죄를 당하였다고 진술하는 경우에 그 진술의 신빙성을 판단함에 있어서, ★★★피해자가 자신의 진술 이외에는 달리 물적 증거 또는 직접 목격자가 없음을 알면서도 보호자의 형사처벌을 무릅쓰고 스스로 수치스러운 피해 사실을 밝히고 있고, 허위로 그와 같은 진술을 할 만한 동기나 이유가 분명하게 드러나지 않을 뿐만 아니라, 진술 내용이 사실적·구체적이고, 주요 부분이 일관되며, 경험칙에 비추어 비합리적이거나 진술 자체로 모순되는 부분이 없다면, 그 진술의 신빙성을 함부로 배척해서는 안 된다.

★★★<<특히 친족관계에 의한 성범죄를 당하였다는 미성년자 피해자의 진술>>은 피고인에 대한 이중적인 감정, 가족들의 계속되는 회유와 압박 등으로 인하여 번복되거나 불분명해질 수 있는 특수성을 갖고 있으므로, 피해자가 법정에서 수사기관에서의 진술을 번복하는 경우, 수사기관에서 한 진술 내용 자체의 신빙성 인정 여부와 함께 법정에서 진술을 번복하게 된 동기나 이유, 경위 등을 충분히 심리하여 어느 진술에 신빙성이 있는지를 신중하게 판단하여야 한다 (대법원 2020. 5. 14. 선고 2020도2433 판결).

6. [1] ★★★검찰에서의 피고인의 자백이 법정진술과 다르다거나 피고인에게 지나치게 불리한 내용이라는 사유만으로는 그 자백의 신빙성이 의심스럽다고 할 수는 없는 것이고, 자백의 신빙성 유무를 판단할 때에는 자백의 진술 내용 자체가 객관적으로 합리성을 띠고 있는지, 자백의 동기

나 이유가 무엇이며, 자백에 이르게 된 경위는 어떠한지 그리고 자백 이외의 정황증거 중 자백과 저촉되거나 모순되는 것이 없는지 하는 점 등을 고려하여 피고인의 자백에 형사소송법 제309조에 정한 사유 또는 자백의 동기나 과정에 합리적인 의심을 갖게 할 상황이 있었는지를 판단하여야 한다.

[2] ★★★형사재판에서 공소가 제기된 범죄사실에 대한 증명책임은 검사에게 있고, 유죄의 인정은 법관으로 하여금 합리적인 의심을 할 여지가 없을 정도로 공소사실이 진실한 것이라는 확신을 가지게 하는 증명력을 가진 증거에 의하여야 하므로, 그와 같은 증거가 없다면 설령 피고인에게 유죄의 의심이 간다 하더라도 피고인의 이익으로 판단할 수밖에 없다.

[3] 피고인들이 제1심 공판 이후 일관되게 범행을 부인하고 있고, 수사과정에서 다른 피고인들이 이미 범행을 자백한 것으로 오인하거나, 검사가 선처받을 수도 있다고 말하여 자백한 것으로 보이는 점 등 여러 정황에 비추어 피고인들의 검찰에서의 각 자백진술은 그 신빙성이 의심스럽다고 하면서 피고인들에 대한 상해치사의 공소사실에 대하여 무죄를 선고한 원심판단을 수긍한 사례(대법원 2010. 7. 22. 선고 2009도1151 판결).

7. 형사재판에 있어서, 관련된 민사사건의 판결에서 인정된 사실은 공소사실에 대하여 유력한 인정자료가 된다고 할지라도, 반드시 그 ★★★<<민사판결의 확정사실에 구속을 받는 것은 아니고, 형사법원은 증거에 의하여 민사판결에서 확정된 사실과 다른 사실을 인정>>할 수 있다(대법원 2010. 2. 25. 선고 2008도8356 판결).

8. 형사재판에서 이와 관련된 다른 형사사건의 확정판결에서 인정된 사실은 특별한 사정이 없는 한 유력한 증거자료가 되는 것이나, ★★★당해 형사재판에서 제출된 다른 증거 내용에 비추어 관련 형사사건의 확정판결에서의 사실판단을 그대로 채택하기 어렵다고 인정될 경우에는 이를 배척할 수 있다(대법원 2012. 6. 14. 선고 2011도15653 판결 등 참조).

9. 경찰에서의 자술서, 검사작성의 각 피의자신문조서, 다른 형사사건의 공판조서의 기재와 당해 사건의 공판정에서의 같은 사람의 증인으로서의 ★★★<<진술이 상반되는 경우 반드시 공판정에서의 증언은 믿어야 된다는 법칙은 없고>>, 상반된 증언, 감정중에 그 어느 것을 사실인정의 자료로 인용할 것인가는 오로지 사실심법원의 자유심증에 속한다(대법원 1986. 9. 23. 선고 86도1547 판결).

10. ★★★처분문서의 진정 성립이 인정되는 이상, 법원은 반증이 없는 한 그 문서의 기재 내용에 따른 의사표시의 존재 및 내용을 인정하여야 하고, 합리적인 이유 설시도 없이 이를 배척하여서는 아니 되나, 처분문서라 할지라도 ★★★그 기재 내용과 다른 명시적·묵시적 약정이 있는 사실이 인정될 경우에는 그 기재 내용과 다른 사실을 인정할 수 있고, 작성자의 법률행위를 해석함에 있어서도 경험법칙과 논리법칙에 어긋나지 않는 범위 내에서 자유로운 심증으로 판단할 수 있다(대법원 2006. 4. 13. 선고 2005다34643 판결, 대법원 2006. 12. 21. 선고 2004다45400 판결 등 참조).(대법원 2008. 2. 29. 선고 2007도11029 판결)

11. [1] ★★★자유심증주의를 규정한 형사소송법 제308조가 증거의 증명력을 법관의 자유판단에 의하도록 한 것은 그것이 실체적 진실발견에 적합하기 때문이므로, 증거판단에 관한 전권을 가지고 있는 사실심 법관은 사실인정을 하면서 공판절차에서 획득된 인식과 조사된 증거를 남김없이 고려하여야 한다. 또한 ★★★증거의 증명력에 대한 법관의 판단은 논리와 경험칙에 합치하여야 하고, 형사재판에서 유죄로 인정하기 위한 심증 형성의 정도는 합리적인 의심을 할 여지가 없을 정도여야 하나, 이는 모든 가능한 의심을 배제할 정도에 이를 것까지 요구하는 것은 아니며, 증명력이 있는 것으로 인정되는 증거를 합리적인 근거가 없는 의심을 일으켜 배척하는 것은 자유심증주의의 한계를 벗어나는 것으로 허용될 수 없다. 여기에서 말하는 ★★★합리적 의심이란 모든 의문, 불신을 포함하는 것이 아니라 논리와 경험칙에 기하여 요증사실과 양립할 수 없는 사실의 개연성에 대한 합리성 있는 의문을 의미하는 것으로서, 단순히 관념적인 의심이나 추상적인 가능성에 기초한 의심은 합리적 의심에 포함된다고 할 수 없다.

[2] <<상해죄의 피해자가 제출하는 상해진단서>>는 ★★★일반적으로 의사가 당해 피해자의 진술을 토대로 상해의 원인을 파악한 후 의학적 전문지식을 동원하여 관찰·판단한 상해의 부위와 정도 등을 기재한 것으로서 거기에 기재된 상해가 곧 피고인의 범죄행위로 인하여 발생한 것이라는 사실을 직접 증명하는 증거가 되기에 부족한 것이지만, 그 상해에 대한 진단일자 및 상해진단서 작성일자가 상해 발생시점과 시간상으로 근접하고 상해진단서 발급 경위에 특별히 신빙성을 의심할 만한 사정이 없으며 거기에 기재된 상해 부위와 정도가 피해자가 주장하는 상해의 원인 내지 경위와 일치하는 경우에는, ★★★그 무렵 피해자가 제3자로부터 폭행을 당하는 등으로 달리 상해를 입을 만한 정황이 발견되거나 의사가 허위로 진단서를 작성한 사실이 밝혀지는 등의 특별한 사정이 없는 한, 그 상해진단서는 피해자의 진술과 더불어 피고인의 상해 사실에 대한 유력한 증거가 되고, 합리적인 근거 없이 그 증명력을 함부로 배척할 수 없다.

[3] '피고인이 주점에서 깨진 유리컵 조각을 들고 갑의 왼쪽 팔 부위를 찔러 갑에게 상해를 가하였다'는 주위적 공소사실 및 '피고인이 유리컵을 갑을 향해 집어던져 깨진 유리조각이 갑의 왼쪽 팔 부위에 부딪히게 하여 상해를 가하였다'는 예비적 공소사실에 대하여, 피고인의 행위로 인하여 갑이 상해를 입게 된 것이라는 위 폭력행위 등 처벌에 관한 법률 위반의 공소사실을 인정할 여지가 충분한데도, 이에 부합하는 갑의 경찰 진술이나 원심 법정 증언은 믿기 어렵고, 상해진단서, 합의서, 의무기록 사본 등의 각 증거들만으로는 이를 인정하기에 부족하다는 이유를 들어 무죄로 판단한 원심판결에 자유심증주의에 관한 법리오해의 위법이 있다고 한 사례(대법원 2011. 1. 27. 선고 2010도12728 판결).

12. ★★★살인죄 등과 같이 법정형이 무거운 범죄의 경우에도 직접증거 없이 간접증거만에 의하여 유죄를 인정할 수 있고 피해자의 시체가 발견되지 아니하였더라도 간접증거를 상호 관련하에서 종합적으로 고찰하여 살인죄의 공소사실을 인정할 수 있다 할 것이나(대법원 1999. 10. 22. 선고 99도3273 판결, 대법원 2005. 1. 14. 선고 2004도7028 판결 등 참조), 그러한 유죄 인정에 있어서는 공소사실에 대한 관련성이 깊은 간접증거들에 의하여 신중한 판단이 요구된다. 또한, 시체가 발견되지 아니한 상황에서 범행 전체를 부인하는 피고인에 대하여 살인죄의 죄책을 인

정하기 위해서는 ★★★피해자의 사망사실이 추가적·선결적으로 증명되어야 함을 물론, 그러한 피해자의 사망이 살해의사를 가진 피고인의 행위로 인한 것임이 합리적인 의심의 여지가 없을 정도로 증명되어야 한다(대법원 2008. 3. 13. 선고 2007도10754 판결).

13. [1] ★★★증거의 증명력은 법관의 자유판단에 맡겨져 있으나 그 판단은 <<논리와 경험칙에 합치>>하여야 하고, 형사재판에 있어서 유죄로 인정하기 위한 심증형성의 정도는 합리적인 의심을 할 여지가 없을 정도여야 하나, 이는 ★★★모든 가능한 의심을 배제할 정도에 이를 것까지 요구하는 것은 아니며, ★★★증명력이 있는 것으로 인정되는 증거를 합리적인 근거가 없는 의심을 일으켜 이를 배척하는 것은 자유심증주의의 한계를 벗어나는 것으로 허용될 수 없다. ★★★★피해자 등의 진술은 그 진술 내용의 주요한 부분이 일관되며, 경험칙에 비추어 비합리적이거나 진술 자체로 모순되는 부분이 없고, 또한 허위로 피고인에게 불리한 진술을 할 만한 동기나 이유가 분명하게 드러나지 않는 이상, 그 진술의 신빙성을 특별한 이유 없이 함부로 배척해서는 아니 된다.

[2] 법원이 성폭행이나 성희롱 사건의 심리를 할 때에는 그 사건이 발생한 맥락에서 성차별 문제를 이해하고 양성평등을 실현할 수 있도록 '성인지 감수성'을 잃지 않도록 유의하여야 한다(양성평등기본법 제5조 제1항 참조). 우리 사회의 가해자 중심의 문화와 인식, 구조 등으로 인하여 성폭행이나 성희롱 피해자가 피해사실을 알리고 문제를 삼는 과정에서 오히려 피해자가 부정적인 여론이나 불이익한 처우 및 신분 노출의 피해 등을 입기도 하여 온 점 등에 비추어 보면, 성폭행 피해자의 대처 양상은 피해자의 성정이나 가해자와의 관계 및 구체적인 상황에 따라 다르게 나타날 수밖에 없다. 따라서 개별적, 구체적인 사건에서 성폭행 등의 피해자가 처하여 있는 특별한 사정을 충분히 고려하지 않은 채 피해자 진술의 증명력을 가볍게 배척하는 것은 정의와 형평의 이념에 입각하여 논리와 경험의 법칙에 따른 증거판단이라고 볼 수 없다.

[3] 강간죄가 성립하기 위한 가해자의 폭행·협박이 있었는지 여부는 그 폭행·협박의 내용과 정도는 물론 유형력을 행사하게 된 경위, 피해자와의 관계, 성교 당시와 그 후의 정황 등 모든 사정을 종합하여 피해자가 성교 당시 처하였던 구체적인 상황을 기준으로 판단하여야 하며, 사후적으로 보아 피해자가 성교 이전에 범행 현장을 벗어날 수 있었다거나 피해자가 사력을 다하여 반항하지 않았다는 사정만으로 가해자의 폭행·협박이 피해자의 항거를 현저히 곤란하게 할 정도에 이르지 않았다고 섣불리 단정하여서는 아니 된다.

[4] ★★★★강간죄에서 공소사실을 인정할 증거로 <<사실상 피해자의 진술이 유일한 경우에 피고인의 진술이 경험칙상 합리성이 없고 그 자체로 모순되어 믿을 수 없다고 하여 그것이 공소사실을 인정하는 직접증거가 되는 것은 아니지만>>, ★★★★이러한 사정은 법관의 자유판단에 따라 피해자 진술의 신빙성을 뒷받침하거나 직접증거인 피해자 진술과 결합하여 공소사실을 뒷받침하는 간접정황이 될 수 있다(대법원 2018. 10. 25. 선고 2018도7709 판결).

14. ★★★목격자의 진술 등 직접증거가 전혀 없는 사건에 있어서는 적법한 증거들에 의하여 인정되는 간접사실들에 논리법칙과 경험칙을 적용하여 공소사실이 합리적인 의심을 할 여지가 없이 진실한 것이라는 확신을 가지게 할 정도로 추단될 수 있을 경우에만 이를 유죄로 인정할 수

있고, ★★★이러한 정도의 심증을 형성할 수 없다면 설령 피고인에게 유죄의 의심이 간다고 하더라도 피고인의 이익으로 판단할 수밖에 없다는 것이 형사소송의 대원칙이다(대법원 2000. 11. 7. 선고 2000도3507 판결, 대법원 2008. 5. 15. 선고 2008도1585 판결 등 참조).(대법원 2011. 1. 13. 선고 2010도13226 판결)

15. 형사재판에 있어서 유죄의 인정은 법관으로 하여금 합리적인 의심을 할 여지가 없을 정도로 공소사실이 진실한 것이라는 확신을 가지게 할 수 있는 증명력을 가진 증거에 의하여야 하고 이러한 정도의 심증을 형성하는 증거가 없다면 설령 피고인에게 유죄의 의심이 간다 하더라도 피고인의 이익으로 판단할 수밖에 없다. 다만 ★★★그와 같은 심증이 반드시 직접증거에 의하여 형성되어야만 하는 것은 아니고 경험칙과 논리법칙에 위반되지 아니하는 한 간접증거에 의하여 형성되어도 되는 것이며, 간접증거가 개별적으로는 범죄사실에 대한 완전한 증명력을 가지지 못하더라도 전체 증거를 상호 관련하에 종합적으로 고찰할 경우 그 단독으로는 가지지 못하는 종합적 증명력이 있는 것으로 판단되면 그에 의하여도 범죄사실을 인정할 수가 있다. 여기서 합리적 의심이라 함은 모든 의문, 불신을 포함하는 것이 아니라 논리와 경험칙에 기하여 요증사실과 양립할 수 없는 사실의 개연성에 대한 합리적 의문을 의미하는 것으로서, 피고인에게 유리한 정황을 사실인정과 관련하여 파악한 이성적 추론에 그 근거를 두어야 하는 것이므로, 단순히 관념적인 의심이나 추상적인 가능성에 기초한 의심은 합리적 의심에 포함된다고 할 수 없다(대법원 2013. 2. 14. 선고 2012도11591 판결 등 참조).(대법원 2013. 6. 27. 선고 2013도4172 판결)

16. 피고인이 공용물건손상죄로 기소된 사안에서, 사실심의 증거들에 의하면 피고인이 면사무소에 비치되어 있는 정상적으로 작동되는 소화기 9대를 가져간 후 분말액과 질소가스를 충전하지도 않은 채 충전대금을 청구하였으나 면사무소 측에서 대금 지급을 거절하자 원래 소화기에 들어 있던 ★분말액과 질소가스를 빼내었다고 봄이 논리와 경험칙에 부합함에도, 이를 무죄로 판단한 원심판결에 합리적인 자유심증의 범위와 한계를 넘어섬으로써 판결 결과에 영향을 미친 잘못이 있다고 한 사례(대법원 2011. 2. 24. 선고 2010도14262 판결)

17. 형사재판에서 유죄로 인정하기 위한 심증 형성은 합리적인 의심을 할 여지가 없을 정도에 이르러야 하나, 모든 가능한 의심을 배제할 정도가 되어야 하는 것은 아니다. 증명력이 있는 것으로 인정되는 증거를 합리적인 근거 없이 배척하는 것은 자유심증주의의 한계를 벗어나는 것으로 허용될 수 없다. ★증인의 진술이 그 주요 부분에 일관성이 있는 경우에는 그 밖의 사소한 사항에 관한 진술에 다소 일관성이 없다는 등의 사정만으로 진술의 신빙성을 함부로 부정할 것은 아니다(대법원 2009. 8. 20. 선고 2008도12112 판결, 대법원 2014. 12. 24. 선고 2014도10034 판결 등 참조). ★그리고 사실인정의 전제로서 하는 증거의 취사선택과 증거의 증명력은 사실심법원의 자유로운 판단에 속한다(형사소송법 제308조).(대법원 2018. 5. 11. 선고 2018도3577 판결)

18. ★★★마약류관리에 관한 법률 위반사건의 피고인 모발에서 메스암페타민 성분이 검출되었다는 국립과학수사연구소장의 감정의뢰회보가 있는 경우, 그 회보의 기초가 된 감정에 있어서

실험물인 모발이 바뀌었다거나 착오나 오류가 있었다는 등의 구체적인 사정이 없는 한 피고인으로부터 채취한 모발에서 메스암페타민 성분이 검출되었다고 인정하여야 하고, 따라서 ★★★ 논리와 경험의 법칙상 피고인은 감정의 대상이 된 모발을 채취하기 이전 언젠가에 메스암페타민을 투약한 사실이 있다고 인정하여야 한다. 그러나 ★★★★피고인 모발에서 메스암페타민 성분이 검출되지 않았다는 국립과학수사연구소장의 감정의뢰회보가 있는 경우, 개인의 연령, 성별, 인종, 영양상태, 개체차 등에 따라 차이가 있으나 모발이 평균적으로 한 달에 1㎝ 정도 자란다고 볼 때 감정의뢰된 모발의 길이에 따라 필로폰 투약시기를 대략적으로 추정할 수 있으므로, 위 감정의뢰회보는 적어도 피고인은 모발채취일로부터 위 모발이 자라는 통상적 기간 내에는 필로폰을 투약하지 않았다는 유력한 증거에 해당한다. 따라서 법원은 위 검사를 시행함에 있어 감정인이 충분한 자격을 갖추지 못하였다거나, 감정자료의 관리·보존상태 또는 검사방법이 적절하지 못하다거나, 그 결론 도출과정이 합리적이지 못하다거나 혹은 감정 결과 자체에 모순점이 있다는 등으로 그 ★★★감정 결과의 신뢰성을 의심할 만한 다른 사정이 있는지에 관하여 심리하여 본 다음 피고인의 범행 여부를 판단하여야 한다(대법원 2008. 2. 14. 선고 2007도10937 판결).

19. DNA분석을 통한 유전자검사 결과는, 충분한 전문적인 지식과 경험을 지닌 감정인이 적절하게 관리·보존된 감정자료에 대하여 일반적으로 확립된 표준적인 검사기법을 활용하여 감정을 실행하고 그 결과의 분석이 적정한 절차를 통하여 수행되었음이 인정되는 이상 높은 신뢰성을 지닌다 할 것이고, 특히 ★★★유전자형이 다르면 동일인이 아니라고 확신할 수 있다는 유전자감정 분야에서 일반적으로 승인된 전문지식에 비추어 볼 때, 피고인의 유전자형이 범인의 그것과 상이하다는 감정결과는 피고인의 무죄를 입증할 수 있는 유력한 증거에 해당한다(대법원 2007. 5. 10. 선고 2007도1950 판결).

20. ★★★어떠한 과학적 분석기법을 사용하여 제출된 것으로서 공소사실을 뒷받침하는 1차적 증거방법 자체에 오류가 발생할 가능성이 내포되어 있고, 그와 동일한 분석기법에 의하여 제출된 2차적 증거방법이 공소사실과 배치되는 소극적 사실을 뒷받침하고 있는 경우, 법원은 각 증거방법에 따른 분석 대상물과 분석 주체, 분석 절차와 방법 등의 동일 여부, 내포된 오류가능성의 정도, 달라진 분석결과가 일정한 방향성을 가지는지 여부, 상반된 분석결과가 나타난 이유의 합리성 유무 등에 관하여 면밀한 심리를 거쳐 각 증거방법의 증명력을 판단하여야 한다. ★★★이때 각 분석결과 사이의 차이점이 합리적인 의심 없이 해명될 수 있고 1차적 증거방법에 따른 결과의 오류가능성이 무시할 정도로 극소하다는 점이 검증된다면 공소사실을 뒷받침하는 1차적 증거방법만을 취신하더라도 그것이 자유심증주의의 한계를 벗어났다고 할 수는 없을 것이나, 그에 이르지 못한 경우라면 그 중 공소사실을 뒷받침하는 증거방법만을 섣불리 취신하거나 이와 상반되는 증거방법의 증명력을 가볍게 배척하여서는 아니 된다(대법원 2014. 2. 13. 선고 2013도9605 판결).

21. [1] ★★★유전자검사나 혈액형검사 등 과학적 증거방법은 그 전제로 하는 사실이 모두 진실임이 입증되고 그 추론의 방법이 과학적으로 정당하여 오류의 가능성이 전무하거나 무시할 정도로 극소한 것으로 인정되는 경우에는 법관이 사실인정을 함에 있어 상당한 정도로 구속력을 가지므로, 비록 사실의 인정이 사실심의 전권이라 하더라도 아무런 합리적 근거 없이 함부로

이를 배척하는 것은 자유심증주의의 한계를 벗어나는 것으로서 허용될 수 없다. 과학적 증거방법이 당해 범죄에 관한 적극적 사실과 이에 반하는 소극적 사실 모두에 존재하는 경우에는 각 증거방법에 의한 분석결과에 발생할 수 있는 오류가능성 및 그 정도, 그 증거방법에 의하여 증명되는 사실의 내용 등을 종합적으로 고려하여 범죄의 유무 등을 판단하여야 하고, 여러 가지 변수로 인하여 반증의 여지가 있는 소극적 사실에 관한 증거로써 과학적 증거방법에 의하여 증명되는 적극적 사실을 쉽사리 뒤집어서는 안 된다.

[2] ★★★유전자검사 결과 주사기에서 마약성분과 함께 피고인의 혈흔이 확인됨으로써 피고인이 필로폰을 투약한 사정이 적극적으로 증명되는 경우, 반증의 여지가 있는 소변 및 모발검사에서 마약성분이 검출되지 않았다는 소극적 사정에 관한 증거만으로 이를 쉽사리 뒤집을 수 없다고 한 사례(대법원 2009. 3. 12. 선고 2008도8486 판결)

22. [1] 과학적 증거방법이 사실인정에 있어서 상당한 정도로 구속력을 갖기 위해서는 감정인이 전문적인 지식·기술·경험을 가지고 공인된 표준 검사기법으로 분석한 후 법원에 제출하였다는 것만으로는 부족하고, 시료의 채취·보관·분석 등 모든 과정에서 시료의 동일성이 인정되고 ★★★인위적인 조작·훼손·첨가가 없음이 담보되어야 하며 각 단계에서 시료에 대한 정확한 인수·인계 절차를 확인할 수 있는 기록이 유지되어야 한다.

[2] 피고인이 메트암페타민을 투약하였다고 하여 마약류 관리에 관한 법률 위반(향정)으로 기소되었는데, 공소사실을 부인하고 있고, 투약의 일시, 장소, 방법 등이 명확하지 못하며, 투약 사실에 대한 직접적인 증거로는 피고인의 소변과 머리카락에서 메트암페타민 성분이 검출되었다는 국립과학수사연구원의 감정 결과만 있는 사안에서, 피고인은 경찰서에 출석하여 조사받으면서 투약혐의를 부인하고 소변과 머리카락을 임의로 제출하였는데, ★★★경찰관이 조사실에서 아퀴사인(AccuSign) 시약으로 피고인의 소변에 메트암페타민 성분이 있는지를 검사하였으나 결과가 음성이었던 점, 경찰관은 그 직후 피고인의 소변을 증거물 병에 담고 머리카락도 뽑은 후 별다른 봉인 조처 없이 조사실 밖으로 가지고 나간 점, 피고인의 눈앞에서 소변과 머리카락이 봉인되지 않은 채 반출되었음에도 그 후 조작·훼손·첨가를 막기 위하여 어떠한 조치가 행해졌고 누구의 손을 거쳐 국립과학수사연구원에 전달되었는지 확인할 수 없는 점, 감정물인 머리카락과 소변에 포함된 세포의 디엔에이(DNA) 분석 등 피고인의 것임을 과학적 검사로 확인한 자료가 없는 점 등 피고인으로부터 소변과 머리카락을 채취해 감정하기까지의 여러 사정을 종합하면, ★★★국립과학수사연구원의 감정물이 피고인으로부터 채취한 것과 동일하다고 단정하기 어려워 그 감정 결과의 증명력은 피고인의 투약 사실을 인정하기에 충분하지 않은데도, 이와 달리 보아 공소사실을 유죄로 판단한 원심판결에 객관적·과학적인 분석을 필요로 하는 증거의 증명력에 관한 법리오해 등의 잘못이 있다고 한 사례(대법원 2018. 2. 8. 선고 2017도14222 판결)

제 3 장 위법수집증거배제법칙

제1절 개설

Tool 1.
위법수집증거배제법칙(주로 비진술증거)

Tool 2.

<독수독과의 원칙>

①의의	위법하게 수집된 증거(1차증거)에 의하여 발견된 2차 증거(과실)이 증거능력이 있는가
②학설	증거능력이 없다.
③판례	증거능력이 있다.

Tool 3.

<비교>

진술거부권을 고지하지 않고 작성된 피의자신문조서	증거능력X
★영장주의에 위반하여 압수한 증거물	증거능력O

Tool 4.

◆위법수집증거배제법칙(제한이론)◆

| 제한이론 | (1)독수독과실이론에 대한 수정이론
(2)종전: 제1차증거(독과수)→제2차증거(독과실)----증거능력X
*수정: 제1차증거(독과수)→제2차증거(독이 없는 과실)
　　　　　　　　　　　　↓　　　　　　　↓
　　　　　　　　<희석+독립+불가피>------<증거능력O>

(3) 이론의 형태
　㉠희석이론 |

- 제1차증거의 **오염성이 희석**되어 그로인한 파생증거(제2차증거)에 영향을 미치지 않기 때문에 파생증거(제2차증거)는 증거능력이 있다.
  ★ 가령, 경찰관 갑이 위법하게 피의자 을의 집에 침입하여 자백을 받은 후 피의자 을이 수사관서에 자진하여 출석하여 자백서에 서명한 경우

  갑(수사기관)－－－－－－－－－－을(피의자)－－－－－－－자진출두 자백서에 서명
  　　(위법침입)
  　　　↓　　　　　　　　　　　　　　　　↓
  　　(위법증거)　　　　　　　　　　　　(증거능력O)

ⓒ 독립된 증거원리론
- 위법한 수사가 있더라도 **이와 독립하여 수집된 증거임이 증명**되면 그러한 파생증거는 증거능력이 인정된다.
  ★ 가령 수사기관이 위법하게 피고인의 기택을 수사하던 중 유괴 된 소녀를 발견하였고 그 소녀가 어떠한 사실에 대하여 진술을 하였다면 그러한 진술은 위법한 가택수색과는 독립된 근원에 의해 발생한 증거이므로 증거능력을 인정할 수 있다.

  갑(수사기관)－－－－－－－－을(피고인)－－－－－－－병(유괴된 소녀)－－－－진술
  　(제1차 위법수색)　　　　　　　　　(발견)　　　　　(독립된 증거)
  　　↓　　　　　　　　　　　　　　　　　　　　　↓
  　(위법증거)　　　　　　　　　　　　　　　　(증거능력O)

ⓒ 불가피한 발견이론
- 위법수사에 의하여 오염된 제1차증거가 없었더라도 파생증거가 **다른 경로를 통하여 불가피하게 발견되었다는 것이 증명**되면 증거능력을 인정할 수 있다.
  ★ 가령, 경찰관 갑이 피의자 을의 권리를 침해하고 심문하여 사체(시체)의 소재를 알게 되었으나 다른 방법에 의하여도 사체를 발견했을 것이라는 것이 증명된 경우

  갑(수사기관)－－－－－－－－을(피의자)－－－－－－－사체의 소재를 알게 됨
  　(제1차 위법심문)　　　　　　　　　　　　　　　　↑
  　　↓　　　　　　＜다른 경로를 통해서도 알 수 있음이 증명됨＞
  　(위법증거)　　　　　　　　　　　　　　↓
  　　　　　　　　　　　　　　　　　　(증거능력O)

(4) 접견교통권침해, 영장주의 위반, 진술거부권고지의 불고지 등이 있으면 위법 수집 증거로서 증거능력을 인정할 수 없다. <u>공소장일본주의는 이와 무관</u>하다.

<<관련판례>>

1. ★★피의자가 변호인의 참여를 원한다는 의사를 명백하게 표시하였음에도 수사기관이 정당한 사유 없이 변호인을 참여하게 하지 아니한 채 피의자를 신문하여 작성한 피의자신문조서는 형사소송법 제312조에 정한 '적법한 절차와 방식'에 위반된 증거일 뿐만 아니라, 형사소송법 제308조의2에서 정한 '적법한 절차에 따르지 아니하고 수집한 증거'에 해당하므로 이를 증거로 할 수 없다(대법원 2013. 3. 28. 선고 2010도3359 판결).

2. 헌법상 보장된 변호인과의 접견교통권이 위법하게 제한된 상태에서 얻어진 피의자의 자백은 그 증거능력을 부인하는 유죄의 증거에서 실질적이고 완전하게 배제하여야 하는 것인바, ★★피고인이 구속되어 국가안전기획부에서 조사를 받다가 변호인의 접견신청이 불허되어 이에 대한 준항고를 제기중에 검찰로 송치되어 검사가 피고인을 신문하여 제1회 피의자신문조서를 작성한 후 준항고절차에서 위 접견불허처분이 취소되어 접견이 허용된 경우에는 ★★검사의 피고인에 대한 위 제1회 피의자신문은 변호인의 접견교통을 금지한 위법상태가 계속된 상황에서 시행된 것으로 보아야 할 것이므로 그 피의자신문조서는 증거능력이 없다(대법원 1990. 9. 25. 선고 90도1586 판결).

3. 가. 공범으로서 별도로 공소제기된 다른 사건의 피고인 갑에 대한 수사과정에서 담당 검사가 피의자인 갑과 그 사건에 관하여 대화하는 내용과 장면을 녹화한 비디오테이프에 대한 법원의 검증조서는 이러한 비디오테이프의 녹화내용이 피의자의 진술을 기재한 피의자신문조서와 실질적으로 같다고 볼 것이므로 피의자신문조서에 준하여 그 증거능력을 가려야 한다.

나. 검사가 위 "가"항의 녹화 당시 위 ★갑의 진술을 들음에 있어 동인에게 미리 진술거부권이 있음을 고지한 사실을 인정할 자료가 없으므로 위 녹화내용은 위법하게 수집된 증거로서 증거능력이 없는 것으로 볼 수밖에 없고, 따라서 이러한 녹화내용에 대한 법원의 검증조서 기재는 유죄 증거로 삼을 수 없다(대법원 1992. 6. 23. 선고 92도682 판결).(대법원 2014. 4. 10. 선고 2014도1779 판결)

4. [1] 피의자에 대한 진술거부권 고지는 피의자의 진술거부권을 실효적으로 보장하여 진술이 강요되는 것을 막기 위해 인정되는 것인데, 이러한 진술거부권 고지에 관한 형사소송법 규정내용 및 진술거부권 고지가 갖는 실질적인 의미를 고려하면 수사기관에 의한 진술거부권 고지 대상이 되는 피의자 지위는 수사기관이 조사대상자에 대한 범죄혐의를 인정하여 수사를 개시하는 행위를 한 때 인정되는 것으로 보아야 한다. 따라서 이러한 ★★★★<<피의자 지위에 있지 아니한 자>>에 대하여는 진술거부권이 고지되지 아니하였더라도 진술의 증거능력을 부정할 것은 아니다.

[2] 피고인들이 중국에 있는 갑과 공모한 후 중국에서 입국하는 을을 통하여 필로폰이 들어 있는 곡물포대를 배달받는 방법으로 필로폰을 수입하였다고 하여 주위적으로 기소되었는데 검사가 을에게서 곡물포대를 건네받아 피고인들에게 전달하는 역할을 한 참고인 병에 대한 검사 작성 진술조서를 증거로 신청한 사안에서, 피고인들과 공범관계에 있을 가능성만으로 병이 ★★★★참고인으로서 검찰 조사를 받을 당시 또는 그 후라도 검사가 병에 대한 범죄혐의를 인정하고 수사를 개시하여 피의자 지위에 있게 되었다고 단정할 수 없고, 검사가 병에 대한 수사를 개시할 수 있는 상태이었는데도 진술거부권 고지를 잠탈할 의도로 피의자 신문이 아닌 참고인 조사의 형식을 취한 것으로 볼 만한 사정도 기록상 찾을 수 없으며, ★★★★오히려 피고인들이 수사과정에서 필로폰이 중국으로부터 수입되는 것인지 몰랐다는 취지로 변소하였기 때문에 피고인들의 수입에 관한 범의를 명백하게 하기 위하여 병을 참고인으로 조사한 것이라면, 병은 수사기관에 의해 범죄혐의를 인정받아 수사가 개시된 피의자의 지위에 있었다고 할 수 없고 참고인으로서 조사를 받으면서 수사기관에게서 진술거부권을 고지받지 않았다는 이유만으로 그 진술조

서가 위법수집증거로서 증거능력이 없다고 할 수 없는데도, 아무런 객관적 자료 없이 병이 피고인들 범행의 공범으로서 피의자 지위에 있다고 단정한 후 진술거부권 불고지로 인하여 병에 대한 진술조서의 증거능력이 없다고 본 원심판결에는 법리오해의 위법이 있고, 이러한 위법은 주위적 공소사실을 무죄로 인정한 판결 결과에 영향을 미쳤다고 한 사례.

[3] 피고인들이 중국에 있는 갑과 공모한 후 중국에서 입국하는 을을 통하여 인천 국제여객터미널에서 필로폰이 들어 있는 곡물포대를 배달받는 방법으로 필로폰을 수입하였다고 하여 주위적으로 기소된 사안에서, 원심이 배척하지 않은 증거들에 의하여 인정되는 제반 사정을 종합할 때 피고인들이 필로폰이 중국에서 국내로 반입된 것이라는 점에 대하여 인식하였거나 적어도 미필적으로 인식하고 있었다고 인정할 수 있는데도, 피고인들에게 필로폰 수입에 관한 범의가 있었다고 인정하기에 부족하다는 이유로 무죄를 인정한 원심판결에는 범죄구성요건의 주관적 요소 또는 자유심증주의에 관한 법리오해의 위법이 있다고 한 사례(대법원 2011. 11. 10. 선고 2011도8125 판결).

5. [1] 피의자의 진술을 녹취 내지 기재한 서류 또는 문서가 수사기관에서의 조사 과정에서 작성된 것이라면, 그것이 '진술조서, 진술서, 자술서'라는 형식을 취하였다고 하더라도 피의자신문조서와 달리 볼 수 없다. 형사소송법이 보장하는 피의자의 진술거부권은 헌법이 보장하는 형사상 자기에게 불리한 진술을 강요당하지 않는 자기부죄거부의 권리에 터 잡은 것이므로, 수사기관이 피의자를 신문함에 있어서 피의자에게 미리 진술거부권을 고지하지 않은 때에는 그 피의자의 진술은 위법하게 수집된 증거로서 진술의 임의성이 인정되는 경우라도 증거능력이 부인되어야 한다.

[2] 검사가 국가보안법 위반죄로 구속영장을 발부받아 피의자신문을 한 다음, 구속 기소한 후 다시 피의자를 소환하여 공범들과의 조직구성 및 활동 등에 관한 신문을 하면서 피의자신문조서가 아닌 일반적인 진술조서의 형식으로 조서를 작성한 사안에서, 진술조서의 내용이 피의자신문조서와 실질적으로 같고, 진술의 임의성이 인정되는 경우라도 미리 피의자에게 <<진술거부권을 고지하지 않았다면 위법수집증거에 해당하므로, 유죄인정의 증거로 사용할 수 없다>>고 한 사례(대법원 2009. 8. 20. 선고 2008도8213 판결).

제2절 적용범위

<<관련판례>>
1. 수사기관의 절차 위반행위에도 불구하고 이를 유죄 인정의 증거로 사용할 수 있는 예외적인 경우에 해당한다고 볼 수 있으려면, 그러한 예외적인 경우에 해당한다고 볼 만한 구체적이고 특별한 사정이 존재한다는 것을 검사가 증명하여야 한다(대법원 2011. 4. 28. 선고 2009도10412 판결).

2. ★★수사기관의 절차 위반행위가 적법절차의 실질적인 내용을 침해하는 경우에 해당하지 아니하고, 오히려 그 증거의 증거능력을 배제하는 것이 헌법과 형사소송법이 형사소송에 관한 절차 조항을 마련하여 적법절차의 원칙과 실체적 진실 규명의 조화를 도모하고 이를 통하여 형사 사법 정의를 실현하려 한 취지에 반하는 결과를 초래하는 것으로 평가되는 예외적인 경우라면, 법원은 그 증거를 유죄 인정의 증거로 사용할 수 있다고 보아야 한다. 이는 적법한 절차에 따르지 아니하고 수집한 증거를 기초로 하여 획득한 2차적 증거의 경우에도 마찬가지여서, 절차에 따르지 아니한 증거 수집과 2차적 증거 수집 사이 인과관계의 희석 또는 단절 여부를 중심으로 2차적 증거 수집과 관련된 모든 사정을 전체적·종합적으로 고려하여 예외적인 경우에는 유죄 인정의 증거로 사용할 수 있다(대법원 2007. 11. 15. 선고 2007도3061 전원합의체 판결).

3. ★★긴급체포 후 조사 과정 등에 특별한 위법이 있다고 볼 수 없는 이상, ★★단지 사후에 석방통지가 법에 따라 이루어지지 않았다는 사정만으로 그 긴급체포에 의한 유치 중에 작성된 공소외 7에 대한 피의자신문조서들의 작성이 소급하여 위법하게 된다고 볼 수는 없다(대법원 2014. 8. 26. 선고 2011도6035 판결).

4. ★★★증거의 압수 후 압수조서의 작성 및 압수목록의 작성·교부 절차가 제대로 이행되지 아니한 잘못이 있다 하더라도, ★★★그것이 적법절차의 실질적인 내용을 침해하는 경우에 해당한다거나 앞서 본 위법수집증거의 배제법칙에 비추어 그 증거능력의 배제가 요구되는 경우에 해당한다고 볼 수는 없다(대법원 2011. 5. 26. 선고 2011도1902 판결).

5. 법관의 서명날인란에 서명만 있고 날인이 없으므로, 형사소송법이 정한 요건을 갖추지 못하여 적법하게 발부되었다고 볼 수 없다. 그러나 ★★★이 사건 영장에 따라 압수한 이 사건 파일 출력물과 이에 기초하여 획득한 2차적 증거인 검사 작성의 피고인 1에 대한 피의자신문조서, 경찰 작성의 공소외 2에 대한 피의자신문조서, 공소외 3 등의 각 법정진술은 유죄 인정의 증거로 사용할 수 있는 경우에 해당한다.

이 사건 영장에는 야간집행을 허가하는 판사의 수기와 날인, 그 아래 서명날인란에 판사 서명, 영장 앞면과 별지 사이에 판사의 간인이 있으므로, 판사의 의사에 기초하여 진정하게 영장이 발부되었다는 점은 외관상 분명하다. 당시 수사기관으로서는 영장이 적법하게 발부되었다고 신뢰할 만한 합리적인 근거가 있었고, 의도적으로 적법절차의 실질적인 내용을 침해한다거나 영장주의를 회피할 의도를 가지고 이 사건 영장에 따른 압수·수색을 하였다고 보기 어렵다.

수사기관이 위법한 압수·수색을 통하여 수집한 증거와 이를 기초로 하여 획득한 2차적 증거의 증거능력을 부정하는 것은 그것이 수사기관의 위법한 압수·수색을 억제하고 권한남용과 재발을 방지하기 위한 가장 효과적이고 확실한 대응책이기 때문이다. 그런데 이 사건 영장의 내용과 형식, 발부 경위와 수사기관의 압수·수색 경위 등에 비추어 보면, 수사기관이 이 사건 영장을 발부받아 그에 기초하여 이 사건 파일 출력물을 압수한 것이 위법수집증거의 증거능력을 부정함으로써 달성하려는 목적을 실질적으로 침해한다고 보기도 어렵다.

따라서, ★★★영장이 형사소송법이 정한 요건을 갖추지 못하여 적법하게 발부되지 못하였다고 하더라도, 그 영장에 따라 수집한 이 사건 파일 출력물의 증거능력을 인정할 수 있다. ★★★이에 기초하여 획득한 2차적 증거인 위 각 증거 역시 증거능력을 인정할 수 있다(대법원 2019. 7. 11. 선고 2018도20504 판결).

6. 수사기관은 범죄수사의 필요성이 있고 피의자가 죄를 범하였다고 의심할 만한 정황이 있는 경우에도 해당 사건과 관계가 있다고 인정할 수 있는 것에 한하여 영장을 발부받아 압수·수색을 할 수 있다. 영장 발부의 사유로 된 범죄 혐의사실과 관련된 증거가 아니라면 적법한 압수·수색이 아니다. 따라서 ★★★영장 발부의 사유로 된 범죄 혐의사실과 무관한 별개의 증거를 압수하였을 경우 이는 원칙적으로 유죄 인정의 증거로 사용할 수 없다(대법원 2018. 4. 26. 선고 2018도2624 판결).

7. ★★★수사기관이 피의자 갑의 공직선거법 위반 범행을 영장 범죄사실로 하여 발부받은 압수·수색영장의 집행 과정에서 을, 병 사이의 대화가 녹음된 녹음파일(이하 '녹음파일'이라 한다)을 압수하여 을, 병의 공직선거법 위반 혐의사실을 발견한 사안에서, 압수·수색영장에 기재된 '피의자'인 갑이 녹음파일에 의하여 의심되는 혐의사실과 무관한 이상, 수사기관이 별도의 압수·수색영장을 발부받지 아니한 채 압수한 녹음파일은 형사소송법 제219조에 의하여 수사기관의 압수에 준용되는 형사소송법 제106조 제1항이 규정하는 '피고사건' 내지 같은 법 제215조 제1항이 규정하는 '해당 사건'과 '관계가 있다고 인정할 수 있는 것'에 해당하지 않으며, 이와 같은 압수에는 헌법 제12조 제1항 후문, 제3항 본문이 규정하는 영장주의를 위반한 절차적 위법이 있으므로, ★★★녹음파일은 형사소송법 제308조의2에서 정한 '적법한 절차에 따르지 아니하고 수집한 증거'로서 증거로 쓸 수 없고, 그 절차적 위법은 헌법상 영장주의 내지 적법절차의 실질적 내용을 침해하는 중대한 위법에 해당하여 예외적으로 증거능력을 인정할 수도 없다(대법원 2014. 1. 16. 선고 2013도7101 판결).

8. [1] 형사소송법 제308조의2는 "적법한 절차에 따르지 아니하고 수집한 증거는 증거로 할 수 없다."고 규정하고 있는데, 수사기관이 헌법과 형사소송법이 정한 절차에 따르지 아니하고 수집한 증거는 유죄 인정의 증거로 삼을 수 없는 것이 원칙이므로, 수사기관이 피고인 아닌 자를 상대로 적법한 절차에 따르지 아니하고 수집한 증거는 원칙적으로 피고인에 대한 유죄 인정의 증거로 삼을 수 없다.

[2] 유흥주점 업주와 종업원인 피고인들이 영업장을 벗어나 시간적 소요의 대가로 금품을 받아서는 아니되는데도, 이른바 '티켓영업' 형태로 성매매를 하면서 금품을 수수하였다고 하여 구 식품위생법(2007. 12. 21. 법률 제8779호로 개정되기 전의 것) 위반으로 기소된 사안에서, 경찰이 피고인 아닌 갑, 을을 사실상 강제연행하여 불법체포한 상태에서 갑, 을 간의 성매매행위나 피고인들의 유흥업소 영업행위를 처벌하기 위하여 갑, 을에게서 자술서를 받고 갑, 을에 대한 진술조서를 작성한 경우, 위 각 자술서와 진술조서는 헌법과 형사소송법이 규정한 체포·구속에 관한 영장주의 원칙에 위배하여 수집된 것으로서 수사기관이 피고인 아닌 자를 상대로 적법한 절차에 따르지 아니하고 수집한 증거에 해당하여 ★★★형사소송법 제308조의2에 따라 증거능력이 부정된다는 이유로, 이를 피고인들에 대한 유죄 인정의 증거로 삼을 수 없다(대법원 2011. 6. 30. 선고 2009도6717 판결).

9. 형사소송법 제216조 제1항 제2호, 제217조 제2항, 제3항은 사법경찰관은 형사소송법 제200조의3(긴급체포)의 규정에 의하여 피의자를 체포하는 경우에 필요한 때에는 영장 없이 체포현장에서 압수·수색을 할 수 있고, 압수한 물건을 계속 압수할 필요가 있는 경우에는 지체 없이 압수수색영장을 청구하여야 하며, ★청구한 압수수색영장을 발부받지 못한 때에는 압수한 물건을 즉시 반환하여야 한다고 규정하고 있는바, 형사소송법 제217조 제2항, 제3항에 위반하여 압수수색영장을 청구하여 이를 발부받지 아니하고도 즉시 반환하지 아니한 압수물은 이를 유죄 인정의 증거로 사용할 수 없는 것이고, ★헌법과 형사소송법이 선언한 영장주의의 중요성에 비추어 볼 때 피고인이나 변호인이 이를 증거로 함에 동의하였다고 하더라도 달리 볼 것은 아니다(대법원 2009. 12. 24. 선고 2009도11401 판결).

10. 형사소송법 제218조는 "사법경찰관은 소유자, 소지자 또는 보관자가 임의로 제출한 물건을 영장없이 압수할 수 있다"고 규정하고 있는바, 위 규정을 위반하여 ★★★★소유자, 소지자 또는 보관자가 <<아닌 자>>로부터 제출받은 물건을 영장없이 압수한 경우 그 '압수물' 및 '압수물을 찍은 사진'은 이를 유죄 인정의 증거로 사용할 수 없는 것이고, 헌법과 형사소송법이 선언한 영장주의의 중요성에 비추어 볼 때 피고인이나 변호인이 이를 증거로 함에 동의하였다고 하더라도 달리 볼 것은 아니다(대법원 2010. 1. 28. 선고 2009도10092 판결).

11. 긴급체포는 영장주의원칙에 대한 예외인 만큼 형사소송법 제200조의3 제1항의 요건을 모두 갖춘 경우에 한하여 예외적으로 허용되어야 하고, 요건을 갖추지 못한 긴급체포는 법적 근거에 의하지 아니한 영장 없는 체포로서 위법한 체포에 해당하는 것이고, 여기서 긴급체포의 요건을 갖추었는지 여부는 사후에 밝혀진 사정을 기초로 판단하는 것이 아니라 체포 당시의 상황을 기초로 판단하여야 하고, 이에 관한 검사나 사법경찰관 등 수사주체의 판단에는 상당한 재량의 여지가 있다고 할 것이나, ★★★★긴급체포 당시의 상황으로 보아서도 그 요건의 충족 여부에 관한 검사나 사법경찰관의 판단이 경험칙에 비추어 현저히 합리성을 잃은 경우에는 그 체포는 위법한 체포라 할 것이고, 이러한 위법은 영장주의에 위배되는 중대한 것이니 그 체포에 의한 유치 중에 작성된 피의자신문조서는 위법하게 수집된 증거로서 특별한 사정이 없는 한 이를 유죄의 증거로 할 수 없다(대법원 2002. 6. 11. 선고 2000도5701 판결).

12. 구 정보통신망 이용촉진 및 정보보호 등에 관한 법률상 음란물 유포의 범죄혐의를 이유로 압수·수색영장을 발부받은 사법경찰리가 피고인의 주거지를 수색하는 과정에서 대마를 발견하자, 피고인을 마약류관리에 관한 법률 위반죄의 현행범으로 체포하면서 대마를 압수하였으나, ★★★★<<그 다음날 피고인을 석방하였음에도 사후 압수·수색영장을 발부받지 않은>> 사안에서, 위 압수물과 압수조서는 형사소송법상 영장주의를 위반하여 수집한 증거로서 증거능력이 부정된다(대법원 2009. 5. 14. 선고 2008도10914 판결).

13. 피고인이 아닌 자가 수사과정에서 진술서를 작성하였지만 ★수사기관이 그에 대한 조사과정을 기록하지 아니하여 형사소송법 제244조의4 제3항, 제1항에서 정한 절차를 위반한 경우에는, 특별한 사정이 없는 한 '적법한 절차와 방식'에 따라 수사과정에서 진술서가 작성되었다 할 수

없으므로 ★증거능력을 인정할 수 없다(대법원 2015. 4. 23. 선고 2013도3790 판결).

14. ★일단 공소가 제기된 후에는 피고사건에 관하여 검사로서는 형사소송법 제215조에 의하여 압수·수색을 할 수 없다고 보아야 하며, 그럼에도 검사가 공소제기 후 형사소송법 제215조에 따라 수소법원 이외의 지방법원 판사에게 청구하여 발부받은 영장에 의하여 압수·수색을 하였다면, 그와 같이 수집된 증거는 기본적 인권 보장을 위해 마련된 적법한 절차에 따르지 않은 것으로서 원칙적으로 유죄의 증거로 삼을 수 없다(대법원 2011. 4. 28. 선고 2009도10412 판결).

15. 공직선거법 제272조의2 제1항은 선거범죄 조사와 관련하여 선거관리위원회 위원·직원은 관계인에 대하여 질문·조사를 할 수 있다는 취지로 규정하고, 공직선거관리규칙 제146조의3 제3항에서는 "위원·직원은 조사업무 수행 중 필요하다고 인정되는 때에는 질문답변내용의 기록, 녹음·녹화, 사진촬영, 선거범죄와 관련 있는 서류의 복사 또는 수집 기타 필요한 조치를 취할 수 있다."고 규정하고 있으므로 선거관리위원회의 직원은 선거범죄의 조사를 위하여 관계인의 진술내용을 녹음할 수 있다.

한편 공직선거법 제272조의2 제6항은 선거관리위원회 위원·직원이 선거범죄와 관련하여 질문·조사하거나 자료의 제출을 요구하는 경우에는 관계인에게 그 신분을 표시하는 증표를 제시하고 소속과 성명을 밝히고 그 목적과 이유를 설명하여야 한다고 규정하고 있는데, 이는 선거범죄 조사와 관련하여 조사를 받는 관계인의 사생활의 비밀과 자유 내지 자신에 대한 정보를 결정할 자유, 재산권 등이 침해되지 않도록 하기 위한 절차적 규정이므로, 선거관리위원회 직원이 관계인에게 사전에 설명할 '조사의 목적과 이유'에는 조사할 선거범죄혐의 요지, 관계인에 대한 조사가 필요한 이유뿐만 아니라 관계인의 진술을 기록 또는 녹음·녹화한다는 점도 포함된다.

따라서 ★선거관리위원회 위원·직원이 관계인에게 진술이 녹음된다는 사실을 미리 알려 주지 아니한 채 진술을 녹음하였다면, ★그와 같은 조사절차에 의하여 수집한 녹음파일 내지 그에 터 잡아 작성된 녹취록은 형사소송법 제308조의2에서 정하는 '적법한 절차에 따르지 아니하고 수집한 증거'에 해당하여 원칙적으로 유죄의 증거로 쓸 수 없다(대법원 2014. 10. 15. 선고 2011도3509 판결).

16. ○○시 △△동장 직무대리의 지위에 있던 피고인이 원심 판시 일시경 ○○시장 공소외 1에게 ○○시청 전자문서시스템을 통하여 △△1통장인 공소외 2 등에게 ○○시장 공소외 1을 도와달라고 부탁하였다는 등의 내용을 담고 있는 이 사건 전자우편을 보낸 사실, 그런데 ○○시청 소속 공무원인 제3자가 권한 없이 전자우편에 대한 비밀 보호조치를 해제하는 방법을 통하여 이 사건 ★★★전자우편을 수집한 사실을 알 수 있다. 국민의 인간으로서의 존엄과 가치를 보장하는 것은 국가기관의 기본적인 의무에 속하는 것이고 이는 형사절차에서도 당연히 구현되어야 하는 것이지만, 국민의 사생활 영역에 관계된 모든 증거의 제출이 곧바로 금지되는 것으로 볼 수는 없으므로 법원으로서는 효과적인 형사소추 및 형사소송에서의 진실발견이라는 공익과 개인의 인격적 이익 등의 보호이익을 비교형량하여 그 허용 여부를 결정하여야 한다(대법원 2010. 9. 9. 선고 2008도3990 판결 등 참조). 형사소추의 대상이 된 행위는 구 공직선거

법(2010. 1. 25. 법률 제9974호로 개정되기 전의 것, 이하 '구 공직선거법'이라 한다) 제255조 제3항, 제85조 제1항에 의하여 처벌되는 공무원의 지위를 이용한 선거운동행위로서 공무원의 정치적 중립의무를 정면으로 위반하고 이른바 관권선거를 조장할 우려가 있는 중대한 범죄에 해당한다. 여기에 피고인이 제1심에서 이 사건 전자우편을 이 사건 공소사실에 대한 증거로 함에 동의한 점 등을 종합하면, ★★★이 사건 전자우편을 이 사건 공소사실에 대한 증거로 제출하는 것은 허용되어야 할 것이고, 이로 말미암아 피고인의 사생활의 비밀이나 통신의 자유가 일정 정도 침해되는 결과를 초래한다 하더라도 이는 피고인이 수인하여야 할 기본권의 제한에 해당한다고 보아야 할 것이다(대법원 2013. 11. 28. 선고 2010도12244 판결).-->법원이 그 비교형량을 함에 있어서는 증거수집 절차와 관련된 모든 사정 즉, 사생활 내지 인격적 이익을 보호하여야 할 필요성 여부 및 그 정도, 증거수집 과정에서 사생활 기타 인격적 이익을 침해하게 된 경위와 그 침해의 내용 및 정도, 형사소추의 대상이 되는 범죄의 경중 및 성격, 피고인의 증거동의 여부 등을 전체적·종합적으로 고려하여야 하고, ★★★단지 형사소추에 필요한 증거라는 사정만을 들어 곧바로 형사소송에서의 진실발견이라는 공익이 개인의 인격적 이익 등의 보호이익보다 우월한 것으로 섣불리 단정하여서는 아니 된다.

17. 사문서위조·위조사문서행사 및 소송사기로 이어지는 일련의 범행에 대하여 피고인을 형사소추하기 위해서는 이 사건 업무일지가 반드시 필요한 증거로 보이므로, ★★설령 그것이 제3자에 의하여 절취된 것으로서 위 소송사기 등의 피해자측이 이를 수사기관에 증거자료로 제출하기 위하여 대가를 지급하였다 하더라도, 공익의 실현을 위하여는 이 사건 업무일지를 범죄의 증거로 제출하는 것이 허용되어야 하고, 이로 말미암아 피고인의 사생활 영역을 침해하는 결과가 초래된다 하더라도 이는 피고인이 수인하여야 할 기본권의 제한에 해당된다(대법원 2008. 6. 26. 선고 2008도1584 판결).

18. ★★★★녹음테이프 검증조서의 기재 중 피고인과 공소외인 간의 대화를 녹음한 부분은 공개되지 아니한 타인간의 대화를 녹음한 것이므로 위 법 제14조 제2항 및 제4조의 규정에 의하여 그 증거능력이 없고, 피고인들 간의 전화통화를 녹음한 부분은 피고인의 동의없이 불법감청한 것이므로 위 법 제4조에 의하여 그 증거능력이 없다. 또한, ★★★★녹음테이프 검증조서의 기재 중 고소인이 피고인과의 대화를 녹음한 부분은 타인간의 대화를 녹음한 것이 아니므로 위 법 제14조의 적용을 받지는 않지만, ★★★★그 녹음테이프에 대하여 실시한 검증의 내용은 녹음테이프에 녹음된 대화의 내용이 검증조서에 첨부된 녹취서에 기재된 내용과 같다는 것에 불과하여 증거자료가 되는 것은 여전히 녹음테이프에 녹음된 대화의 내용이라 할 것인바, 그 중 피고인의 진술내용은 실질적으로 형사소송법 제311조, 제312조 규정 이외에 피고인의 진술을 기재한 서류와 다를 바 없으므로, 피고인이 그 녹음테이프를 증거로 할 수 있음에 동의하지 않은 이상 그 녹음테이프 검증조서의 기재 중 피고인의 진술내용을 증거로 사용하기 위해서는 ★★★★<<형사소송법 제313조 제1항 단서>>에 따라 공판준비 또는 공판기일에서 그 작성자인 고소인의 진술에 의하여 녹음테이프에 녹음된 피고인의 진술내용이 피고인이 진술한 대로 녹음된 것이라는 점이 증명되고 그 진술이 특히 신빙할 수 있는 상태하에서 행하여진 것으로 인정되어야 한다(대법원 2001. 10. 9. 선고 2001도3106 판결).

19. ★★★★전기통신의 감청은 제3자가 전기통신의 당사자인 송신인과 수신인의 동의를 받지 아

니하고 전기통신 내용을 녹음하는 등의 행위를 하는 것만을 말한다고 풀이함이 상당하다고 할 것이므로, ★★★★전기통신에 해당하는 전화통화 당사자의 일방이 상대방 모르게 통화 내용을 녹음하는 것은 여기의 감청에 해당하지 아니하지만, 제3자의 경우는 설령 전화통화 당사자 일방의 동의를 받고 그 통화 내용을 녹음하였다 하더라도 그 상대방의 동의가 없었던 이상, 이는 여기의 감청에 해당하여 법 제3조 제1항 위반이 되고 (대법원 2002. 10. 8. 선고 2002도123 판결 참조), 이와 같이 법 제3조 제1항에 위반한 불법감청에 의하여 녹음된 전화통화의 내용은 법 제4조에 의하여 증거능력이 없다(대법원 2001. 10. 9. 선고 2001도3106 판결 등 참조). 그리고 사생활 및 통신의 불가침을 국민의 기본권의 하나로 선언하고 있는 헌법규정과 통신비밀의 보호와 통신의 자유 신장을 목적으로 제정된 통신비밀보호법의 취지에 비추어 볼 때 피고인이나 변호인이 이를 ★★★★증거로 함에 동의하였다고 하더라도 달리 볼 것은 아니다(대법원 2009. 12. 24. 선고 2009도11401 판결 참조).(대법원 2010. 10. 14. 선고 2010도9016 판결)

20. ★★★★수사기관이 아닌 사인이 피고인 아닌 사람과의 대화내용을 녹음한 녹음테이프는 형사소송법 제311조, 제312조 규정 이외의 피고인 아닌 자의 진술을 기재한 서류와 다를 바 없으므로, 피고인이 그 녹음테이프를 증거로 할 수 있음에 동의하지 아니하는 이상 그 증거능력을 부여하기 위하여는 ★★★★첫째, 녹음테이프가 원본이거나 원본으로부터 복사한 사본일 경우(녹음디스크에 복사할 경우에도 동일하다)에는 복사과정에서 편집되는 등의 인위적 개작 없이 원본의 내용 그대로 복사된 사본일 것, ★★★★둘째 형사소송법 제313조 제1항에 따라 공판준비나 공판기일에서 원진술자의 진술에 의하여 그 녹음테이프에 녹음된 각자의 진술내용이 자신이 진술한 대로 녹음된 것이라는 점이 인정되어야 할 것이다(대법원 1997. 3. 28. 선고 96도2417 판결, 1999. 3. 9. 선고 98도3169 판결 등 참조).(대법원 2005. 2. 18. 선고 2004도6323 판결)

21. ★★★★피고인의 동료 교사가 학생들과의 사적인 대화 중에 피고인이 수업시간에 학생들에게 북한을 찬양·고무하는 발언을 하였다는 사실에 대한 학생들의 대화 내용을 학생들 모르게 녹음한 녹음테이프에 대하여 실시한 검증의 내용은 녹음테이프에 녹음된 대화의 내용이 ★★★★검증조서에 첨부된 녹취서에 기재된 내용과 같다는 것에 불과하여 증거자료가 되는 것은 여전히 녹음테이프에 녹음된 대화의 내용이라고 할 것인바, 그 중 위와 같은 내용의 ★★★★학생들의 대화의 내용은 실질적으로 <<형사소송법 제311조, 제312조 규정 이외의 피고인 아닌 자의 진술을 기재한 서류(제313조)>>와 다를 바 없으므로, ★★★★피고인이 그 녹음테이프를 증거로 할 수 있음에 동의하지 않은 이상 녹음테이프의 녹음내용 중 위와 같은 내용의 학생들의 진술 및 이에 관한 검증조서의 기재 중 학생들의 진술내용을 공소사실을 인정하기 위한 증거자료로 사용하기 위하여서는 ★★★★<<형사소송법 제313조 제1항>>에 따라 <<공판준비나 공판기일에서 원진술자인 학생들의 진술에 의하여 이 사건 녹음테이프에 녹음된 각자의 진술내용이 자신이 진술한 대로 녹음된 것이라는 점이 인정>>되어야 한다(대법원 1997. 3. 28. 선고 96도2417 판결).

22. ★★★★녹음테이프에 대한 검증의 내용이 그 진술 당시 진술자의 상태 등을 확인하기 위한 것인 경우에는, ★★★★녹음테이프에 대한 검증조서의 기재 중 진술내용을 증거로 사용하는 경

우에 관한 위 법리는 적용되지 아니하고, 따라서 위 ★★★검증조서는 법원의 검증의 결과를 기재한 조서로서 형사소송법 제311조에 의하여 당연히 증거로 할 수 있다(대법원 2008. 7. 10. 선고 2007도10755 판결).

23. ★★★피고인이 범행 후 피해자에게 전화를 걸어오자 피해자가 증거를 수집하려고 그 전화내용을 녹음한 경우, ★★★그 녹음테이프가 피고인 모르게 녹음된 것이라 하여 이를 위법하게 수집된 증거라고 할 수 없다(대법원 1997. 3. 28. 선고 97도240 판결).

24. ★★★★피고인의 나체를 촬영한 이 사건 사진은 ★★★★피고인의 동의에 의하여 촬영된 것임을 쉽게 알 수 있어(원심도 이를 부정하는 취지는 아니다) 사진의 존재만으로 피고인의 인격권과 초상권을 침해하는 것으로 볼 수 없고, 가사 ★★★★이 사건 사진을 촬영한 위 공소외인이 이 사건 사진을 이용하여 피고인을 공갈할 의도였다고 하더라도 이 사건 사진의 촬영이 임의성이 배제된 상태에서 이루어진 것이라고 할 수는 없으며, ★★★★이 사건 사진은 범죄현장의 사진으로서 피고인에 대한 형사소추를 위하여 반드시 필요한 증거로 보이므로, ★★★공익의 실현을 위하여는 이 사건 사진을 범죄의 증거로 제출하는 것이 허용되어야 하고, 이로 말미암아 피고인의 사생활의 비밀을 침해하는 결과를 초래한다 하더라도 이는 <<피고인이 수인하여야 할 기본권의 제한에 해당된다고 보아야>> 할 것이다.

25. ★★★범행 현장에서 지문채취 대상물에 대한 지문채취가 먼저 이루어진 이상, 수사기관이 그 이후에 지문채취 대상물을 적법한 절차에 의하지 아니한 채 압수하였다고 하더라도(한편, 이 사건 지문채취 대상물인 맥주컵, 물컵, 맥주병 등은 피해자 공소외 1이 운영하는 주점 내에 있던 피해자 공소외 1의 소유로서 이를 수거한 행위가 피해자 공소외 1의 의사에 반한 것이라고 볼 수 없으므로, ★★★이를 가리켜 위법한 압수라고 보기도 어렵다), 위와 같이 채취된 지문은 위법하게 압수한 지문채취 대상물로부터 획득한 2차적 증거에 해당하지 아니함이 분명하여, 이를 가리켜 ★★★위법수집증거라고 할 수 없으므로, 원심이 이를 증거로 채택한 것이 위법하다고 할 수 없다(대법원 2008. 10. 23. 선고 2008도7471 판결).

26. 헌법과 형사소송법이 정한 절차에 따르지 아니하고 수집한 증거는 기본적 인권 보장을 위해 마련된 적법한 절차에 따르지 않은 것으로서 원칙적으로 유죄 인정의 증거로 삼을 수 없다. 수사기관의 위법한 압수수색을 억제하고 재발을 방지하는 가장 효과적이고 확실한 대응책은 이를 통하여 수집한 증거는 물론 이를 기초로 하여 획득한 2차적 증거를 유죄 인정의 증거로 삼을 수 없도록 하는 것이다(대법원 2007. 11. 15. 선고 2007도3061 전원합의체 판결).

27. [1] 헌법 제12조 제1항, 제5항, 형사소송법 제200조의5, 제213조의2, 제308조의2를 종합하면, 적법한 절차에 따르지 아니한 위법행위를 기초로 하여 증거가 수집된 경우에는 당해 증거뿐 아니라 그에 터 잡아 획득한 2차적 증거에 대해서도 증거능력은 부정되어야 한다. 다만 위와 같은 위법수집증거 배제의 원칙은 수사과정의 위법행위를 억지함으로써 국민의 기본적 인권을 보장하기 위한 것이므로 적법절차에 위배되는 행위의 영향이 차단되거나 소멸되었다고 볼 수 있는 상태에서 수집한 증거는 그 증거능력을 인정하더라도 적법절차의 실질적 내용에

대한 침해가 일어나지는 않는다 할 것이니 그 증거능력을 부정할 이유는 없다. 따라서 증거수집 과정에서 이루어진 적법절차 위반행위의 내용과 경위 및 그 관련 사정을 종합하여 볼 때 ★당초의 적법절차 위반행위와 증거수집 행위의 중간에 그 행위의 위법 요소가 제거 내지 배제되었다고 볼 만한 다른 사정이 개입됨으로써 인과관계가 단절된 것으로 평가할 수 있는 예외적인 경우에는 이를 유죄 인정의 증거로 사용할 수 있다.

[2] ★위법한 강제연행 상태에서 호흡측정 방법에 의한 음주측정을 한 다음 강제연행 상태로부터 시간적·장소적으로 단절되었다고 볼 수도 없고 피의자의 심적 상태 또한 강제연행 상태로부터 완전히 벗어났다고 볼 수 없는 상황에서 피의자가 호흡측정 결과에 대한 탄핵을 하기 위하여 스스로 혈액채취 방법에 의한 측정을 할 것을 요구하여 혈액채취가 이루어졌다고 하더라도 그 사이에 위법한 체포 상태에 의한 영향이 완전하게 배제되고 피의자의 의사결정의 자유가 확실하게 보장되었다고 볼 만한 다른 사정이 개입되지 않은 이상 불법체포와 증거수집 사이의 인과관계가 단절된 것으로 볼 수는 없다. 따라서 ★그러한 혈액채취에 의한 측정 결과 역시 유죄 인정의 증거로 쓸 수 없다고 보아야 한다. 그리고 이는 수사기관이 위법한 체포 상태를 이용하여 증거를 수집하는 등의 행위를 효과적으로 억지하기 위한 것이므로, 피고인이나 변호인이 이를 증거로 함에 동의하였다고 하여도 달리 볼 것은 아니다(대법원 2013. 3. 14. 선고 2010도2094 판결).

28. [1] ★★★★형사소송법 제308조의2는 "적법한 절차에 따르지 아니하고 수집한 증거는 증거로 할 수 없다"고 규정하고 있는바, ★★★★수사기관이 헌법과 형사소송법이 정한 절차에 따르지 아니하고 수집한 증거는 물론, 이를 기초로 하여 획득한 2차적 증거 역시 유죄 인정의 증거로 삼을 수 없는 것이 원칙이다. 다만, 수사기관의 절차 위반 행위가 적법절차의 실질적인 내용을 침해하는 경우에 해당하지 아니하고, 오히려 그 증거의 증거능력을 배제하는 것이 헌법과 형사소송법이 형사소송에 관한 절차 조항을 마련하여 적법절차의 원칙과 실체적 진실 규명의 조화를 도모하고 이를 통하여 형사 사법 정의를 실현하려 한 취지에 반하는 결과를 초래하는 것으로 평가되는 예외적인 경우라면, 법원은 그 증거를 유죄 인정의 증거로 사용할 수 있다. 따라서 ★★★★법원이 2차적 증거의 증거능력 인정 여부를 최종적으로 판단할 때에는 먼저 절차에 따르지 아니한 1차적 증거 수집과 관련된 모든 사정들, 즉 절차 조항의 취지와 그 위반의 내용 및 정도, 구체적인 위반 경위와 회피가능성, 절차 조항이 보호하고자 하는 권리 또는 법익의 성질과 침해 정도 및 피고인과의 관련성, 절차 위반행위와 증거수집 사이의 인과관계 등 관련성의 정도, 수사기관의 인식과 의도 등을 살펴야 한다. ★★★★나아가 1차적 증거를 기초로 하여 다시 2차적 증거를 수집하는 과정에서 추가로 발생한 모든 사정들까지 구체적인 사안에 따라 주로 <<인과관계 희석 또는 단절 여부>>를 중심으로 전체적·종합적으로 고려하여야 한다.

[2] 구체적인 사안에서 ★★★★2차적 증거들의 증거능력 인정 여부는 제반 사정을 전체적·종합적으로 고려하여 판단하여야 한다. 예컨대 ★★★★진술거부권을 고지하지 않은 것이 단지 수사기관의 실수일 뿐 피의자의 자백을 이끌어내기 위한 의도적이고 기술적인 증거확보의 방법으로 이용되지 않았고, 그 이후 이루어진 신문에서는 진술거부권을 고지하여 잘못이 시정되는 등 수사 절차가 적법하게 진행되었다는 사정, 최초 자백 이후 구금되었던 피고인이 석방되었다거나 변호인으로부터 충분한 조력을 받은 가운데 상당한 시간이 경과하였음에도 다시 자

발적으로 계속하여 동일한 내용의 자백을 하였다는 사정, 최초 자백 외에도 다른 독립된 제3자의 행위나 자료 등도 물적 증거나 증인의 증언 등 2차적 증거 수집의 기초가 되었다는 사정, 증인이 그의 독립적인 판단에 의해 형사소송법이 정한 절차에 따라 소환을 받고 임의로 출석하여 증언하였다는 사정 등은 통상 2차적 증거의 증거능력을 인정할만한 정황에 속한다.

[3] ★★★★강도 현행범으로 체포된 피고인에게 진술거부권을 고지하지 아니한 채 강도범행에 대한 자백을 받고, 이를 기초로 여죄에 대한 진술과 증거물을 확보한 후 진술거부권을 고지하여 피고인의 임의자백 및 피해자의 피해사실에 대한 진술을 수집한 사안에서, ★★★★제1심 법정에서의 피고인의 자백은 진술거부권을 고지받지 않은 상태에서 이루어진 최초 자백 이후 40여 일이 지난 후에 변호인의 충분한 조력을 받으면서 공개된 법정에서 임의로 이루어진 것이고, 피해자의 진술은 법원의 적법한 소환에 따라 자발적으로 출석하여 위증의 벌을 경고받고 선서한 후 공개된 법정에서 임의로 이루어진 것이어서, 예외적으로 유죄 인정의 증거로 사용할 수 있는 2차적 증거에 해당한다고 한 사례(대법원 2009. 3. 12. 선고 2008도11437 판결).

29. [1] 수사기관이 범죄 수사를 목적으로 금융실명거래 및 비밀보장에 관한 법률(이하 '금융실명법'이라 한다) 제4조 제1항에 정한 '거래정보 등'을 획득하기 위해서는 법관의 영장이 필요하고, 신용카드에 의하여 물품을 거래할 때 '금융회사 등'이 발행하는 매출전표의 거래명의자에 관한 정보 또한 금융실명법에서 정하는 '거래정보 등'에 해당하므로, 수사기관이 금융회사 등에 그와 같은 정보를 요구하는 경우에도 법관이 발부한 영장에 의하여야 한다. 그럼에도 ★★★★수사기관이 영장에 의하지 아니하고 매출전표의 거래명의자에 관한 정보를 획득하였다면, 그와 같이 수집된 증거는 원칙적으로 형사소송법 제308조의2에서 정하는 '적법한 절차에 따르지 아니하고 수집한 증거'에 해당하여 유죄의 증거로 삼을 수 없다.

[2] 수사기관이 법관의 영장에 의하지 아니하고 매출전표의 거래명의자에 관한 정보를 획득한 경우, 이에 터 잡아 수집한 2차적 증거들, 예컨대 피의자의 자백이나 범죄 피해에 대한 제3자의 진술 등이 유죄 인정의 증거로 사용될 수 있는지를 판단할 때, ★★★★수사기관이 의도적으로 영장주의의 정신을 회피하는 방법으로 증거를 확보한 것이 아니라고 볼 만한 사정, 위와 같은 정보에 기초하여 범인으로 특정되어 체포되었던 피의자가 석방된 후 상당한 시간이 경과하였음에도 다시 동일한 내용의 자백을 하였다거나 그 범행의 피해품을 수사기관에 임의로 제출하였다는 사정, 2차적 증거 수집이 체포 상태에서 이루어진 자백 등으로부터 독립된 제3자의 진술에 의하여 이루어진 사정 등은 통상 2차적 증거의 증거능력을 인정할 만한 정황에 속한다고 볼 수 있다(대법원 2013. 3. 28. 선고 2012도13607 판결).

30. 검사 또는 사법경찰관은 범죄수사에 필요한 때에는 피의자가 죄를 범하였다고 의심할 만한 정황이 있는 경우에 판사로부터 발부받은 영장에 의하여 압수·수색을 할 수 있으나, 압수·수색은 영장 발부의 사유로 된 범죄 혐의사실과 관련된 증거에 한하여 할 수 있으므로, 영장 발부의 사유로 된 범죄 혐의사실과 무관한 별개의 증거를 압수하였을 경우 이는 원칙적으로 유죄 인정의 증거로 사용할 수 없다.

다만 ★★★수사기관이 별개의 증거를 피압수자 등에게 환부하고 후에 임의제출받아 다시 압수하였다면 증거를 압수한 최초의 절차 위반행위와 최종적인 증거수집 사이의 인과관계가 단절되었다고 평가할 수 있으나, 환부 후 다시 제출하는 과정에서 수사기관의 우월적 지위에 의하여 임의제출 명목으로 실질적으로 강제적인 압수가 행하여질 수 있으므로, ★★★제출에 임의성이 있다는 점에 관하여는 검사가 합리적 의심을 배제할 수 있을 정도로 증명하여야 하고, 임의로 제출된 것이라고 볼 수 없는 경우에는 증거능력을 인정할 수 없다(대법원 2016. 3. 10. 선고 2013도11233 판결).

31. ★★★★사전에 구속영장을 제시하지 아니한 채 구속영장을 집행하고, 그 구속중 수집한 피고인의 진술증거 중 피고인의 제1심 법정진술은, ★★★★피고인이 구속집행절차의 위법성을 주장하면서 청구한 구속적부심사의 심문 당시 구속영장을 제시받은 바 있어 그 이후에는 구속영장에 기재된 범죄사실에 대하여 숙지하고 있었던 것으로 보이고, 구속 이후 원심에 이르기까지 구속적부심사와 보석의 청구를 통하여 구속집행절차의 위법성만을 다투었을 뿐, 그 구속중 이루어진 진술증거의 임의성이나 신빙성에 대하여는 전혀 다투지 않았을 뿐만 아니라, 변호인과의 충분한 상의를 거친 후 공소사실 전부에 대하여 자백한 것이라면, 유죄 인정의 증거로 삼을 수 있는 예외적인 경우에 해당한다(대법원 2009. 4. 23. 선고 2009도526 판결).

32. ★★★★마약 투약 혐의를 받고 있던 피고인이 임의동행을 거부하겠다는 의사를 표시하였는데도 경찰관들이 피고인을 영장 없이 강제로 연행한 상태에서 마약 투약 여부의 확인을 위한 1차 채뇨절차가 이루어졌는데, ★★★★그 후 피고인의 소변 등 채취에 관한 압수영장에 기하여 2차 채뇨절차가 이루어지고 그 결과를 분석한 소변 감정서 등이 증거로 제출된 사안에서, ★★★★피고인을 강제로 연행한 조치는 위법한 체포에 해당하고, 위법한 체포상태에서 이루어진 채뇨 요구 또한 위법하므로 그에 의하여 수집된 '소변검사시인서'는 유죄 인정의 증거로 삼을 수 없으나, 한편 연행 당시 피고인이 마약을 투약한 것이거나 자살할지도 모른다는 취지의 구체적 제보가 있었던 데다가, 피고인이 경찰관 앞에서 바지와 팬티를 내리는 등 비상식적인 행동을 하였던 사정 등에 비추어 피고인에 대한 긴급한 구호의 필요성이 전혀 없었다고 볼 수 없는 점, 경찰관들은 임의동행시점으로부터 얼마 지나지 아니하여 체포의 이유와 변호인 선임권 등을 고지하면서 피고인에 대한 긴급체포의 절차를 밟는 등 절차의 잘못을 시정하려고 한 바 있어, 경찰관들의 위와 같은 임의동행조치는 단지 수사의 순서를 잘못 선택한 것이라고 할 수 있지만 관련 법규정으로부터의 실질적 일탈 정도가 헌법에 규정된 영장주의 원칙을 현저히 침해할 정도에 이르렀다고 보기 어려운 점 등에 비추어 볼 때, 위와 같은 ★★★★2차적 증거 수집이 위법한 체포·구금절차에 의하여 형성된 상태를 직접 이용하여 행하여진 것으로는 쉽사리 평가할 수 없으므로, ★★★★이와 같은 사정은 체포과정에서의 절차적 위법과 2차적 증거 수집 사이의 인과관계를 희석하게 할 만한 정황에 속하고, 메스암페타민 투약 범행의 중대성도 아울러 참작될 필요가 있는 점 등 제반 사정을 고려할 때 2차적 증거인 소변 감정서 등은 증거능력이 인정된다(대법원 2013. 3. 14. 선고 2012도13611 판결).

33. ★★★경찰이 피고인의 집에서 20m 떨어진 곳에서 피고인을 체포한 후 피고인의 집안을 수색하여 칼과 합의서를 압수하였을 뿐만 아니라 적법한 시간 내에 압수수색영장을 청구하여 발부받지도 않은 사안에서, 위 칼과 합의서는 위법하게 압수된 것으로서 증거능력이 없고, 이를 기초로 한 2차 증거인 '임의제출동의서', '압수조서 및 목록', '압수품 사진' 역시 증거능력이 없다

(대법원 2010. 7. 22. 선고 2009도14376 판결).

35. ★★★위법한 강제연행 상태에서 호흡측정 방법에 의한 음주측정을 한 다음 강제연행 상태로부터 시간적·장소적으로 단절되었다고 볼 수도 없고 피의자의 심적 상태 또한 강제연행 상태로부터 완전히 벗어났다고 볼 수 없는 상황에서 피의자가 호흡측정 결과에 대한 탄핵을 하기 위하여 스스로 혈액채취 방법에 의한 측정을 할 것을 요구하여 혈액채취가 이루어졌다고 하더라도 그 사이에 위법한 체포 상태에 의한 영향이 완전하게 배제되고 피의자의 의사결정의 자유가 확실하게 보장되었다고 볼 만한 다른 사정이 개입되지 않은 이상 불법체포와 증거수집 사이의 인과관계가 단절된 것으로 볼 수는 없다. 따라서 그러한 혈액채취에 의한 측정 결과 역시 유죄 인정의 증거로 쓸 수 없다고 보아야 한다. 그리고 이는 수사기관이 위법한 체포 상태를 이용하여 증거를 수집하는 등의 행위를 효과적으로 억지하기 위한 것이므로, 피고인이나 변호인이 이를 증거로 함에 동의하였다고 하여도 달리 볼 것은 아니다(대법원 2013. 3. 14. 선고 2010도2094 판결).

36. 수사기관이 이 사건 ★★<<외장하드에 저장된 전자정보를 탐색하던 중>> 이 사건 영장에 기재된 '압수할 물건'에는 포함되지 아니하지만 압수할 필요가 있다고 판단되는 이 사건 전자정보를 우연히 발견한 경우라면, 더 이상의 추가 탐색을 중단하고 법원으로부터 이 사건 전자정보에 대한 압수·수색영장을 발부받아야 함에도, 수사기관은 별도의 압수·수색영장을 발부받지 아니하였다.

따라서 이 사건 ★★전자정보 출력물은 형사소송법 제308조의2에서 정한 위법수집증거에 해당하여 유죄의 증거로 쓸 수 없고, 그와 같은 절차적 위법은 헌법에 규정된 영장주의 내지 적법절차의 실질적 내용을 침해하는 경우에 해당하므로, 예외적으로 증거능력을 인정할 수도 없다(대법원 2018. 4. 26. 선고 2018도2624 판결).-->★인과관계가 희석 또는 단절되지 않음

37. 형사소송법 제216조 제1항 제2호, 제217조 제2항, 제3항은 사법경찰관은 형사소송법 제200조의3(긴급체포)의 규정에 의하여 피의자를 체포하는 경우에 필요한 때에는 영장 없이 체포현장에서 압수·수색을 할 수 있고, 압수한 물건을 계속 압수할 필요가 있는 경우에는 지체 없이 압수수색영장을 청구하여야 하며, 청구한 압수수색영장을 발부받지 못한 때에는 압수한 물건을 즉시 반환하여야 한다고 규정하고 있는바, ★★형사소송법 제217조 제2항, 제3항에 위반하여 압수수색영장을 청구하여 이를 발부받지 아니하고도 즉시 반환하지 아니한 압수물은 이를 유죄 인정의 증거로 사용할 수 없는 것이고, 헌법과 형사소송법이 선언한 영장주의의 중요성에 비추어 볼 때 피고인이나 변호인이 이를 증거로 함에 동의하였다고 하더라도 달리 볼 것은 아니다(대법원 2009. 12. 24. 선고 2009도11401 판결).

제 4 장 자백배제법칙

제1절 의의 및 효과

Tool 1.

<자백유형>

(1) 상대방없는 자백 - 일기장, 수첩에 기재
(2) 상대방있는 자백 - 경찰자백, 검찰자백, 재판상자백(공판정)

Tool 2.

(1) 자백은 범죄사실의 <전부 또는 일부>에 대하여 <자기에게 불이익한 진술>을 하는 것을 말한다.
(2) 구성요건에 해당하는 사실을 인정하면서도 범죄의 조각사유의 존재를 주장하는 경우도 자백이다.
(3) 자백은 <범죄사실을 시인하는 진술이며><★반드시 형사책임을 승인하는 진술임을 요하지 않는다.>

Tool 3.

<자백의 인정>

재판상+재판외	O
피고인+피의자+증인	O
가족 및 친지에 대한 범죄사실의 전달	O
구두+서면	O

Tool 4.

자백의 임의성 문제는 <증거의 형식적 가치인 증거능력의 문제>이고 <증거의 실질적 가치인 증명력과는 무관하다.>

Tool 5.

◆자백◆

주의사항	(1) 자백은 <자기의 범죄사실의 전부 또는 일부를 인정하는 진술을 의미한다.> (2) 자백은 피고인, 피의자, 증인, 참고인의 지위에서 행한 경우도 포함된다. 즉 진술하는 자의 법률상의 지위는 문제되지 않는다. (3) 구두+서면/////재판상+재판외/////상대방 있는 자백+상대방 없는 자백(일기 등) 모두 포함 즉 진술의 형식이나 상대방은 문제되지 않는다. (4) 구성요건에 해당하는 사실을 인정하는 진술이면 O. K. - 즉 자기 자신의 형사책임을 인정(긍정)하는 진술임을 요하지 않는다. - 자백하는 자가 구성요건에 해당하는 사실은 인정하였으나 위법성조각사유나 책임조각사유가 있다는 것을 주장하는 경우에도 자백을 인정한다. (5) 자백의 보강법칙은 자유심증주의의 예외이다. (6) 즉 법관은 피고인의 임의성있는 자백만으로 충분한 유죄의 심증을 얻었다고 하더라도 보강증거가 없는 한 유죄의 증거로 삼을 수 없다. (7) 형사미성년자가 범죄행위에 대하여 시인하는 경우에도 자백으로 인정된다. (8) 자백은 자신이 유죄임을 승인할 것을 요하지 않는다. (9) 강도강간의 공소사실중에서 강도만의 공소사실을 인정하는 것도 자백으로 인정된다.

Tool 6.

◆자백배제법칙◆

①실정법적 근거 (제309조)	<고문+폭행+협박+신체구속의 부당한 장기화+기망 기타방법>으로 <임의로 진술한 것이 아니라고 의심할 만한 이유가 있는 때>에는 <유죄의 증거로 하지 못함>
②이론적 근거	(1) 허위배제설-허위가 개입되므로 증거능력부정★판례의 태도 (2) 인권옹호설-인권보장을 위하여 증거능력이 부정 　※자백이 진실하다고 평가되어도 증거능력부정 (3) 위법배제설-자백취득과정이 위법하므로 증거능력부정 　※자백의 임의성을 불문함 (4) 절충설=허위배제설+인권옹호설 　(다수설)
③★적용범위	(1) 고문, 폭행, 협박-증거능력X 　㉠직접고문당하지 않고 다른 피고인이 고문을 당하는 것을 보고 자백-증거능력X 　㉡경찰의 고문 등에 의한 임의성 없는 진술의 심리적 상태가 검사조사에까지 계속되었을 경우 검사 앞의 자백-증거능력X (2) 부당하게 장기간 구속-증거능력X 　㉠잠을 재우지 않음-증거능력X

	ⓒ★**야간신문 자체는 증거능력을 부정할 수 없다.** (3)기망, 기타 방법-증거능력X ㉠범죄사실을 자백하면 용서-증거능력X ㉡기소유예약속-증거능력X ㉢경미한 죄로 처벌약속-증거능력X ㉣다른 공범자의 자백이 있으므로 자백하는 것이 유리하다고 말함-증거능력X ㉤거짓말탐지결과 거짓임이 판명되었다고 기망-증거능력X ㉥특가법을 적용하지 않고 수뢰죄(형법)으로 처벌받게 하겠다고 약속-증거능력X ㉦★**담배나 커피 등을 주겠다는 약속+증거가 발견되면 자백하겠다는 약속의 경우는 증거능력을 부정할 수 없다.** (4)기타 ㉠위법신문 ㉡진술거부권불고지 ㉢변호인 선임권침해 ㉣변호인 접견교통권 침해 ㉤피검사자의 동의 없이 거짓말탐지기로 취득한 자백 ㉥마취분석에 의한 자백 등은 임의성에 의심이 있는 자백으로서 증거능력 부정 그러나 ★<변호인 아닌 자의 접견이 금지된 상태에서 피의자신문조서가 작성된 경우> <증거능력을 부정하지 않는다(임의성 인정).>
④입증	(1)검사가 입증한다. (2)<자유로운 증명>이면 족하다.
⑤소송법적 취급	(1)공판정에 제출X (2)본증X, 반증X, 보강증거X, 탄핵증거X, ★당사자의 증거동의함에도 증거X

Tool 7.
◆자백배제법칙(2)◆

주의사항	(1)철야심문에 의한 자백은 증거능력이 없다. (2)**변호인선임권과 접견교통권을 침해하여 획득한 자백은 증거능력이 없다.** (3)**변호사 아닌 자와의 접견이 금지된 상태에서 피의자신문조서가 작성되었더라도 자백의 임의성은 부정되지 않는다(증거능력이 있을 수 있다.).** (4)피검사자의 동의없이 거짓말탐지기로 취득한 자백은 증거능력이 없다. (5)마취분석에 의하여 취득한 자백은 증거능력이 없다. (6)제309조 (강제 등 자백의 증거능력)-자백배제법칙- -피고인의 자백이 고문, 폭행, 협박, 신체구속의 부당한 장기화 또는 기망 기타의 방법으로 임의로 진술한 것이 아니라고 의심할 만한 이유가 있는 때에는 이를 유죄의 증거로 하지 못한다. ★**공갈은 규정에 없다.** (7)자백배제법칙은 헌법에도 헌법상의 원칙과 기본권으로서 규정되고 있다(12/7). (8)약속에 의한 자백은 임의성이 의심되는 자백으로서 증거능력이 없다. (9)**진술거부권을 고지하지 않고 취득한 자백은 증거능력이 없다.**

(10) 피의자신문조서의 작성시에는 조서에 기재하여야 하는데 이러한 조서는 피의자에게 열람하게 하거나 읽어들려야 하며 오기가 있고 없음을 물어 피의자가 증감변경의 청구를 하였을 때에는 그 진술을 조서에 기재하여야 한다. 그럼에도 수사기관이 이(제244/2)를 위반하여 **자백을 취득한 경우일지라도 증거 능력은 인정된다**는 것이 판례의 태도이다.
(11) 임의성 없거나 의심되는 자백은 당사자가 동의를 하더라도 절대적으로 증거능력이 없다.
(12) 자백의 임의성 문제는 증거능려가 관련된 문제이고 증명력과는 무관하다.
(13) **석방후에 한 자백은 자백의 임의성이 인정된다.**
(14) 제55조 (피고인의 공판조서열람권등)
 — 피고인은 공판조서의 열람 또는 등사를 청구할 수 있다.
 — 피고인이 공판조서를 읽지 못하는 때에는 공판조서의 낭독을 청구할 수 있다.
 — **이러한 청구에 응하지 아니 한 때에는 공판조서는 유죄의 증거로 할 수 없다**(즉 이러한 상황에서의 자백은 증거능력이 없다).
(15) 피고인에게 반대신문권을 주지않은 경우에는 공판조서에 기재된 증언은 증거능력이 인정되지 않는다.
(16) 제1심법원에서 증거로 할 수 있었던 증거는 항소법원에서도 증거로 할 수 있다.
(17) 자백배제법칙의 이론적 근거=허위배제+인권옹호+위법배제
 ≠ 반대신문권보장
 ★위법배제설은 수사기관의 위법활동을 제재하는 수단으로 사용한다.
 ★인권옹호설은 주체적 자기결정권을 가진 피고인이 고찰의 중심이 된다.
(18) 허위배제설은 자백의 진실성이 확인될 경우 고문 등에 의한 자백의 증거능력을 부정하는 이유를 설명하기 어렵다는 단점이 있다.
(19) 인권옹호설은 기망에 의하여 자백한 경우에 증거능력을 부정하는 이유를 설명할 수 없는 단점이 있다.
(20) 자백의 임의성에 대한 입증책임은 검사에게 있다.
(21) 자백의 보강법칙에서 보강증거도 증거능력을 갖추어야 한다.
(22) 자백배제법칙은 위법수집증거배제법칙의 특칙에 해당한다. 즉 상호관련성이 많다.
(23) 변호인과의 접견교통권에 대한 증거능력을 부정한 판례로는 Escobedo판결이 있다.
(24) **증거가 발견되면 자백하겠다고 약속한 자백은 증거능력이 인정된다.**
 ※ 이 경우는 이익교환이 없다고 할 수 있다.
(25) 피의자를 고문한 경찰관이 검사면전까지 피의자를 데리고 감으로써 자백한 경우에는 **증거능력을 인정할 수 없다.**
 ※ 피의자가 경찰의 고문에 의하여 자백을 한 후 검사에게 동일한 자백을 한 경우에는 <임의성 없는 심리상태가 검사의 조사단계까지 계속된 때>에는 증거능력을 인정하지 않는다.
(26) 모두절차에서 피고인이 공소사실을 사실대로라고 진술한 경우에는 <수사기관에서의 진술이나 검사나 변호인의 신문에 대한 최후진술을 종합하여 판단한 후에 증거능력의 유무를 결정해야 한다.>
(27) 자백의 임의성이 인정된다 하더라도 그 자백의 증거능력이 있다는 것에 지나지

않고 <그 자백의 증명력(진실성과 신빙성)까지 당연히 인정되는 것은 아니다.>
(28) 단순히 검사의 피의자 신문조서가 송치받은 <당일에 작성된 것>만으로는 임의성 없다고 볼 수 없다.
(29) 피고인에게 <보호감호청구를 하지 않겠다고 약속한 경우>에는 임의성이 없으므로 이에 의한 자백은 증거능력이 없다.
(30) 자백의 임의성은 <소송법적 사실>에 해당하므로 <자유로운 증명이면 족하다.>
(31) 구속영장없이 13여일간 불법구속과 고문, 잠을 재우지 않은 경우 이에 대한 증거능력은 없다.
(32) 자백의 임의성은 추정된다. 따라서 법관이 자백의 임의성의 존부에 대하여 상당한 이유가 있다고 의심할 만한 고문, 폭행, 신체구속의 장기화 등 구체적 사실을 들어 <자백의 임의성에 합리적이고 상당한 정도의 의심이 있을 때 비로소 검사에게 입증책임이 주어지는 것이다(검사에게 돌아간다.).>

<<관련판례>>

1. 검사가 피고인들에게 공소장기재를 낭독하다시피 공소사실 그대로의 사실유무를 물은 즉 피고인들이 동시에 "★예, 그랬읍니다" 하고 답한 것은 얼핏 보면 피고인들이 범죄사실을 자백한 것처럼 보이나, 계속되는 검사와 변호인 및 재판장의 물음에서는 다시 범행을 부인하는 취지의 답을 한 점으로 미루어 보면 공소사실의 경과일부를 시인한 것 뿐이지 피고인들이 공모하여 기망 내지 편취하였다는 내용까지 자백한 것이라고는 볼 수 없다(대법원 1983. 5. 10. 선고 82도214 판결).

2. 피고인이 제출한 항소이유서에 ★'피고인은 돈이 급해 지어서는 안될 죄를 지었습니다.', '진심으로 뉘우치고 있습니다.'라고 기재되어 있고 피고인은 항소심 제2회 공판기일에 위 항소이유서를 진술하였으나, 곧 이어서 있는 검사와 재판장 및 변호인의 각 심문에 대하여 피고인은 범죄사실을 부인하였고, 수사단계에서도 일관되게 그와 같이 범죄사실을 부인하여 온 점에 비추어 볼 때, 위와 같이 추상적인 항소이유서의 기재만을 가지고 범죄사실을 자백한 것으로 볼 수 없다(대법원 1999. 11. 12. 선고 99도3341 판결).

3. 자백의 신빙성 유무를 판단할 때에는 자백 진술의 내용 자체가 객관적으로 합리성이 있는지, 자백의 동기나 이유는 무엇이며, 자백에 이르게 된 경위는 어떠한지, 그리고 자백 외의 정황증거 중 자백과 저촉되거나 모순되는 것은 없는지 등 제반 사정을 고려하여 판단하여야 한다. 나아가 피고인이 수사기관에서부터 공판기일에 이르기까지 일관되게 범행을 자백하다가 어느 공판기일부터 갑자기 자백을 번복한 경우에는, 자백 진술의 신빙성 유무를 살피는 외에도 자백을 번복하게 된 동기나 이유 및 경위 등과 함께 수사기관 이래의 진술 경과와 진술의 내용 등에 비추어 번복 진술이 납득할 만한 것이고 이를 뒷받침할 증거가 있는지 등을 살펴보아야 한다(대법원 2016. 10. 13. 선고 2015도17869 판결).

4. 마약류 매매 여부가 쟁점이 된 사건에서 매도인으로 지목된 피고인이 수수사실을 부인하고 있

고 이를 뒷받침할 금융자료 등 객관적 물증이 없는 경우, ★마약류를 매수하였다는 사람의 진술만으로 유죄를 인정하기 위해서는 그 사람의 진술이 증거능력이 있어야 함은 물론 합리적인 의심을 배제할 만한 신빙성이 있어야 한다. 신빙성 유무를 판단할 때에는 진술 내용 자체의 합리성, 객관적 상당성, 전후의 일관성뿐만 아니라 그의 인간됨, 진술로 얻게 되는 이해관계 유무 등을 아울러 살펴보아야 한다. 특히, 그에게 어떤 범죄의 혐의가 있고 그 혐의에 대하여 수사가 개시될 가능성이 있거나 수사가 진행 중인 경우에는, 이를 이용한 협박이나 회유 등의 의심이 있어 그 진술의 증거능력이 부정되는 정도에까지 이르지 않는 경우에도, 그로 인한 ★궁박한 처지에서 벗어나려는 노력이 진술에 영향을 미칠 수 있는지 여부 등을 살펴보아야 한다(대법원 2014. 4. 10. 선고 2014도1779 판결).

5. 금품수수 여부가 쟁점이 된 사건에서 금품수수자로 지목된 피고인이 수수사실을 부인하고 있고 이를 뒷받침할 금융자료 등 객관적 물증이 없는 경우 금품을 제공하였다는 사람의 진술만으로 유죄를 인정하기 위해서는 그 진술이 증거능력이 있어야 하는 것은 물론 합리적인 의심을 배제할 만한 신빙성이 있어야 하고, 신빙성이 있는지 여부를 판단할 때에는 진술 내용 자체의 합리성, 객관적 상당성, 전후의 일관성뿐만 아니라 그의 인간됨, 그 진술로 얻게 되는 이해관계 유무 등도 아울러 살펴보아야 한다(대법원 2011. 4. 28. 선고 2010도14487 판결 참조). 그리고 이러한 이치는 피고인의 금품제공 여부가 쟁점이 된 사건에서 금품제공자로 지목된 피고인이 제공사실을 부인하고 있고 이를 뒷받침할 금융자료 등 객관적 물증이 없는 경우 금품을 제공받았다는 사람의 진술만으로 유죄를 인정하는 경우에도 마찬가지로 적용된다(대법원 2014. 5. 29. 선고 2012도14295 판결).

6. ★★★★자백의 임의성이 인정된다고 하더라도 그것은 그 자백이 증명의 자료로서 사용될 자격 즉 증거능력이 있다는 것에 지나지 아니하고 그 자백의 진실성과 신빙성 즉 증명력까지도 당연히 인정되어야 하는 것은 아니며 그 자백의 신빙성 유무는 자백의 진술내용 자체가 객관적인 합리성을 띠고 있는가 혹은 자백외의 정황증거중 자백과 저촉되거나 모순되는 것이 없는가 하는 점등을 고려하여 판단하여야 한다(대법원 1987. 2. 10. 선고 86도2399 판결).

제2절 자백배제법칙

<<관련판례>>
1. 피고인이 수사기관에서 가혹행위 등으로 인하여 ★★★★임의성 없는 자백을 하고 그 후 법정에서도 임의성 없는 심리상태가 계속되어 동일한 내용의 자백을 하였다면 법정에서의 자백도 임의성 없는 자백이라고 보아야 한다(대법원 2004. 7. 8. 선고 2002도4469 판결, 대법원 2011. 10. 27. 선고 2009도1603 판결 등 참조).(대법원 2012. 11. 29. 선고 판결)

2. 피고인이 검사 이전의 수사기관에서 ★★★★고문 등 가혹행위로 인하여 임의성 없는 자백을 하고 그 후 검사의 조사단계에서도 임의성 없는 심리상태가 계속되어 동일한 내용의 자백을 하였다면 검사의 조사단계에서 고문 등 자백의 강요행위가 없었다고 하여도 검사 앞에서의 자백도 임의성 없는 자백이라고 볼 수밖에 없다(대법원 1992. 11. 24. 선고 92도2409 판결).

3. ★★★★피고인이 국가보안법위반 등의 혐의를 받고 수사기관에 영장없이 연행되어 약 40일간 조사를 받다가 구속영장에 의하여 구속되고 검찰에 송치된 후 약 1개월간에 걸쳐 검사로부터 4회 신문을 받으면서 범죄사실을 자백한 경우라도, ★★★★피고인이 1, 2심 법정에서 검사로부터 폭행·협박등 부당한 대우를 받음이 없이 <<자유스러운 분위기에서 신문을 받았다고 진술>>하고 있고 검찰에 송치된 후 4차의 신문을 받으면서 범행의 동기와 경위에 관하여 소상하게 진술을 하고 있고 일부 신문에 대하여는 부인하고 변명한 부분도 있으며 그 자백내용이 원심 인용의 다른 증거들에서 나타난 객관적 사실과도 일치하고 있다면 피고인 들의 연령, 학력 등 기록에 나타난 제반사정에 비추어 피고인의 검사앞에서의 자백은 특히 신빙할 수 있는 상태하에서 행하여진 ★★★★임의성 있는 진술이라고 볼 수 있다(대법원 1984. 10. 23. 선고 84도1846 판결).

4. 피고인의 자백이 심문에 참여한 ★★★검찰주사가 <<피의사실을 자백하면 피의사실부분은 가볍게 처리하고 보호감호의 청구를 하지 않겠다는 각서>>를 작성하여 주면서 자백을 유도한 것에 기인한 것이라면 위 자백은 기망에 의하여 임의로 진술한 것이 아니라고 의심할 만한 이유가 있는 때에 해당하여 형사소송법 제309조 및 제312조 제1항의 규정에 따라 증거로 할 수 없다(대법원 1985. 12. 10. 선고 85도2182, 85감도313 판결).

5. 일정한 증거가 발견되면 피의자가 자백하겠다고 한 약속이 검사의 강요나 위계에 의하여 이루어졌다던가 또는 ★★★불기소나 경한 죄의 소추등 이익과 교환조건으로 된 것으로 인정되지 않는다면 위와 같은 자백의 약속하에 된 자백이라 하여 곧 임의성 없는 자백이라고 단정할 수는 없다(대법원 1983. 9. 13. 선고 83도712 판결).

6. 피고인이 처음 검찰조사시에 범행을 부인하다가 뒤에 자백을 하는 과정에서 ★★★금 200만원을 뇌물로 받은 것으로 하면 특정범죄가중처벌등에관한법률 위반으로 중형을 받게 되니 금 200만원 중 금 30만원을 술값을 갚은 것으로 조서를 허위작성한 것이라면 이는 단순 수뢰죄의 가벼운 형으로 처벌되도록 하겠다고 약속하고 자백을 유도한 것으로 위와 같은 상황하에서 한 자백은 그 임의성에 의심이 가고 따라서 진실성이 없다는 취지에서 이를 배척하였다 하여 자유심증주의의 한계를 벗어난 위법이 있다고는 할 수 없다(대법원 1984. 5. 9. 선고 83도2782 판결).

7. ★★★★검사의 접견금지 결정으로 피고인들의 접견이 제한된 상황하에서 피의자 신문조서가 작성되었다는 사실만으로 바로 그 조서가 ★★★★임의성이 없는 것이라고는 볼 수 없다(대법원 1984. 7. 10. 선고 84도846 판결).

8. 검사 작성의 피의자신문조서가 검사에 의하여 피의자에 대한 ★변호인의 접견이 부당하게 제한

되고 있는 동안에 작성된 경우에는 증거능력이 없다(대법원 1990. 8. 24. 선고 90도1285 판결).

9. 피의자의 진술을 녹취 내지 기재한 서류 또는 문서가 수사기관에서의 조사과정에서 작성된 것이라면, 그것이 '진술조서, 진술서, 자술서'라는 형식을 취하였다고 하더라도 피의자신문조서와 달리 볼 수 없고(대법원 2004. 9. 3. 선고 2004도3588 판결 등 참조), 한편 ★★★형사소송법이 보장하는 피의자의 진술거부권은 헌법이 보장하는 형사상 자기에 불리한 진술을 강요당하지 않는 자기부죄거부의 권리에 터잡은 것이므로 수사기관이 피의자를 신문함에 있어서 피의자에게 미리 진술거부권을 고지하지 않은 때에는 ★★★그 피의자의 진술은 위법하게 수집된 증거로서 진술의 임의성이 인정되는 경우라도 증거능력이 부인되어야 한다(대법원 1992. 6. 23. 선고 92도682 판결, 대법원 2009. 8. 20. 선고 2008도8213 판결 등 참조).(대법원 2010. 5. 27. 선고 2010도1755 판결)

10. ★★★★피고인의 자백이 임의성이 없다고 의심할 만한 사유가 있는 때에 해당한다 할지라도 ★★★★그 임의성이 없다고 의심하게 된 사유들과 ★★★★피고인의 자백과의 사이에 인과관계가 존재하지 않은 것이 명백한 때에는 그 자백은 임의성이 있는 것으로 인정된다(대법원 1984. 11. 27. 선고 84도2252 판결).

11. 가. 진술의 임의성이라는 것은 고문, 폭행, 협박, 신체구속의 부당한 장기화 또는 기망 기타 진술의 임의성을 잃게 하는 사정이 있다는 것 즉 증거의 수집과정에 위법성이 없다는 것인데 진술의 임의성을 잃게 하는 그와 같은 사정은 ★★★헌법이나 형사소송법의 규정에 비추어 볼 때 이례에 속한다고 할 것이므로 진술의 임의성은 추정된다고 볼 것이다.

나. 진술의 임의성에 관하여는 당해 조서의 형식, 내용(진술거부권을 고지하고 진술을 녹취하고 작성완료 후 그 내용을 읽어 주어 진술자가 오기나 증감변경할 것이 없다는 확인을 한 다음 서명날인하는등), 진술자의 신분, 사회적 지위, 학력, 지능정도, 진술자가 피고인이 아닌 경우에는 그 관계 기타 여러가지 사정을 참작하여 법원이 자유롭게 판정하면 되고 피고인 또는 검사에게 진술의 임의성에 관한 주장. 입증책임이 분배되는 것은 아니라고 할 것이고, 이는 진술이 특히 신빙할 수 있는 상태하에서 행하여진 때 즉 특신상태에 관하여서도 동일하다(대법원 1983. 3. 8. 선고 82도3248 판결).

12. 형사소송법 제309조의 임의로 진술한 것이 아니라고 의심할만한 이유라는 것은 단지 임의성이 없다는 주장만으로는 불충분하고 법관이 자백의 임의성 존부에 관하여 상당한 이유가 있다고 의심할만한 고문·폭행·협박·신체구속의 부당한 장기화·기망 기타의 방법등 구체적 사실을 들어야 하고 그에 의하여 ★★★자백의 임의성에 합리적이고 상당한 정도의 의심이 있을 때 비로소 소추관에게 그에 대한 입증책임이 돌아간다고 할 것이다(대법원 1984. 8. 14. 선고 84도1139 판결).

13. 임의성 없는 진술의 증거능력을 부정하는 취지는, 허위진술을 유발 또는 강요할 위험성이 있는 상태 하에서 행하여진 진술은 그 자체가 실체적 진실에 부합하지 아니하여 오판을 일으킬 소

지가 있을 뿐만 아니라 그 진위 여부를 떠나서 진술자의 기본적 인권을 침해하는 위법 부당한 압박이 가하여지는 것을 사전에 막기 위한 것이므로, 그 임의성에 다툼이 있을 때에는 그 임의성을 의심할 만한 합리적이고 구체적인 사실을 피고인이 입증할 것이 아니고 ★<u>검사가 그 임의성의 의문점을 해소하는 입증을 하여야 한다</u>(대법원 2002. 10. 8. 선고 2001도3931 판결).

14. [1] 피고인이 피의자신문조서에 기재된 피고인 진술의 임의성을 다투면서 그것이 허위 자백이라고 주장하는 경우, 법원은 구체적인 사건에 따라 피고인의 학력, 경력, 직업, 사회적 지위, 지능 정도, 진술 내용, 피의자신문조서의 경우 조서 형식 등 ★★<u>제반 사정을 참작하여 자유로운 심증으로 진술이 임의로 된 것인지를 판단하되, 자백의 진술 내용 자체가 객관적인 합리성을 띠고 있는가, 자백의 동기나 이유 및 자백에 이르게 된 경위는 어떠한가, 자백 외 정황증거 중 자백과 저촉되거나 모순되는 것이 없는가 하는 점 등을 고려하여 신빙성 유무를 판단하여야 한다.</u>

[2] ★★<u>피고인이 검사 이전 수사기관에서 고문 등 가혹행위로 인하여 임의성 없는 자백을 하고 그 후 검사 조사단계에서도 임의성 없는 심리상태가 계속되어 동일한 내용의 자백을 하였다면, 검사 조사단계에서 고문 등 자백 강요행위가 없었다고 하여도 검사 앞에서의 자백도 임의성 없는 자백이라고 보아야 한다.</u>

[3] ★★<u>피고인의 초등학생(여, 10세) 강간치사 공소사실을 유죄로 인정한 재심대상판결에 대하여 재심이 개시된 사안에서, ★★피고인이 검찰에서 피의자신문을 받을 당시 공소사실에 대하여 자백을 하였으나, 자백에 이르게 된 경위와 검찰 자백의 내용 등 제반 사정을 모두 종합할 때, 피고인은 경찰 조사단계에서 고문 등 가혹행위로 인하여 임의성 없는 자백을 하고 그 후 검사 조사단계에서도 임의성 없는 심리상태가 계속되어 동일한 내용의 자백을 한 것으로 보아야 한다는 이유로, ★★공소사실을 자백하는 내용의 검사 작성 제1, 2회 피의자신문조서는 증거능력이 없다</u>(대법원 2011. 10. 27. 선고 2009도1603 판결).

15. [1] 기록상 진술증거의 임의성에 관하여 의심할 만한 사정이 나타나 있는 경우에는 법원은 직권으로 그 임의성 여부에 관하여 조사를 하여야 하고, ★★<u>임의성이 인정되지 아니하여 증거능력이 없는 진술증거는 피고인이 증거로 함에 동의하더라도 증거로 삼을 수 없다.</u>

[2] 기록에 의하면 참고인에 대한 검찰 진술조서가 강압상태 내지 강압수사로 인한 정신적 강압상태가 계속된 상태에서 작성된 것으로 의심되어 그 임의성을 의심할 만한 사정이 있는데도, <u>검사가 그 임의성의 의문점을 없애는 증명을 하지 못하였으므로 증거능력이 없다</u>(대법원 2006. 11. 23. 선고 2004도7900 판결)

16. 피고인이 수사기관에서 한 자백이 고문에 의한 허위자백이라는 주장을 가볍게 신빙력 있는 것으로 보기 어려우나 ★★★<u>피고인이 범행을 한 뚜렷한 동기가 없고 범인이라는 혐의를 받을 수사의 단서도 없으며 피고인의 자백진술이 객관적 합리성이 결여되고 범행현장과 객관적 상황과 중요한 부분이 부합되지 않는 등의 특별 사정이 있는 경우 피고인이 수사기관에서 자백하게 된 연유가 피고인의 주장대로 고문이 아니라 할지라도 다소의 폭행 또는 기타의 방법으로

자백을 강요하여 ★★★임의로 진술한 것이 아니라고 의심할 사유가 있다 할 것이다(대법원 1977. 4. 26. 선고 77도210 판결).-->★★★압수된 망치(증8호) 국방색 작업복과 야전잠바(증9, 10호)등은 위 1항에서 설시한대로 피고인 1의 증거능력 없는 자백에 의하여 획득된 것이므로 따라서 증거능력이 없다 할 것이고 증거능력이 설사 있다하더라도 위 압수물들과 국립과학수사연구소의 감정서의 기재 및 증인 공소외 5에 대한 심문조서등은 다음과 같은 그 증명력을 감쇄하는 사유로 인하여 이들 피고인등에 대한 유죄의 증거로 할 수 없음

제 5 장 전문법칙(傳聞法則: hearsay rule)

제1절 의의(전문증거(hearsay evidence) 및 전문법칙)

전문증거(傳聞證據)는 원진술자가 공판기일 또는 심문기일에 행한 진술 이외의 진술로서, 그 주장사실이 진실임을 입증하기 위해 제출된 것을 지칭(미연방증거법 제8장 제801조)

제310조의2 (전문증거와 증거능력의 제한)제311조 내지 제316조에 규정한 것 이외에는 공판준비 또는 공판기일에서의 ★★★★진술에 대신하여 진술을 기재한 서류나 공판준비 또는 공판기일 외에서의 ★★★★타인의 진술을 내용으로 하는 진술은 이를 ★★★★증거로 할 수 없다.

Tool 1.
◆전문법칙(1)◆

①근거	(1)반대신문권보장 (2)직접심리주의의 요청
②적용요건	(1)진술증거일 것 ※비진술증거X ※진술증거인 이상 <전문진술인가 전문서류인가 불문> (2)원진술내용에 의하여 요증사실을 증명하는 경우에만 적용된다. (3)★탄핵증거로 사용하는 경우에는 전문법칙이 적용되지 않는다.
③예외	(1)실체적 진실의 발견과 소송경제 (2)예외인정기준 　㉠신용의 정황적 보장 　　※상대방에게 반대신문권을 주지 않아도 허위일 위험성이 없는 경우 　㉡필요성

	※사망/질병/외국거주/국외체재/행방불명 ★신용의 정황적 보장과 필요성은 상호 보완 및 대립관계에 있다.

Tool 2.

> (1) 고소장 및 공소장은 의사표시적 문서로서 당해사건에 대하여 증거능력이 없다.
> (2) 공판절차에서의 증언일지라도 신문절차에 위법이 있다면 증거능력이 없다.
> (3) ★증인소환절차에 잘못이 있는 경우(또는 위증의 벌을 경고하지 않은 경우)에는 증거능력에 영향이 없다.

Tool 3.

◆전문법칙(2)◆

주의사항	(1) 전문증거는 요증사실을 체험한 자가 법원에 그 내용을 직접 보고하지 않고 중간매체를 통하여 <간접적으로 보고하는 것을 의미한다.> (2) 전문증거(유형) ㉠ 전문진술(전문증언) 　- 타인이 전문한 사실을 법원에 진술하는 것 ㉡ 진술서 　- 경험자 자신이 체험한 사실을 서면에 기재한 것(예, 피의자진술서, 자술서) ㉢ 진술녹취서 　- 경험사실을 들은 타인이 서면에 기재하는 것(피의자신문조서) ★피고인의 공판정에서의 자백, 증인의 공판정에서의 진술, 범행에 사용한 도구, 범죄피해자의 법정증언은 전문증거가 아니다. (3) 흉기와 같은 증거물은 비진술증거로서 전문증거가 될 수 없다. (4) 전문증거인가 여부는 증거에 의하여 증명하려는 사실 즉 요증사실과의 관계에 따라 정해진다. (5) 따라서 원진술의 내용이 된 사실의 존부가 요증사실인 경우에는 전문증거이지만 원진술 존재 자체가 요증사실로 되는 경우에는 전문증거가 아니다. 　　　　A------------------→공판정 　　　　　↑ 　　　　B←-----------------C----강도 (A가 공판정에서 B가 저에게 C가 강도한 것을 목격했다고 말한 경우) 강도사건은 전문증거O But C에 대한 명예훼손 부분은 본래증거이며 전문증거는 아니다(사실이 아니라면 C의 명예는 실추). (6) 원진술이 공판준비 또는 공판기일에 행해진 것은 원본증거이지 전문증거는 아니다. (7) 이러한 전문증거는 원칙적으로 증거능력이 없다.

(8) 대법원은 단순한 소환장의 송달불능만으로는 부족하고 경찰관서가 <u>소재탐지를 하고 그 결과에 의하여도 소재가 불명할 때</u> 행방불명의 경우도 진술불능에 해당한다는 입장이다.
(9) <u>진술의 내용이 요증사실의 구성요소를 이루는 경우에는 전문법칙이 적용되지 않는다.</u>
(10) 간이공판절차에서는 전문법칙이 적용되지 않는다.
(11) 전문법칙은 당사자의 반대신문권을 보장하기 위한 제도이다.
(12) 전문증거라도 당사자의 동의가 있으면 증거로 사용할 수 있다.
(13) 전문증거는 탄핵증거로 사용할 수 있다.
(14) 왜냐하면 <u>탄핵증거는 본래증거를 감쇄시키기 위한 증거이고 요증사실 또는 주요 사실을 증명하기 위하여 사용되는 증거가 아니기 때문이다.</u>
(15) ★전문증거일지라도 전문법칙의 예외에 해당하면 증거능력이 인정된다. 그러므로 전문증거가 유일한 증거일지라도 다른 보강증거 없이도 유죄로 할 수 있다.
(16) 피고인의 공판정에서의 자백은 원본증거이므로 전문법칙이 적용되지 않는다.
(17) 비전문증거, 증거동의, 탄핵증거 등은 전문법칙이 적용되지 않는다.
(18) 전문법칙은 <u>진술증거</u>에 한하여 적용된다.
(19) 전문법칙근거=반대신문권보장+직접주의 요청
　　　　　　　　+신용성결여+공판심리주의
　　　　　　　　+소극적·실체적 진실주의
　　　　　　　　≠법정증거주의+적극적·실체적 진실주의+자유심증주의
(20) <u>임종의 진술</u>, 자연적 진술, 자기이익에 반하는 사실의 진술 등은 신용의 정황적 보장이 인정되지만 피고인의 친구의 진술은 인정되지 않는다.
(21) 전문법칙의 예외를 인정하는 기준=신용성의 정황적 보장+필요성(반대신문권보장X)
(22) 신용의 정황적 보장은 <반대신문의 기회를 주지 않더라도 당사자의 이익을 해하지 않을 정도로 고도의 진실성이 제반 정황에 의하여 보장되어 있는 경우를 의미한다.>
(23) 필요성은 원진술자를 공판정에 출석시키는 것이 <불가능하거나 곤란할 경우> <부득이하게 전문증거로 사용할 필요가 있는 경우를 의미한다.>
　－사망, 질병, 외국거주, 기타 자유로이 진술할 수 없는 때
(24) 원진술자가 단순히 입원하고 있는 경우나 소환장송달불능은 진술불가능의 사유에 해당하지 <u>않는다</u>.
(25) 전문법칙의 예외를 인정하는 이유=<u>신용성이 보장되는 경우도있을 있다는 가정</u>+전문법칙을 지나치게 엄격하게 적용하면 <u>재판의 지연</u>을 초래한다.+<u>진실을 발견</u>하기 위함이다.
　　≠반대신문권의 보장

Tool 4.

◆전문법칙(3)◆

①의의	(1)<요증사실을 체험한 자(직접 지각한 사람)가><법원에 그 경험을 직접보고하지않고><서명이나 타인의 진술을 통하여(중간매체)><간접적으로 보고하는 경우> (2)전문진술 또는 전문증언(타인이 전문한 사실을 법원에 진술하는 경우)+진술서(경험자 자신이 체험한 사실을 서면에 기재하는 경우)+진술녹취서(경험사실을 들은 타인이 서면에 기재하는 경우) (3)진술증거이어야 하므로 <★흉기, 지문, 위조문서와 같은 증거물은 비진술증거이므로 전문증거가 아니다.> (4)전문증거=①전문진술+②전문서류(㉠진술서: 자술서, 감정서, 진단서+㉡진술녹취서: 피의자신문조서, 참고인진술조서) ※진술서: 사실을 직접경험한 자 자신이 경험한 내용을 서면에 기재한 후 법원에 제출/진술녹취서(진술조서): 사실을 직접 경험한 자의 원진술을 청취한 제3자가 그 원진술의 내용을 서면에 기재한 후 법원에 제출 (5)★원진술의 내용이 된 사실의 존부가 요증사실인 경우는 전문증거이다. 그러나 <원진술자체가 요증사실로 되는 경우에는 전문증거가 아니다.> 　　　　　　　甲---------------------→법원 　　　(乙이 甲에게 丙이 절도하는 것을 보았다고 말했다.)는 것을 증언 　　　①丙이 절도→②乙이 보았다→③甲에게 말함→④법원에 증언 　　　　　　　　　　　　│ 　　　①丙에 대한 절도에 대한 甲의 증언은 전문증거임 　　　②乙에 대한 명예훼손(을이 갑이 절도했다는 것을 보았다)은 본래증거임 　　　※乙(원진술자): 丙이 절도를 했다는 것을 체험한 자 　　　※甲: 乙의 丙에 대한 명예훼손적인 언사를 직접체험한 자
②주의사항	(1)전문증거는 <공판준비 또는 공판기일에 행해진 것이 아니어야 한다.> 　　　　　　　(이 경우는 원본증거임) (2)현장목격자가 하는 증언(피고인의 공판정에서의 자백, 범행에 사용한 도구)은 원본증거이다. 즉 증인이 공판정에서의 진술이 직접 경험한 사실인 경우는 전문증거가 아니고 원본증거이다. (3)피고인의 자술서는 전문증거이다. (4)피해자의 법정증언은 전문증거가 아니다. ★피고인의 공판정에서의 자백은 원본증거(본래증거)이므로 전문증거가 아니다. 그러므로 전문법칙이 적용되지 않는다. (5)전문증거는 원칙적으로 증거능력이 없다. (6)전문증거는 명문으로 증거능력을 부정하고 있다(310조의 2). (7)전문법칙은 진술증거에만 적용한다. (8)★전문진술의 내용이 요증사실의 구성요소를 이루는 경우에는 원본증거이므로 전문법칙이 적용되지 않는다. (9)★간이공판절차에서는 전문법칙이 적용되지 않는다.

(10) 전문증거는 <탄핵증거>로 사용가능하고+당사자의 <증거동의>가 있으면 증거로 사용가능하다.
　　※탄핵증거는 <본래증거를 감쇄시키기 위한 증거이며, 주요사실(요증사실)을 증명하기 위한 자료로 사용되는 증거가 아니다.>
(11) ★전문증거가 예외적으로 증거능력이 인정되면 유일한 증거일지라도 보강증거 없이도 유죄의 증거로 할 수 있다.
(12) 전문법칙은 증거능력과 간련이 있고 자유심증주의는 증명력과 관련이 있다.
(13) ★전문법칙의 근거=①반대신문권보장+②신용성결여
　　　　　　　　　　+③직접(심리)주의 요청+④공판심리주의 요청
　　　　　　　　　　+⑤소극적·실체적 진실주의
　　※법정증거주의X, 적극적·실체적 진실주의X, 자유심중주의X
(14) 전문법칙의 예외인정기준=①신용성의 정황적 보장+②필요성(반대신문의 보장X)
　　★신용성: 진술내용의 진실성X, 진술의 진실성을 보장할 만한 외부적 정황O
(15) 신용성의 정황적 보장(반대신문기회를 주지 않더라도 고도의 진실성)
　　①자연적·반사적 진술(사건직후충동발언) ②임종의 진술 ③업무상 통상과정에서 작성된 문서 ④자기의 이익에 반하는 진술(재산상 불이익한 사실의 진술)
(16) 필요성
　　①사망 ②질병 ③외국거주 ④기타
　　※단순히 입원X, 소환장 불송달X
(17) 신용의 정황적 보장과 필요성은 <모든 경우에 동등하게 인정되는 것이 아니며 상호 보충 및 반비례관계에 있다고 할 수 있다.>
(18) 반대신문권의 보장은 전문법칙의 인정근거이며 인정필요성에 해당하지 않는다.
　　　　　　　　　　　　　　|
　　　　(전문법칙에도 신용성이 인정되는 경우존재)
　　　　　　　　　　(전문법칙을 지나치게 엄격히 적용하면 신속한 재판을 할 수 없다.)
　　　　　　　　　　　　(범죄의 진실을 발견하기 위함)

Tool 5.

◆판례◆

(1)	당해사건의 공판조서는 당연히 증거능력이 인정되나(제311조에 의거) 다른 사건의 공판조서는 제315조 3호의 문서로서 증거능력이 인정된다.
(2)	★녹화한 비디오테이프(검사와 피고인)는 <피의자신문조서와 동일하므로> 요건을 만족해야 증거능력을 인정할 수 있다.
(3)	★피고인에 대한 사건과 다른 공소사실로 기소되어 병합심리 되는 공동피고인의 진술은 피고인에 대한 사건에 대해서는 <증인의 지위에 있다고 할 수 있으므로><선서 없이 한 공동피고인의 법정진술>은 증거로 사용할 수 없다.

(4)	★검찰송치 전 구속피의자를 상대로 검사가 피의자신문조서를 작성하는 것은 제312조 1항을 적용할 수 없다.
(5)	검사작성의 피의자신문조서의 성립의 진정=형식적 진정성립(간인, 서명, 날인 등)+실질적 진정성립(내용)
(6)	★검사작성의 공동피고인에 대한 피의자신문조서는 제1심에서 성립과 임의성을 인정한 이상 <다른 공동피고인>이 이를 증거로 함에 부동의 하였을 지라도 <다른 공도피고인>의 범죄사실에 대하여 유죄의 증거로 삼을 수 있다.
(7)	진술자의 <서명, 날인이 없는 진술조서는 증거능력이 없다.>
(8)	작성자의 기명 다음에 <사인>이 있는 경우는 진술서의 증거능력을 인정한다.
(9)	사법경찰관이 작성한 실황조사서의 기재가 검사나 사법경찰관의 <의견을 기재한 것에 불과할 때>에는 <증거능력이 없다.>
(10)	<녹음테이프>는 <진술녹취서>에 준하여 증거능력이 인정된다.
(11)	★피고인이 경찰에서 조사를 받을 때에 범행사실을 인정하더라도 <조사경찰관의 증언>은 <피고인이 내용을 부인한 때>에 <증거로 사용할 수 없다.>
(12)	★사법경찰관이 피의자를 조사하는 과정에서 <피의자진술서>를 제출케 한 경우 <제312조 2항>을 적용해야하고 제313조 1항을 적용하지 않는다(구법상).
(13)	★사법경찰관 작성의 검증조서 중 <피고인의 진술기재부분 및 범행재연의 사진촬영>에 관한 부분은 피고인에 의하여 진정함이 인정되는 부분이 아니고, 검증 현장에서 <피고인의 진술이나 재연이 특신상태에서 행해진 것으로 볼 수 없다.>
(14)	★증거능력의 예외적 인정으로서 기타사유 중 <소재불명>은 <소환장 송달로 족하지 않고><송달불능 되어 소재수사를 하였어도 소재를 확인할 수 없을 때일 것을 요한다.> ①소재불명되어 소재를 탐지할 수 없을 경우O ②일정한 주거를 가지고 있더라도 구인영장을 발부하였으나 소재불명으로 집행되지 않을 때O ③단순히 소환을 받고 불출석X
(15)	★검증조서나 감정서에 첨부된 사진은 진술증거의 일부를 이루는 보조수단에 불과하므로 사진의 증거능력도 이들과 일체적으로 판단해야 한다.
(16)	★거짓말탐지기의 경우는 검사결과의 정황성이 보장되고 피검자의 동의가 있으면 증거능력을 인정할 수 있으나 검사결과는 검사를 받은 사람의 신빙성을 가늠하는 정황증거로서 기능밖에 못한다.

Tool 6.
◆당연히 증거능력이 인정되는 서류◆

(1) 공권적 증명문서 – 등기부 등·초본/인감증명/법원의 판결문사본/군의관작성진단서/전과조회보/보건복지부장관시가보고서/세관공무원시가감정서/외국공무원이 직무상 작성한 문서/지문조회회답서/증거보전절차에서의 증인신문조서/공판준비절차에서의 피고인 아닌 자의 진술을 기재한 조서/공판기일에 작성된 공판조서
※수사기관작성의 문서(공소장)X
※외국수사기관의 수사결과X

(2) 통상업무문서 – 의사의 진료기록부(진료부)/금전출납장부, 전표/★항해일지
※의사의 진단서X/피고인 자신이 작성한 상업장부X

(3) 기타(특신상황) – 경기기록표/역서/공무소작성의 통계 및 연감/공공기록/정기간행물의 시장가격표/다른 피고사건의 공판조서/자연적 발언/임종시 진술/고문서
※주민들의 진정서사본X

Tool 7.
<법원 또는 법관의 면전조서>

①법원 또는 법관의 면전조서 ---> 당연히 증거능력인정
*제311조 (법원 또는 법관의 조서)
 – 공판준비 또는 공판기일에 피고인이나 피고인 아닌 자의 진술을 기재한 조서와 법원 또는 법관의 검증의 결과를 기재한 조서는 증거로 할 수 있다. 제184조 및 제221조의 2의 규정에 의하여 작성한 조서도 또한 같다.
 – 성립이 진정하고 신용의 정황적 보장이 높으므로 무조건 증거능력이 인정된다.
 – 전문법칙의 예외를 규정(다수설).
 – 단서의 경우에도 수소법원에 대한 관계에서 실험사실의 간접적 보고이므로 전문법칙의 예외에 해당
 – 공판준비에서 피고인의 진술을 기재한 조서: 피고인신문이 행해진 결과 작성된 조서와 공판기일전의 법원의 검증조서 가운데 피고인의 진술이 기재 된 부분을 의미
 – 공판기일에 피고인의 진술을 기재한 조서: 공판조서가 증거로 되는 경우이다.
 공판절차갱신전의 공판조서, 파기환송 또는 파기이송전의 공판조서
 – 조서는 당해 사건에 대한 조서를 의미한다(통설). 그러나 피고인의 진술이 기재된 것이면 다른 사건에 대한 조서도 여기에 해당한다는 일부 유력한 견해도 유.
 – 공판준비 또는 공판기일에 피고인 아닌 자의 진술을 기재한 조서
  <1>공판준비에서 피고인 아닌 자의 진술을 기재한 조서
   – 공판준비절차에서 증인, 감정인, 통역인, 번역인 등을 신문한 결과 작성된 조서
  <2>공판기일에 피고인 아닌 자의 진술을 기재한 조서
   – 피고인을 제외한 제3자 즉 증인, 감정인, 공범자, 공동피고인 등의 진술이 기재된 공판조서를 말한다.

- 공판절차갱신전의 공판조서, 파기환송 또는 파기이송 전의 공판조서, 관할권위반의 재판이 확정된 후 재기소된 경우의 공판조서 등이 이에 해당한다.
  <3> 다른 사건의 조서는 제315조 3호의 문서로서 증거능력이 인정된다(통설). 즉 다른 사건의 공판조서는 제311조 후단의 증거보전절차 또는 증인신문청구절차에서 작성된 조서에 해당하지 않는다.
  <4> **공동피고인이 공범자인 경우**의 진술을 기재한 조서 - 피고인의 동의가 없어도 증거능력O.
  <5> **공동피고인이 공범자가 아닌 경우**의 진술을 기재한 조서 - 피고인에 대한 사건과 다른 공소사실로 기소되어 병합심리된 공도피고인은 피고사건에 관하여는 증인의 지위에 있으므로 선서가 없는 한 증거능력X.
- 제184조 및 제221조의 2의 규정에 의하여 작성된 서류
  - 증거보전절차(제184조)에 의하여 작성된 조서 및 제1회 공판기일 전에 검사의 신청에 의하여 행한 증인신문절차(제221조의 2)에 의하여 작성된 조서는 당연히 증거능력O.
  - <판례>피의자가 당사자로 참여하여 자기의 범행사실을 시인하는 전제하에 증인에 대한 반대신문과정에서 한 진술기재에 관한 한 형사소송법 제184조에 의하여 작성된 증인신문조서도 아니므로 증거보전절차에서 작성된 증인신문조서에 피의자 진술기재부분은 형사소송법 제311조에 의한 증거능력을 인정할 여지가 없다고 판시한 바 있음.

Tool 8.

<전문증거와 증거능력>

(1) 관련조문

제307조(증거재판주의) ①사실의 인정은 증거에 의하여야 한다.

② 범죄사실의 인정은 합리적인 의심이 없는 정도의 증명에 이르러야 한다.

제308조(자유심증주의) 증거의 증명력은 법관의 자유판단에 의한다.

제308조의2(위법수집증거의 배제) 적법한 절차에 따르지 아니하고 수집한 증거는 증거로 할 수 없다.

제309조(강제등 자백의 증거능력) 피고인의 자백이 고문, 폭행, 협박, 신체구속의 부당한 장기화 또는 기망 기타의 방법으로 임의로 진술한 것이 아니라고 의심할 만한 이유가 있는 때에는 이를 유죄의 증거로 하지 못한다.

제310조(불이익한 자백의 증거능력) 피고인의 자백이 그 피고인에게 불이익한 유일의 증거인 때에는 이를 유죄의 증거로 하지 못한다.

제310조의2(전문증거와 증거능력의 제한) 제311조 내지 제316조에 규정한 것 이외에는 공판준비 또는 공판기일에서의 진술에 대신하여 진술을 기재한 서류나 공판준비 또는 공판기일 외에서의 타인의 진술을 내용으로 하는 진술은 이를 증거로 할 수 없다.

제311조(법원 또는 법관의 조서) 공판준비 또는 공판기일에 피고인이나 피고인 아닌 자의 진술을 기재한 조서와 법원 또는 법관의 검증의 결과를 기재한 조서는 증거로 할 수 있다. 제184조 및 제221조의2의 규정에 의하여 작성한 조서도 또한 같다.

제312조(검사 또는 사법경찰관의 조서 등) ① 검사가 작성한 피의자신문조서는 적법한 절차와 방식에 따라 작성된 것으로서 공판준비, 공판기일에 그 피의자였던 피고인 또는 변호인이 그 내용을 인정할 때에 한정하여 증거로 할 수 있다.

② 삭제

③ 검사 이외의 수사기관이 작성한 피의자신문조서는 적법한 절차와 방식에 따라 작성된 것으로서 공판준비 또는 공판기일에 그 피의자였던 피고인 또는 변호인이 그 내용을 인정할 때에 한하여 증거로 할 수 있다.

④ 검사 또는 사법경찰관이 피고인이 아닌 자의 진술을 기재한 조서는 적법한 절차와 방식에 따라 작성된 것으로서 그 조서가 검사 또는 사법경찰관 앞에서 진술한 내용과 동일하게 기재되어 있음이 원진술자의 공판준비 또는 공판기일에서의 진술이나 영상녹화물 또는 그 밖의 객관적인 방법에 의하여 증명되고, 피고인 또는 변호인이 공판준비 또는 공판기일에 그 기재 내용에 관하여 원진술자를 신문할 수 있었던 때에는 증거로 할 수 있다. 다만, 그 조서에 기재된 진술이 특히 신빙할 수 있는 상태하에서 행하여졌음이 증명된 때에 한한다.

⑤ 제1항부터 제4항까지의 규정은 피고인 또는 피고인이 아닌 자가 수사과정에서 작성한 진술서에 관하여 준용한다.

⑥ 검사 또는 사법경찰관이 검증의 결과를 기재한 조서는 적법한 절차와 방식에 따라 작성된 것으로서 공판준비 또는 공판기일에서의 작성자의 진술에 따라 그 성립의 진정함이 증명된 때에는 증거로 할 수 있다.

제313조(진술서등) ①전2조의 규정 이외에 피고인 또는 피고인이 아닌 자가 작성한 진술서나 그 진술을 기재한 서류로서 그 작성자 또는 진술자의 자필이거나 그 서명 또는 날인이 있는 것(피고인 또는 피고인 아닌 자가 작성하였거나 진술한 내용이 포함된 문자·사진·영상 등의 정보로서 컴퓨터용디스크, 그 밖에 이와 비슷한 정보저장매체에 저장된 것을 포함한다. 이하 이 조에서 같다)은 공판준비나 공판기일에서의 그 작성자 또는 진술자의 진술에 의하여 그 성립의 진정함이 증명된 때에는 증거로 할 수 있다. 단, 피고인의 진술을 기재한 서류는 공판준비 또는 공판기일에

서의 그 작성자의 진술에 의하여 그 성립의 진정함이 증명되고 그 진술이 특히 신빙할 수 있는 상태하에서 행하여 진 때에 한하여 피고인의 공판준비 또는 공판기일에서의 진술에 불구하고 증거로 할 수 있다.

② 제1항 본문에도 불구하고 진술서의 작성자가 공판준비나 공판기일에서 그 성립의 진정을 부인하는 경우에는 과학적 분석결과에 기초한 디지털포렌식 자료, 감정 등 객관적 방법으로 성립의 진정함이 증명되는 때에는 증거로 할 수 있다. 다만, 피고인 아닌 자가 작성한 진술서는 피고인 또는 변호인이 공판준비 또는 공판기일에 그 기재 내용에 관하여 작성자를 신문할 수 있었을 것을 요한다.

③ 감정의 경과와 결과를 기재한 서류도 제1항 및 제2항과 같다.

제314조(증거능력에 대한 예외) 제312조 또는 제313조의 경우에 공판준비 또는 공판기일에 진술을 요하는 자가 사망·질병·외국거주·소재불명 그 밖에 이에 준하는 사유로 인하여 진술할 수 없는 때에는 그 조서 및 그 밖의 서류(피고인 또는 피고인 아닌 자가 작성하였거나 진술한 내용이 포함된 문자·사진·영상 등의 정보로서 컴퓨터용디스크, 그 밖에 이와 비슷한 정보저장매체에 저장된 것을 포함한다)를 증거로 할 수 있다. 다만, 그 진술 또는 작성이 특히 신빙할 수 있는 상태하에서 행하여졌음이 증명된 때에 한한다.

제315조(당연히 증거능력이 있는 서류) 다음에 게기한 서류는 증거로 할 수 있다.

1. 가족관계기록사항에 관한 증명서, 공정증서등본 기타 공무원 또는 외국공무원의 직무상 증명할 수 있는 사항에 관하여 작성한 문서

2. 상업장부, 항해일지 기타 업무상 필요로 작성한 통상문서

3. 기타 특히 신용할 만한 정황에 의하여 작성된 문서

제316조(전문의 진술) ①피고인이 아닌 자(공소제기 전에 피고인을 피의자로 조사하였거나 그 조사에 참여하였던 자를 포함한다. 이하 이 조에서 같다)의 공판준비 또는 공판기일에서의 진술이 피고인의 진술을 그 내용으로 하는 것인 때에는 그 진술이 특히 신빙할 수 있는 상태하에서 행하여졌음이 증명된 때에 한하여 이를 증거로 할 수 있다.

② 피고인 아닌 자의 공판준비 또는 공판기일에서의 진술이 피고인 아닌 타인의 진술을 그 내용으로 하는 것인 때에는 원진술자가 사망, 질병, 외국거주, 소재불명 그 밖에 이에 준하는 사유로 인하여 진술할 수 없고, 그 진술이 특히 신빙할 수 있는 상태하에서 행하여졌음이 증명된 때에 한하여 이를 증거로 할 수 있다.

제317조(진술의 임의성) ①피고인 또는 피고인 아닌 자의 진술이 임의로 된 것이 아닌 것은 증거로 할 수 없다.

② 전항의 서류는 그 작성 또는 내용인 진술이 임의로 되었다는 것이 증명된 것이 아니면 증거로 할 수 없다.

③ 검증조서의 일부가 피고인 또는 피고인 아닌 자의 진술을 기재한 것인 때에는 그 부분에 한하여 전2항의 예에 의한다.

제318조(당사자의 동의와 증거능력) ①검사와 피고인이 증거로 할 수 있음을 동의한 서류 또는 물건은 진정한 것으로 인정한 때에는 증거로 할 수 있다.

② 피고인의 출정없이 증거조사를 할 수 있는 경우에 피고인이 출정하지 아니한 때에는 전항의 동의가 있는 것으로 간주한다. 단, 대리인 또는 변호인이 출정한 때에는 예외로 한다.

제318조의2(증명력을 다투기 위한 증거) ①제312조부터 제316조까지의 규정에 따라 증거로 할 수 없는 서류나 진술이라도 공판준비 또는 공판기일에서의 피고인 또는 피고인이 아닌 자(공소제기 전에 피고인을 피의자로 조사하였거나 그 조사에 참여하였던 자를 포함한다. 이하 이 조에서 같다)의 진술의 증명력을 다투기 위하여 증거로 할 수 있다.

② 제1항에도 불구하고 피고인 또는 피고인이 아닌 자의 진술을 내용으로 하는 영상녹화물은 공판준비 또는 공판기일에 피고인 또는 피고인이 아닌 자가 진술함에 있어서 기억이 명백하지 아니한 사항에 관하여 기억을 환기시켜야 할 필요가 있다고 인정되는 때에 한하여 피고인 또는 피고인이 아닌 자에게 재생하여 시청하게 할 수 있다.

제318조의3(간이공판절차에서의 증거능력에 관한 특례) 제286조의2의 결정이 있는 사건의 증거에 관하여는 제310조의2, 제312조 내지 제314조 및 제316조의 규정에 의한 증거에 대하여 제318조제1항의 동의가 있는 것으로 간주한다. 단, 검사, 피고인 또는 변호인이 증거로 함에 이의가 있는 때에는 그러하지 아니하다.

(2) 증거법의 양대 지주--> 엄격한 증명(제307조 제1항)+자유심증주의(제308조)

Tool 2.

<영상녹화물의 기능>

1	영상녹화물에 의하여 각종 조서를 대체하는 것은 허용되지 않는다.
2	수사기관의 영상녹화물은 피의자신문조서나 참고인진술조서의 실질적 진정성립을 증명하는 자료로 사용할 수 있다.
3	공판준비 또는 공판기일에서 수사기관의 영상녹화물은 진술자의 기억을 환기하기 위한 보조장치로서만 활용될 수 있다.
4	수사기관이 피의자나 피의자 아닌 자를 조사함에 있어서 자행한 강압수사를 입증할 수 있는 객관적 자료로 사용할 수 있다.

Tool 3.

★<증거능력 회복 요건 정리>

제311조	당연히 증거능력인정
제312조	(1) **제1항: 절차의 적법성, 내용인정O, 성립의 진정X, 특신상태X** (2) 제2항[삭제] 　1) 피고인이 성립의 진정을 부인하는 경우에는 영상녹화물, 그 밖의 객관적인 방법에 의한 증명 　2) 특신상태 (3) 제3항: 절차의 적법성, 내용의 인정 (4) 제4항: 절차의 적법성, 성립의 진정, 반대신문권보장, 특신상태 (5) 제5항: 제1항에서 제4항의 규정은 피고인 또는 피고인 아닌 자가 수사과정에서 작성한 진술서에 준용 (6) 제6항: 절차의 적법성, 성립의 진정
제313조	성립의 진정(피고인의 진술을 기재한 서류는 특신상태 필요(단서))
제314조	필요성, 특신상태
제315조	당연히 증거능력인정
제316조	(1) 제1항: 특신상태 (2) 제2항: 필요성, 특신상태

Tool 4.

<증거능력 회복 요건 정리(2)>

법원 또는 법관의 면전조서(제311조)	당연히 증거능력인정
검사작성 피의자신문조서(제312조 제1항)	**절차의 적법성, 내용인정**
사법경찰관작성 피의자신문조서(제312조 제3항)	절차의 적법성, 성립의 진정, 내용의 인정 ▶즉결심판의 경우에는 내용의 인정이 없어도 증거능력을 인정한다.
검사작성의 진술조서(제312조 제4항)	절차의 적법성, 성립의 진정, 반대신문권보장, 특신상태
사법경찰관작성의 진술조서(제312조 제4항)	절차의 적법성, 성립의 진정, 반대신문권보장, 특신상태
제314조상 진술조서	필요성, 특신상태
진술서(제312조 제5항, 제313조 제1항)	(1) 피고인 또는 피고인 아닌 자가 수사과정에서 작성한 진술서: 제312조 제1항 내지 제4항 준용 (2) 그 외의 진술서: 성립의 진정
제314조상 진술서	필요성, 특신상태
수사기관의 검증조서(제312조 제6항)	절차의 적법성, 성립의 진정
제314조상 검증조서	필요성, 특신상태
감정서(제313조 제2항)	성립의 진정
제314조상 감정서	필요성, 특신상태
피고인의 진술을 내용으로 하는 전문진술(제316조 제1항)	특신상태
피고인이 아닌 자의 진술을 내용으로 하는 전문진술(제316조 제2항)	필요성, 특신상태

Tool 5.

진술을 기재한 서류는 <진술의 임의성+서류작성의 임의성>All 요함

Tool 6.

<사진과 녹음테이프의 증거능력>

①★사진의 증거능력	현장사진의 경우 촬영자의 진술에 의하여 <성립의 진정>이 인정되면 증거능력을 인정
②★녹음테이프의 증거능력	성립의 진정이 인정되면 증거능력인정

Tool 7.

(1) ★거짓말 탐지기의 경우는 ①일정한 심리변동상태 ②일정한 생리적 반응 ③정확히 판정할 수 있는 장치구비 등이 충족되지 않으므로 증거능력이 인정되지 않는다.
(2) 공범자의 유언을 녹음한 녹음테이프는 증거능력이 인정된다.
(3) 전화도청에 의한 녹음테이프는 증거능력이 인정되지 않는다.
(4) 사진은 최량증거의 법칙에 의하여 원본증거를 공판정에 제출할 수 없음이 인정되고 사진에 사건과의 관련성이 증명된 때에 한하여 증거능력이 인정된다는 견해와 사진은 원본의 존재 및 진정성립을 인정할 자료가 구비되고 특히 신빙할 만한 정황에 의하여 작성되었다고 인정되는 경우에 한하여 제315조 3호에 의하여 증거능력이 인정될 수 있다는 견해가 있다.
(5) 판례는 문서의 원물을 법정에 제출함이 곤란한 경우에는 그 문서의 원물의 존재와 이를 촬영한 사진인 것이 확인되는 이상 그 사진을 증거물로 하여 조사하고 이를 증거로 할 수 있다고 판시한 바 있다.
(6) 진술증거의 일부인 사진은 진술증거와 일체적으로 판단한다. 따라서 촬영자의 공판진술에 의하여 성립의 진정이 인정되어야만 증거능력이 인정된다.
(7) 판례는 사법경찰관 작성의 검증조서 중 피고인의 진술 기재 부분과 범행 재연의 사진 영상에 관한 부분에 대하여 원진술자이며 행위자인 피고인에 의하여 진술 및 범행 재연의 진정함이 인정되지 아니하는 경우 그 부분은 증거능력이 없다고 판시 한 바 있다.
(8) 현장사진(현장을 녹화한 비디오테이프)은 범인의 행동에 중점을 두어 범행장면과 그 전후상황을 촬영한 사진으로서 독립증거로 이용되는 경우이다.
(9) 현장사진에 대하여는 진술증거설(다수설)과 비진술증거설이 대립하고 있다.
(10) 현장사진에 대한 성격을 진술증거로 판단한다면 법관 또는 법원에 의한 경우에는 법 제311조를, 수사기관인 경우에는 법 제312조 1항을, 사인인 경우에는 법 제313조 1항 본문을 적용하여 증거능력의 유무를 판단한다(구법상).
(11) 사본으로서의 사진은 제시하여 보여주는 방법으로 증거조사를 한다. 서증의 사본인 사진은 제시와 그 요지의 고지를 요한다.
(12) 진술증거의 일부인 사진·현장사진은 제시하여 보여주는 방법으로 증거조사를 한다.
(13) 녹음테이프는 서면날인을 할 필요가 없다는 것이 다수견해이다.
(14) 수사기관의 비밀녹음은 증거능력이 없다(통신비밀보호법 제4조 및 제14조).
(15) 사인의 비밀녹음(테이프)은 제313조 1항에 의하여 증거능력을 인정할 수 있다는 것이 판례의 태도이다. 대법원은 녹음테이프가 피고인 모르게 녹음된 것이라 하여 위법하게 수집된 증거라고 볼 수 없다는 입장이다.
(16) 현장녹음에 대하여는 진술증거설이 다수설이다.

(17) 현장녹음의 증거조사의 방법은 요지의 고지나 낭독 또는 제시의 방법으로는 불가능하므로 **녹음재생기로 재현하거나 검증에 의하여 그 결과를 조서에 기재**하는 방법으로 한다.
(18) 거짓말탐지기의 검증결과 증거능력을 인정할 수 있는가에 대하여 판례는 증거능력을 부정하고 있다. 전제조건 3가지를 충족시킨 경우에 법 제313조 2항에 의하여 이를 증거로 할 수 있다. 이러한 조건을 모두 충족시켰다고 하더라도 **정황증거**로서의 기능을 하는데 그친다.
★전제조건 ①일정한 심리변동 ②일정한 생리적 반응 ③정확한 판정
(19) 거짓말탐지기의 사용결과 얻은 자백의 증거능력에 대하여 자백의 임의성을 인정하고자 하는 견해와 부정하는 견해가 있다.
(20) 거짓말탐지기의 검증결과는 증거능력이 없으므로 유죄인정자료로 삼을 수 없고 **탄핵증거로의 사용은 가능하다(정황성+신뢰성).-->일정조건 충족시 인정가능성**

<<관련판례>>
1. ★★★★공소외 2는 전화를 통하여 피고인으로부터 2005. 8.경 건축허가 담당 공무원이 외국연수를 가므로 사례비를 주어야 한다는 말과 2006. 2.경 건축허가 담당 공무원이 4,000만 원을 요구하는데 사례비로 2,000만 원을 주어야 한다는 말을 들었다는 취지로 수사기관, 제1심 및 원심 법정에서 진술하였음을 알 수 있는데, 피고인의 위와 같은 원진술의 존재 자체가 이 사건 알선수재죄에 있어서의 요증사실이므로, 이를 직접 경험한 공소외 2가 피고인으로부터 위와 같은 말들을 들었다고 하는 진술들은 전문증거가 아니라 ★★★★본래증거에 해당된다(대법원 2008. 11. 13. 선고 2008도8007 판결).

2. 타인의 진술을 내용으로 하는 진술이 전문증거인지 여부는 요증사실과의 관계에서 정하여지는 바, 원진술의 내용인 사실이 요증사실인 경우에는 전문증거이나, 원진술의 존재 자체가 요증사실인 경우에는 본래증거이지 전문증거가 아니다(대법원 2008. 11. 13. 선고 2008도8007 판결 등 참조).

   기록에 의하면, ★★★★공소외 1은 제1심 법정에서 '피고인 1이 88체육관 부지를 공시지가로 매입하게 해 주고 KBS와의 시설이주 협의도 2개월 내로 완료하겠다고 말하였다'고 진술하였고, ★★★★공소외 2, 6도 피고인의 진술을 내용으로 한 진술을 하였음을 알 수 있는데, 피고인 1의 위와 같은 원진술의 존재 자체가 이 부분 각 사기죄 또는 변호사법 위반죄에 있어서의 요증사실이므로, 이를 직접 경험한 공소외 1 등이 피고인으로부터 위와 같은 말을 들었다고 하는 진술은 전문증거가 아니라 ★★★★본래증거에 해당한다고 할 것이다(대법원 2012. 7. 26. 선고 2012도2937 판결).

3. ★어떠한 내용의 진술을 하였다는 사실 자체에 대한 정황증거로 사용될 것이라는 이유로 서류의 증거능력을 인정한 다음 그 사실을 다시 진술 내용이나 그 진실성을 증명하는 간접사실로 사용하는 경우에 그 서류는 전문증거에 해당한다. 서류가 그곳에 기재된 원진술의 내용인 사실을 증명하는 데 사용되어 원진술의 내용인 사실이 요증사실이 되기 때문이다. 이러한 경우 형사소송법 제311조부터 제316조까지 정한 요건을 충족하지 못한다면 증거능력이 없다(대법원 2019. 8. 29. 선고 2018도2738 전원합의체 판결).

4. 어떤 진술이 기재된 서류가 그 내용의 진실성이 범죄사실에 대한 직접증거로 사용될 때 전문증거가 되는 경우, ★★★그와 같은 진술을 하였다는 것 자체 또는 그 진술의 진실성과 관계없는 간접사실에 대한 정황증거로 사용될 때도 반드시 전문증거가 되는 것은 아니다(대법원 2018. 5. 15. 선고 2017도19499 판결).

5. 신용성의 정황적 보장이란 자기에게 불이익한 사실의 승인이나 자백은 재현을 기대하기 어렵고 진실성이 강하다는데 근거를 둔 것으로서, 반드시 그 같은 진술이 공소제기후 법관의 면전에서 행하여졌을 때에는 가장 믿을 수 있고 수사기관에서의 진술은 상대적으로 신빙성, 진실성이 약한 것이라고 일률적으로 단정할 수 없을 뿐만 아니라 범행후 시간의 경과에 따라 외부와의 접촉 및 장래에 대한 걱정 등이 늘어감에 따라 그 진술이 진실로부터 멀어져 가는 사례가 흔히 있는 것이므로, 이른바 신용성의 정황적 보장의 존재 및 그 강약에 관하여서는 구체적 사안에 따라 이를 가릴 수밖에 없는 것이다(대법원 1983. 3. 8. 선고 82도3248 판결).

6. 다른 피고인에 대한 형사사건의 공판조서는 형사소송법 제315조 제3호에 정한 서류로서 당연히 증거능력이 있는바(대법원 1964. 4. 28. 선고 64도135 판결, 1966. 7. 12. 선고 66도617 판결 등 참조), 공판조서 중 일부인 증인신문조서 역시 형사소송법 제315조 제3호에 정한 서류로서 당연히 증거능력이 있다고 보아야 할 것이다(대법원 2005. 4. 28. 선고 2004도4428 판결).

7. ★★★★증인신문조서가 증거보전절차에서 피고인이 증인으로서 증언한 내용을 기재한 것이 아니라 <<증인(갑)의 증언내용을 기재한 것이고>> ★★★★<<다만 피의자였던 피고인이 당사자로 참여하여 자신의 범행사실을 시인하는 전제하에 위 증인에게 반대신문한 내용이 기재되어 있을 뿐>>이라면, ★★★★위 조서는 공판준비 또는 공판기일에 피고인 등의 진술을 기재한 조서도 아니고, ★★★★반대신문과정에서 피의자가 한 진술에 관한 한 형사소송법 제184조에 의한 증인신문조서도 아니므로 위 조서중 피의자의 진술기재부분에 대하여는 ★★★★형사소송법 제311조에 의한 증거능력을 인정할 수 없다(대법원 1984. 5. 15. 선고 84도508 판결).

8. 판사가 형사소송법 제184조에 의한 증거보전절차로 증인신문을 하는 경우에는 동법 제221조의2에 의한 증인신문의 경우와는 달리 동법 제163조에 따라 검사, 피의자 또는 변호인에게 증인신문의 시일과 장소를 미리 통지하여 증인신문에 참여할 수 있는 기회를 주어야 하나 ★★★★참여의 기회를 주지 아니한 경우라도 피고인과 변호인이 증인신문조서를 증거로 할 수 있음에 동의하여 별다른 이의없이 적법하게 증거조사를 거친 경우에는 위 증인신문조서는 증인신문절차가 위법하였는지의 여부에 관계없이 증거능력이 부여된다(대법원 1988. 11. 8. 선고 86도1646 판결).

9. 피고인이 수사단계에서 다른 ★★★★공동피고인에 대한 증거보전을 위하여 증인으로서 증언한 증인신문조서는 그 다른 공동피고인에 대하여 증거능력이 있다(대법원 1966. 5. 17. 선고 66도276 판결).

10. 사법연수생인 검사 직무대리가 검찰총장으로부터 명 받은 범위 내에서 법원조직법에 의한 합

의부의 심판사건에 해당하지 아니하는 사건에 관하여 검사의 직무를 대리하여 피고인에 대한 피의자신문조서를 작성할 경우, 그 피의자신문조서는 형사소송법 제312조 제1항의 요건을 갖추고 있는 한 당해 지방검찰청 또는 지청 검사가 작성한 피의자신문조서와 마찬가지로 그 증거능력이 인정된다(대법원 2010. 4. 15. 선고 2010도1107 판결).

11. ★★★검사가 피의사실에 관하여 전반적 핵심적 사항을 질문하고 이를 토대로 그 신문에 참여한 검찰주사보가 직접 문답하여 피의자 신문조서를 작성함에 있어 검사가 신문한 사항중에 다소 불분명한 사항이나 또는 보조적 사항(행위일시, 장소 등)에 관하여 피의자에게 직접 질문하여 이를 조서에 기재하였다 하여도 참여주사보가 문답할 때 검사가 동석하여 이를 지켜보면서 문제점이 있을 때에는 재차 직접 묻고 참여주사보가 조서에 기재하고, 조서작성 후에는 검사가 이를 검토하여 검사의 신문결과와 일치한다고 인정하여 서명날인 하였다면 참여주사보가 불분명 또는 보조적 사항을 직접 질문하여 기재하였다 하여 이를 ★★★검사작성의 피의자 신문조서가 아니라고는 볼 수 없다(대법원 1984. 7. 10. 선고 84도846 판결).

12. 검사가 국가보안법 위반죄로 구속영장을 발부받아 피의자신문을 한 다음, 구속 기소한 후 다시 피의자를 소환하여 공범들과의 조직구성 및 활동 등에 관한 신문을 하면서 피의자신문조서가 아닌 일반적인 진술조서의 형식으로 조서를 작성한 사안에서, ★진술조서의 내용이 피의자신문조서와 실질적으로 같고, 진술의 임의성이 인정되는 경우라도 미리 피의자에게 진술거부권을 고지하지 않았다면 위법수집증거에 해당하므로, 유죄인정의 증거로 사용할 수 없다(대법원 2009. 8. 20. 선고 2008도8213 판결).

13. 검찰사건사무규칙 제2조 내지 제4조에 의하면, 검사가 범죄를 인지하는 경우에는 범죄인지서를 작성하여 사건을 수리하는 절차를 거치도록 되어 있으므로, 특별한 사정이 없는 한 수사기관이 그와 같은 절차를 거친 때에 범죄인지가 된 것으로 볼 것이나, 범죄의 인지는 실질적인 개념이고, 이 규칙의 규정은 검찰행정의 편의를 위한 사무처리절차 규정이므로, 검사가 그와 같은 절차를 거치기 전에 범죄의 혐의가 있다고 보아 수사를 개시하는 행위를 한 때에는 이 때에 범죄를 인지한 것으로 보아야 하고, ★★★★그 뒤 범죄인지서를 작성하여 사건수리 절차를 밟은 때에 비로소 범죄를 인지하였다고 볼 것이 아니며, 이러한 인지절차를 밟기 전에 수사를 하였다고 하더라도, 그 수사가 장차 인지의 가능성이 전혀 없는 상태하에서 행해졌다는 등의 특별한 사정이 없는 한, 인지절차가 이루어지기 전에 수사를 하였다는 이유만으로 그 수사가 위법하다고 볼 수는 없고, 따라서 그 수사과정에서 작성된 피의자신문조서나 진술조서 등의 증거능력도 이를 부인할 수 없다(대법원 2001. 10. 26. 선고 2000도2968 판결).

14. 형사소송법 제244조의 규정에 비추어 ★★수사기관이 피의자신문조서를 작성함에 있어서는 그것을 열람하게 하거나 읽어 들려야 하는 것이나 그 절차가 비록 행해지지 안했다 하더라도 그것만으로 그 피의자신문조서가 증거능력이 없게 된다고는 할 수 없고 같은 법 제312조 소정의 요건을 갖추게 되면 그것을 증거로 할 수 있다(대법원 1988. 5. 10. 선고 87도2716 판결).

15. 피의자의 진술을 녹취 내지 기재한 서류 또는 문서가 수사기관에서의 조사과정에서 작성된 것이라면, 그것이 '진술조서, 진술서, 자술서'라는 형식을 취하였다고 하더라도 피의자신문조서와

달리 볼 수 없고, 한편 「형사소송법」이 보장하는 피의자의 진술거부권은 헌법이 보장하는 형사상 자기에 불리한 진술을 강요당하지 않는 자기부죄거부의 권리에 터 잡은 것이므로 ★수사기관이 피의자를 신문함에 있어서 피의자에게 미리 진술거부권을 고지하지 않은 때에는 그 피의자의 진술은 위법하게 수집된 증거로서 진술의 임의성이 인정되는 경우라도 증거능력이 부인되어야 한다(대법원 2009. 8. 20. 선고 2008도8213 판결 등 참조).

그리고 「검찰사건사무규칙」 제2조 내지 제4조에 의하면, 검사가 범죄를 인지하는 경우에는 범죄인지서를 작성하여 사건을 수리하는 절차를 거치도록 되어 있으므로, 특별한 사정이 없는 한 수사기관이 그와 같은 절차를 거친 때에 범죄인지가 된 것으로 볼 것이나, 범죄의 인지는 실질적인 개념이고, 이 규칙의 규정은 검찰행정의 편의를 위한 사무처리절차 규정이므로, 검사가 그와 같은 절차를 거치기 전에 범죄의 혐의가 있다고 보아 수사를 개시하는 행위를 한 때에는 이 때에 범죄를 인지한 것으로 보아야 하고, 그 뒤 범죄인지서를 작성하여 사건수리 절차를 밟은 때에 비로소 범죄를 인지하였다고 볼 것이 아니다(대법원 2001. 10. 26. 선고 2000도2968 판결 등 참조).(대법원 2011. 11. 10. 선고 2010도8294 판결)

16. ★★★조서말미에 피고인의 서명만이 있고, 그 날인(무인 포함)이나 간인이 없는 검사 작성의 피고인에 대한 피의자신문조서는 증거능력이 없다고 할 것이고, ★★★그 날인이나 간인이 없는 것이 피고인이 그 날인이나 간인을 거부하였기 때문이어서 그러한 취지가 조서말미에 기재되었다거나, 피고인이 법정에서 그 피의자신문조서의 임의성을 인정하였다고 하여 달리 볼 것은 아니다(대법원 1999. 4. 13. 선고 99도237 판결).

17. ★★★형사소송법 제57조 제1항은 공무원이 작성하는 서류에는 법률에 다른 규정이 없는 때에는 작성년월일과 소속공무소를 기재하고 서명날인하여야 한다고 규정하고 있는바, ★★★그 서명날인은 공무원이 작성하는 서류에 관하여 그 기재 내용의 정확성과 완전성을 담보하는 것이므로 검사 작성의 피의자신문조서에 작성자인 검사의 서명날인이 되어 있지 아니한 경우 그 피의자신문조서는 공무원이 작성하는 서류로서의 요건을 갖추지 못한 것으로서 위 법규정에 위반되어 무효이고 따라서 이에 대하여 증거능력을 인정할 수 없다고 보아야 할 것이며, ★★★그 피의자신문조서에 진술자인 피고인의 서명날인이 되어 있다거나, 피고인이 법정에서 그 피의자신문조서에 대하여 진정성립과 임의성을 인정하였다고 하여 달리 볼 것은 아니다(대법원 2001. 9. 28. 선고 2001도4091 판결).

18. ★★★★형사소송법 제312조 제3항은 검사 이외의 수사기관이 작성한 해당 피고인에 대한 피의자신문조서를 유죄의 증거로 하는 경우뿐만 아니라 검사 이외의 수사기관이 작성한 해당 피고인과 공범관계에 있는 다른 피고인이나 피의자에 대한 피의자신문조서를 해당 피고인에 대한 유죄의 증거로 채택할 경우에도 적용된다. 따라서 해당 피고인과 공범관계가 있는 다른 피의자에 대하여 검사 이외의 수사기관이 작성한 피의자신문조서는 그 피의자의 법정진술에 의하여 성립의 진정이 인정되는 등 형사소송법 제312조 제4항의 요건을 갖춘 경우라도 해당 피고인이 공판기일에서 그 조서의 내용을 부인한 이상 이를 유죄 인정의 증거로 사용할 수 없고, ★★★★그 당연한 결과로 위 피의자신문조서에 대하여는 사망 등 사유로 인하여 법정에서 진술할 수 없는 때에 예외적으로 증거능력을 인정하는 규정인 형사소송법 제314조가 적용되지

아니한다. 그리고 이러한 법리는 공동정범이나 교사범, 방조범 등 공범관계에 있는 자들 사이에서뿐만 아니라, 법인의 대표자나 법인 또는 개인의 대리인, 사용인, 그 밖의 종업원 등 행위자의 위반행위에 대하여 행위자가 아닌 법인 또는 개인이 양벌규정에 따라 기소된 경우, 이러한 법인 또는 개인과 행위자 사이의 관계에서도 마찬가지로 적용된다고 보아야 한다(대법원 2020. 6. 11. 선고 2016도9367 판결).

19. 미국 범죄수사대(CID), 연방수사국(FBI)의 수사관들이 작성한 수사보고서 및 피고인이 위 수사관들에 의한 조사를 받는 과정에서 작성하여 제출한 진술서는 피고인이 그 내용을 부인하는 이상 증거로 쓸 수 없다고 한 원심의 조치를 정당하다(대법원 2006. 1. 13. 선고 2003도6548 판결).

20. ★★★피의자의 진술을 녹취 내지 기재한 서류 또는 문서가 수사기관의 수사과정에서 작성된 것이라면 그것이 진술조서, 진술서, 자술서 등의 형식을 취하였더라도 피의자신문조서로 볼 것이므로 ★★★공판정에서 그 내용을 부인하면 증거능력이 없다(대법원 1983. 7. 26. 선고 82도385 판결).

21. 가. ★★★형사소송법 제312조 제2항은 검사 이외의 수사기관의 피의자신문은 이른바 신용성의 정황적 보장이 박약하다고 보아 피의자신문에 있어서 진정성립 및 임의성이 인정되더라도 공판 또는 그 준비절차에 있어 원진술자인 피고인이나 변호인이 그 내용을 인정하지 않는 한 그 증거능력을 부정하는 취지로 입법된 것으로, 그 입법취지와 법조의 문언에 비추어 볼 때 당해 사건에서 피의자였던 피고인에 대한 검사 이외의 수사기관 작성의 피의자신문조서에만 적용되는 것은 아니고 ★★★전혀 별개의 사건에서 피의자였던 피고인에 대한 검사 이외의 수사기관 작성의 피의자신문조서도 그 적용대상으로 하고 있는 것이라고 보아야 한다.

나. 피고인이 사법경찰관 앞에서의 진술의 내용을 부인하고 있는 이상 피고인을 수사한 경찰관이 증인으로 나와서 수사과정에서 피고인이 범행을 자백하게 된 경위를 진술한 증언은 형사소송법 제312조 제2항의 규정과 그 취지에 비추어 볼 때 역시 증거능력이 없고, 이러한 결론은 당해 피고사건과 전혀 별개의 사건에서 피의자로 조사받은 경우에 이 피의자신문조서에 형사소송법 제312조 제2항을 적용하고 있는 이상 전혀 별개의 사건에서 피고인이 범행을 자백하게 된 경위를 수사경찰관이 진술한 경우에도 동일하게 적용되어야 한다(대법원 1995. 3. 24. 선고 94도2287 판결).

22. 피의자가 변호인의 참여를 원한다는 의사를 명백하게 표시하였음에도 ★수사기관이 정당한 사유 없이 변호인을 참여하게 하지 아니한 채 피의자를 신문하여 작성한 피의자신문조서는 형사소송법 제312조에 정한 '적법한 절차와 방식'에 위반된 증거일 뿐만 아니라, 형사소송법 제308조의2에서 정한 '적법한 절차에 따르지 아니하고 수집한 증거'에 해당하므로 이를 증거로 할 수 없다(대법원 2013. 3. 28. 선고 2010도3359 판결).

23. 비록 사법경찰관이 피의자에게 진술거부권을 행사할 수 있음을 알려 주고 그 행사 여부를 질문하였다 하더라도, 형사소송법 제244조의3 제2항에 규정한 방식에 위반하여 ★진술거부권

행사 여부에 대한 피의자의 답변이 자필로 기재되어 있지 아니하거나 그 답변 부분에 피의자의 기명날인 또는 서명이 되어 있지 아니한 사법경찰관 작성의 피의자신문조서는 특별한 사정이 없는 한 형사소송법 제312조 제3항에서 정한 '적법한 절차와 방식'에 따라 작성된 조서라 할 수 없으므로 그 증거능력을 인정할 수 없다(대법원 2013. 3. 28. 선고 2010도3359 판결).

24. 피고인이 제1심 법정 이래 공소사실을 계속 부인하는 경우, ★★★★증거목록에 피고인이 경찰 작성의 피의자신문조서의 내용을 인정한 것으로 기재되었더라도 이는 착오 기재거나 조서를 잘못 정리한 것이어서 위 피의자신문조서가 증거능력을 가지게 되는 것은 아니다(대법원 2006. 5. 26. 선고 2005도6271 판결).--> ★★★★피고인은 제1심 법정 이래 계속 이 사건 <<공소사실을 부인하고 있으므로>> 이는 <<공소사실에 대하여 자백하는 듯한 취지가 포함되어 있는 경찰 작성의 피의자신문조서의 진술내용을 인정하지 않는 것이라고 보아야 할 것이고,>> 한편 ★★★★기록에 편철된 증거목록을 보면 제1심 제2회 공판기일에 피고인 본인이 경찰 작성의 피의자신문조서의 내용을 인정한 것으로 기재되어 있으나, 이는 착오 기재이었거나 아니면 피고인이 그와 같이 진술한 사실이 있었다는 것을 내용인정으로 조서를 잘못 정리한 것으로 이해될 뿐 이로써 위 피의자신문조서가 증거능력을 가지게 되는 것은 아니다(대법원 2006. 5. 26. 선고 2005도6271 판결).

25. 형사소송법 제312조 제3항에 의하면, 검사 이외의 수사기관 작성의 피의자신문조서는 공판준비 또는 공판기일에 그 피의자였던 피고인이나 변호인이 그 내용을 인정할 때에 한하여 증거로 할 수 있다고 규정하고 있는바, 위 규정에서 ★★★'그 내용을 인정할 때'라 함은 피의자신문조서의 기재 내용이 진술 내용대로 기재되어 있다는 의미가 아니고 그와 같이 진술한 내용이 실제 사실과 부합한다는 것을 의미한다(대법원 2010. 6. 24. 선고 2010도5040 판결).

26. 형사소송법 제312조 제3항이 형법 총칙의 공범 이외에도, 서로 대향된 행위의 존재를 필요로 할 뿐 각자의 구성요건을 실현하고 별도의 형벌 규정에 따라 처벌되는 강학상 필요적 공범 내지 대향범 관계에 있는 자들 사이에서도 적용된다는 판시를 하기도 하였다. 이는 ★★★필요적 공범 내지 대향범의 경우 형법 총칙의 공범관계와 마찬가지로 어느 한 피고인이 자기의 범죄에 대하여 한 진술이 나머지 대향적 관계에 있는 자가 저지른 범죄에도 내용상 불가분적으로 관련되어 있어 목격자, 피해자 등 제3자의 진술과는 본질적으로 다른 속성을 지니고 있음을 중시한 것으로 볼 수 있다(대법원 2020. 6. 11. 선고 2016도9367 판결).

27. ★★★★형사소송법 제312조 제3항은 검사 이외의 수사기관이 작성한 당해 피고인에 대한 피의자신문조서를 유죄의 증거로 하는 경우뿐만 아니라, 검사 이외의 수사기관이 작성한 당해 피고인과 공범관계에 있는 다른 피고인이나 피의자에 대한 피의자신문조서를 당해 피고인에 대한 유죄의 증거로 채택할 경우에도 적용된다. 따라서 ★★★★당해 피고인과 공범관계에 있는 공동피고인에 대해 검사 이외의 수사기관이 작성한 피의자신문조서는 그 공동피고인의 법정진술에 의하여 성립의 진정이 인정되더라도 당해 피고인이 공판기일에서 그 조서의 내용을 부인하면 증거능력이 부정된다. 그리고 ★★★★이러한 경우 그 공동피고인이 법정에서 경찰수사 도중 피의자신문조서에 기재된 것과 같은 내용으로 진술하였다는 취지로 증언하였다고 하더라도, 이러한 증언은 원진술자인 공동피고인이 그 자신에 대한 경찰 작성의 피의자신문조서

의 진정성립을 인정하는 취지에 불과하여 위 조서와 분리하여 독자적인 증거가치를 인정할 것은 아니므로, 앞서 본 바와 같은 이유로 위 조서의 증거능력이 부정되는 이상 위와 같은 증언 역시 이를 유죄 인정의 증거로 쓸 수 없다(대법원 2009. 10. 15. 선고 2009도1889 판결).

28. ★★★★해당 피고인과 공범관계가 있는 다른 피의자에 대하여 검사 이외의 수사기관이 작성한 피의자신문조서는 그 피의자의 법정진술에 의하여 성립의 진정이 인정되는 등 형사소송법 제312조 제4항의 요건을 갖춘 경우라도 ★★★★해당 피고인이 공판기일에서 그 조서의 내용을 부인한 이상 이를 유죄 인정의 증거로 사용할 수 없고, 그 당연한 결과로 위 피의자신문조서에 대하여는 사망 등 사유로 인하여 법정에서 진술할 수 없는 때에 예외적으로 증거능력을 인정하는 규정인 <<형사소송법 제314조가 적용되지 아니한다.>> ★★★★그리고 이러한 법리는 공동정범이나 교사범, 방조범 등 공범관계에 있는 자들 사이에서뿐만 아니라, 법인의 대표자나 법인 또는 개인의 대리인, 사용인, 그 밖의 종업원 등 행위자의 위반행위에 대하여 행위자가 아닌 법인 또는 개인이 양벌규정에 따라 기소된 경우, 이러한 법인 또는 개인과 행위자 사이의 관계에서도 마찬가지로 적용된다고 보아야 한다.-->피고인이 경영하는 병원의 사무국장으로 근무하던 공소외인이 2011. 8. 23.부터 2012. 2. 21.까지 총 43회에 걸쳐 합계 23,490,000원을 환자 소개의 대가 등 명목으로 교부함으로써 영리를 목적으로 환자를 소개·알선·유인하는 행위를 저지른 것에 대하여, 피고인이 양벌규정인 의료법 제91조를 적용법조로 기소된 사실, 피고인은 제1심 제3회 공판기일에서 검사가 증거로 제출한 사법경찰관 작성의 공소외인에 대한 피의자신문조서를 증거로 함에 동의하지 않고 그 내용을 부인한 사실, 그럼에도 제1심은 위 피의자신문조서는 형사소송법 제312조 제3항이 적용되는 '검사 이외의 수사기관이 작성한 피의자신문조서'가 아니라 같은 조 제4항의 '사법경찰관이 피고인이 아닌 자의 진술을 기재한 조서'에 해당한다고 보아, 공소외인이 이미 사망하였으므로 공판기일에 출석하여 진술을 할 수 없는 경우에 해당하고 그의 경찰에서의 진술은 특히 신빙할 수 있는 상태하에서 행하여졌음이 인정되므로 형사소송법 제314조에 의하여 증거능력을 인정할 수 있다고 판단한 사실, 이에 따라 제1심은 피고인에 대한 공소사실을 유죄로 인정하였고 원심도 제1심판결의 결론을 그대로 유지한 사실을 알 수 있다.

그러나 이러한 사실관계를 앞서 본 법리에 비추어 살펴보면, ★★★★피고인이 법정에서 사법경찰관 작성의 공소외인에 대한 피의자신문조서를 <<증거로 함에 동의하지 않았고>> <<오히려 그 내용을 부인하고 있는 이상,>> <<검사 이외의 수사기관이 양벌규정의 행위자인 공소외인에 대하여 작성한 피의자신문조서에 관해서는 형사소송법 제312조 제3항이 적용되어 그 증거능력이 없고,>> 따라서 <<이 경우에는 형사소송법 제314조를 적용하여 위 피의자신문조서의 증거능력을 인정할 수도 없다고 보아야 한다>>(대법원 2020. 6. 11. 선고 2016도9367 판결).

29. 형사소송법 제312조 제2항은 검사 이외의 수사기관이 작성한 당해 피고인에 대한 피의자신문조서를 유죄의 증거로 하는 경우뿐만 아니라 검사 이외의 수사기관이 작성한 당해 피고인과 공범관계에 있는 다른 피고인이나 피의자에 대한 피의자신문조서를 당해 피고인에 대한 유죄의 증거로 채택할 경우에도 적용되는바, 당해 피고인과 공범관계가 있는 다른 피의자에 대한 검사 이외의 수사기관 작성의 피의자신문조서는 그 피의자의 법정진술에 의하여 그 성립의 진

정이 인정되더라도 당해 피고인이 공판기일에서 그 조서의 내용을 부인하면 증거능력이 부정되므로 그 당연한 결과로 그 ★★★★피의자신문조서에 대하여는 사망 등 사유로 인하여 법정에서 진술할 수 없는 때에 예외적으로 증거능력을 인정하는 규정인 형사소송법 제314조가 적용되지 아니한다(대법원 2004. 7. 15. 선고 2003도7185 전원합의체 판결).

30. ★★★★피고인이 지하철역 에스컬레이터에서 휴대전화기의 카메라를 이용하여 성명불상 여성 피해자의 치마 속을 몰래 촬영하다가 현행범으로 체포되어 성폭력범죄의 처벌 등에 관한 특례법 위반(카메라등이용촬영)으로 기소된 사안에서, ★★★★피고인은 공소사실에 대해 자백하고 검사가 제출한 모든 서류에 대하여 증거로 함에 동의하였는데, 그 서류들 중 체포 당시 임의제출 방식으로 압수된 피고인 소유 휴대전화기(이하 '휴대전화기'라고 한다)에 대한 압수조서의 '압수경위'란에 '지하철역 승강장 및 게이트 앞에서 경찰관이 지하철범죄 예방·검거를 위한 비노출 잠복근무 중 검정 재킷, 검정 바지, 흰색 운동화를 착용한 20대가량 남성이 짧은 치마를 입고 에스컬레이터를 올라가는 여성을 쫓아가 뒤에 밀착하여 치마 속으로 휴대폰을 집어넣는 등 해당 여성의 신체를 몰래 촬영하는 행동을 하였다'는 내용이 포함되어 있고, 그 하단에 피고인의 범행을 직접 목격하면서 위 압수조서를 작성한 사법경찰관 및 사법경찰리의 각 기명날인이 들어가 있으므로, 위 <<압수조서 중 '압수경위'란에 기재된 내용은>> 피고인이 범행을 저지르는 현장을 직접 목격한 사람의 진술이 담긴 것으로서 형사소송법 제312조 제5항에서 정한 <<'피고인 아닌 자가 수사과정에서 작성한 진술서'에 준하는 것으로 볼 수 있고,>> 이에 따라 ★★★★휴대전화기에 대한 임의제출절차가 적법하였는지에 영향을 받지 않는 별개의 독립적인 증거에 해당하여, 피고인이 증거로 함에 동의한 이상 유죄를 인정하기 위한 증거로 사용할 수 있을 뿐 아니라 피고인의 자백을 보강하는 증거가 된다고 볼 여지가 많다는 이유로, 이와 달리 피고인의 자백을 뒷받침할 보강증거가 없다고 보아 무죄를 선고한 원심판결에 자백의 보강증거 등에 관한 법리를 오해하거나 필요한 심리를 다하지 아니한 잘못이 있다(대법원 2019. 11. 14. 선고 2019도13290 판결).

31. 사법경찰리 작성의 피해자에 대한 진술조서가 ★피해자의 화상으로 인한 서명불능을 이유로 입회하고 있던 피해자의 동생에게 대신 읽어 주고 그 동생으로 하여금 서명날인하게 하는 방법으로 작성된 경우, 이는 형사소송법 제313조 제1항 소정의 형식적 요건을 결여한 서류로서 증거로 사용할 수 없다(대법원 1997. 4. 11. 선고 96도2865 판결).

32. 형사소송법 제221조 제1항, 제244조의4 제1항, 제3항, 제312조 제4항, 제5항 및 그 입법 목적 등을 종합하여 보면, 피고인이 아닌 자가 수사과정에서 진술서를 작성하였지만 수사기관이 그에 대한 ★조사과정을 기록하지 아니하여 형사소송법 제244조의4 제3항, 제1항에서 정한 절차를 위반한 경우에는, 특별한 사정이 없는 한 '적법한 절차와 방식'에 따라 수사과정에서 진술서가 작성되었다 할 수 없으므로 증거능력을 인정할 수 없다(대법원 2015. 4. 23. 선고 2013도3790 판결).

33. 형사소송법 제312조 제4항은 검사 또는 사법경찰관이 피고인이 아닌 자의 진술을 기재한 조서의 증거능력이 인정되려면 '적법한 절차와 방식에 따라 작성된 것'이어야 한다고 규정하고 있다. 여기서 적법한 절차와 방식이라 함은 피의자 또는 제3자에 대한 조서 작성 과정에서 지

켜야 할 진술거부권의 고지 등 형사소송법이 정한 제반 절차를 준수하고 조서의 작성방식에도 어긋남이 없어야 한다는 것을 의미한다. 그런데 ★★★★형사소송법은 조서에 진술자의 실명 등 인적 사항을 확인하여 이를 그대로 밝혀 기재할 것을 요구하는 규정을 따로 두고 있지는 아니하다. 따라서 「특정범죄신고자 등 보호법」 등에서처럼 명시적으로 진술자의 인적 사항의 전부 또는 일부의 기재를 생략할 수 있도록 한 경우가 아니라 하더라도, 진술자와 피고인의 관계, 범죄의 종류, 진술자 보호의 필요성 등 여러 사정으로 볼 때 상당한 이유가 있는 경우에는 ★★★★수사기관이 진술자의 성명을 가명으로 기재하여 조서를 작성하였다고 해서 그 이유만으로 그 조서가 '적법한 절차와 방식'에 따라 작성되지 않았다고 할 것은 아니다. 그러한 조서라도 공판기일 등에 원진술자가 출석하여 자신의 진술을 기재한 조서임을 확인함과 아울러 그 조서의 실질적 진정성립을 인정하고 나아가 그에 대한 반대신문이 이루어지는 등 형사소송법 제312조 제4항에서 규정한 조서의 증거능력 인정에 관한 다른 요건이 모두 갖추어진 이상 그 증거능력을 부정할 것은 아니라고 할 것이다(대법원 2012. 5. 24. 선고 2011도7757 판결).

34. 실질적 진정성립을 증명할 수 있는 방법으로서 형사소송법 제312조 제2항에 예시되어 있는 영상녹화물의 경우 형사소송법 및 형사소송규칙에 의하여 영상녹화의 과정, 방식 및 절차 등이 엄격하게 규정되어 있는데다(형사소송법 제244조의2, 형사소송규칙 제134조의2 제3항, 제4항, 제5항 등) 피의자의 진술을 비롯하여 검사의 신문 방식 및 피의자의 답변 태도 등 조사의 전 과정이 모두 담겨 있어 피고인이 된 피의자의 진술 내용 및 취지를 과학적·기계적으로 재현해 낼 수 있으므로 조서의 내용과 검사 앞에서의 진술 내용을 대조할 수 있는 수단으로서의 객관성이 보장되어 있다고 볼 수 있으나, 피고인을 피의자로 조사하였거나 조사에 참여하였던 자들의 증언은 오로지 증언자의 주관적 기억 능력에 의존할 수밖에 없어 객관성이 보장되어 있다고 보기 어렵다. 결국 검사 작성의 피의자신문조서에 대한 실질적 진정성립을 증명할 수 있는 수단으로서 형사소송법 제312조 제2항에 규정된 ★★★★'영상녹화물이나 그 밖의 객관적인 방법'이란 형사소송법 및 형사소송규칙에 규정된 방식과 절차에 따라 제작된 영상녹화물 또는 그러한 영상녹화물에 준할 정도로 피고인의 진술을 과학적·기계적·객관적으로 재현해 낼 수 있는 방법만을 의미하고, ★★★★그 외에 조사관 또는 조사 과정에 참여한 통역인 등의 증언은 이에 해당한다고 볼 수 없다(대법원 2016. 2. 18. 선고 2015도16586 판결).

35. 수사기관이 작성한 조서의 내용이 원진술자가 진술한 대로 기재된 것이라 함은 조서 작성 당시 원진술자의 진술대로 기재되었는지의 여부만을 의미하는 것으로, 그와 같이 진술하게 된 연유나 그 진술의 신빙성 여부는 고려할 것이 아니며, 한편 ★★★★검사가 피의자나 피의자 아닌 자의 진술을 기재한 조서 중 <<일부에 관하여만 원진술자가 공판준비 또는 공판기일에서 실질적 진정성립을 인정하는 경우>>에는 법원은 당해 조서 중 어느 부분이 원진술자가 진술한 대로 기재되어 있고 어느 부분이 달리 기재되어 있는지 여부를 구체적으로 심리한 다음 진술한 대로 기재되어 있다고 하는 부분에 한하여 증거능력을 인정하여야 하고, 그 밖에 실질적 진정성립이 부정되는 부분에 대해서는 증거능력을 부정하여야 한다(대법원 2005. 6. 10. 선고 2005도1849 판결).

36. 검사 작성의 피해자 진술조서를 피고인이 증거로 함에 부동의하였고, 원진술자가 공판기일에 증인으로 나와 ★진술기재 내용을 열람하거나 고지받지 못한 채 단지 검사의 신문에 대하여

수사기관에서 사실대로 진술하였다는 취지의 증언만을 한 경우 그 진술조서는 증거능력이 없다(대법원 1994. 9. 9. 선고 94도1384 판결).

37. 피해자가 제1심의 제5회 공판기일에 증인으로 출석하여 ★검사의 신문에 대하여 수사기관에서 사실대로 진술하고 그 내용을 확인한 후 서명날인하였다는 취지로 증언하고 있을 뿐이어서, 과연 그 진술이 조서의 진정성립을 인정하는 취지인지 분명하지 아니하므로 그 진술만으로는 조서의 진정성립을 인정하기에 부족하다(대법원 1996. 10. 15. 선고 96도1301 판결).

38. 수사기관이 원진술자의 진술을 기재한 조서는 원본 증거인 원진술자의 진술에 비하여 본질적으로 낮은 정도의 증명력을 가질 수밖에 없다는 한계를 지니는 것이고, 특히 원진술자의 법정 출석 및 반대신문이 이루어지지 못한 경우에는 그 진술이 기재된 조서는 법관의 올바른 심증형성의 기초가 될 만한 진정한 증거가치를 가진 것으로 인정받을 수 없는 것이 원칙이다. 따라서 ★★★★피고인이 공소사실 및 이를 뒷받침하는 수사기관이 원진술자의 진술을 기재한 조서 내용을 부인하였음에도 불구하고, 원진술자의 법정 출석과 피고인에 의한 반대신문이 이루어지지 못하였다면, 그 조서에 기재된 진술이 직접 경험한 사실을 구체적인 경위와 정황의 세세한 부분까지 정확하고 상세하게 묘사하고 있어 구태여 반대신문을 거치지 않더라도 진술의 정확한 취지를 명확히 인식할 수 있고 그 내용이 경험칙에 부합하는 등 신빙성에 의문이 없어 조서의 형식과 내용에 비추어 강한 증명력을 인정할 만한 특별한 사정이 있거나, ★★★★그 조서에 기재된 진술의 신빙성과 증명력을 뒷받침할 만한 다른 유력한 증거가 따로 존재하는 등의 예외적인 경우가 아닌 이상, 그 조서는 진정한 증거가치를 가진 것으로 인정받을 수 없는 것이어서 이를 주된 증거로 하여 공소사실을 인정하는 것은 원칙적으로 허용될 수 없다. 이는 원진술자의 사망이나 질병 등으로 인하여 원진술자의 법정 출석 및 반대신문이 이루어지지 못한 경우는 물론 수사기관의 조서를 증거로 함에 피고인이 동의한 경우에도 마찬가지이다(대법원 2006. 12. 8. 선고 2005도9730 판결).

39. ★★★★검찰관이 피고인을 뇌물수수 혐의로 기소한 후, 형사사법공조절차를 거치지 아니한 채 과테말라공화국에 현지출장하여 그곳 호텔에서 뇌물공여자 갑을 상대로 참고인 진술조서를 작성한 사안에서, ★★★★갑이 자유스러운 분위기에서 임의수사 형태로 조사에 응하였고 조서에 직접 서명·무인하였다는 사정만으로 특신상태를 인정하기에 부족할 뿐만 아니라, 검찰관이 군사법원의 증거조사절차 외에서, 그것도 형사사법공조절차나 과테말라공화국 주재 우리나라 영사를 통한 조사 등의 방법을 택하지 않고 직접 현지에 가서 조사를 실시한 것은 수사의 정형적 형태를 벗어난 것이라고 볼 수 있는 점 등 제반 사정에 비추어 볼 때, ★★★★진술이 특별히 신빙할 수 있는 상태에서 이루어졌다는 점에 관한 증명이 있다고 보기 어려워 갑의 진술조서는 증거능력이 인정되지 아니하므로, 이를 유죄의 증거로 삼을 수 없다(대법원 2011. 7. 14. 선고 2011도3809 판결).

40. 형사소송법 제312조 제4항에서 ★'특히 신빙할 수 있는 상태'란 진술 내용이나 조서 작성에 허위개입의 여지가 거의 없고, 진술 내용의 신빙성이나 임의성을 담보할 구체적이고 외부적인 정황이 있는 것을 말한다. 그리고 이러한 '특히 신빙할 수 있는 상태'는 증거능력의 요건에 해당하므로 ★검사가 그 존재에 대하여 구체적으로 주장·증명하여야 하지만, 이는 소송상의 사실에

관한 것이므로 엄격한 증명을 요하지 아니하고 자유로운 증명으로 족하다(대법원 2012. 7. 26. 선고 2012도2937 판결).

41. ★★★★공판준비 또는 공판기일에서 이미 증언을 마친 증인을 검사가 소환한 후 피고인에게 유리한 그 증언 내용을 추궁하여 이를 일방적으로 번복시키는 방식으로 작성한 진술조서를 ★★★★유죄의 증거로 삼는 것은 당사자주의·공판중심주의·직접주의를 지향하는 현행 형사소송법의 소송구조에 어긋나는 것일 뿐만 아니라, 헌법 제27조가 보장하는 기본권, 즉 법관의 면전에서 모든 증거자료가 조사·진술되고 이에 대하여 피고인이 공격·방어할 수 있는 기회가 실질적으로 부여되는 재판을 받을 권리를 침해하는 것이므로, ★★★★이러한 진술조서는 피고인이 증거로 할 수 있음에 동의하지 아니하는 한 그 증거능력이 없다고 하여야 할 것이고, ★★★★그 후 원진술자인 종전 증인이 다시 법정에 출석하여 증언을 하면서 그 진술조서의 성립의 진정함을 인정하고 피고인측에 반대신문의 기회가 부여되었다고 하더라도 그 증언 자체를 유죄의 증거로 할 수 있음은 별론으로 하고 위와 같은 진술조서의 증거능력이 없다는 결론은 달리할 것이 아니다(대법원 2000. 6. 15. 선고 99도1108 전원합의체 판결).

42. 공판준비 또는 공판기일에서 이미 증언을 마친 증인을 검사가 소환한 후 피고인에게 유리한 증언 내용을 추궁하여 이를 일방적으로 번복시키는 방식으로 작성한 진술조서를 유죄의 증거로 삼는 것은 당사자주의·공판중심주의·직접주의를 지향하는 현행 형사소송법의 소송구조에 어긋나는 것일 뿐만 아니라, 헌법 제27조가 보장하는 기본권, 즉 법관의 면전에서 모든 증거자료가 조사·진술되고 이에 대하여 피고인이 공격·방어할 수 있는 기회가 실질적으로 부여되는 재판을 받을 권리를 침해하는 것이므로, 이러한 진술조서는 피고인이 증거로 할 수 있음에 동의하지 아니하는 한 증거능력이 없다고 할 것이고, 이러한 법리는 검사가 공판준비기일 또는 공판기일에서 ★★★★이미 증언을 마친 증인을 소환하여 피고인에게 유리한 증언 내용을 추궁한 다음 진술조서를 작성하는 대신 그로 하여금 본인의 <<증언 내용을 번복하는 내용의 진술서를 작성>>하도록 하여 법원에 제출한 경우에도 마찬가지로 적용된다(대법원 2012. 6. 14. 선고 2012도534 판결).

43. 공판준비 또는 공판기일에서 이미 증언을 마친 증인을 검사가 소환한 후 피고인에게 유리한 증언 내용을 추궁하여 이를 일방적으로 번복시키는 방식으로 작성한 진술조서를 유죄의 증거로 삼는 것은 당사자주의·공판중심주의·직접주의를 지향하는 현행 형사소송법의 소송구조에 어긋나는 것일 뿐만 아니라, 헌법 제27조가 보장하는 기본권, 즉 법관의 면전에서 모든 증거자료가 조사·진술되고 이에 대하여 피고인이 공격·방어할 수 있는 기회가 실질적으로 부여되는 재판을 받을 권리를 침해하는 것이므로, 이러한 진술조서는 피고인이 증거로 할 수 있음에 동의하지 아니하는 한 증거능력이 없고, 그 후 원진술자인 종전 증인이 다시 법정에 출석하여 증언을 하면서 그 진술조서의 성립의 진정함을 인정하고 <<피고인 측에 반대신문의 기회가 부여되었다고 하더라도>> 그 증언 자체를 유죄의 증거로 할 수 있음은 별론으로 하고 위와 같은 진술조서의 증거능력이 없다는 결론은 달리할 것이 아니다. 이는 검사가 공판준비 또는 공판기일에서 ★★★★이미 증언을 마친 증인에게 수사기관에 출석할 것을 요구하여 그 증인을 상대로 <<위증의 혐의를 조사한 내용을 담은 피의자신문조서의 경우>>도 마찬가지이다(대법원 2013. 8. 14. 선고 판결).

44. 피고인의 자필로 작성된 진술서의 경우에는 서류의 작성자가 동시에 진술자이므로 진정하게 성립된 것으로 인정되어 ★형사소송법 제313조 단서에 의하여 그 진술이 특히 신빙할 수 있는 상태하에서 행하여진 때에는 증거능력이 있고, 이러한 특신상태는 증거능력의 요건에 해당하므로 검사가 그 존재에 대하여 구체적으로 주장·입증하여야 하는 것이지만, 이는 소송상의 사실에 관한 것이므로, 엄격한 증명을 요하지 아니하고 자유로운 증명으로 족하다(대법원 2001. 9. 4. 선고 2000도1743 판결).

45. ★★★★수사기관이 아닌 사인이 피고인 아닌 사람과의 대화내용을 녹음한 녹음테이프는 형사소송법 제311조, 제312조 규정 이외의 피고인 아닌 자의 진술을 기재한 서류와 다를 바 없으므로, 피고인이 그 녹음테이프를 증거로 할 수 있음에 동의하지 아니하는 이상 그 증거능력을 부여하기 위하여는 ★★★★첫째, 녹음테이프가 원본이거나 원본으로부터 복사한 사본일 경우(녹음디스크에 복사할 경우에도 동일하다)에는 복사과정에서 편집되는 등의 인위적 개작 없이 원본의 내용 그대로 복사된 사본일 것, ★★★★둘째 <<형사소송법 제313조 제1항에 따라>> 공판준비나 공판기일에서 원진술자의 진술에 의하여 그 녹음테이프에 녹음된 각자의 진술내용이 자신이 진술한 대로 녹음된 것이라는 점이 인정되어야 할 것이고, ★★★★사인이 피고인 아닌 사람과의 대화내용을 대화 상대방 몰래 녹음하였다고 하더라도 위와 같은 조건이 갖추어진 이상 그것만으로는 그 녹음테이프가 위법하게 수집된 증거로서 증거능력이 없다고 할 수 없으며, ★★★★사인이 피고인 아닌 사람과의 대화내용을 상대방 몰래 <<비디오로 촬영·녹음한 경우에도>> 그 비디오테이프의 진술부분에 대하여도 위와 마찬가지로 취급하여야 할 것이다(대법원 1999. 3. 9. 선고 98도3169 판결).

46. 피고인과 갑·을의 대화에 관한 녹취록은 피고인의 진술에 관한 전문증거인데 피고인이 위 녹취록에 대하여 부동의한 경우, 을이 위 대화를 자신이 녹음하였고 녹취록의 내용이 다 맞다고 법정에서 진술하였다 하더라도, 녹취록에 그 작성자가 기재되어 있지 않을 뿐만 아니라 ★★★검사 역시 녹취록 작성의 토대가 된 위 대화내용을 녹음한 원본 녹음테이프 등을 증거로 제출하지도 아니하는 등 형사소송법 제313조 제1항에 따라 위 녹취록의 진정성립을 인정할 수 있는 요건이 전혀 갖추어지지 아니한 이상, 그 녹취록의 기재는 증거능력이 없어 이를 증거로 사용할 수 없다(대법원 2010. 3. 11. 선고 2009도14525 판결).

47. ★★★★피고인과 상대방 사이의 대화 내용에 관한 녹취서가 공소사실의 증거로 제출되어 녹취서의 기재 내용과 녹음테이프의 녹음 내용이 동일한지에 대하여 법원이 검증을 실시한 경우에, 증거자료가 되는 것은 녹음테이프에 녹음된 대화 내용 자체이고, 그 중 피고인의 진술 내용은 실질적으로 형사소송법 제311조, 제312조의 규정 이외에 피고인의 진술을 기재한 서류와 다름없어, ★★★★피고인이 녹음테이프를 증거로 할 수 있음에 동의하지 않은 이상 녹음테이프에 녹음된 피고인의 진술 내용을 증거로 사용하기 위해서는 ★★★★형사소송법 제313조 제1항 단서에 따라 공판준비 또는 공판기일에서 작성자인 상대방의 진술에 의하여 녹음테이프에 녹음된 피고인의 진술 내용이 피고인이 진술한 대로 녹음된 것임이 증명되고 나아가 그 진술이 특히 신빙할 수 있는 상태하에서 행하여진 것임이 인정되어야 한다. 또한 ★★★★대화 내용을 녹음한 파일 등 전자매체는 성질상 작성자나 진술자의 서명 또는 날인이 없을 뿐만 아니라,

녹음자의 의도나 특정한 기술에 의하여 내용이 편집·조작될 위험성이 있음을 고려하여, 대화 내용을 녹음한 원본이거나 원본으로부터 복사한 사본일 경우에는 복사과정에서 편집되는 등의 인위적 개작 없이 원본의 내용 그대로 복사된 사본임이 증명되어야 한다.

[2] 구 특정경제범죄 가중처벌 등에 관한 법률(2012. 2. 10. 법률 제11304호로 개정되기 전의 것) 위반(공갈) 피고사건에서, ★★★피해자 토지구획정리사업조합의 대표자 갑이 디지털 녹음기로 피고인과의 대화를 녹음한 후 저장된 녹음파일 원본을 컴퓨터에 복사하고 디지털 녹음기의 파일 원본을 삭제한 뒤 다음 대화를 다시 녹음하는 과정을 반복하여 작성한 녹음파일 사본과 해당 녹취록의 증거능력이 문제된 사안에서, ★★★★제반 사정에 비추어 녹음파일 사본은 타인 간의 대화를 녹음한 것이 아니므로 타인의 대화비밀 침해금지를 규정한 통신비밀보호법 제14조의 적용 대상이 아니고, ★★★★복사 과정에서 편집되는 등의 인위적 개작 없이 원본 내용 그대로 복사된 것으로 대화자들이 진술한 대로 녹음된 것이 인정되며, 녹음 경위, 대화 장소, 내용 및 대화자 사이의 관계 등에 비추어 그 진술이 특히 신빙할 수 있는 상태하에서 행하여진 것으로 인정된다는 이유로, 녹음파일 사본과 녹취록의 증거능력을 인정한 사례(대법원 2012. 9. 13. 선고 2012도7461 판결)

48. ★★★외국에 거주하는 참고인과의 전화 대화내용을 문답형식으로 기재한 검찰주사보 작성의 수사보고서는 전문증거로서 형사소송법 제310조의2에 의하여 제311조 내지 제316조에 규정된 것 이외에는 이를 증거로 삼을 수 없는 것인데, 위 수사보고서는 제311조, 제312조, 제315조, 제316조의 적용대상이 되지 아니함이 분명하므로, 결국 제313조의 진술을 기재한 서류에 해당하여야만 제314조의 적용 여부가 문제될 것인바, ★★★제313조가 적용되기 위하여는 그 진술을 기재한 서류에 그 진술자의 서명 또는 날인이 있어야 한다(대법원 1999. 2. 26. 선고 98도2742 판결). 또한, ★★★위 각 수사보고서에는 검찰주사보의 기명날인만 되어 있을 뿐 원진술자인 공소외 1이나 공소외 2의 서명 또는 기명날인이 없음은 앞서 본 바와 같으므로, 위 각 수사보고서는 제313조에 정한 진술을 기재한 서류가 아니어서 제314조에 의한 증거능력의 유무를 따질 필요가 없다고 할 것이고, 이는 검찰주사보가 법정에서 그 수사보고서의 내용이 전화통화내용을 사실대로 기재하였다는 취지의 진술을 하더라도 마찬가지라고 할 것이다.

49. ★★★법원이 녹음테이프에 대하여 실시한 검증의 내용이 녹음테이프에 녹음된 전화대화 내용이 녹취서에 기재된 것과 같다는 것에 불과한 경우 증거자료가 되는 것은 여전히 녹음테이프에 녹음된 대화 내용임에는 변함이 없으므로, 그와 같은 녹음테이프의 녹음 내용이나 검증조서의 기재는 ★★★실질적으로는 공판준비 또는 공판기일에서의 진술에 대신하여 진술을 기재한 서류와 다를 바 없어서 형사소송법 제311조 내지 제315조에 규정한 것이 아니면 이를 유죄의 증거로 할 수 없다(대법원 1996. 10. 15. 선고 96도1669 판결).

50. ★★★수사보고서에 검증의 결과에 해당하는 기재가 있는 경우, 그 기재 부분은 검찰사건사무규칙 제17조에 의하여 검사가 범죄의 현장 기타 장소에서 실황조사를 한 후 작성하는 실황조서 또는 사법경찰관리집무규칙 제49조 제1항, 제2항에 의하여 사법경찰관이 수사상 필요하다고 인정하여 범죄현장 또는 기타 장소에 임하여 실황을 조사할 때 작성하는 실황조사서에 해당하지 아니하며, ★★★단지 수사의 경위 및 결과를 내부적으로 보고하기 위하여 작성된 서류

에 불과하므로 ★★★그 안에 검증의 결과에 해당하는 기재가 있다고 하여 이를 형사소송법 제 312조 제1항의 '검사 또는 사법경찰관이 검증의 결과를 기재한 조서'라고 할 수 없을 뿐만 아니라 이를 같은 법 제313조 제1항의 '피고인 또는 피고인이 아닌 자가 작성한 진술서나 그 진술을 기재한 서류'라고 할 수도 없고, 같은 법 제311조, 제315조, 제316조의 적용대상이 되지 아니함이 분명하므로 <<그 기재 부분은 증거로 할 수 없다>>(대법원 2001. 5. 29. 선고 2000도2933 판결).

51. ★★★사법경찰관 작성의 검증조서에 대하여 피고인이 증거로 함에 동의만 하였을 뿐 <<공판정에서 검증조서에 기재된 진술내용 및 범행을 재연한 부분>>에 대하여 그 성립의 진정 및 내용을 인정한 흔적을 찾아 볼 수 없고 오히려 이를 부인하고 있는 경우에는 그 증거능력을 인정할 수 없으므로, ★★★위 검증조서 중 범행에 부합되는 피고인의 진술을 기재한 부분과 범행을 재연한 부분을 제외한 나머지 부분만을 증거로 채용하여야 함에도 이를 구분하지 아니한 채 그 전부를 유죄의 증거로 인용한 항소심의 조치는 위법하다(대법원 1998. 3. 13. 선고 98도159 판결).-->즉, 사법경찰관 작성 검증조서 중, 피고인의 진술기재부분과 범행재현의 사진영상 부분에 대하여 <<제312 제3항 적용>>-->사법경찰관 작성 피의자신문조서와 동일하게 판단,(당시) 성립의 진정과 내용을 인정하면 증거능력 인정함

52. ★★★사법경찰관이 작성한 실황조사서에 피의자이던 피고인이 사법경찰관의 면전에서 자백한 범행내용을 현장에 따라 진술, 재연하고 사법경찰관이 그 진술, 재연의 상황을 기재하거나 이를 사진으로 촬영한 것 외에 별다른 기재가 없는 경우에 있어서 ★★★피고인이 공판정에서 실황조사서에 기재된 진술내용 및 범행재연의 상황을 모두 부인하고 있다면 그 실황조사서는 증거능력이 없다 할 것이다(대법원 1984. 5. 29. 선고 84도378 판결).

53. ★★★사법경찰관 사무취급이 작성한 실황조서가 사고발생 직후 사고장소에서 긴급을 요하여 판사의 영장없이 시행된 것으로서 형사소송법 제216조 제3항에 의한 검증에 따라 작성된 것이라면 ★★★사후영장을 받지 않는 한 유죄의 증거로 삼을 수 없다(대법원 1989. 3. 14. 선고 88도1399 판결).

54. ★★★'사법경찰관이 작성한 검증조서 중 피고인의 진술 부분을 제외한 기재 및 사진의 각 영상'에는 이 사건 범행에 부합되는 피의자이었던 피고인이 범행을 재연하는 사진이 첨부되어 있으나, ★★★기록에 의하면 행위자인 피고인이 위 검증조서에 대하여 증거로 함에 부동의하였고 공판정에서 검증조서 중 범행을 재연한 부분에 대하여 그 성립의 진정 및 내용을 인정한 흔적을 찾아 볼 수 없고 오히려 이를 부인하고 있으므로 그 ★★★증거능력을 인정할 수 없는 바, 원심으로서는 위 검증조서 중 피고인의 진술 부분 뿐만 아니라 범행을 재연한 부분까지도 제외한 나머지 부분만을 증거로 채용하여야 함에도 이를 구분하지 아니한 채 피고인의 진술 부분을 제외한 나머지를 유죄의 증거로 인용한 조치는 위법하다고 할 것이나(대법원 1988. 3. 8. 선고 87도2692 판결, 1990. 7. 24. 선고 90도1303 판결 등 참조)(대법원 2007. 4. 26. 선고 2007도1794 판결)

55. [1] 형사소송법 제314조에 의하면, 같은 법 제312조 소정의 조서나 같은 법 제313조 소정의

서류 등을 증거로 하기 위해서는, ★★★첫째로 진술을 요할 자가 사망, 질병, 외국거주 기타 사유로 인하여 공판준비 또는 공판기일에 진술할 수 없는 경우이어야 하고('필요성의 요건'), ★★★둘째로 그 진술 또는 서류의 작성이 특히 신빙할 수 있는 상태하에서 행하여진 것이어야 한다('신용성 정황적 보장의 요건'). ★★★위 필요성의 요건 중 '질병'은 진술을 요할 자가 공판이 계속되는 동안 임상신문이나 출장신문도 불가능할 정도의 중병임을 요한다고 할 것이고, '기타 사유'는 사망 또는 질병에 준하여 증인으로 소환될 당시부터 기억력이나 분별력의 상실 상태에 있다거나, 법정에 출석하여 증언거부권을 행사한다거나, 증인소환장을 송달받고 출석하지 아니하여 구인을 명하였으나 끝내 구인의 집행이 되지 아니하는 등으로 진술을 요할 자가 공판준비 또는 공판기일에 진술할 수 없는 예외적인 사유가 있어야 한다. 한편, 위 ★★★신용성 정황적 보장의 요건인 '특히 신빙할 수 있는 상태하에서 행하여진 때'라고 함은 그 진술내용이나 조서 또는 서류의 작성에 허위개입의 여지가 거의 없고, 그 진술내용의 신빙성이나 임의성을 담보할 구체적이고 외부적인 정황이 있는 경우를 가리킨다.

[2] ★★★만 5세 무렵에 당한 성추행으로 인하여 외상 후 스트레스 증후군을 앓고 있다는 등의 이유로 공판정에 출석하지 아니한 약 10세 남짓의 성추행 피해자에 대한 진술조서가 형사소송법 제314조에 정한 필요성의 요건과 신용성 정황적 보장의 요건을 모두 갖추지 못하여 증거능력이 없다고 본 원심의 판단을 수긍한 사례(대법원 2006. 5. 25. 선고 2004도3619 판결).

56. 검사 및 사법경찰리가 작성한 공소외 1에 대한 각 진술조서의 증거능력에 관하여는 제1심법원이 그를 증인으로 채택, 수회에 걸쳐 소환장과 구인영장을 발부하여 그가 소환장을 직접 받은 적도 있으나, ★★★중풍, 언어장애 등 장애등급 3급 5호의 장애로 인하여 법정에 출석할 수 없었던 것이고, 그 후 신병을 치료하기 위하여 속초로 간 후에는 그에 대한 소재탐지가 불가능하게 된 사실이 인정되므로, ★★★이러한 경우에는 형사소송법 제314조 소정의 공판기일에 진술을 요할 자가 질병 기타 사유로 인하여 진술할 수 없는 때에 해당한다(대법원 1999. 5. 14. 선고 99도202 판결).

57. 형사소송법 제314조는 "제312조 또는 제313조의 경우에 공판준비 또는 공판기일에 진술을 요할 자가 사망, 질병, 외국거주 기타 사유로 인하여 진술할 수 없는 때에는 그 조서 기타 서류를 증거로 할 수 있다. 다만, 그 조서 또는 서류는 그 진술 또는 작성이 특히 신빙할 수 있는 상태하에서 행하여진 때에 한한다."고 규정하고 있는데, 위 ★★★제314조 단서에 규정된 진술 또는 작성이 특히 신빙할 수 있는 상태하에서 행하여진 때라 함은 그 진술내용이나 조서 또는 서류의 작성에 허위개입의 여지가 거의 없고 그 진술내용의 신빙성이나 임의성을 담보할 구체적이고 외부적인 정황이 있는 경우를 가리킨다(대법원 1990. 4. 10. 선고 90도246 판결, 2000. 6. 9. 선고 2000도1765 판결 등 참조).

기록에 의하여 살펴보면, 제1심은 공소외 8을 ★★★증인으로 채택하여 국내의 주소지 등으로 소환하였으나 소환장이 송달불능되었고, 공소외 8이 2003. 5. 16. ★★★미국으로 출국하여 그곳에 거주하고 있음이 밝혀지자 다시 미국 내 주소지로 증인소환장을 발송하였으나, ★★★공소외 8이 제1심법원에 경위서를 제출하면서 장기간 귀국할 수 없음을 통보하였는바, 공소외 8에 대한 특별검사 및 검사 작성의 각 진술조서와 공소외 8이 작성한 각 진술서(공소외 8이 20

04. 7. 13. 원심에 제출한 진술서는 제외)는 ★★★증인이 외국거주 등 사유로 인하여 법정에서의 신문이 불가능한 상태의 경우에 해당된다고 할 것이고, 그 진술이 이루어진 전후 사정, 그 과정과 내용 등 기록에 나타난 여러 가지 사정 등에 비추어 볼 때 그 진술내용의 신빙성이나 임의성도 인정된다고 할 것이므로, 위 각 진술조서와 진술서의 각 기재는 ★★★형사소송법 제314조에 의하여 증거능력이 있다고 할 것이다(대법원 2007. 6. 14. 선고 2004도5561 판결).

58. ★★★진술을 요하는 자가 <<외국에 거주하고 있어 공판정 출석을 거부하면서 공판정에 출석할 수 없는 사정을 밝히고 있더라도>> ★★★증언 자체를 거부하는 의사가 분명한 경우가 아닌 한 거주하는 외국의 주소나 연락처 등이 파악되고, 해당 국가와 대한민국 간에 국제형사사법공조조약이 체결된 상태라면 우선 사법공조의 절차에 의하여 증인을 소환할 수 있는지를 검토해 보아야 하고, 소환을 할 수 없는 경우라도 외국의 법원에 사법공조로 증인신문을 실시하도록 요청하는 등의 절차를 거쳐야 하고, ★★★이러한 절차를 전혀 시도해 보지도 아니한 것은 가능하고 상당한 수단을 다하더라도 진술을 요하는 자를 법정에 출석하게 할 수 없는 사정이 있는 때에 해당한다고 보기 어렵다(대법원 2016. 2. 18. 선고 2015도17115 판결).

59. 구 형사소송법(2007. 6. 1. 법률 제8461호로 개정되기 전의 것) 제314조에 따라 같은 법 제312조의 조서나 같은 법 제313조의 진술서, 서류 등을 증거로 하기 위하여는 '진술을 요할 자가 사망·질병·외국거주 기타 사유로 인하여 공판정에 출석하여 진술을 할 수 없는 경우'이어야 하고, '그 진술 또는 서류의 작성이 특히 신빙할 수 있는 상태하에서 행하여진 것'이라야 한다는 두 가지 요건이 갖추어져야 할 것인바, ★★★첫째 요건과 관련하여 '외국거주'라 함은 진술을 요할 자가 외국에 있다는 것만으로는 부족하고, 수사 과정에서 수사기관이 그 진술을 청취하면서 그 진술자의 외국거주 여부와 장래 출국 가능성을 확인하고 만일 그 진술자의 거주지가 외국이거나 그가 가까운 장래에 출국하여 장기간 외국에 체류하는 등의 사정으로 향후 공판정에 출석하여 진술을 할 수 없는 경우가 발생할 개연성이 있다면 그 진술자의 외국 연락처를, 일시 귀국할 예정이 있다면 그 귀국 시기와 귀국시 체류 장소와 연락 방법 등을 사전에 미리 확인하고 그 진술자에게 공판정 진술을 하기 전에는 출국을 미루거나, 출국한 후라도 공판 진행 상황에 따라 일시 귀국하여 공판정에 출석하여 진술하게끔 하는 방안을 확보하여 그 진술자로 하여금 공판정에 출석하여 진술할 기회를 충분히 제공하며, 그 밖에 그를 공판정에 출석시켜 진술하게 할 모든 수단을 강구하는 등 가능하고 상당한 수단을 다하더라도 그 진술을 요할 자를 법정에 출석하게 할 수 없는 사정이 있어야 ★★★예외적으로 그 요건이 충족된다(대법원 2008. 2. 28. 선고 2007도10004 판결).

60. [1] 형사소송법 제314조에 의하여 같은 법 제312조의 조서나 같은 법 제313조의 진술서, 서류 등을 증거로 하기 위하여는 공판기일에 진술을 요하는 자가 사망·질병·외국거주·소재불명 그 밖에 이에 준하는 사유로 인하여 공판정에 출석하여 진술을 할 수 없는 경우이어야 하고, 그 진술 또는 서류의 작성이 특히 신빙할 수 있는 상태하에서 행하여진 것이어야 한다는 두 가지 요건을 갖추어야 한다. 그리고 ★★★직접주의와 전문법칙의 예외를 정한 형사소송법 제314조의 요건 충족 여부는 엄격히 심사하여야 하고, 전문증거의 증거능력을 갖추기 위한 요건에 관한 증명책임은 검사에게 있으므로, 법원이 증인이 소재불명이거나 그 밖에 이에 준하는 사유로 인하여 진술할 수 없는 때에 해당한다고 인정할 수 있으려면, 증인의 법정 출석을 위한

가능하고도 충분한 노력을 다하였음에도 불구하고 부득이 증인의 법정 출석이 불가능하게 되었다는 사정을 검사가 증명한 경우여야 한다.

[2] ★★★제1심법원이 증인 갑의 주소지에 송달한 증인소환장이 송달되지 아니하자 갑에 대한 소재탐지를 촉탁하여 소재탐지 불능 보고서를 제출받은 다음 갑이 '소재불명'인 경우에 해당한다고 보아 갑에 대한 경찰 및 검찰 진술조서를 증거로 채택한 사안에서, ★★★<<검사가 제출한 증인신청서에 휴대전화번호가 기재되어 있고, 수사기록 중 갑에 대한 경찰 진술조서에는 집 전화번호도 기재되어 있으며, 그 이후 작성된 검찰 진술조서에는 위 휴대전화번호와 다른 휴대전화번호가 기재되어 있는데도, 검사가 직접 또는 경찰을 통하여 위 각 전화번호로 갑에게 연락하여 법정 출석의사가 있는지 확인하는 등의 방법으로 갑의 법정 출석을 위하여 상당한 노력을 기울였다는 자료가 보이지 않는 사정에 비추어>>, <<갑의 법정 출석을 위한 가능하고도 충분한 노력을 다하였음에도 부득이 갑의 법정 출석이 불가능하게 되었다는 사정이 증명된 경우라고 볼 수 없어 형사소송법 제314조의 '소재불명 그 밖에 이에 준하는 사유로 인하여 진술할 수 없는 때'에 해당한다고 인정할 수 없다>>(대법원 2013. 4. 11. 선고 판결).

61. 상해의 피해자 등을 증인으로 채택하여 수회에 걸쳐 증인소환장의 송달을 실시하였으나 불능이 되자 ★★★소재탐지촉탁을 하는 등 소재수사를 한 바 없이 위 피해자에 대한 경찰 진술조서 등을 증거로 채택한 사안에서, 위 진술조서 등의 증거능력을 인정하여 유죄의 증거로 삼은 원심판결에 법리오해의 위법이 있다(대법원 2010. 9. 9. 선고 2010도2602 판결).

62. 원심이 검사 또는 사법경찰관 사무취급작성의 참고인들에 대한 진술조서가 증거능력이 없다는 취의의 판단을 함에 있어서 위의 ★★진술자들은 모두 일정한 주거없이 전전유전하는 넝마주이 등으로서 그 소재를 알기 어렵다는 사실을 인정하는 이상 이는 본조 전역 소정 기타 사유로 인하여 진술할 수 없는 때에 해당된다 할 것이므로 원심은 그 조서의 진술이 신빙할 수 있는 상태하에서 행하여진 것인지를 심리판단하여 증거능력의 유무를 정하였어야 할 것이었다(대법원 1968. 6. 18. 선고 68도488 판결).

63. ★★일본에 거주하는 사람을 증인으로 채택하여 환문코자 하였으나 외무부로부터 현재 일본측에서 형사사건에 대하여는 양국 형법체계상의 상이함을 이유로 송달에 응하지 않고 있어 그 송달이 불가능하다는 취지의 회신을 받고 위 증인을 취소하였다면 이러한 사유는 형사소송법 제314조 소정의 공판기일에서 진술을 요할 자가 기타 사유로 인하여 진술할 수 없는 때에 해당한다(대법원 1987. 9. 8. 선고 87도1446 판결).

64. 수사기관에서 진술한 ★★피해자인 유아가 공판정에서 진술을 하였더라도 증인신문 당시 일정한 사항에 관하여 ★★기억이 나지 않는다는 취지로 진술하여 그 진술의 일부가 재현 불가능하게 된 경우, 형사소송법 제314조, 제316조 제2항에서 말하는 ★★'원진술자가 진술을 할 수 없는 때'에 해당한다(대법원 2006. 4. 14. 선고 2005도9561 판결).==>피해자는 당시 5세 9개월의 유아

65. 피고인 1, 피고인 2가 '공소외 1 USB 문건', '피고인 3 컴퓨터 발견 문건', '피고인 2 이메일

첨부서류', '공소외 2 제출 서류'의 ★★★★진정성립을 묻는 검사의 질문에 대하여 진술거부권을 행사한 경우를 형사소송법 ★★★★제314조의 '공판준비 또는 공판기일에 진술을 요하는 자가 사망·질병·외국거주·소재불명 기타 그 밖에 이에 준하는 사유로 인하여 진술할 수 없는 때'에 해당한다고 해석하는 것은 진술거부권의 행사를 이유로 위 피고인들에게 불이익을 과하는 것으로서 허용되지 아니한다고 하여, 위 각 문서들이 형사소송법 제314조에 의하여 증거능력이 인정된다는 주장을 배척하였다(대법원 2013. 6. 13. 선고 판결).

66. [1] ★★★★법정에 출석한 증인이 형사소송법 제148조, 제149조 등에서 정한 바에 따라 <<정당하게 증언거부권을 행사하여 증언을 거부한 경우>>는 형사소송법 제314조의 '그 밖에 이에 준하는 사유로 인하여 진술할 수 없는 때'에 해당하지 아니한다.

[2] ★★★★갑 주식회사 및 그 직원인 피고인들이 정비사업전문관리업자의 임원에게 갑 회사가 주택재개발사업 시공사로 선정되게 해 달라는 청탁을 하면서 금원을 제공하였다고 하여 구 건설산업기본법(2011. 5. 24. 법률 제10719호로 개정되기 전의 것) 위반으로 기소되었는데, 변호사가 법률자문 과정에 작성하여 갑 회사 측에 전송한 전자문서를 출력한 '법률의견서'에 대하여 피고인들이 증거로 함에 동의하지 아니하고, 변호사가 원심 공판기일에 증인으로 출석하였으나 증언할 내용이 갑 회사로부터 업무상 위탁을 받은 관계로 알게 된 타인의 비밀에 관한 것임을 소명한 후 ★★★★증언을 거부한 사안에서, 위 법률의견서는 압수된 디지털 저장매체로부터 출력한 문건으로서 실질에 있어서 형사소송법 제313조 제1항에 규정된 '피고인 아닌 자가 작성한 진술서나 그 진술을 기재한 서류'에 해당하는데, 공판준비 또는 공판기일에서 작성자 또는 진술자인 변호사의 진술에 의하여 성립의 진정함이 증명되지 아니하였으므로 위 규정에 의하여 증거능력을 인정할 수 없고, 나아가 원심 공판기일에 출석한 변호사가 그 진정성립 등에 관하여 진술하지 아니한 것은 형사소송법 제149조에서 정한 바에 따라 정당하게 증언거부권을 행사한 경우에 해당하므로 형사소송법 제314조에 의하여 증거능력을 인정할 수도 없다는 이유로, 원심이 이른바 변호인·의뢰인 특권에 근거하여 위 의견서의 증거능력을 부정한 것은 적절하다고 할 수 없으나, 위 의견서의 증거능력을 부정하고 나머지 증거들만으로 유죄를 인정하기 어렵다고 본 결론은 정당하다고 한 사례(대법원 2012. 5. 17. 선고 2009도6788 전원합의체 판결)

67. 수사기관에서 진술한 참고인이 법정에서 증언을 거부하여 피고인이 반대신문을 하지 못한 경우에는 ★★★★<<정당하게 증언거부권을 행사한 것이 아니라도,>> 피고인이 증인의 증언거부 상황을 초래하였다는 등의 특별한 사정이 없는 한 형사소송법 제314조의 '그 밖에 이에 준하는 사유로 인하여 진술할 수 없는 때'에 해당하지 않는다고 보아야 한다. 따라서 증인이 정당하게 증언거부권을 행사하여 증언을 거부한 경우와 마찬가지로 수사기관에서 그 증인의 진술을 기재한 서류는 증거능력이 없다.

다만 ★★★★<<피고인이 증인의 증언거부 상황을 초래하였다는 등의 특별한 사정이 있는 경우에는 형사소송법 제314조의 적용을 배제할 이유가 없다.>> 이러한 경우까지 형사소송법 제314조의 '그 밖에 이에 준하는 사유로 인하여 진술할 수 없는 때'에 해당하지 않는다고 보면 사건의 실체에 대한 심증 형성은 법관의 면전에서 본래증거에 대한 반대신문이 보장된 증거조사를 통하여 이루어져야 한다는 실질적 직접심리주의와 전문법칙에 대하여 예외를 정한 형사소송법 제314조의 취지에 반하고 정의의 관념에도 맞지 않기 때문이다(대법원 2019. 11. 21. 선고 2018도13945 전원합의체 판결).

68. 형사소송법이 원진술자 또는 작성자(이하 '참고인'이라 한다)의 소재불명 등의 경우에 참고인이 진술하거나 작성한 진술조서나 진술서에 대하여 증거능력을 인정하는 것은, 형사소송법이 제312조 또는 제313조에서 참고인 진술조서 등 서면증거에 대하여 피고인 또는 변호인의 반대신문권이 보장되는 등 엄격한 요건이 충족될 경우에 한하여 증거능력을 인정할 수 있도록 함으로써 직접심리주의 등 기본원칙에 대한 예외를 인정한 데 대하여 다시 중대한 예외를 인정하여 원진술자 등에 대한 반대신문의 기회조차 없이 증거능력을 부여할 수 있도록 한 것이므로, 그 경우 참고인의 진술 또는 작성이 '특히 신빙할 수 있는 상태하에서 행하여졌음에 대한 증명'은 ★단지 그러할 개연성이 있다는 정도로는 부족하고 합리적인 의심의 여지를 배제할 정도에 이르러야 한다(대법원 2014. 2. 21. 선고 2013도12652 판결).

69. [1] ★법원이 법 제314조에 따라 증거능력을 인정하기 위하여는 단순히 그 진술이나 조서의 작성과정에 뚜렷한 절차적 위법이 보이지 않는다거나 진술의 임의성을 의심할 만한 구체적 사정이 없다는 것만으로는 부족하고, 이를 넘어 법정에서의 반대신문 등을 통한 검증을 굳이 거치지 않더라도 진술의 신빙성과 임의성을 충분히 담보할 수 있는 구체적이고 외부적인 정황이 있어 그에 기초하여 법원이 유죄의 심증을 형성하더라도 증거재판주의의 원칙에 어긋나지 않는다고 평가할 수 있는 정도에 이르러야 한다.

[2] 녹음테이프는 성질상 작성자나 진술자의 서명이나 날인이 없을 뿐만 아니라 녹음자의 의도나 특정한 기술에 의하여 내용이 편집·조작될 위험이 있으므로, ★그 대화내용을 녹음한 원본이거나 혹은 원본으로부터 복사한 사본일 경우에는 복사과정에서 편집되는 등의 인위적 개작 없이 원본의 내용 그대로 복사된 사본임이 증명되어야만 하고, 그러한 증명이 없는 경우에는 쉽게 증거능력을 인정할 수 없으며, 녹음테이프에 수록된 대화내용이 이를 풀어쓴 녹취록의 기재와 일치한다거나 녹음테이프의 대화내용이 중단되었다고 볼 만한 사정이 없다는 점만으로는 위와 같은 증명이 있다고 할 수 없다(대법원 2014. 8. 26. 선고 2011도6035 판결).

70. (제314조)에는, ★★★★당해 피고인에 대한 유죄의 증거로 채택할 경우에도 적용되는바, ★★★★당해 피고인과 공범관계가 있는 다른 피의자에 대한 검사 이외의 수사기관 작성의 피의자신문조서는 그 피의자의 법정진술에 의하여 그 성립의 진정이 인정되더라도 당해 피고인이 공판기일에서 그 조서의 내용을 부인하면 증거능력이 부정되므로 그 당연한 결과로 그 피의자신문조서에 대하여는 사망 등 사유로 인하여 법정에서 진술할 수 없는 때에 예외적으로 증거능력을 인정하는 규정인 형사소송법 제314조가 적용되지 아니한다(대법원 2004. 7. 15. 선고 2003도7185 전원합의체 판결).

71. [1] 형사소송법 제312조 소정의 조서나 같은 법 제313조 소정의 서류 등은 원진술자가 사망, 질병 기타 사유로 인하여 공판정에 출석하여 진술을 할 수 없고, 그 진술 또는 서류의 작성이 특히 신빙할 수 있는 상태하에서 행하여진 경우에는 원진술자의 진술 없이도 형사소송법 제31

4조에 의하여 이를 유죄의 증거로 삼을 수 있는 것인바, 여기서 형사소송법 제312조 소정의 조서나 같은 법 제313조 소정의 서류를 반드시 우리 나라의 권한 있는 수사기관 등이 작성한 조서 및 서류에만 한정하여 볼 것은 아니고, ★★★★외국의 권한 있는 수사기관 등이 작성한 조서나 서류도 같은 법 제314조 소정의 요건을 모두 갖춘 것이라면 이를 유죄의 증거로 삼을 수 있다.

[2] ★★★★범행 직후 미합중국 주검찰 수사관이 작성한 피해자 및 공범에 대한 질문서(interrogatory)와 우리 나라 법원의 형사사법공조요청에 따라 미합중국 법원의 지명을 받은 수명자(미합중국 검사)가 작성한 피해자 및 공범에 대한 증언녹취서(deposition)는 이를 형사소송법 제315조 소정의 당연히 증거능력이 인정되는 서류로는 볼 수 없다고 하더라도, ★★★★같은 법 제312조 또는 제313조에 해당하는 조서 또는 서류로서 그 원진술자가 공판기일에서 진술을 할 수 없는 때에 해당하고, 그 각 진술 내용이나 조서 또는 서류의 작성에 허위 개입의 여지가 거의 없으며 그 진술 내용의 신빙성이나 임의성을 담보할 구체적이고 외부적인 정황이 있다고 할 것이어서 그 진술 또는 서류의 작성이 특히 신빙할 수 있는 상태하에서 행하여진 것이라고 보기에 충분하므로, 형사소송법 제314조의 규정에 의하여 그 증거능력을 인정할 수 있다(대법원 1997. 7. 25. 선고 97도1351 판결).

72. ★★★★상업장부나 항해일지, 진료일지 또는 이와 유사한 금전출납부 등과 같이 범죄사실의 인정 여부와는 관계없이 자기에게 맡겨진 사무를 처리한 내역을 그때그때 계속적, 기계적으로 기재한 문서는 사무처리 내역을 증명하기 위하여 존재하는 문서로서 형사소송법 제315조 제2호에 의하여 당연히 증거능력이 인정된다. ★★★★그리고 이러한 문서는 업무의 기계적 반복성으로 인하여 허위가 개입될 여지가 적고, 또 문서의 성질에 비추어 고도의 신용성이 인정되어 반대신문의 필요가 없거나 작성자를 소환해도 서면제출 이상의 의미가 없는 것들에 해당하기 때문에 당연히 증거능력이 인정된다는 것이 형사소송법 제315조의 입법 취지인 점과 아울러, 전문법칙과 관련된 형사소송법 규정들의 체계 및 규정 취지에 더하여 '기타'라는 문언에 의하여 형사소송법 제315조 제1호와 제2호의 문서들을 '특히 신용할 만한 정황에 의하여 작성된 문서'의 예시로 삼고 있는 형사소송법 제315조 제3호의 규정형식을 종합하여 보면, ★★★★형사소송법 제315조 제3호에서 규정한 '기타 특히 신용할 만한 정황에 의하여 작성된 문서'는 형사소송법 제315조 제1호와 제2호에서 열거된 공권적 증명문서 및 업무상 통상문서에 준하여 '굳이 반대신문의 기회 부여 여부가 문제 되지 않을 정도로 고도의 신용성의 정황적 보장이 있는 문서'를 의미한다.

따라서 ★★★★사무처리 내역을 계속적, 기계적으로 기재한 문서가 아니라 범죄사실의 인정 여부와 관련 있는 어떠한 의견을 제시하는 내용을 담고 있는 문서는 형사소송법 제315조 제3호에서 규정하는 당연히 증거능력이 있는 서류에 해당한다고 볼 수 없으므로, 이른바 보험사기 사건에서 건강보험심사평가원이 수사기관의 의뢰에 따라 그 보내온 자료를 토대로 입원진료의 적정성에 대한 의견을 제시하는 내용의 ★★★★<<'건강보험심사평가원의 입원진료 적정성 여부 등 검토의뢰에 대한 회신'>>은 형사소송법 제315조 제3호의 '기타 특히 신용할 만한 정황에 의하여 작성된 문서'에 해당하지 않는다(대법원 2017. 12. 5. 선고 2017도12671 판결).

73. ★★★피고인 아닌 자의 공판준비 또는 공판기일에서의 진술이 피고인의 진술을 그 내용으로 하는 것인 때에는 형사소송법 제316조 제1항의 규정에 따라 그 진술이 특히 신빙할 수 있는 상태하에서 행하여진 때에 한하여 이를 증거로 할 수 있고, ★★★그 전문진술이 기재된 조서는 형사소송법 제312조 내지 314조의 규정에 의하여 그 증거능력이 인정될 수 있는 경우에 해당하여야 함은 물론, ★★★★나아가 형사소송법 제316조 제1항의 규정에 따른 위와 같은 조건을 갖춘 때에 예외적으로 증거능력을 인정하여야 할 것이다(대법원 2007. 7. 27. 선고 2007도3798 판결).

74. 피고인 아닌 자의 공판기일에서의 진술이 피고인의 진술을 그 내용으로 하는 것인 때에는 형사소송법 제316조 제1항의 규정에 따라 그 진술이 특히 신빙할 수 있는 상태하에서 행하여진 때에는 이를 증거로 할 수 있고, 여기서 ★'그 진술이 특히 신빙할 수 있는 상태하에서 행하여진 때'라 함은 그 진술을 하였다는 것에 허위 개입의 여지가 거의 없고, 그 진술 내용의 신빙성이나 임의성을 담보할 구체적이고 외부적인 정황이 있는 경우를 가리킨다(대법원 2000. 3. 10. 선고 2000도159 판결 참조)(대법원 2010. 11. 25. 선고 2010도8735 판결).

75. ★★★전문의 진술을 증거로 함에 있어서는 전문진술자가 원진술자로부터 진술을 들을 당시 원진술자가 증언능력에 준하는 능력을 갖춘 상태에 있어야 할 것인데, 증인의 증언능력은 증인 자신이 과거에 경험한 사실을 그 기억에 따라 공술할 수 있는 정신적인 능력이라 할 것이므로, ★★★유아의 증언능력에 관해서도 그 유무는 단지 공술자의 연령만에 의할 것이 아니라 그의 지적수준에 따라 개별적이고 구체적으로 결정되어야 함은 물론 공술의 태도 및 내용 등을 구체적으로 검토하고, 경험한 과거의 사실이 공술자의 이해력, 판단력 등에 의하여 변식될 수 있는 범위 내에 속하는가의 여부도 충분히 고려하여 판단하여야 한다(대법원 2006. 4. 14. 선고 2005도9561 판결).

76. ★★★피고인이 새마을금고 이사장 선거와 관련하여 대의원 갑에게 자신을 지지해 달라고 부탁하면서 현금 50만 원을 제공하였다고 하여 새마을금고법 위반으로 기소되었는데, ★★★검사는 사법경찰관 작성의 공범 갑에 대한 피의자신문조서 및 진술조서를 증거로 제출하고, 검사가 신청한 증인 을은 법정에 출석하여 '갑으로부터 피고인에게서 50만 원을 받았다는 취지의 말을 들었다'고 증언한 사안에서, ★★★갑이 법정에 출석하여 위 피의자신문조서 및 진술조서의 성립의 진정을 인정하였더라도 피고인이 공판기일에서 그 조서의 내용을 모두 부인한 이상 이는 증거능력이 없고, 한편 제1심 및 원심 공동피고인 갑은 원심에 이르기까지 일관되게 피고인으로부터 50만 원을 받았다는 취지의 공소사실을 부인한 사실에 비추어 원진술자 갑이 사망, 질병, 외국거주, 소재불명 그 밖에 이에 준하는 사유로 인하여 진술할 수 없는 때에 해당하지 아니하여 갑의 진술을 내용으로 하는 을의 법정증언은 전문증거로서 증거능력이 없으며, ★★★나아가 피고인은 일관되게 갑에게 50만 원 자체를 교부한 적이 없다고 주장하면서 적극적으로 다툰 점, 이에 따라 사법경찰관 작성의 갑에 대한 피의자신문조서 및 진술조서의 내용을 모두 부인한 점, 을의 법정증언이 전문증거로서 증거능력이 없다는 사정에 대하여 피고인 또는 변호인에게 의견을 묻는 등의 적절한 방법으로 고지가 이루어지지 않은 채 증인신문이 진행된 다음 증거조사 결과에 대한 의견진술이 이루어진 점, 을이 위와 같이 증언하기에 앞서 원진술자 갑이 피고인으로부터 50만 원을 제공받은 적이 없다고 이미 진술한 점 등을 종합하면 ★★

★피고인이 을의 법정증언을 증거로 삼는 데에 동의하였다고 볼 여지는 없고, 을의 증언에 따른 증거조사 결과에 대하여 별 의견이 없다고 진술하였더라도 달리 볼 수 없으므로, 결국 사법경찰관 작성의 갑에 대한 피의자신문조서 및 진술조서와 을의 전문진술은 증거능력이 없다(대법원 2019. 11. 14. 선고 2019도11552 판결).

77. ★★★전문진술의 원진술자가 공동피고인이어서 형사소송법 제316조 제2항 소정의 '피고인 아닌 타인'에는 해당하나 법정에서 공소사실을 부인하고 있어서 '원진술자가 사망, 질병 기타 사유로 인하여 진술할 수 없는 때'에는 해당되지 않는다는 이유로 그 증거능력을 부정한 사례(대법원 2000. 12. 27. 선고 99도5679 판결)

78. 현행 형사항소심이 속심 겸 사후심의 구조로 되어 있고, 제1심법원에서 증거로 할 수 있었던 증거는 항소법원에서도 증거로 할 수 있는 점(형사소송법 제363조 제3항) 등에 비추어 보면, ★★★원진술자가 제1심법원에 출석하여 진술을 하였다가 항소심에 이르러 진술할 수 없게 된 경우를 위 규정에서 정한 원진술자가 진술할 수 없는 경우에 해당한다고는 할 수 없다(대법원 2001. 9. 28. 선고 2001도3997 판결).

79. ★수사기관에서 진술한 피해자인 유아가 공판정에서 진술을 하였더라도 증인신문 당시 일정한 사항에 관하여 기억이 나지 않는다는 취지로 진술하여 그 진술의 일부가 재현 불가능하게 된 경우, 형사소송법 제314조, 제316조 제2항에서 말하는 '원진술자가 진술을 할 수 없는 때'에 해당한다(대법원 2006. 4. 14. 선고 2005도9561 판결).

80. 전문진술의 원진술자가 ★★★외국에 거주하는 외국인이어서 형사소송법 제316조 제2항 소정의 ★★★"원진술자가 사망 질병 기타 사유로 인하여 진술할 수 없는 경우"에는 해당하나 ★★★"그 진술이 특히 신빙할 수 있는 상태에서 행하여진 때"에 해당한다고 볼 자료가 없다 하여 그 증거능력을 부정한 사례(대법원 1994. 1. 28. 선고 93도1278 판결)

81. ★★★증인 등의 진술내용이 주한미국대사관 경비근무중이었던 미군인의 진술을 전문한 것이라고 하더라도 동인이 한국근무를 마치고 귀국하여 진술할 수가 없고 또 그 진술이 동인작성의 근무일지 사본의 기재등에 비추어 특히 신빙할 수 있는 상태하에서 행하여진 것으로 보고 이를 증거로 채택하였음에 잘못이 없다(대법원 1976. 10. 12. 선고 76도2781 판결).

82. 형사소송법 제316조 제2항은 "피고인 아닌 자의 공판준비 또는 공판기일에서의 진술이 피고인 아닌 타인의 진술을 그 내용으로 하는 것인 때에는 원진술자가 사망, 질병, 외국거주, 소재불명, 그 밖에 이에 준하는 사유로 인하여 진술할 수 없고, 그 진술이 특히 신빙할 수 있는 상태하에서 행하여졌음이 증명된 때에 한하여 이를 증거로 할 수 있다"고 규정하고 있고, 같은 조 제1항에 따르면 위 ★★★★'피고인 아닌 자'에는 공소제기 전에 피고인 아닌 타인을 조사하였거나 그 조사에 참여하였던 자(이하 '조사자'라고 한다)도 포함된다. 따라서★★★★조사자의 증언에 증거능력이 인정되기 위해서는 원진술자가 사망, 질병, 외국거주, 소재불명, 그 밖에 이에 준하는 사유로 인하여 진술할 수 없어야 하는 것이라서, 원진술자가 법정에 출석하여 수사기관에서 한 진술을 부인하는 취지로 증언한 이상 원진술자의 진술을 내용으로 하는 조사자의

증언은 증거능력이 없다(대법원 2008. 9. 25. 선고 2008도6985 판결).

83. ★★★★전문진술이나 재전문진술을 기재한 조서는 형사소송법 제310조의2의 규정에 의하여 원칙적으로 증거능력이 없는 것인데, 다만 전문진술은 형사소송법 제316조 제2항의 규정에 따라 원진술자가 사망, 질병, 외국거주 기타 사유로 인하여 진술할 수 없고 그 진술이 특히 신빙할 수 있는 상태하에서 행하여진 때에 한하여 예외적으로 증거능력이 있다고 할 것이고, ★★★★전문진술이 기재된 조서는 형사소송법 제312조 또는 제314조의 규정에 의하여 각 그 증거능력이 인정될 수 있는 경우에 해당하여야 함을 물론 나아가 형사소송법 제316조 제2항의 규정에 따른 위와 같은 요건을 갖추어야 예외적으로 증거능력이 있다고 할 것인바, 여기서 '그 진술이 특히 신빙할 수 있는 상태하에서 행하여진 때'라 함은 그 진술을 하였다는 것에 허위개입의 여지가 거의 없고, 그 진술내용의 신빙성이나 임의성을 담보할 구체적이고 외부적인 정황이 있는 경우를 가리킨다(대법원 2000. 3. 10. 선고 2000도159 판결).

84. 형사소송법은 전문진술에 대하여 제316조에서 실질상 단순한 전문의 형태를 취하는 경우에 한하여 예외적으로 그 증거능력을 인정하는 규정을 두고 있을 뿐, ★★★★재전문진술이나 재전문진술을 기재한 조서에 대하여는 달리 그 증거능력을 인정하는 규정을 두고 있지 아니하고 있으므로, 피고인이 증거로 하는 데 동의하지 아니하는 한 형사소송법 제310조의2의 규정에 의하여 이를 증거로 할 수 없다(대법원 2004. 3. 11. 선고 2003도171 판결 참조).(대법원 2012. 5. 24. 선고 2010도5948 판결)

85. [1] 구 정보통신망 이용촉진 및 정보보호 등에 관한 법률(2005. 12. 30. 법률 제7812호로 개정되기 전의 것) 제65조 제1항 제3호는 정보통신망을 통하여 공포심이나 불안감을 유발하는 글을 반복적으로 상대방에게 도달하게 하는 행위를 처벌하고 있다. 검사가 위 죄에 대한 유죄의 증거로 문자정보가 저장되어 있는 휴대전화기를 법정에 제출하는 경우, 휴대전화기에 저장된 문자정보 그 자체가 범행의 직접적인 수단으로서 증거로 사용될 수 있다. 또한, ★★★★검사는 휴대전화기 이용자가 그 문자정보를 읽을 수 있도록 한 휴대전화기의 화면을 촬영한 사진을 증거로 제출할 수도 있는데, 이를 증거로 사용하려면 문자정보가 저장된 휴대전화기를 법정에 제출할 수 없거나 그 제출이 곤란한 사정이 있고, 그 사진의 영상이 휴대전화기의 화면에 표시된 문자정보와 정확하게 같다는 사실이 증명되어야 한다.

[2] 형사소송법 제310조의2는 사실을 직접 경험한 사람의 진술이 법정에 직접 제출되어야 하고 이에 갈음하는 대체물인 진술 또는 서류가 제출되어서는 안 된다는 이른바 전문법칙을 선언한 것이다. 그런데 정보통신망을 통하여 공포심이나 불안감을 유발하는 글을 반복적으로 상대방에게 도달하게 하는 행위를 하였다는 공소사실에 대하여 ★★★★휴대전화기에 저장된 문자정보가 그 증거가 되는 경우, 그 문자정보는 범행의 직접적인 수단이고 경험자의 진술에 갈음하는 대체물에 해당하지 않으므로, 형사소송법 제310조의2에서 정한 전문법칙이 적용되지 않는다.

[3] 구 정보통신망 이용촉진 및 정보보호 등에 관한 법률(2005. 12. 30. 법률 제7812호로 개정되기 전의 것) 제65조 제1항 제3호 위반죄와 관련하여 문자메시지로 전송된 문자정보를 휴대

전화기 화면에 띄워 촬영한 사진에 대하여, 피고인이 성립 및 내용의 진정을 부인한다는 이유로 증거능력을 부정한 것은 위법하다고 한 사례(대법원 2008. 11. 13. 선고 2006도2556 판결)

86. ★★★★피고인이 수표를 발행하였으나 예금부족 또는 거래정지처분으로 지급되지 아니하게 하였다는 부정수표단속법위반의 공소사실을 증명하기 위하여 제출되는 수표는 그 서류의 존재 또는 상태 자체가 증거가 되는 것이어서 <<증거물인 서면>>에 해당하고 어떠한 사실을 직접 경험한 사람의 진술에 갈음하는 대체물이 아니므로, 증거능력은 증거물의 예에 의하여 판단하여야 하고, 이에 대하여는 ★★★★형사소송법 제310조의2에서 정한 <<전문법칙이 적용될 여지가 없다.>> ★★★★이때 수표 원본이 아니라 전자복사기를 사용하여 복사한 사본이 증거로 제출되었고 피고인이 이를 증거로 하는 데 부동의한 경우 위 수표 사본을 증거로 사용하기 위해서는 수표 원본을 법정에 제출할 수 없거나 제출이 곤란한 사정이 있고 수표 원본이 존재하거나 존재하였으며 증거로 제출된 수표 사본이 이를 정확하게 전사한 것이라는 사실이 증명되어야 한다(대법원 2015. 4. 23. 선고 2015도2275 판결).

87. ★★★피고인에 대한 검사 작성의 피의자신문조서가 그 내용 중 일부를 가린 채 복사를 한 다음 원본과 상위없다는 인증을 하여 초본의 형식으로 제출된 경우에, 위와 같은 ★★★피의자신문조서초본은 피의자신문조서원본 중 가려진 부분의 내용이 가려지지 않은 부분과 분리 가능하고 당해 공소사실과 관련성이 없는 경우에만, 그 피의자신문조서의 원본이 존재하거나 존재하였을 것, 피의자신문조서의 원본 제출이 불능 또는 곤란한 사정이 있을 것, 원본을 정확하게 전사하였을 것 등 3가지 요건을 전제로 피고인에 대한 검사 작성의 피의자신문조서원본과 동일하게 취급할 수 있다(대법원 2002. 10. 22. 선고 2000도5461 판결).

88. 이 사건 문자메시지는 ★★★피해자가 피고인으로부터 풀려난 당일에 남동생에게 도움을 요청하면서 피고인이 협박한 말을 포함하여 공갈 등 피고인으로부터 피해를 입은 내용을 문자메시지로 보낸 것이므로, 이 사건 문자메시지의 내용을 촬영한 사진은 ★★★증거서류 중 피해자의 진술서에 준하는 것으로 취급함이 상당할 것인바, 진술서에 관한 <<형사소송법 제313조(피해자진술서)에 따라>> 이 사건 문자메시지의 작성자인 피해자 공소외 1이 제1심 법정에 출석하여 자신이 이 사건 문자메시지를 작성하여 동생에게 보낸 것과 같음을 확인하고, 동생인 공소외 3도 제1심 법정에 출석하여 피해자 공소외 1이 보낸 이 사건 문자메시지를 촬영한 사진이 맞다고 확인한 이상, 이 사건 문자메시지를 촬영한 사진은 그 성립의 진정함이 증명되었다고 볼 수 있으므로 이를 증거로 할 수 있다(대법원 2010. 11. 25. 선고 2010도8735 판결).

89. 사법경찰관 작성의 검증조서에 대하여 피고인이 증거로 함에 동의만 하였을 뿐 공판정에서 검증조서에 기재된 진술내용 및 ★★★★<<범행을 재연한 부분(첨부된 범행재연사진)>>에 대하여 그 성립의 진정 및 내용을 인정한 흔적을 찾아 볼 수 없고 오히려 이를 부인하고 있는 경우에는 그 증거능력을 인정할 수 없으므로, 위 검증조서 중 범행에 부합되는 피고인의 진술을 기재한 부분과 범행을 재연한 부분을 제외한 나머지 부분만을 증거로 채용하여야 함에도 이를 구분하지 아니한 채 그 전부를 유죄의 증거로 인용한 항소심의 조치는 위법하다(대법원 1998. 3. 13. 선고 98도159 판결).-->★★★★사진의 증거능력은 진술증거와 일체적으로 판단, 따라서, 당해 진술증거의 증거능력인정여부가 문제됨(검증조서 내지는 감정서에 사진이 첨부된

경우)

90. ★★★<<일본 또는 중국에서 북한 공작원들과 회합하는 모습을 동영상으로 촬영한 것>>은 위 피고인들이 회합한 증거를 보전할 필요가 있어서 이루어진 것이고, ★★★피고인들이 반국가단체의 구성원과 회합 중이거나 회합하기 직전 또는 직후의 모습을 촬영한 것으로 그 촬영 장소도 차량이 통행하는 도로 또는 식당 앞길, 호텔 프런트 등 공개적인 장소인 점 등을 알 수 있으므로, ★★★이러한 촬영이 일반적으로 허용되는 상당성을 벗어난 방법으로 이루어졌다거나, 영장 없는 강제처분에 해당하여 위법하다고 볼 수 없다. ★★★따라서 위와 같은 사정 아래서 원심이 위 촬영행위가 위법하지 않다고 판단하고 그 판시와 같은 6mm 테이프 동영상을 캡처한 사진들의 증거능력을 인정한 조치는 정당한 것으로 수긍할 수 있고, 거기에 상고이유 주장과 같이 영장주의의 적용 범위나 초상권의 법리 등을 오해한 위법이 없다(대법원 2013. 7. 26. 선고 판결).

91. 이 사건 사진은 피고인의 동의에 의하여 촬영된 것임을 쉽게 알 수 있어 사진의 존재만으로 피고인의 인격권과 초상권을 침해하는 것으로 볼 수 없고, 가사 ★★★이 사건 사진을 촬영한 위 공소외인이 이 사건 사진을 이용하여 피고인을 공갈할 의도였다고 하더라도 이 사건 사진의 촬영이 임의성이 배제된 상태에서 이루어진 것이라고 할 수는 없으며, ★★★이 사건 사진은 범죄현장의 사진으로서 피고인에 대한 형사소추를 위하여 반드시 필요한 증거로 보이므로, 공익의 실현을 위하여는 이 사건 사진을 범죄의 증거로 제출하는 것이 허용되어야 하고, 이로 말미암아 피고인의 사생활의 비밀을 침해하는 결과를 초래한다 하더라도 이는 <<피고인이 수인하여야 할>> 기본권의 제한에 해당된다고 보아야 할 것이다(대법원 1997. 9. 30. 선고 97도1230 판결).

92. ★★★녹음·녹화테이프에 대하여 검증을 실시하여 테이프에 녹음·녹화된 대화 또는 진술의 내용을 녹취서로 작성한 다음 이를 검증조서의 일부로서 첨부하였다면, 증거자료가 되는 것은 여전히 테이프에 녹음·녹화된 대화나 진술의 내용이라고 할 것이므로, 그와 같은 테이프의 녹음·녹화 내용이나 그에 대한 검증조서의 기재는 실질적으로는 공판준비 또는 공판기일에서의 진술에 대신하여 진술을 기재한 서류와 다를 바 없어, ★★★피고인이 그 테이프를 증거로 할 수 있음에 동의하지 않은 이상, 형사소송법 제311조 내지 제315조 에 규정한 것이 아니면 이를 유죄의 증거로 할 수 없다(대법원 2004. 5. 27. 선고 2004도1449 판결).

93. 수사기관이 아닌 ★★★사인이 피고인 아닌 자와의 전화대화를 녹음한 녹음테이프에 대하여 법원이 실시한 검증의 내용이 녹음테이프에 녹음된 전화대화의 내용이 검증조서에 첨부된 녹취서에 기재된 내용과 같다는 것에 불과한 경우에는 증거자료가 되는 것은 여전히 녹음테이프에 녹음된 대화 내용이므로, 그 중 피고인 아닌 자와의 대화의 내용은 실질적으로 형사소송법 제311조, 제312조 규정 이외의 피고인 아닌 자의 진술을 기재한 서류와 다를 바 없어서, 피고인이 그 녹음테이프를 증거로 할 수 있음에 동의하지 않은 이상 그 녹음테이프 검증조서의 기재 중 피고인 아닌 자의 진술내용을 증거로 사용하기 위해서는 ★★★형사소송법 제313조 제1항에 따라 공판준비나 공판기일에서 원진술자의 진술에 의하여 그 녹음테이프에 녹음된 진술내용이 자신이 진술한 대로 녹음된 것이라는 점이 인정되어야 하는 것이지만(대법원 1996. 10. 15.

선고 96도1669 판결, 대법원 1997. 3. 28. 선고 96도2417 판결 등 참조), ★★★이와는 달리 녹음테이프에 대한 검증의 내용이 그 진술 당시 진술자의 상태 등을 확인하기 위한 것인 경우에는, 녹음테이프에 대한 검증조서의 기재 중 진술내용을 증거로 사용하는 경우에 관한 위 법리는 적용되지 아니하고, 따라서 위 검증조서는 법원의 검증의 결과를 기재한 조서로서 형사소송법 제311조에 의하여 당연히 증거로 할 수 있다(대법원 2008. 7. 10. 선고 2007도10755 판결).

94. ★★★피고인의 동료 교사가 학생들과의 사적인 대화 중에 피고인이 수업시간에 학생들에게 북한을 찬양·고무하는 발언을 하였다는 사실에 대한 학생들의 대화 내용을 학생들 모르게 녹음한 녹음테이프에 대하여 실시한 검증의 내용은 ★★★녹음테이프에 녹음된 대화의 내용이 검증조서에 첨부된 녹취서에 기재된 내용과 같다는 것에 불과하여 증거자료가 되는 것은 여전히 녹음테이프에 녹음된 대화의 내용이라고 할 것인바, 그 중 위와 같은 내용의 학생들의 대화의 내용은 실질적으로 형사소송법 제311조, 제312조 규정 이외의 피고인 아닌 자의 진술을 기재한 서류와 다를 바 없으므로, 피고인이 그 녹음테이프를 증거로 할 수 있음에 동의하지 않은 이상 녹음테이프의 녹음내용 중 위와 같은 내용의 학생들의 진술 및 이에 관한 검증조서의 기재 중 학생들의 진술내용을 공소사실을 인정하기 위한 증거자료로 사용하기 위하여서는 ★★★형사소송법 제313조 제1항에 따라 공판준비나 공판기일에서 원진술자인 학생들의 진술에 의하여 이 사건 녹음테이프에 녹음된 각자의 진술내용이 자신이 진술한 대로 녹음된 것이라는 점이 인정되어야 한다(대법원 1997. 3. 28. 선고 96도2417 판결).

95. [1] 수사기관 아닌 사인(사인)이 피고인 아닌 사람과의 대화내용을 녹음한 녹음테이프는 형사소송법 제311조, 제312조 규정 이외의 피고인 아닌 자의 진술을 기재한 서류와 다를 바 없으므로, 피고인이 녹음테이프를 증거로 할 수 있음에 동의하지 아니하는 이상 그 증거능력을 부여하기 위해서는, 첫째 녹음테이프가 원본이거나 원본으로부터 복사한 사본일 경우 복사과정에서 편집되는 등의 인위적 개작 없이 원본 내용 그대로 복사된 사본일 것, 둘째 형사소송법 제313조 제1항에 따라 공판준비나 공판기일에서 원진술자의 진술에 의하여 녹음테이프에 녹음된 각자의 진술내용이 자신이 진술한 대로 녹음된 것이라는 점이 인정되어야 한다.

[2] ★★★피고인이 자신의 아들 등에게 폭행을 당하여 입원한 피해자의 병실로 찾아가 그의 모 갑과 대화하던 중 허위사실을 적시하여 피해자의 명예를 훼손하였다는 내용으로 기소된 사안에서, 원심이 ★★★유죄의 증거로 채용한 녹취록은 갑이 갑의 이웃 을과 나눈 대화내용을 녹음한 녹음테이프 등을 기초로 작성된 것으로서, 형사소송법 제313조의 진술서에 준하여 피고인의 동의가 있거나 원진술자의 공판준비나 공판기일에서의 진술에 의하여 성립의 진정함이 증명되어야 증거능력을 인정할 수 있는데, 피고인이 녹취록을 증거로 함에 동의하지 않았고, 갑이 원심법정에서 "을이 사건 당시 피고인의 말을 다 들었다. 그래서 지금 녹취도 해왔다."고 진술하였을 뿐, 검사가 녹취록 작성의 토대가 된 대화내용을 녹음한 원본 녹음테이프 등을 증거로 제출하지 아니하고, 원진술자인 갑과 을의 공판준비나 공판기일에서의 진술에 의하여 자신들이 진술한 대로 기재된 것이라는 점이 인정되지도 아니하는 등 ★★★형사소송법 제313조 제1항에 따라 녹취록의 진정성립을 인정할 수 있는 요건이 전혀 갖추어지지 않았으므로, 위 녹취록은 증거능력이 없어 이를 유죄의 증거로 사용할 수 없다(대법원 2011. 9. 8. 선고 2010도7497 판결).

96. [1] ★★★피고인과 상대방 사이의 대화 내용에 관한 녹취서가 공소사실의 증거로 제출되어 녹취서의 기재 내용과 녹음테이프의 녹음 내용이 동일한지에 대하여 법원이 검증을 실시한 경우에, 증거자료가 되는 것은 녹음테이프에 녹음된 대화 내용 자체이고, 그 중 피고인의 진술 내용은 실질적으로 형사소송법 제311조, 제312조의 규정 이외에 피고인의 진술을 기재한 서류와 다름없어, 피고인이 녹음테이프를 증거로 할 수 있음에 동의하지 않은 이상 녹음테이프에 녹음된 피고인의 진술 내용을 증거로 사용하기 위해서는 ★★★형사소송법 제313조 제1항 단서에 따라 공판준비 또는 공판기일에서 작성자인 상대방의 진술에 의하여 녹음테이프에 녹음된 피고인의 진술 내용이 피고인이 진술한 대로 녹음된 것임이 증명되고 나아가 그 진술이 특히 신빙할 수 있는 상태하에서 행하여진 것임이 인정되어야 한다. 또한 대화 내용을 녹음한 파일 등 전자매체는 성질상 작성자나 진술자의 서명 또는 날인이 없을 뿐만 아니라, 녹음자의 의도나 특정한 기술에 의하여 내용이 편집·조작될 위험성이 있음을 고려하여, 대화 내용을 녹음한 원본이거나 원본으로부터 복사한 사본일 경우에는 복사과정에서 편집되는 등의 인위적 개작 없이 원본의 내용 그대로 복사된 사본임이 증명되어야 한다.

[2] 구 특정경제범죄 가중처벌 등에 관한 법률(2012. 2. 10. 법률 제11304호로 개정되기 전의 것) 위반(공갈) 피고사건에서, 피해자 토지구획정리사업조합의 대표자 갑이 디지털 녹음기로 피고인과의 대화를 녹음한 후 저장된 녹음파일 원본을 컴퓨터에 복사하고 디지털 녹음기의 파일 원본을 삭제한 뒤 다음 대화를 다시 녹음하는 과정을 반복하여 작성한 녹음파일 사본과 해당 녹취록의 증거능력이 문제된 사안에서, 제반 사정에 비추어 녹음파일 사본은 타인 간의 대화를 녹음한 것이 아니므로 타인의 대화비밀 침해금지를 규정한 통신비밀보호법 제14조의 적용 대상이 아니고, 복사 과정에서 편집되는 등의 인위적 개작 없이 원본 내용 그대로 복사된 것으로 대화자들이 진술한 대로 녹음된 것이 인정되며, 녹음 경위, 대화 장소, 내용 및 대화자 사이의 관계 등에 비추어 그 진술이 특히 신빙할 수 있는 상태에서 행하여진 것으로 인정된다는 이유로, 녹음파일 사본과 녹취록의 증거능력을 인정한 사례(대법원 2012. 9. 13. 선고 2012도7461 판결).

97. ★★★녹음테이프 검증조서의 기재 중 피고인과 공소외인 간의 대화를 녹음한 부분은 공개되지 아니한 타인간의 대화를 녹음한 것이므로 위 법 제14조 제2항 및 제4조의 규정에 의하여 그 증거능력이 없고, 피고인들 간의 전화통화를 녹음한 부분은 피고인의 동의없이 불법감청한 것이므로 위 법 제4조에 의하여 그 증거능력이 없다. 또한, 녹음테이프 검증조서의 기재 중 고소인이 피고인과의 대화를 녹음한 부분은 타인간의 대화를 녹음한 것이 아니므로 위 법 제14조의 적용을 받지는 않지만, 그 녹음테이프에 대하여 실시한 검증의 내용은 녹음테이프에 녹음된 대화의 내용이 검증조서에 첨부된 녹취서에 기재된 내용과 같다는 것에 불과하여 증거자료가 되는 것은 여전히 녹음테이프에 녹음된 대화의 내용이라 할 것인바, 그 중 피고인의 진술내용은 실질적으로 형사소송법 제311조, 제312조 규정 이외에 피고인의 진술을 기재한 서류와 다를 바 없으므로, 피고인이 그 녹음테이프를 증거로 할 수 있음에 동의하지 않은 이상 그 녹음테이프 검증조서의 기재 중 피고인의 진술내용을 증거로 사용하기 위해서는 ★★★형사소송법 제313조 제1항 단서에 따라 공판준비 또는 공판기일에서 그 작성자인 고소인의 진술에 의하여 녹음테이프에 녹음된 피고인의 진술내용이 피고인이 진술한 대로 녹음된 것이라는 점이 증명되고 그 진술이 특히 신빙할 수 있는 상태하에서 행하여진 것으로 인정되어야 한다(대법원 20

01. 10. 9. 선고 2001도3106 판결).

98. ★★★피고인과의 대화내용을 녹음한 보이스펜 자체의 청취 결과 피고인의 변호인이 피고인의 음성임을 인정하고 이를 증거로 함에 동의하였고, 보이스펜의 녹음내용을 재녹음한 녹음테이프, 녹음테이프의 음질을 개선한 후 재녹음한 시디 및 녹음테이프의 녹음내용을 풀어쓴 녹취록 등에 대하여는 증거로 함에 부동의하였으나, 극히 일부의 청취가 불가능한 부분을 제외하고는 ★★★보이스펜, 녹음테이프 등에 녹음된 대화내용과 녹취록의 기재가 일치하는 것으로 확인된 사안에서, ★★★원본인 보이스펜이나 복제본인 녹음테이프 등에 대한 검증조서(녹취록)에 기재된 진술은 그 성립의 진정을 인정하는 작성자의 법정진술은 없었으나, 피고인의 변호인이 보이스펜을 증거로 함에 동의하였고, 보이스펜, 녹음테이프 등에 녹음된 대화내용과 녹취록의 기재가 일치함을 확인하였으므로, 결국 그 진정성립이 인정된다고 할 것이고, 나아가 녹음의 경위 및 대화내용에 비추어 그 진술이 특히 신빙할 수 있는 상태하에서 행하여진 것으로 인정되므로 이를 증거로 사용할 수 있다(대법원 2008. 3. 13. 선고 2007도10804 판결).

99. ★★★증거로 제출된 녹음파일이 대화 내용을 녹음한 원본이거나 혹은 복사 과정에서 편집되는 등 인위적 개작 없이 원본 내용을 그대로 복사한 사본이라는 점은 녹음파일의 생성과 전달 및 보관 등의 절차에 관여한 사람의 증언이나 진술, 원본이나 사본 파일 생성 직후의 ★★★해쉬(Hash)값과의 비교, 녹음파일에 대한 검증·감정 결과 등 제반 사정을 종합하여 판단할 수 있다(대법원 2015. 1. 22. 선고 2014도10978 전원합의체 판결).

100. 피고인과 피해자 사이의 대화내용에 관한 녹취서가 공소사실의 증거로 제출되어 그 녹취서의 기재내용과 녹음테이프의 녹음내용이 동일한지 여부에 관하여 법원이 검증을 실시한 경우에 증거자료가 되는 것은 녹음테이프에 녹음된 대화내용 그 자체이고, 그 중 피고인의 진술내용은 실질적으로 형사소송법 제311조, 제312조의 규정 이외에 피고인의 진술을 기재한 서류와 다름없어 피고인이 그 녹음테이프를 증거로 할 수 있음에 동의하지 않은 이상 그 녹음테이프 검증조서의 기재 중 피고인의 진술내용을 증거로 사용하기 위해서는 형사소송법 제313조 제1항 단서에 따라 공판준비 또는 공판기일에서 그 작성자인 피해자의 진술에 의하여 녹음테이프에 녹음된 피고인의 진술내용이 피고인이 진술한 대로 녹음된 것임이 증명되고 나아가 그 진술이 특히 신빙할 수 있는 상태하에서 행하여진 것임이 인정되어야 할 것이고, ★★★녹음테이프는 그 성질상 작성자나 진술자의 서명 혹은 날인이 없을 뿐만 아니라, 녹음자의 의도나 특정한 기술에 의하여 그 내용이 편집, 조작될 위험성이 있음을 고려하여, 그 대화내용을 녹음한 원본이거나 혹은 원본으로부터 복사한 사본일 경우에는 복사과정에서 편집되는 등의 인위적 개작 없이 원본의 내용 그대로 복사된 사본임이 입증되어야만 하고, 그러한 입증이 없는 경우에는 쉽게 그 증거능력을 인정할 수 없다(대법원 2005. 12. 23. 선고 2005도2945 판결).

101. 구 통신비밀보호법(2001. 12. 29. 법률 제6546호로 개정되기 전의 것)에서는 그 규율의 대상을 통신과 대화로 분류하고 그 중 통신을 다시 우편물과 전기통신으로 나눈 다음, 동법 제2조 제3호로 '전기통신'이라 함은 유선·무선·광선 및 기타의 전자적 방식에 의하여 모든 종류의 음향·문언·부호 또는 영상을 송신하거나 수신하는 것을 말한다고 규정하고 있는바, 전화통화가 위 법에서 규정하고 있는 전기통신에 해당함은 전화통화의 성질 및 위 규정 내용에 비

추어 명백하므로 이를 동법 제3조 제1항 소정의 '타인간의 대화'에 포함시킬 수는 없고, 나아가, 동법 제2조 제7호가 규정한 '전기통신의 감청'은 그 전호의 '우편물의 검열' 규정과 아울러 고찰할 때 제3자가 전기통신의 당사자인 송신인과 수신인의 동의를 받지 아니하고 같은 호 소정의 각 행위를 하는 것만을 말한다고 풀이함이 상당하다고 할 것이므로, 전기통신에 해당하는 전화통화 당사자의 일방이 상대방 모르게 통화내용을 녹음하는 것은 여기의 감청에 해당하지 아니하지만(따라서 전화통화 당사자의 일방이 상대방 몰래 통화내용을 녹음하더라도, 대화 당사자 일방이 상대방 모르게 그 대화내용을 녹음한 경우와 마찬가지로 동법 제3조 제1항 위반이 되지 아니한다), ★★★제3자의 경우는 설령 전화통화 당사자 일방의 동의를 받고 그 통화내용을 녹음하였다 하더라도 그 상대방의 동의가 없었던 이상, 사생활 및 통신의 불가침을 국민의 기본권의 하나로 선언하고 있는 헌법규정과 통신비밀의 보호와 통신의 자유 신장을 목적으로 제정된 통신비밀보호법의 취지에 비추어 이는 동법 제3조 제1항 위반이 된다고 해석하여야 할 것이다(이 점은 제3자가 공개되지 아니한 타인간의 대화를 녹음한 경우에도 마찬가지이다).

102. ★★★녹음테이프 검증조서의 기재 중 피고인과 공소외인 간의 대화를 녹음한 부분은 공개되지 아니한 타인간의 대화를 녹음한 것이므로 위 법 제14조 제2항 및 제4조의 규정에 의하여 그 증거능력이 없고, ★★★피고인들 간의 전화통화를 녹음한 부분은 피고인의 동의없이 불법 감청한 것이므로 위 법 제4조에 의하여 그 증거능력이 없다(대법원 2001. 10. 9. 선고 2001도3106 판결).

103. ★★★수사기관이 아닌 사인이 피고인 아닌 사람과의 대화 내용을 촬영한 비디오테이프는 형사소송법 제311조, 제312조의 규정 이외에 피고인 아닌 자의 진술을 기재한 서류와 다를 바 없으므로, 피고인이 그 비디오테이프를 증거로 함에 동의하지 아니하는 이상 그 진술 부분에 대하여 증거능력을 부여하기 위하여는, ★★★첫째 비디오테이프가 원본이거나 원본으로부터 복사한 사본일 경우에는 복사과정에서 편집되는 등 인위적 개작 없이 원본의 내용 그대로 복사된 사본일 것, ★★★둘째 형사소송법 제313조 제1항에 따라 공판준비나 공판기일에서 원진술자의 진술에 의하여 그 비디오테이프에 녹음된 각자의 진술내용이 자신이 진술한 대로 녹음된 것이라는 점이 인정되어야 할 것인바, 비디오테이프는 촬영대상의 상황과 피촬영자의 동태 및 대화가 녹화된 것으로서, 녹음테이프와는 달리 피촬영자의 동태를 그대로 재현할 수 있기 때문에 비디오테이프의 내용에 인위적인 조작이 가해지지 않은 것이 전제된다면, ★★★비디오테이프에 촬영, 녹음된 내용을 재생기에 의해 시청을 마친 원진술자가 비디오테이프의 피촬영자의 모습과 음성을 확인하고 자신과 동일인이라고 진술한 것은 비디오테이프에 녹음된 진술내용이 자신이 진술한 대로 녹음된 것이라는 취지의 진술을 한 것으로 보아야 한다(대법원 2004. 9. 13. 선고 2004도3161 판결).

104. 통신비밀보호법 제3조 제1항이 "공개되지 아니한 타인간의 대화를 녹음 또는 청취하지 못한다"라고 정한 것은, 대화에 원래부터 참여하지 않는 제3자가 그 대화를 하는 타인들 간의 발언을 녹음해서는 아니 된다는 취지이다. 3인 간의 대화에 있어서 그 중 한 사람이 그 대화를 녹음하는 경우에 다른 두 사람의 발언은 그 녹음자에 대한 관계에서 '타인 간의 대화'라고 할 수 없으므로, 이와 같은 녹음행위가 통신비밀보호법 제3조 제1항에 위배된다고 볼 수는 없다

(대법원 2006. 10. 12. 선고 2006도4981 판결).

105. ★★★피고인이 범행 후 피해자에게 전화를 걸어오자 피해자가 증거를 수집하려고 그 전화내용을 녹음한 경우, 그 녹음테이프가 피고인 모르게 녹음된 것이라 하여 이를 위법하게 수집된 증거라고 할 수 없다(대법원 1997. 3. 28. 선고 97도240 판결).

106. 수사기관이 아닌 사인이 피고인 아닌 사람과의 대화내용을 녹음한 녹음테이프는 형사소송법 제311조, 제312조 규정 이외의 피고인 아닌 자의 진술을 기재한 서류와 다를 바 없으므로, 피고인이 그 녹음테이프를 증거로 할 수 있음에 동의하지 아니하는 이상 그 증거능력을 부여하기 위하여는 첫째, 녹음테이프가 원본이거나 원본으로부터 복사한 사본일 경우(녹음디스크에 복사할 경우에도 동일하다)에는 복사과정에서 편집되는 등의 인위적 개작 없이 원본의 내용 그대로 복사된 사본일 것, 둘째 형사소송법 제313조 제1항에 따라 공판준비나 공판기일에서 원진술자의 진술에 의하여 그 녹음테이프에 녹음된 각자의 진술내용이 자신이 진술한 대로 녹음된 것이라는 점이 인정되어야 할 것이다 (대법원 1997. 3. 28. 선고 96도2417 판결, 1999. 3. 9. 선고 98도3169 판결 등 참조).(대법원 2005. 2. 18. 선고 2004도6323 판결)

107. ★★공범으로서 별도로 공소제기된 다른 사건의 피고인 갑에 대한 수사과정에서 담당 검사가 피의자인 갑과 그 사건에 관하여 대화하는 내용과 장면을 녹화한 비디오테이프에 대한 법원의 검증조서는 이러한 ★★비디오테이프의 녹화내용이 피의자의 진술을 기재한 피의자신문조서와 실질적으로 같다고 볼 것이므로 피의자신문조서에 준하여 그 증거능력을 가려야 한다 (대법원 1992. 6. 23. 선고 92도682 판결).-->다만, 이 판례는 현행법과 배치, 따라서 독립증거가 될 수 없음.

108. 2007. 6. 1. 법률 제8496호로 개정되기 전의 형사소송법에는 없던 <<수사기관에 의한 피의자 아닌 자(이하 '참고인'이라 한다) 진술의 영상녹화>>를 새로 정하면서 그 용도를 참고인에 대한 진술조서의 실질적 진정성립을 증명하거나 참고인의 기억을 환기시키기 위한 것으로 한정하고 있는 현행 형사소송법의 규정 내용을 영상물에 수록된 성범죄 피해자의 진술에 대하여 독립적인 증거능력을 인정하고 있는 성폭력범죄의 처벌 등에 관한 특례법 제30조 제6항 또는 아동·청소년의 성보호에 관한 법률 제26조 제6항의 규정과 대비하여 보면, 수사기관이 참고인을 조사하는 과정에서 형사소송법 제221조 제1항에 따라 작성한 영상녹화물은, ★★★★다른 법률에서 달리 규정하고 있는 등의 특별한 사정이 없는 한, 공소사실을 직접 증명할 수 있는 <<독립적인 증거로 사용될 수는 없다>>고 해석함이 타당하다(대법원 2014. 7. 10. 선고 2012도5041 판결).

109. ★★★★성폭력범죄의 처벌 및 피해자보호 등에 관한 법률 제21조의3에 따라 촬영한 영상물에 수록된 성폭력 범죄 피해자의 진술은 조사 과정에 동석하였던 신뢰관계 있는 자의 진술에 의하여 성립의 진정함이 인정된 때에는 증거로 할 수 있다. 그리고 위와 같이 촬영한 영상에 피해자가 피해상황을 진술하면서 보충적으로 작성한 메모도 함께 촬영되어 있는 경우, 이는 영상물에 수록된 피해자 진술의 일부와 다름없으므로, 위 법률에 따라 조사과정에 동석하였던 신뢰관계 있는 자의 진술에 의하여 성립의 진정함이 인정된 때에는 증거로 할 수 있다(대

법원 2009. 12. 24. 선고 2009도11575 판결).-->즉, ★★★★성폭법과 아청법상 영상녹화물은 독립된 증거로 사용가능

110. 성폭력범죄의 처벌 및 피해자보호 등에 관한 법률 제21조의3 제3항에 의해 촬영된 영상물에 수록된 '피해자의 진술'은 같은 조 제4항에 의해 공판준비 또는 공판기일에서 피해자 또는 조사과정에 동석하였던 신뢰관계에 있는 자의 진술에 의하여 그 성립의 진정함이 인정된 때에는 증거로 할 수 있다. 그리고 ★★★★같은 조 제4항의 규정에 의하여 증거능력이 인정될 수 있는 것은 '같은 조 제3항에 의해 촬영된 영상물에 수록된 피해자의 진술' 그 자체일 뿐이고, '피해자에 대한 경찰 진술조서'나 '조사과정에 동석하였던 신뢰관계 있는 자의 공판기일에서의 진술'은 그 대상이 되지 아니한다(대법원 2010. 1. 28. 선고 2009도12048 판결).

111. 누구든지 자기의 얼굴 기타 모습을 함부로 촬영당하지 않을 자유를 가지나 이러한 자유도 국가권력의 행사로부터 무제한으로 보호되는 것은 아니고 국가의 안전보장·질서유지·공공복리를 위하여 필요한 경우에는 상당한 제한이 따르는 것이고, ★★수사기관이 범죄를 수사함에 있어 현재 범행이 행하여지고 있거나 행하여진 직후이고, 증거보전의 필요성 및 긴급성이 있으며, 일반적으로 허용되는 상당한 방법에 의하여 촬영을 한 경우라면 위 촬영이 영장 없이 이루어졌다 하여 이를 위법하다고 단정할 수 없다(대법원 1999. 9. 3. 선고 99도2317 판결).

112. [1] ★★압수물인 디지털 저장매체로부터 출력한 문건을 증거로 사용하기 위해서는 디지털 저장매체 원본에 저장된 내용과 출력한 문건의 동일성이 인정되어야 하고, 이를 위해서는 디지털 저장매체 원본이 압수시부터 문건 출력시까지 변경되지 않았음이 담보되어야 한다. 특히 ★★디지털 저장매체 원본을 대신하여 저장매체에 저장된 자료를 '하드카피' 또는 '이미징'한 매체로부터 출력한 문건의 경우에는 디지털 저장매체 원본과 '하드카피' 또는 '이미징'한 매체 사이에 자료의 동일성도 인정되어야 할 뿐만 아니라, 이를 확인하는 과정에서 이용한 컴퓨터의 기계적 정확성, 프로그램의 신뢰성, 입력·처리·출력의 각 단계에서 조작자의 전문적인 기술능력과 정확성이 담보되어야 한다. 그리고 압수된 디지털 저장매체로부터 출력한 문건을 진술증거로 사용하는 경우, 그 기재 내용의 진실성에 관하여는 전문법칙이 적용되므로 형사소송법 제313조 제1항에 따라 그 작성자 또는 진술자의 진술에 의하여 그 성립의 진정함이 증명된 때에 한하여 이를 증거로 사용할 수 있다.

[2] 대한민국 주중국 대사관 영사가 작성한 사실확인서 중 공인 부분을 제외한 나머지 부분이 비록 영사의 공무수행 과정 중 작성되었지만 공적인 증명보다는 상급자 등에 대한 보고를 목적으로 하는 것인 경우, 형사소송법 제315조 제1호의 '공무원의 직무상 증명할 수 있는 사항에 관하여 작성한 문서' 또는 제3호의 '기타 특히 신뢰할 만한 정황에 의하여 작성된 문서'라고 볼 수 없으므로 증거능력이 없다고 한 사례(대법원 2007. 12. 13. 선고 2007도7257 판결)

113. ★★★★피고인 또는 피고인 아닌 사람이 컴퓨터용디스크 그 밖에 이와 비슷한 정보저장매체에 입력하여 기억된 문자정보 또는 그 출력물을 증거로 사용하는 경우, ★★★★이는 실질에 있어서 <<피고인 또는 피고인 아닌 사람이 작성한 진술서나 그 진술을 기재한 서류>>와 크게 다를 바 없고, 압수 후의 보관 및 출력과정에 조작의 가능성이 있으며, 기본적으로 반대

신문의 기회가 보장되지 않는 점 등에 비추어 ★★★★그 내용의 진실성에 관하여는 전문법칙이 적용되고, 따라서 원칙적으로 형사소송법 제313조 제1항에 의하여 작성자 또는 진술자의 진술에 의하여 성립의 진정함이 증명된 때에 한하여 이를 증거로 사용할 수 있다. ★★★★다만 정보저장매체에 기억된 문자정보의 내용의 진실성이 아닌 그와 같은 내용의 문자정보의 존재 자체가 직접 증거로 되는 경우에는 전문법칙이 적용되지 아니한다(대법원 2013. 2. 15. 선고 판결).

114. ★★★★디지털 저장매체에 저장된 로그파일의 원본이 아니라 그 복사본의 일부 내용을 요약·정리하는 방식으로 새로운 문서파일이 작성된 경우 ★★★★그 문서파일 또는 거기에서 출력한 문서를 로그파일 원본의 내용을 증명하는 증거로 사용하기 위하여는 피고인이 이를 증거로 하는 데 동의하지 아니하는 이상 그 문서파일의 기초가 된 로그파일 복사본과 로그파일 원본의 동일성도 인정되어야 한다. ★★★★나아가 이때 새로운 문서파일 또는 거기에서 출력한 문서를 진술증거로 사용하는 경우 그 기재 내용의 진실성에 관하여는 전문법칙이 적용되므로 형사소송법 제313조 제1항에 따라 공판준비기일이나 공판기일에서 그 작성자 또는 진술자의 진술에 의하여 성립의 진정함이 증명된 때에 한하여 이를 증거로 사용할 수 있다(대법원 2013. 6. 13. 선고 2012도16001 판결 등 참조).(대법원 2015. 8. 27. 선고 2015도3467 판결)

115. 거짓말탐지기의 검사는 그 기구의 성능, 조작기술 등에 있어 신뢰도가 극히 높다고 인정되고 그 검사자가 적격자이며, 검사를 받는 사람이 검사를 받음에 동의하였으며 검사서가 검사자 자신이 실시한 검사의 방법, 경과 및 그 결과를 충실하게 기재하였다는 등의 전제조건이 증거에 의하여 확인되었을 경우에만 형사소송법 제313조 제2항에 의하여 이를 증거로 할 수 있는 것이고 위와 같은 조건이 모두 충족되어 증거능력이 있는 경우에도 그 검사결과는 검사를 받는 사람의 진술의 신빙성을 가늠하는 정황증거로서의 기능을 하는데 그치는 것이다(대법원 1987. 7. 21. 선고 87도968 판결).-->거짓말탐지기의 검사결과에 대하여 사실적관련성을 가진 증거로서 증거능력을 인정할 수 있으려면 ★★★첫째로, 거짓말을 하면 반드시 일정한 심리상태의 변동이 일어나고 둘째로, 그 심리상태의 변동은 반드시 일정한 생리적 반응을 일으키며 셋째로, 그 생리적 반응에 의하여 피검사자의 말이 거짓인지 아닌지가 정확히 판정될 수 있다는 세가지 전제요건이 충족되어야 할 것이며, 특히 마지막 생리적 반응에 대한 거짓여부 판정은 거짓말 탐지기가 검사에 동의한 피검사자의 생리적 반응을 정확히 측정할 수 있는 장치이어야 하고, 질문사항의 작성과 검사의 기술 및 방법이 합리적이어야 하며, 검사자가 탐지기의 측정내용을 객관성 있고 정확하게 판독할 능력을 갖춘 경우라야만 그 정확성을 확보할 수 있는 것이므로 이상과 같은 여러가지 요건이 충족되지 않는 한 거짓말탐지기 검사결과에 대하여 형사소송법상 증거능력을 부여할 수는 없다(대법원 1986. 11. 25. 선고 85도2208 판결).

제3절 진술의 임의성

<<관련판례>>

1. [1] 임의성 없는 진술의 증거능력을 부정하는 취지는, 허위진술을 유발 또는 강요할 위험성이 있는 상태하에서 행하여진 진술은 그 자체가 실체적 진실에 부합하지 아니하여 오판을 일으킬 소지가 있을 뿐만 아니라 그 진위를 떠나서 진술자의 기본적 인권을 침해하는 위법 부당한 압박이 가하여지는 것을 사전에 막기 위한 것이므로, 그 임의성에 다툼이 있을 때에는 그 임의성을 의심할 만한 합리적이고 구체적인 사실을 피고인이 증명할 것이 아니고 검사가 그 임의성의 의문점을 없애는 증명을 하여야 할 것이고, 검사가 그 임의성의 의문점을 없애는 증명을 하지 못한 경우에는 그 진술증거는 증거능력이 부정된다.

    [2] 기록상 진술증거의 임의성에 관하여 의심할 만한 사정이 나타나 있는 경우에는 법원은 직권으로 그 임의성 여부에 관하여 조사를 하여야 하고, 임의성이 인정되지 아니하여 증거능력이 없는 진술증거는 피고인이 증거로 함에 동의하더라도 증거로 삼을 수 없다(대법원 2006. 11. 23. 선고 2004도7900 판결).

2. 피고인이 피의자신문조서에 기재된 피고인의 진술 및 공판기일에서의 피고인의 진술의 임의성을 다투면서 그것이 허위자백이라고 다투는 경우, 법원은 구체적인 사건에 따라 피고인의 학력, 경력, 직업, 사회적 지위, 지능정도, 진술의 내용, 피의자신문조서의 경우 그 조서의 형식 등 제반 사정을 참작하여 자유로운 심증으로 위 진술이 임의로 된 것인지의 여부를 판단하면 된다(대법원 2003. 5. 30. 선고 2003도705 판결).

3. 별건으로 수감 중인 자를 약 1년 3개월의 기간 동안 무려 270회나 검찰청으로 소환하여 밤늦은 시각 또는 그 다음날 새벽까지 조사를 하였다면 그는 과도한 육체적 피로, 수면부족, 심리적 압박감 속에서 진술을 한 것으로 보이고, 미국 영주권을 신청해 놓았을 뿐 아니라 가족들도 미국에 체류 중이어서 반드시 미국으로 출국하여야 하는 상황에 놓여있는 자를 구속 또는 출국금지 조치의 지속 등을 수단으로 삼아 회유하거나 압박하여 조사를 하였을 가능성이 충분하다면 그는 심리적 압박감이나 정신적 강압상태하에서 진술을 한 것으로 의심되므로 이들에 대한 진술조서는 그 임의성을 의심할 만한 사정이 있는데, 검사가 그 임의성의 의문점을 해소하는 증명을 하지 못하였으므로 위 각 진술조서는 증거능력이 없다(대법원 2006. 1. 26. 선고 2004도517 판결).

4. ★범죄의 피해자인 검사가 그 사건의 수사에 관여하거나, 압수·수색영장의 집행에 참여한 검사가 다시 수사에 관여하였다는 이유만으로 바로 그 수사가 위법하다거나 그에 따른 참고인이나 피의자의 진술에 임의성이 없다고 볼 수는 없다(대법원 2013. 9. 12. 선고 2011도12918 판결).

5. 검사 작성의 당해 피고인에 대한 피의자신문조서에 기재된 진술의 임의성에 다툼이 있을 때에는 그 임의성을 의심할 만한 합리적이고 구체적인 사실을 피고인이 증명할 것이 아니라 검사가 그 임의성의 의문점을 없애는 증명을 하여야 하고, 검사가 그 임의성의 의문점을 없애는 증명을

하지 못한 경우에는 그 조서는 유죄 인정의 증거로 사용할 수 없는데, ★이러한 법리는 피고인이나 그 변호인이 검사 작성의 당해 피고인에 대한 피의자신문조서의 임의성을 인정하는 진술을 하였다가 이를 번복하는 경우에도 마찬가지로 적용되어야 한다. 따라서 증거조사를 마친 조서의 임의성을 다투는 주장이 받아들여지게 되면, 그 조서는 구 형사소송규칙(2007. 10. 29. 대법원규칙 제2106호로 개정되기 전의 것) 제139조 제4항의 증거배제결정을 통하여 유죄 인정의 자료에서 제외하여야 한다(대법원 2008. 7. 10. 선고 2007도7760 판결).

제 6 장 당사자의 증거동의 및 증거능력부여

제1절 의의 및 성질

Tool 1.   ◆증거동의(1)◆

①의의	전문법칙에 의하여 본래 <증거능력이 없는><서류와 진술>에 대하여 증거로 동의한다는 <검사 및 피고인>의 의사표시
②본질	(1)반대신문권의 포기 ※임의성 없는 자백이나 위법수집 된 증거는 동의의 대상이 아니다. (2)전문법칙의 예외규정(판례)/다수설은 전문법칙이 처음부터 적용배제되는 경우
③시기 및 방식	(1)증거조사전+증거조사후(사후동의: 소급하자치유)→변론종결시 까지 할 수 있다. (2)구술+서면 (3)판례: 이견없다는 정도면 된다. (4)학설: 적극적으로 해야 한다(묵시X, 이견 없다X).
④동의의 상대방 및 동의권자	(1)상대방: 법원 (2)동의권자: <검사와 피고인>, <변호인도 피고인의 명시한 의사에 반하지 않는 한 가능> (3)법원의 직권에 의한 증거조사: 쌍방의 동의요함 (4)일방당사자의 청구: 상대방의 동의로 충분
⑤대상	(1)증거능력이 없는 전문증거가 대상이며 증거물은 대상이 아니다. (2)조서, 서류, 사본, 사진 등이 대상이다.
⑥동의의 의제	(1)피고인의 불출석 ※다만 이러한 경우에도 <피고인의 대리인 또는 변호인이 출청한 때에는 동의의제X (2)간이공판절차 ※다만 이의가 있는 경우X

⑦효력	(1)증거능력취득-법원에 의하여 진정성이 인정되는 경우
	※다만 당사자가 동의하여도 법원이 진정성을 인정하지 않으면 증거능력X
	(2)일부동의
	  ㉠가분-가능
	  ㉡불가분-불가능
	(3)임의성 없는 자백-동의해도 증거능력X
	(4)범위
	  ㉠인적 범위-★다른 공범자에게는 영향을 미치지 않는다.
	  ㉡물적 범위-★1심에서 증거동의는 제2심(항소심)과 상고심에서도 그 효력이 있다. 즉 <심급을 달리>하거나 <공판절차 갱신>의 경우에도 유지된다.

⑧동의의 철회	당해 서류의 증거조사완료전까지

Tool 2. ◆증거동의(2)◆

①동의와 전문법칙	(1)판례-전문법칙의 예외 (2)★학설-전문법칙의 예외가 아니고 <전문법칙의 적용을 배제>하여 <당사자주의>의 이념을 구현
②법제318조 규정의 문제	(1)규정: 서류 또는 물건 (2)<진술은 포함됨> ※진술조서O/진정성립의 검사작성피고인심문조서X(이미 증거능력이 있으므로)/내용의 진정을 인정한 사경작성의 피의자신문조서X(이미증거능력이 있으므로)/위법수집증거X/임의성 없는 자백X (3)★물건(증거물)의 경우는 <동의의 대상이 되지 않는다는 것이 다수견해>
③동의의 상대방	동의의 ★상대방은 <법원>이므로 당사자에 대한 동의는 효과가 없다.
④시기	(1)원칙-증거조사전 (2)공판기일O+공판기일전O
⑤방법	개개의 증거에 대하여 의사표시를 해야 함, 즉 <★포괄적인 증거동의는 X:다수설/////판례는 가능하다고 봄>
⑥주의사항	(1)재판장의 허가 없이 퇴정하거나 +(2)재판장의 퇴거명령에 의해 출석하지 않을 때-----→동의 의제X (3)※피고인이 출정없이 증거조사를 할 수 있는 경우(경미사건) <출정하지 아니한 경우><피고인의 대리인 또는 변호인이 출정한 때를 제외하고><피고인이 증거로 함에 동의 간주> (4)일방당사자가 신청한 증거동의는 <타방당사자의 동의가 있으면 족함> (5)★법원의 직권에 의해 수집된 증거에 대하여는 <양 당사자의 동의가 있어야 한다.>

	(6) 변호인의 동의권은 종속 대리권이므로 피고인의 의사에 반하여 증거동의할 수 없다. (7) 간이 공판절차의 결정이 있는 사건에 대하여는 <전문증거에 관하여 동의가 있는 것으로 간주한다.><★그러나 검사, 피고인, 변호인 등이 이의를 제기했을 때에는 그렇지 않다.> (8) 증거서류에 동의를 할 수 있는 자=피고인+검사+변호인(고소인X)
⑦효과	(1)★증거동의가 있어도 <법원이 진정한 것으로 인정하지 않을 때에는 증거능력X> ※즉 증거동의가 있다고 하더라도 증거증력이 인정되는 것이 아니라 법원에 의하여 진정한 것으로 인정을 받아야 한다.> ※증명력이 아니라 증거능력이 인정되지 않는다. (2)★공동피고인 중 1인이 동의한 경우에는 <동의한 피고인에게만 효과가 발생하고 다른 피고인에게는 발생하지 않는다.> (3)★반대신문권의 포기에 본질이 있으므로 <증거의 증명력을 다투기 위하여 원진술자를 증인으로 신청하는 것은 허용X>
⑧철회	(1) 증거조사완료전까지 가능하다. (2) 착오나 강박에 의한 경우는 철회가 불가능하다고 판단된다.

Tool 3.   ◆증거동의(3)◆

주의사항	(1) 다수설은 **전문법칙 적용배제설**의 입장에 있다. (2) 증거로 함에 있어서 당사자의 증거동의는 반대신문권의 포기이다. (3) 공동피고인의 경우에는 1인의 증거동의는 다른 공범자에게는 영향을 미치지 않는다. (4) 즉 공범자 개개인은 독립하여 반대신문권을 가지므로 반대신문권의 포기도 각자에게 있다. (5) 증거동의에 대하여 **판례는 포괄적 동의도 가능**하다고 판단한다. (6) **간이공판절차에서는 전문증거를 증거로 함에 동의 하지만 언제나 증거능력을 인정하는 것은 아니다.** 즉 제318조의3 (간이공판절차에서의 증거능력에 관한 특례)에 의하면 제286조의2의 결정이 있는 사건의 증거에 관하여는 제310조의2, 제312조 내지 제314조 및 제316조의 규정에 의한 증거에 대하여 제318조 제1항의 동의가 있는 것으로 간주한다. 단, **검사, 피고인 또는 변호인이 증거로 함에 이의가 있는 때에는 그러하지 아니하다.** (7) 고소인은 증거동의의 주체가 아니다. (8) 증거동의의 주체=**검사+피고인+변호인**(종속대리권: 의사에 반하여X) (9) 피고인의 동의가 있으면 변호인의 증거동의권은 없다. (10) 즉 변호인이 피고인의 의사에 반하여 증거에 동의를 한 경우에는 동의의 효력이 없다. (11) 경미사건에서 피고인이 공판기일에 출석하지 않으면 증거동의가 의제된다. (12) 제318조 (당사자의 동의와 증거능력)

- 검사와 피고인이 증거로 할 수 있음을 동의한 서류 또는 물건은 진정한 것으로 인정한 때에는 증거로 할 수 있다.
- 피고인의 출정없이 증거조사를 할 수 있는 경우에 피고인이 출정하지 아니한 때에는 전항의 동의가 있는 것으로 간주한다. 단, 대리인 또는 변호인이 출정한 때에는 예외로 한다.

(13) 증거동의는 서면 또는 구두로 할 수 있다.
(14) 즉 증거동의에 의하여 증거능력을 인정하기 위하여는 **당사자의 법원에 증거동의 의사표시+법원의 진정성인정**을 충족시켜야 한다. 당사자가 증거동의를 하더라도 법원이 진정함을 인정하지 않을 때에는 증거능력이 인정되지 않는다.
(15) 증거동의를 원칙적으로 증거조사 전에 하여야 한다.
(16) 고문에 이한 자백이 기재된 피의자신문조서는 당사가자 증거동의를 하더라도 증거능력을 인정할 수 없다. 즉 임의성 없는 자백에 의한 경우는 증거동의의 대상이 될 수 없다.
(17) **증거동의는 사후동의도 가능하다. 즉 증거조사 도중이나 증거조사 후 전문증거임이 밝혀진 경우에는 사후에 동의 하는 것도 가능하다.**
(18) 증거동의는 공판기일에 할 것을 요하지 않는다. 즉 공판기일전에도 할 수 있다.
(19) 증거동의에 대한 취소나 철회도 가능하다. 다수견해 및 판례에 의하면 **증거조사 완료시 까지** 가능하다는 입장이다.
(20) 증거능력이 인정되지 않는 전문증거일지라도 탄핵증거로 사용이 가능하다.

Tool 4. ◆당사자의 증거동의 판례 핵심 정리◆

①	(1) 제1심에서의 증거동의는 제2심(항소심)에서 취소할 수 없다. (2) ★제1심에서 증거동의 한 서류를 제2심에서 동의하지 않았을 지라도 제1심의 증거동의는 유지된다(증거동의가 상실되지 않는다.).
②	★유죄의 증거에 대하여 <반대증거로 제출된 서류>는 성립의 진정이 증명되지 않거나 동의가 없어도 증거판단의 자료로 삼을 수 있으므로 <동의의 대상이 되지 않는다.>
③	<이견이 없다는 진술>은 증거동의에 해당한다.
④	공동피고인 또는 상피의자에 대한 피의자 신문조서뿐만 아니라 진술서, 조서, 서류의 사본, 사진도 증거동의의 대상이 된다.
⑤	피고인의 <명시한 의사에 반하지 않는 이상> 변호인도 대리하여 증거동의 할 수 있다.
⑥	★<검사작성의 피의자 신문조사>의 경우에도 <피고인 동의 한 때에는 성립의 진정과 특신상태를 조사할 필요가 없으므로><동의의 대상이 된다.>

<<관련판례>>
형사소송법 제318조 제1항은 전문증거금지의 원칙에 대한 예외로서 반대신문권을 포기하겠다는 피고인의 의사표시에 의하여 서류 또는 물건의 증거능력을 부여하려는 규정이므로 피고인의 의사표시가 위와 같은 내용을 <u>적극적으로 표시하는 것이라고 인정되는 경우</u>이면 증거동의로서의 효력이 있다(대법원 1983. 3. 8. 선고 82도2873 판결).

제2절 증거동의방법

<<관련판례>>
1. 형사소송법 제318조에 규정된 증거동의의 주체는 소송 주체인 검사와 피고인이고, 변호인은 피고인을 대리하여 증거동의에 관한 의견을 낼 수 있을 뿐이므로 피고인의 명시한 의사에 반하여 증거로 함에 동의할 수는 없다. 따라서 <u>피고인이 출석한 공판기일에서 증거로 함에 부동의한다는 의견이 진술된 경우에는 그 후 피고인이 출석하지 아니한 공판기일에 변호인만이 출석하여 종전 의견을 번복하여 증거로 함에 동의하였다 하더라도 이는 특별한 사정이 없는 한 효력이 없다</u>고 보아야 한다(대법원 2013. 3. 28. 선고 2013도3 판결).

2. 증거로 함에 대한 동의의 주체는 소송주체인 당사자라 할 것이지만 <u>변호인은 피고인의 명시한 의사에 반하지 아니하는 한 피고인을 대리하여 이를 할 수 있음은 물론이므로 피고인이 증거로 함에 동의하지 아니한다고 명시적인 의사표시를 한 경우 이외에는 변호인은 서류나 물건에 대하여 증거로 함에 동의할 수 있고 이 경우 변호인의 동의에 대하여 피고인이 즉시 이의하지 아니하는 경우에는 변호인의 동의로 증거능력이 인정되고 증거조사 완료 전까지 앞서의 동의가 취소 또는 철회하지 아니한 이상 일단 부여된 증거능력은 그대로 존속한다</u>(대법원 1999. 8. 20. 선고 99도2029 판결).

3. 가. 제1회 공판조서를 유죄의 증거로 할 수 없음을 전제로 그 공판기일에 이루어진 '<u>공소외인의 상해부위를 촬영한 사진'에 대한 증거조사 또한 효력이 없어 위 사진을 유죄의 증거로 쓸 수 없다는 취지의 상고이유의 주장은 이유 없다</u>.

나. 상고이유의 주장과 같이 수사기관이 피고인을 현행범으로 체포한 절차 등에 어떠한 위법이 있다고 하여도, '공소외인의 상해부위를 촬영한 사진'은 피고인으로부터 수집한 증거가 아니어서 이를 위법하게 수집한 증거라 할 수 없다. 이 부분 상고이유의 주장 또한 이유 없다.

다. '공소외인의 상해부위를 촬영한 사진'은 비진술증거로서 전문법칙이 적용되지 않으므로, 위 사진이 진술증거임을 전제로 전문법칙이 적용되어야 한다는 취지의 상고이유의 주장 또한 받아들일 수 없다.

라. 형사소송법 제318조에 규정된 증거동의의 의사표시는 증거조사가 완료되기 전까지 취소 또는 철회할 수 있으나, 일단 증거조사가 완료된 뒤에는 취소 또는 철회가 인정되지 아니하므로 취소 또는 철회 이전에 이미 취득한 증거능력은 상실되지 않는바(대법원 2004. 6. 25. 선고 2004도2611 판결 참조), ★기록에 의하여 살펴보면, 피고인은 제1심 제1회 공판기일에 위 사진을 증거로 함에 동의하였고, 이에 따라 제1심법원이 위 사진에 대한 증거조사를 완료하였음을 알 수 있으므로, 상고이유의 주장과 같이 피고인이 원심에 이르러 위 사진에 대한 증거동의의 의사표시를 취소 또는 철회하였다 하여, 위 사진의 증거능력이 상실되지 않는다(대법원 2007. 7. 26. 선고 2007도3906 판결).

4. 기록상 진술증거의 임의성에 관하여 의심할 만한 사정이 나타나 있는 경우에는 법원은 직권으로 그 임의성 여부에 관하여 조사를 하여야 하고, 임의성이 인정되지 아니하여 증거능력이 없는 진술증거는 피고인이 증거로 함에 동의하더라도 증거로 삼을 수 없다(대법원 2006. 11. 23. 선고 2004도7900 판결).

5. 형사소송법 제216조 제1항 제2호, 제217조 제2항, 제3항은 사법경찰관은 형사소송법 제200조의3(긴급체포)의 규정에 의하여 피의자를 체포하는 경우에 필요한 때에는 영장 없이 체포현장에서 압수·수색을 할 수 있고, 압수한 물건을 계속 압수할 필요가 있는 경우에는 지체 없이 압수수색영장을 청구하여야 하며, 청구한 압수수색영장을 발부받지 못한 때에는 압수한 물건을 즉시 반환하여야 한다고 규정하고 있는바, ★형사소송법 제217조 제2항, 제3항에 위반하여 압수수색영장을 청구하여 이를 발부받지 아니하고도 즉시 반환하지 아니한 압수물은 이를 유죄 인정의 증거로 사용할 수 없는 것이고, ★헌법과 형사소송법이 선언한 영장주의의 중요성에 비추어 볼 때 피고인이나 변호인이 이를 증거로 함에 동의하였다고 하더라도 달리 볼 것은 아니다(대법원 2009. 12. 24. 선고 2009도11401 판결).

6. ★검사가 유죄의 자료로 제출한 증거들이 그 진정성립이 인정되지 아니하고 이를 증거로 함에 상대방의 동의가 없더라도, 이는 유죄사실을 인정하는 증거로 사용하는 것이 아닌 이상 공소사실과 양립할 수 없는 사실을 인정하는 자료로 쓸 수 있다고 보아야 한다(대법원 1994. 11. 11. 선고 94도1159 판결).

7. ★유죄의 자료가 되는 것으로 제출된 증거의 반대증거 서류에 대하여는 그것이 유죄사실을 인정하는 증거가 되는 것이 아닌 이상 반드시 그 진정성립이 증명되지 아니하거나 이를 증거로 함에 있어서의 상대방의 동의가 없다고 하더라도 증거판단의 자료로 할 수 있다(대법원 1981. 12. 22. 선고 80도1547 판결).

8. 피고인이 사법경찰관작성의 피해자진술조서를 증거로 동의함에 있어서 그 동의가 법률적으로 어떠한 효과가 있는지를 모르고 한 것이었다고 주장하더라도 변호인이 그 동의시 공판정에 재정하고 있으면서 피고인이 하는 동의에 대하여 아무런 이의나 취소를 한 사실이 없다면 그 동의에 무슨 하자가 있다고 할 수 없다(대법원 1983. 6. 28. 선고 83도1019 판결).

9. ★★★증거공통의 원칙이란 증거의 증명력은 그 제출자나 신청자의 입증취지에 구속되지 않는

다는 것을 의미하고 증서의 증거능력이나 증거에 관한 조사절차를 불필요하게 할 수 있는 힘은 없으므로 ★피고인이나 변호인이 무죄에 관한 자료로 제출한 서증가운데 도리어 유죄임을 뒷받침하는 내용이 있다 하여도 ★법원은 상대방의 원용(동의)이 없는 한 그 서류의 진정성립 여부 등을 조사하고 아울러 그 서류에 대한 피고인이나 변호인의 의견과 변명의 기회를 준 다음이 아니면 그 서증을 유죄인정의 증거로 쓸 수 없다고 보아야 한다(대법원 1989. 10. 10. 선고 87도966 판결).

10. 피고인이 신청한 증인의 증언이 피고인 아닌 타인의 진술을 그 내용으로 하는 전문진술이라고 하더라도 피고인이 그 증언에 대하여 ★<<별 의견이 없다고 진술하였다면>> 그 증언을 증거로 함에 동의한 것으로 볼 수 있으므로 이는 증거능력 있다(대법원 1983. 9. 27. 선고 83도516 판결).

11. ★개개의 증거에 대하여 개별적인 증거조사방식을 거치지 아니하고 검사가 제시한 모든 증거에 대하여 피고인이 증거로 함에 동의한다는 방식으로 이루어진 것이라 하여도 증거동의로서의 효력을 부정할 이유가 되지 못한다(대법원 1983. 3. 8. 선고 82도2873 판결).

제3절 증거동의 의제

<<관련판례>>

1. 소송촉진 등에 관한 특례법(이하 '소촉법'이라 한다) 제23조는 "제1심 공판절차에서 피고인에 대한 송달불능보고서가 접수된 때부터 6개월이 지나도록 피고인의 소재를 확인할 수 없는 경우에는 대법원규칙으로 정하는 바에 따라 피고인의 진술 없이 재판할 수 있다. 다만, 사형, 무기 또는 장기 10년이 넘는 징역이나 금고에 해당하는 사건의 경우에는 그러하지 아니하다."라고 규정하고 있고, 형사소송법 제318조 제2항은 "피고인의 출정 없이 증거조사를 할 수 있는 경우에 피고인이 출정하지 아니한 때에는 피고인의 동의가 있는 것으로 간주한다. 단, 대리인 또는 변호인이 출정한 때에는 예외로 한다."고 규정하고 있는바, 소촉법 제23조의 경우 피고인의 출정 없이도 심리·판결할 수 있고 공판심리의 일환으로 증거조사가 행해지게 마련이어서 피고인이 출석하지 아니한 상태에서 증거조사를 할 수밖에 없는 경우에는 형사소송법 제318조 제2항의 규정상 피고인의 진의와는 관계없이 형사소송법 제318조 제1항의 동의가 있는 것으로 간주하게 되어 있는 점, 형사소송법 제318조 제2항의 입법 취지가 재판의 필요성 및 신속성, 즉 피고인의 불출정으로 인한 소송행위의 지연 방지 내지 피고인 불출정의 경우 전문증거의 증거능력을 결정하지 못함에 따른 소송지연 방지에 있는 점 등에 비추어, ★피고인이 공시송달의 방법에 의한 공판기일의 소환을 2회 이상 받고도 출석하지 아니하여 법원이 피고인의 출정 없이 증거조사를 하는 경우에는 형사소송법 제318조 제2항에 따른 피고인의 증거동의가 있는 것으로 간주된다고 할 것이다.

그리고 피고인이 제1심에서 공시송달의 방법에 의한 공판기일의 소환을 2회 이상 받고도 출석하지 아니하여 형사소송법 제318조 제2항에 따른 증거동의가 간주된 후 증거조사를 완료한 이상, 간주의 대상인 증거동의는 증거조사가 완료되기 전까지 철회 또는 취소할 수 있으나 ★★일단 증거조사를 완료한 뒤에는 철회 또는 취소가 인정되지 아니하는 점, 증거동의의 간주가 피고인의 진의와는 관계없이 이루어지는 점 등에 비추어, 비록 피고인이 항소심에 출석하여 공소사실을 부인하면서 간주된 증거동의를 철회 또는 취소한다는 의사표시를 하더라도 그로 인하여 적법하게 부여된 증거능력이 상실되는 것은 아니라고 할 것이다(대법원 2011. 3. 10. 선고 2010도15977 판결).

2. 형사소송법 제458조 제2항, 제365조는 피고인이 출정을 하지 않음으로써 본안에 대한 변론권을 포기한 것으로 보는 일종의 제재적 규정으로, 이와 같은 경우 피고인의 출정 없이도 심리, 판결할 수 있고 공판심리의 일환으로 증거조사가 행해지게 마련이어서 피고인이 출석하지 아니한 상태에서 증거조사를 할 수밖에 없는 경우에는 위 법 제318조 제2항의 규정상 피고인의 진의와는 관계없이 같은 조 제1항의 동의가 있는 것으로 간주하게 되어 있는 점, 위 법 제318조 제2항의 입법 취지가 재판의 필요성 및 신속성 즉, 피고인의 불출정으로 인한 소송행위의 지연 방지 내지 피고인 불출정의 경우 전문증거의 증거능력을 결정하지 못함에 따른 소송지연 방지에 있는 점 등에 비추어, ★★약식명령에 불복하여 정식재판을 청구한 피고인이 정식재판절차에서 2회 불출정하여 법원이 피고인의 출정 없이 증거조사를 하는 경우에 위 법 제318조 제2항에 따른 피고인의 증거동의가 간주된다(대법원 2010. 7. 15. 선고 2007도5776 판결).

3. ★★필요적 변호사건이라 하여도 피고인이 재판거부의 의사를 표시하고 재판장의 허가 없이 퇴정하고 변호인마저 이에 동조하여 퇴정해 버린 것은 모두 피고인측의 방어권의 남용 내지 변호권의 포기로 볼 수밖에 없는 것이므로 ★★수소법원으로서는 형사소송법 제330조에 의하여 피고인이나 변호인의 재정 없이도 심리판결 할 수 있다(대법원 1991. 6. 28. 선고 91도865 판결).

제4절 증거동의 효과

<<관련판례>>
1. ★★★★검찰관이 공판기일에 제출한 증거 중 뇌물공여자 갑이 작성한 고발장에 대하여 피고인의 변호인이 증거 부동의 의견을 밝히고, 같은 고발장을 첨부문서로 포함하고 있는 검찰주사보 작성의 수사보고에 대하여는 증거에 동의하여 증거조사가 행하여졌는데, ★★★★원심법원이 수사보고에 대한 증거동의의 효력이 첨부된 고발장에도 당연히 미친다고 보아 이를 유죄의 증거로 삼은 사안에서, 수사기관이 수사과정에서 수집한 자료를 기록에 현출시키는 방법으로 자료의 의미, 성격, 혐의사실과의 관련성 등을 수사보고의 형태로 요약·설명하고 해당 자료를 수사보고에 첨부하는 경우, ★★★★수사보고에 기재된 내용은 수사기관이 첨부한 자료를 통하여 얻은 인식·판단·추론이거나 자료의 단순한 요약에 불과하여 원 자료로부터 독립하여 공소사실에

대한 증명력을 가질 수 없고, 피고인이나 변호인도 수사보고의 증명력을 위와 같은 취지로 이해하여 공소사실을 부인하면서도 수사보고의 증거능력을 다투지 않은 것으로 보이는 등의 제반 사정에 비추어, ★★★★<<위 고발장은 군사법원법에 따른 적법한 증거신청·증거결정·증거조사 절차를 거쳤다고 볼 수 없거나 공소사실을 뒷받침하는 증명력을 가진 증거가 아니므로 이를 유죄의 증거로 삼을 수 없다>>(대법원 2011. 7. 14. 선고 2011도3809 판결).

2. 검사작성의 피고인아닌 자에 대한 진술조서에 관하여 피고인이 공판정 진술과 배치되는 부분은 부동의한다고 진술한 것은 조서내용의 특정부분에 대하여 증거로 함에 동의한다는 특별한 사정이 있는 때와는 달리 그 조서를 증거로 함에 동의하지 아니한다는 취지로 해석하여야 한다(대법원 1984. 10. 10. 선고 84도1552 판결).

3. 피고인들이 제1심 법정에서 경찰의 검증조서 가운데 범행부분만 부동의하고 현장상황 부분에 대해서는 모두 증거로 함에 동의하였다면, 위 검증조서 중 범행상황 부분만을 증거로 채용한 제1심판결에 잘못이 없다(대법원 1990. 7. 24. 선고 90도1303 판결).

4. 피고인들이 제1심법정에서 경찰작성 조서들에 대하여서 증거로 함에 동의하였다면 그후 항소심에서 범행인정 여부를 다투고 있다하여도 ★이미 동의한 효과에 아무런 영향을 가져오지 아니한다(대법원 1990. 2. 13. 선고 89도2366 판결).

5. 약식명령에 불복하여 정식재판을 청구한 피고인이 정식재판절차의 제1심에서 2회 불출정하여 형사소송법 제318조 제2항에 따른 증거동의가 간주된 후 증거조사를 완료한 이상, 간주의 대상인 증거동의는 증거조사가 완료되기 전까지 철회 또는 취소할 수 있으나 일단 증거조사를 완료한 뒤에는 취소 또는 철회가 인정되지 아니하는 점, 증거동의 간주가 피고인의 진의와는 관계없이 이루어지는 점 등에 비추어, 비록 ★피고인이 항소심에 출석하여 공소사실을 부인하면서 간주된 증거동의를 철회 또는 취소한다는 의사표시를 하더라도 그로 인하여 적법하게 부여된 증거능력이 상실되는 것이 아니다(대법원 2010. 7. 15. 선고 2007도5776 판결).

6. 형사소송법 제318조에 규정된 증거동의의 의사표시는 증거조사가 완료되기 전까지 취소 또는 철회할 수 있으나, 일단 증거조사가 완료된 뒤에는 취소 또는 철회가 인정되지 아니하므로 ★제1심에서 한 증거동의를 제2심에서 취소할 수 없고, 일단 증거조사가 종료된 후에 증거동의의 의사표시를 취소 또는 철회하더라도 취소 또는 철회 이전에 이미 취득한 증거능력이 상실되지 않는다(대법원 1996. 12. 10. 선고 96도2507 판결).

제 7 장 탄핵증거

제1절 의의 및 성격

Tool 1.　　　　　　　　　　　　◆탄핵증거 개요◆

> ★탄핵증거 – 증거의 증명력을 다투기(감쇄) 위한 증거
> 　　　　(↔보강증거는 증명력을 보강하기 위한 증거)
> 甲: A가 B를 살해하는 것을 보았다고 공판정에서 진술
> (A-B)
> 　　　　　　　　　▼
> 　　　　　　　<甲의 진술은 증명력이 있다.>
>
> 　　　　　　　　　<탄핵>
> 　　　　　　　　　　↑
> 乙: 甲이 乙에게 자신은 A가 B를 살해하는 것을 보지 못했다고 실토한 것을 진술
> 　　　　　　　　<乙의 진술>

Tool 2.　　　　　　　　　　　　◆탄핵증거(1)◆

①입법취지	(1)전문법칙 적용X (2)적극적으로 범죄사실 또는 간접사실을 인정하기 위한 것이 아니고 <법관의 합리적인 증명력을 보완+단순히 소극적으로 증거의 증명력을 탄핵>하기 위함임 (3)소송경제
②성질	전문법칙의 적용배제설
③주의사항	<개정내용> 제318조의2 (증명력을 다투기 위한 증거) ①제312조부터 제316조까지의 규정에 따라 증거로 할 수 없는 서류나 진술이라도 공판준비 또는 공판기일에서의 피고인 또는 피고인이 아닌 자(공소제기 전에 피고인을 피의자로 조사하였거나 그 조사에 참여하였던 자를 포함한다. 이하 이 조에서 같다)의 진술의 증명력을 다투기 위하여 증거로 할 수 있다. ②제1항에도 불구하고 피고인 또는 피고인이 아닌 자의 진술을 내용으로 하는 **영상녹화물**은 공판준비 또는 공판기일에 피고인 또는 피고인이 아닌 자가 진술함에 있어서 기억이 명백하지 아니한 사항에 관하여 기억을 환기시켜야 할 필요가 있다고 인정되는 때에 한하여 피고인 또는 피고인이 아닌 자에게 재생하여 시청하게 할 수 있다. (1)★<u>임의성 없는 자백은 탄핵증거사용X</u>

(2)진술의 증명력을 보강하는데 사용하는 범죄사실과 간접사실의 인정증거로 사용X
(3)진술의 증명력을 다투기 위한 경우O
(4)★<자유로운 증명의 대상이므로 ㉠증거능력 있는 증거와 ㉡적법한 증거조사의 절차를 요하지 않는다.>
  ※이 경우에도 공판정에서의 증거조사는 필요

Tool 2.　　　　　　　　　　　　　<비교1>

①탄핵증거	증인이외의 자의 진술도 탄핵의 대상/구두+서면
②반대신문	증인의 증언을 탄핵의 대상/법관의 면전에서 <구두>

Tool 3.　　　　　　　　　　　　　<비교2>

①탄핵증거	<증거능력이 없는 전문증거를 수단으로 하므로><전문법칙이 적용되지 않는다.>/엄격한 증거조사를 요하지 않음(자유로운증명)
②반증	<증거능력이 있는 증거를 수단으로 하므로><전문법칙이 적용된다.>/엄격한 증거조사를 요함

Tool 4.　　　　　　　　　　　　　<비교3>

①탄핵증거	주요사실의 존부를 증명하기 위한 증거가 아니다.
②전문법칙	원진술의 내용이 <주요사실의 존부를 증명하는 경우에 적용>된다.

Tool 5.　　　　　　　　　　　◆탄핵증거(2)◆

①성격	(1)통설에 따르면 탄핵증거는 전문법칙의 <★적용이 배제되는(적용이 없는)> 경우에 속한다. 즉 전문법칙의 예외는 아니다. 　(전문법칙이 적용되기 위하여는 <신용의 정황적 보장과 필요성>이 요건을 갖추어야 하나 탄핵증거는 그러한 요건을 갖추지 않아도 된다.) (2)탄핵증거는 ★자유심증주의의 예외가 아니라 이를 보강하는 제도이다. 　(탄핵증거에서 진술의 불일치의 여부+탄핵되는 증거의 증명력은 법관의 자유판단에 의한다.)
②주의사항	(1)탄핵증거는 영미법상의 개념이다. (2)증거의 증명력에 대한 증거는 탄핵증거가 될 수 있다. (3)성립의 진정이 인정되지 아니한 진술기재서류도 탄핵증거가 될 수 있다. (4)탄핵증거는 범죄사실을 인정하는 증거가 아니므로 엄격한 증거능력을 요하는 것이 아니다. (5)<증거능력이 없는 전문증거라도 탄핵증거로 사용할 수 있다.> (6)★탄핵증거는 <범죄사실이나 간접사실의 인정증거로 사용할 수 없다>

(7) ★탄핵증거는 유죄증거의 증명력을 다투기 위한 반대증거로 채택함에는 아무런 잘못이 없다.
(8) ★**자기측의 증인도 탄핵의 대상이다**.
(9) ★감쇄된 증거를 회복하는 것도 증명력을 다투기 위한 것에 해당 하는가-다수설은 허용
   ㉠증인의 진술-허용
   ㉡타인의 일치진술-불허
(10) 공판진술이외에 공판정외의 진술도 서면의 형식으로 증거가 된 때에는 탄핵의 대상이 된다.
(11) ★<증인이 공판정에서 증언을 한 후에 수사기관이 그 증인을 신문하여 작성한 진술조서를 탄핵증거로 제출하는 것이 허용 되는가-불허>
(12) 임의성 없는 진술은 탄핵증거로 사용할 수 없다.
(13) ★피고인이 공판정에서 내용을 부인하는 피의자신문조서도 피고인의 진술을 탄핵하는 증거가 될 수 있다(다수설).

Tool 6.   ◆탄핵증거(3)◆

주의사항	(1) 탄핵증거는 영미법상의 개념이다. (2) **탄핵증거는 전문법칙이 적요되지 않는다. 적용배제설이 통설이다(전문법칙예외규정X)**. (3) 탄핵증거는 범죄사실을 인정하는 증거가 아니므로 소송법상 엄격한 증거능력을 요하지 않는다. (4) ★**탄핵증거는 진술의 증명력을 다투기 위하여 인정된 것이고 범죄사실 또는 간접사실의 인정증거로 허용할 수는 없다.** (5) 탄핵증거에 관하여는 성립의 진정이 인정된 것을 요하지 않는다. (6) 고문에 의한 자백, 기망에 의한 자백, 기소유예의 약속에 의한 자백 등은 임의성없는 자백이므로 탄핵증거로 사용할 수 없다. 그러나 성립의 진정이 인정되지 아니한 진술기재서류는 탄핵증거로 사용이 가능하다.

<<관련판례>>
유죄의 자료가 되는 것으로 제출된 증거의 반대증거 서류에 대하여는 ★그것이 유죄사실을 인정하는 증거가 되는 것이 아닌 이상 반드시 그 진정성립이 증명되지 아니하거나 이를 증거로 함에 있어서의 상대방의 동의가 없다고 하더라도 증거판단의 자료로 할 수 있다(대법원 1981. 12. 22. 선고 80도1547 판결).

제2절 허용범위 및 자격

<<관련판례>>
1. [1] 사법경찰리 작성의 피고인에 대한 피의자신문조서와 피고인이 작성한 자술서들은 모두 검사가 유죄의 자료로 제출한 증거들로서 피고인이 각 그 내용을 부인하는 이상 ★증거능력이 없으나 그러한 증거라 하더라도 그것이 임의로 작성된 것이 아니라고 의심할 만한 사정이 없는 한 피고인의 법정에서의 진술을 탄핵하기 위한 반대증거로 사용할 수 있다.

[2] 탄핵증거는 범죄사실을 인정하는 증거가 아니므로 엄격한 증거조사를 거쳐야 할 필요가 없음은 형사소송법 제318조의2의 규정에 따라 명백하다고 할 것이나, 법정에서 이에 대한 탄핵증거로서의 증거조사는 필요하다(대법원 1998. 2. 27. 선고 97도1770 판결).

2. 검사가 유죄의 자료로 제출한 증거들이 그 진정성립이 인정되지 아니하고 이를 증거로 함에 상대방의 동의가 없더라도, 이는 유죄사실을 인정하는 증거로 사용하는 것이 아닌 이상 공소사실과 양립할 수 없는 사실을 인정하는 자료로 쓸 수 있다고 보아야 한다(대법원 1994. 11. 11. 선고 94도1159 판결).

제3절 대상 및 범위

<<관련판례>>
1. [1] ★검사가 유죄의 자료로 제출한 사법경찰리 작성의 피고인에 대한 피의자신문조서는 피고인이 그 내용을 부인하는 이상 증거능력이 없으나, 그것이 임의로 작성된 것이 아니라고 의심할 만한 사정이 없는 한 피고인의 법정에서의 진술을 탄핵하기 위한 반대증거로 사용할 수 있으며, 또한 탄핵증거는 범죄사실을 인정하는 증거가 아니므로 엄격한 증거조사를 거쳐야 할 필요가 없음은 형사소송법 제318조의2의 규정에 따라 명백하나 법정에서 이에 대한 탄핵증거로서의 증거조사는 필요한 것이고, 한편 증거신청의 방식에 관하여 규정한 형사소송규칙 제132조 제1항의 취지에 비추어 보면 탄핵증거의 제출에 있어서도 상대방에게 이에 대한 공격방어의 수단을 강구할 기회를 사전에 부여하여야 한다는 점에서 그 증거와 증명하고자 하는 사실과의 관계 및 입증취지 등을 미리 구체적으로 명시하여야 할 것이므로, 증명력을 다투고자 하는 증거의 어느 부분에 의하여 진술의 어느 부분을 다투려고 한다는 것을 사전에 상대방에게 알려야 한다.

[2] 피고인이 내용을 부인하여 증거능력이 없는 사법경찰리 작성의 피의자신문조서에 대하여 비록 당초 증거제출 당시 탄핵증거라는 입증취지를 명시하지 아니하였지만 피고인의 법정 진술에 대한 탄핵증거로서의 증거조사절차가 대부분 이루어졌다고 볼 수 있는 점 등의 사정에 비추어 위 피의자신문조서를 피고인의 법정 진술에 대한 탄핵증거로 사용할 수 있다고 한 사례(대법원 2005. 8. 19. 선고 2005도2617 판결).

2. ★★★★탄핵증거는 진술의 증명력을 감쇄하기 위하여 인정되는 것이고 ★★★★범죄사실 또는 그 간접사실의 인정의 증거로서는 허용되지 않는다(대법원 1996. 9. 6. 선고 95도2945 판결 참조).

원심은 ★★★★검사가 탄핵증거로 신청한 체포·구속인접견부 사본은 피고인의 부인진술을 탄핵한다는 것이므로 결국 검사에게 입증책임이 있는 공소사실 자체를 입증하기 위한 것에 불과하므로 형사소송법 제318조의2 제1항 소정의 피고인의 진술의 증명력을 다투기 위한 탄핵증거로 볼 수 없다(대법원 2012. 10. 25. 선고 2011도5459 판결).

제4절 제출 및 조사방법

<<관련판례>>
1. 증거신청의 방식에 관하여 규정한 형사소송규칙 제132조 제1항의 취지에 비추어 보면 탄핵증거의 제출에 있어서도 상대방에게 이에 대한 공격방어의 수단을 강구할 기회를 사전에 부여하여야 한다는 점에서 그 증거와 증명하고자 하는 사실과의 관계 및 입증취지 등을 미리 구체적으로 명시하여야 할 것이므로, 증명력을 다투고자 하는 증거의 어느 부분에 의하여 진술의 어느 부분을 다투려고 한다는 것을 사전에 상대방에게 알려야 한다(대법원 2005. 8. 19. 선고 2005도2617 판결).

2. 피고인이 내용을 부인하여 증거능력이 없는 사법경찰리 작성의 피의자신문조서에 대하여 비록 당초 증거제출 당시 탄핵증거라는 입증취지를 명시하지 아니하였지만 피고인의 법정 진술에 대한 탄핵증거로서의 증거조사절차가 대부분 이루어졌다고 볼 수 있는 점 등의 사정에 비추어 위 피의자신문조서를 피고인의 법정 진술에 대한 탄핵증거로 사용할 수 있다(대법원 2005. 8. 19. 선고 2005도2617 판결).

3. ★비록 증거목록에 기재되지 않았고 증거결정이 있지 아니하였다 하더라도 ★공판과정에서 그 입증취지가 구체적으로 명시되고 제시까지 된 이상 위 각 서증들에 대하여 탄핵증거로서의 증거조사는 이루어졌다고 보아야 할 것이다(대법원 1998. 2. 27. 선고 97도1770 판결, 2005. 8. 19. 선고 2005도2617 판결 등 참조).(대법원 2006. 5. 26. 선고 2005도6271 판결)

4. 탄핵증거는 범죄사실을 인정하는 증거가 아니므로 엄격한 증거조사를 거쳐야 할 필요가 없음은 형사소송법 제318조의2의 규정에 따라 명백하나 법정에서 이에 대한 탄핵증거로서의 ★증거조사는 필요하다(대법원 2005. 8. 19. 선고 2005도2617 판결)

제 8 장 자백의 보강법칙

제1절 의의 및 필요성

Tool 1. ◆자백의 보강법칙(1)◆

①의의	<피고인의 자백+불리+유일>----------><유죄로 할 수 없다.> ※증거능력있고 신빙성있어도 ↑ 　　　　　　　　　　　→<없다면> 　　　　　　　　　　　<보강증거> ★자유심증주의의 예외
②적용범위	(1) 간이공판절차-적용　　　　형사절차이므로 적용 (2) 약식명령-적용　　　　　　형사절차이므로 적용 (3) **즉결심판-적용X**　　　　　일반형사절차가 아니므로 적용X (4) **소년보호사건-적용X**　　　일반형사절차가 아니므로 적용X
③ 보강을 필요로 하는 자백	(1) 피고인의 자백 　★①재판상자백+수사기관의 자백+상대방없는 자백(일기장, 수첩, 비망록) 　　②이러한 자백에 대하여도 독립된 보강증거 필요 　★③<피고인이 아닌 증인의 증언+참고인 진술>에 대하여는 보강증거가 필요하지 않다. (2) 구두+서면에 의한 자백의 경우도 보강증거 필요 (3) 임의성 없는 자백은 보강증거가 있어도 유죄의 증거로 할 수 없다. (4) ★공범자의 자백에도 보강증거를 필요로 하는가(공범자의 자백이 피고인의 자백에 포함되는가→포함된다면 공범자의 자백이 있는 경우에 다른 보강증거를 필요로 하는가) 　㉠다수설: <공범자의 자백은 피고인의 자백이다.>→<보강증거필요하다.> 　　　※허위진술가능성+제도취지에 반함 　㉡판례: <공범자의 자백은 피고인의 자백이 아니다.>→<보강증거가 필요 없다.>→<공범자의 자백은 보강증거 없어도 독립된 증거이다.> 　　　※논거: 제310조 규정(피고인의 자백으로 규정)+공범자의 자백은 증언에 해당 　　　　　　甲----------乙(공범) 　　　　　　│　　　　　│ 　　　　　　자백　　　　부인 　　　　　　│　　　　　│ 　　　　　보강증거 없음　갑의 자백이 유일 증거

	무죄	유죄

④자격	(1)자백과는 **독립증거**이어야 한다.
	 그러므로 <피고인의 일기장/자술서/메모/각종의 조서/공판조서 등이 피고인의 진술을 내용으로 하는 것>은 보강증거X
	(2)정황증거도 가능
	(3)공범자의 자백도 보강증거가 될 수 있다.
	    甲-----------乙(공범)
	      | |
	    자백 자백---乙의 자백은 甲의 보강증거가 될 수 있으므로 甲을 유죄로 인정할 수 있다.	

⑤범위	(1)진실성담보설 (2)범죄사실의 전부를 보강할 필요가 없다. (3)자백의 진실성을 담보하면 족하다.	

Tool 2.   ◆자백의 보강법칙(2)◆

주의사항	(1)제310조 (불이익한 자백의 증거능력)-자백보강법칙- -피고인의 자백이 그 피고인에게 불이익한 유일의 증거인 때에는 이를 유죄의 증거로 하지 못한다. (2)자유심증주의 예외 (3)판례는 공범자의 자백은 피고인의 자백이 아니므로 공범자의 자백이 유일한 증거일 경우 보강증거필요없이 유죄로 할 수 있다는 입장이다(보강증거 불요설)(학설은 공범자의 자백을 피고인의 자백에 포함시키는 견해로서 공범자의 자백이외에 다른 보강증거가 있어야 유죄로 인정할 수 있다는 입장이다(보강증거필요설).). (4)보강증거는 자백과 독립한 증거이어야 한다. (5)보강증거는 간접증거(정황증거)로도 족하다. (6)보강증거의 범위에 대하여 진실성 담보설이 판례 및 다수의 입장이다(죄체설은 소수견해). (7)보강증거는 자백한 범죄의 객관적 구성사실에 한해서만 인정된다. (8)★범죄의 주관적 구성요소(고의 등), 누범가중원인, 전과 등은 보강증거가 필요없다. (9)간이공판절차O, 약식명령절차O/////즉결심판절차X, 소년보호사건X (10)자백보강법칙에 위배하면 항소이유, 상고이유가 된다(유죄판결이 확정된 경우에는 비상상고이유)---->법률위반으로 상소이유가 됨. (11)자백보강법칙에 위배된 경우 재심사유는 아니다(무죄증거가 새로 발견된 경우가 아니므로). (12)간이공판절차에서도 자백만으로 유죄의 증거로 할 수 없으므로 보강증거가 필요하다(자백의 보강법칙 적용). (13)공범자인 갑과 을이 모두 자백을 하였다면 갑과 을 모두 유죄의 판결을 할 수 있다.

(14) 자백의 보강법칙은 자백의 진실성 담보를 통한 오판의 위험방지와 자백편중에 의한 인권 침해 방지가 가장 큰 제도적 목적이다.
(15) 보강증거로 사용할 수 있는 증거는 증거능력이 있는 증거이어야 한다. 따라서 증거능력이 없는 참고인 진술서 등은 보강증거의 자격이 없다.
(16) ★보강증거는 독립된 증거이어야 한다. 따라서 ㉠수사기관의 자백(수사상자백) 등 공판정외에서의 자백, ㉡조서, 진술서 등 자백의 내용이 서면화 된 경우, ㉢공판조서 등 소송서류화 된 경우, ㉣피고인(본인)의 자백, ㉤피고인이 범인으로 검거되기 전에 범죄혐의와 관계없이 작성한 일기장, 수첩, 메모, ㉥피고인이 범행장명의 재현 등은 보강증거로 할 수 없다.
(17) 보강증거는 증거능력이 있고 독립된 증거인 이상 인증, 물증이든 서증이든, 직접증거, 간접증거임을 묻지 않는다.
(18) **공동피고인의 수사상자백, 공동피고인의 공판상자백, 정황증거 등은 보강증거가 될 수 있다.**
(19) 피고인의 자백은 존재하나 보강증거가 없는 경우 법원은 무죄판결을 하여야 한다.
(20) 판례에 의하면 보강증거는 <그 자체만으로 범죄사실을 인정할 수 있음을 요하지 않고 자백과 보강증거를 종합하여 인정할 수 있으면 족하다.>
(21) 자백의 보강법칙은 **자백의 증명력**에 대한 것이다(자백의 증거능력X).
(22) **자백의 보강증거는 피고인의 자백이 가공적이 아닌 진실한 것임을 인정하고 있를 정도면 족하다.**
(23) ★즉 자백에 대하여 보강증거가 어느 범위까지 담보해 주어야 하는가에 대하여 ①죄체설(객관적 범죄구성사실의 전부 또는 중요부분에 대해 보강증거가 필요)과 ②진실성담보설(자백의 진실성을 담보하는 정도면 족하다는 견해(판례/다수설))이 있다.
(24) **보강증거는 객관적인 범죄구성사실에 필요하다.**
(25) 기망에 의한 자백, 고문에 의한 자백, 진실성 없는 자백에 대하여는 보강증거 자체가 필요 없다. 왜냐하면 보강증거는 증거능력이 인정된 자백을 전제로 하기 때문이다. 따라서 임의성과 신빙성이 있는 자백이어야 보강증거를 요한다.

Tool 3. ◆기타(주의사항)◆

주의사항	(1) 제56조 (공판조서의 증명력) - 공판기일의 소송절차로서 공판조서에 기재된 것은 그 조서만으로써 **증명**한다. (2) 공판조서의 증명력 역시 **법관의 자유심증주의의 예외**에 해당한다. (3) 공판조서의 증명력은 **유효한 공판조서의 존재를 전제**로 한다. (4) 이러한 공판조서의 배타적 증명력은 **소송절차에서만** 인정된다. 따라서 **피고인의 진술, 증인의 증언, 감정인의 감정내용 등 실체관련사항**에 관하여는 증거능력만 인정될 뿐 증명력의 문제는 법관의 자유판단에 맡겨져 있다. *소송절차관련사항-----증거능력O-----증명력O(배타적) 　　　　　　　　　　　　　　　　(법관 불개입) *실체관련사항--------증거능력O---증명력(법관에 일임)

(5) 공판조서의 증명력은 상소심에서의 편의를 도모하기 위한 것이다.
(6) 공판조서의 증명력에 대하여는 다른 증거를 참작하거나 반증을 허용하지 않는다.
(7) 보강법칙이 적용되기 위하여는 증거능력뿐만 아니라 자백의 신용성 즉 증명력도 인정되어야 한다.
(8) 고의는 피고인의 자백만으로도 인정할 수 있다.
(9) 피고인의 자백을 내용으로 하는 피고인이 아닌 자의 진술은 보강증거가 될 수 없다.
(10) 피고인의 공판정에서의 자백을 공판정외의 자백(수사기관에서의 자백에 의하여 보강하는 경우)은 허용되지 않는다.
(11) 피고인이 위조신분증을 제시 및 행사하였다고 자백한 경우 신분증의 현존은 자백을 보강하는 간접증거가 된다.
(12) 자백의 보강법칙상 보강증거는 범죄사실의 전부에대한 증거임을 요하지 않고 그 일부에 대한 증거로도 족하다.
(13) 객관적 처벌조건인 사실, 누범가중사유인 전과 및 정상은 엄격한 의미에서 범죄사실(구성사실)과 구별된다. 즉 ★범죄구성사실이 아니므로 피고인의 자백만으로도 유죄를 인정해도 무방하다. 따라서 보강증거가 필요없다.

<객관적 처벌조건인 사실>
　　　　　　　　　→자백→유죄판결무방
<누범가중사실(전과 및 정상)>　　↑(불요)
　　　　　　　　　(보강증거)

(14) 공범자 전원이 자백한 경우뿐만 아니라 공동피고인 일부가 부인한 경우에도 자백한 공동피고인의 자백은 피고인의 자백에 대하여 보강증거가 될 수 있다.
(15) 피고인이 간통사실을 자백하는 경우에 그 범행일시경에 피고인의 가출과 외박이 잦아 의심을 하게 되었다는 취지의 피고인의 남편에 대한 진술조서 기재는 자백에 대한 보강증거가 되는 정황증거의 역할을 한다.
(16) 형소법 제310조 상의 자백의 보강법칙에서 자백은 공판정에서의 자백이든 공판외에서의 자백이든 불문한다.
(17) 대법원에 의하면 공동피고인의 진술은 피고인의 자백과는 다르므로 독립된 증거가치가 있고 상피고인의 진술을 자백에 대한 보강증거로 사용할 수 있다는 입장이다.
(18) 전문증거는 전문법칙의 예외가 되는 경우(증거능력이 예외적으로 인정되는 경우)외에는 보강증거로 될 수 없다.
(19) 대법원에 의하면 형소법 제3110조 상의 보강증거는 범죄사실의 전체에 대한 것이 아니더라도 임의적인 자백사실이 가공적인 것이 아니고 진실한 것이라고 인정할 수 있을 정도의 증거면 족하다는 입장이다.
(20) 판례에 의하면 실체법상 경합범은 소송법상에서도 수죄이므로 독립범죄에 대하여 각각 보강증거가 필요하다는 입장이다.

제2절 적용범위

<<관련판례>>

1. 제1심의 이 사건 소년원 송치결정은 정당하고 달리 그 결정에 법령위반이나 중대한 사실오인의 위법이 없다고 하여 이 사건 항고를 기각한 조처는 정당하다. 원심이 소론과 같이 보호소년의 비행을 강도로 인정하고 있는 것으로는 보여지지 아니하고, 가사 소론과 같이 비행사실의 일부에 자백 이외의 다른 증거가 없다 하여 형사소송절차가 아닌 이 사건 보호사건절차에 있어서 법령의 적용의 착오나 소송절차의 법령위반이 있다고 할 수 없다(대법원 1982. 10. 15.자 82모36 결정).-->★소년보호사건과 즉결심판은 자백의 보강법칙이 적용되지 않음

2. 가. 자백의 임의성이 인정된다고 하더라도 이것은 그 자백이 엄격한 증명의 자료로서 사용될 자격 즉 증거능력이 있다는 것에 지나지 않고 ★그 자백의 진실성과 신빙성 즉 증명력까지도 당연히 인정되어야 하는 것은 아니다.

   나. 자백의 신빙성 유무를 판단함에 있어서는 첫째로 자백의 진술내용 자체가 객관적인 합리성을 띠고 있는가, 둘째로 자백의 동기나 이유 및 자백에 이르게 된 경위가 어떠한가, 셋째로 자백 외의 정황증거중 자백과 저촉되거나 모순되는 것이 없는가 하는 점 등을 고려하여 판단하여야 한다(대법원 1983. 9. 13. 선고 83도712 판결).

3. ★★★★공동피고인의 자백은 이에 대한 피고인의 반대신문권이 보장되어 있어 증인으로 신문한 경우와 다를 바 없으므로 독립한 증거능력이 있고(대법원 1985. 6. 25. 선고 85도691 판결, 1992. 7. 28 선고 92도917 판결 등 참조), 이는 피고인들간에 이해관계가 상반된다고 하여도 마찬가지라 할 것이다(대법원 2006. 5. 11. 선고 2006도1944 판결).-->여기서 ★★★★피고인의 자백에는 공범인 공동피고인의 진술은 포함되지 않음

4. 검사 작성의 공동피고인에 대한 피의자신문조서는 그 공동피고인이 법정에서 진정성립을 인정하고 그 임의성이 인정되는 경우에는 다른 공동피고인이 이를 증거로 함에 부동의하였다고 하더라도 그 다른 공동피고인의 범죄사실에 대한 유죄의 증거로 삼을 수 있다(대법원 1995. 5. 12. 선고 95도484 판결, 1991. 11. 8. 선고 91도1984 판결 등 참조).(대법원 1998. 12. 22. 선고 98도2890 판결)-->★★★★이 판례는, 제312조 제1항이 적용되어, 증거능력을 부정해야 함.

5. ★★★★형사소송법 제312조 제3항은 검사 이외의 수사기관이 작성한 당해 피고인에 대한 피의자신문조서를 유죄의 증거로 하는 경우뿐만 아니라 ★★★★검사 이외의 수사기관이 작성한 당해 피고인과 공범관계에 있는 다른 피고인이나 피의자에 대한 피의자신문조서를 당해 피고인에 대한 유죄의 증거로 채택할 경우에도 적용된다. 따라서 ★★★★당해 피고인과 공범관계가 있는 다른 피의자에 대하여 검사 이외의 수사기관이 작성한 피의자신문조서는, ★★★★그 피의자의 법정진술에 의하여 그 성립의 진정이 인정되는 등 형사소송법 제312조 제4항의 요건을 갖춘 경우라고 하더라도 당해 피고인이 공판기일에서 그 조서의 내용을 부인한 이상 이를 유죄 인정의 증거로 사용할 수 없다(대법원 2009. 7. 9. 선고 2009도2865 판결).

6. ★★★★형사소송법 제310조의 피고인의 자백에는 공범인 공동피고인의 진술이 포함되지 아니하므로 공범인 공동피고인의 진술은 다른 공동피고인에 대한 범죄사실을 인정하는데 있어서 증거로 쓸 수 있고 그에 대한 보강증거의 여부는 법관의 자유심증에 맡긴다(대법원 1985. 3. 9. 선고 85도951 판결).

제3절 보강증거 자격

<<관련판례>>

1. 피고인이 2011. 2. 24. 02:30경 오토바이를 운전하여 가다가 교통사고를 일으키고 의식을 잃은 채 병원 응급실로 후송된 사실, 병원 응급실로 출동한 경찰관은 사고 시각으로부터 약 1시간 20분 후인 2011. 2. 24. 03:50경 법원으로부터 압수·수색 또는 검증 영장이나 감정처분허가장을 발부받지 아니한 채 피고인의 아버지의 동의만 받고서 응급실에 의식을 잃고 누워 있는 피고인으로부터 채혈한 사실 등을 인정한 후, 위 채혈에 관하여 사후적으로라도 영장을 발부받지 아니하였으므로 ★피고인의 혈중 알코올농도에 대한 국립과학수사연구소의 감정의뢰회보와 이에 기초한 다른 증거는 위법수집증거로서 증거능력이 없고, 피고인의 자백 외에 달리 이를 보강할 만한 증거가 없다는 이유로 이 부분 공소사실을 무죄로 판단하였다(대법원 2014. 11. 13. 선고 2013도1228 판결).

2. 2010. 2. 18. 01:35경 자동차를 타고 온 ★피고인으로부터 필로폰을 건네받은 후 피고인이 위 차량을 운전해 갔다고 한 갑의 진술과 2010. 2. 20. 피고인으로부터 채취한 소변에서 나온 필로폰 양성 반응은, 피고인이 2010. 2. 18. 02:00경의 필로폰 투약으로 정상적으로 운전하지 못할 우려가 있는 상태에 있었다는 공소사실 부분에 대한 자백을 보강하는 증거가 되기에 충분하다(대법원 2010. 12. 23. 선고 2010도11272 판결).

3. 피고인이 마약류취급자가 아님에도 향정신성의약품인 러미라를 3회에 걸쳐 갑에게 제공하고, 2회에 걸쳐 스스로 투약하였다고 하여 마약류 관리에 관한 법률 위반(향정)으로 기소된 사안에서, 피고인은 동종 범죄전력이 4회 더 있어 공소사실을 자백하면 더 불리한 처벌을 받으리라는 사정을 알고 있었음에도, 수사기관에서 '을로부터 러미라 약 1,000정을 건네받아 그중 일부는 갑에게 제공하고, 남은 것은 자신이 투약하였다'고 자백하면서 투약방법과 동기 등에 관하여 구체적으로 진술한 이래 원심에 이르기까지 일관되게 진술을 유지하여 자백의 임의성이 인정되고, 을에 대한 검찰 진술조서 및 수사보고(피의자 휴대전화에서 복원된 메시지 관련)의 기재 내용에 의하면, 을은 피고인의 최초 러미라 투약행위가 있었던 시점에 피고인에게 50만 원 상당의 채무변제에 갈음하여 러미라 약 1,000정이 들어있는 플라스틱통 1개를 건네주었다고 하고 있고, 갑은 을에게 피고인으로부터 러미라를 건네받았다는 취지의 카카오톡 메시지를 보낸 사실을 알 수 있어, ★이러한 을에 대한 검찰 진술조서 및 수사보고는 피고인이 을로부터 수수한 러미라를 투약하고 갑에게 제공하였다는 자백의 진실성을 담보하기에 충분하다는 이유로, 이와 달리 보아 공소사실을 무죄로 판단한 원심판결에 자백의 보강증거에 관한 법리오해 또는 심리

미진의 위법이 있다(대법원 2018. 3. 15. 선고 2017도20247 판결).--> ★★★간접증거나 정황증거도 보강증거가 가능함

4. 자백에 대한 보강증거는 ★★★범죄사실의 전부 또는 중요 부분을 인정할 수 있는 정도가 되지 아니하더라도 피고인의 자백이 가공적인 것이 아닌 진실한 것임을 인정할 수 있는 정도만 되면 족할 뿐만 아니라 직접증거가 아닌 간접증거나 정황증거도 보강증거가 될 수 있으며, 또한 자백과 보강증거가 서로 어울려서 전체로서 범죄사실을 인정할 수 있으면 유죄의 증거로 충분하다(대법원 1999. 3. 23. 선고 99도338 판결).--> 당시 피고인을 검문하였던 경찰관 공소외 2의 제1심에서의 증언과 사법경찰리 작성의 공소외 2에 대한 진술조서, 피고인의 친구로서 공소사실기재 일시에 함께 있었던 공소외 3의 제1심에서의 증언과 사법경찰리 작성의 공소외 3에 대한 진술조서, 피고인이 소지하고 있다가 버린 1회용 주사기 4개에서 메스암페타민염이 검출되었다는 내용의 국립과학수사연구소장(감정인 공소외 4)이 작성한 감정의뢰회보서 등이 있고, 피고인이 이 사건으로 체포된 후 채취된 소변에서는 메스암페타민염이 검출되지 않았고, 피고인의 모발에 대한 감정도 이루어지지 않은 사실은 원심이 인정한 바와 같다. ★★★투약사실은 검찰에 대한 피고인의 검찰에서의 자백에서의 보강증거로서 충분함

5. ★★★자동차등록증에 차량의 소유자가 피고인으로 등록·기재된 것이 피고인이 그 차량을 운전하였다는 사실의 자백 부분에 대한 보강증거가 될 수 있고 결과적으로 피고인의 무면허운전이라는 전체 범죄사실의 보강증거로 충분하다(대법원 2000. 9. 26. 선고 판결).

6. 기소된 대마 흡연일자로부터 한 달 후 피고인의 ★주거지에서 압수된 대마 잎이 피고인의 자백에 대한 보강증거가 된다(대법원 2007. 9. 20. 선고 2007도5845 판결).

7. 자백에 대한 보강증거는 범죄사실 전체에 관한 것이 아니라 할지라도 피고인의 자백사실이 가공적인 것이 아니고 진실한 것이라고 인정할 수 있는 정도이면 충분하고, 이러한 증거는 직접증거뿐만 아니라 간접증거 내지 정황증거라도 족하다 할 것이므로 ★국가보안법상 회합죄를 피고인이 자백하는 경우 회합 당시 상대방으로부터 받았다는 명함의 현존은 보강증거로 될 수 있다(대법원 1990. 6. 22. 선고 90도741 판결).

8. 뇌물공여의 상대방인 공무원이 뇌물을 수수한 사실을 부인하면서도 그 일시경에 뇌물공여자를 만났던 사실 및 공무에 관한 청탁을 받기도 한 ★사실자체는 시인하였다면, 이는 뇌물을 공여하였다는 뇌물공여자의 자백에 대한 보강증거가 될 수 있다(대법원 1995. 6. 30. 선고 94도993 판결)

9. 뇌물수수자가 무자격자인 뇌물공여자로 하여금 건축공사를 하도급 받도록 알선하고 그 ★하도급계약을 승인받을 수 있도록 하였으며 공사와 관련된 각종의 편의를 제공한 사실을 인정할 수 있는 증거들이 뇌물공여자의 자백에 대한 보강증거가 될 수 있다(대법원 1998. 12. 22. 선고 98도2890 판결).

10. 자백에 대한 보강증거는 피고인의 임의적인 자백사실이 가공적인 것이 아니고 진실하다고 인

정될 정도의 증거이면 직접증거이거나 간접증거이거나 보강증거능력이 있다 할 것이고, 반드시 그 증거만으로 객관적 구성요건에 해당하는 사실을 인정할 수 있는 정도의 것임을 요하는 것이 아니라 할 것이므로, 피고인이 위조신분증을 제시행사한 사실을 자백하고 있고, 위 ★제시행사한 신분증이 현존한다면 그 자백이 임의성이 없는 것이 아닌한 위 신분증은 피고인의 위 자백사실의 진실성을 인정할 간접증거가 된다고 보아야 한다(대법원 1983. 2. 22. 선고 82도3107 판결).

11. 가. 자백에 대한 보강증거는 그 자백사실이 가공적인 것이 아니고 진실한 것이라고 인정할 수 있을 정도의 증거이면 족하고 반드시 직접증거이거나 또는 범죄의 구성요건사실 전부를 뒷받침하는 증거임을 요하지 않는다.

나. 검사의 피고인에 대한 피의자신문조서기재에 피고인이 성명불상자로부터 반지 1개를 편취한 후 이 반지를 1984.4.20경 소송외 갑에게 매도하였다는 취지로 진술하고 있고 한편 ★검사의 갑에 대한 <<진술조서기재에 위 일시경 피고인으로부터 금반지 1개를 매입하였다고 진술하고 있다면>> 위 갑의 진술은 피고인이 자백하고 있는 편취물품의 소재 내지 행방에 부합하는 진술로서 형식적으로 피고인의 자백의 진실성을 보강하는 증거가 될 수 있다(대법원 1985. 11. 12. 선고 85도1838 판결).

12. ★★★★검사가 보강증거로서 제출한 증거의 내용이 피고인과 공소외인이 현대자동차 ○○영업소를 점거했다가 갑이 처벌받았다는 것이고, 피고인의 자백내용은 현대자동차 점거로 갑이 처벌받은 것은 학교측의 제보 때문이라 하여 피고인이 그 보복으로 학교총장실을 침입점거했다는 것이라면, 위 증거는 공소사실의 객관적 부분인 주거침입, 점거사실과는 관련이 없는 범행의 침입동기에 관한 정황증거에 지나지 않으므로 위 증거와 피고인의 자백을 합쳐 보아도 자백사실이 가공적인 것이 아니고 진실한 것이라 인정하기에 족하다고 볼 수 없으므로 검사 제출의 위 증거는 자백에 대한 보강증거가 될 수 없다(대법원 1990. 12. 7. 선고 90도2010 판결).

13. [1] 피고인이 범행을 자인하는 것을 들었다는 피고인 아닌 자의 진술내용은 형사소송법 제310조의 피고인의 자백에는 포함되지 아니하나 이는 피고인의 자백의 보강증거로 될 수 없다.

[2] ★★★실체적 경합범은 실질적으로 수죄이므로 각 범죄사실에 관하여 자백에 대한 보강증거가 있어야 한다.

[3] ★★★필로폰 매수 대금을 송금한 사실에 대한 증거가 필로폰 매수죄와 실체적 경합범 관계에 있는 필로폰 투약행위에 대한 보강증거가 될 수 없다(대법원 2008. 2. 14. 선고 2007도10937 판결).

14. ★★★상법장부나 항해일지, 진료일지 또는 이와 유사한 금전출납부 등과 같이 범죄사실의 인정 여부와는 관계없이 자기에게 맡겨진 사무를 처리한 사무 내역을 그때그때 계속적, 기계적으로 기재한 문서 등의 경우는 사무처리 내역을 증명하기 위하여 존재하는 문서로서 그 존재

자체 및 기재가 그러한 내용의 사무가 처리되었음의 여부를 판단할 수 있는 별개의 독립된 증거자료이고, ★★★설사 그 문서가 우연히 피고인이 작성하였고 그 문서의 내용 중 피고인의 범죄사실의 존재를 추론해 낼 수 있는, 즉 공소사실에 일부 부합되는 사실의 기재가 있다고 하더라도, 이를 일컬어 피고인이 범죄사실을 자백하는 문서라고 볼 수는 없다.

피고인이 뇌물공여 혐의를 받기 전에 이와는 관계없이 준설공사에 필요한 각종 인·허가 등의 업무를 위임받아 이를 추진하는 과정에서 그 업무수행에 필요한 자금을 지출하면서, 스스로 그 지출한 자금내역을 자료로 남겨두기 위하여 ★★★뇌물자금과 기타 자금을 구별하지 아니하고 그 지출 일시, 금액, 상대방 등 내역을 그때그때 계속적, 기계적으로 기입한 수첩의 기재 내용은, 피고인이 자신의 범죄사실을 시인하는 자백이라고 볼 수 없으므로, 증거능력이 있는 한 피고인의 금전출납을 증명할 수 있는 별개의 증거라고 할 것인즉, 피고인의 검찰에서의 자백에 대한 보강증거가 될 수 있다(대법원 1996. 10. 17. 선고 94도2865 전원합의체 판결).

15. 형사소송법 제310조 소정의 "피고인의 자백"에 공범인 공동피고인의 진술은 포함되지 아니하므로 공범인 공동피고인의 진술은 다른 공동피고인에 대한 범죄사실을 인정하는 증거로 할 수 있는 것일 뿐만 아니라 ★★★공범인 공동피고인들의 각 진술은 상호간에 서로 보강증거가 될 수 있다(대법원 1990. 10. 30. 선고 90도1939 판결).

제4절 보강증거범위

<<관련판례>>

1. [1] 자백에 대한 보강증거는 ★★★범죄사실의 전부 또는 중요부분을 인정할 수 있는 정도가 되지 아니하더라도 피고인의 자백이 가공적인 것이 아닌 진실한 것임을 인정할 수 있는 정도만 되면 족한 것으로서, 자백과 서로 어울려서 전체로서 범죄사실을 인정할 수 있으면 유죄의 증거로 충분하고, 나아가 사람의 기억에는 한계가 있는 만큼 자백과 보강증거 사이에 어느 정도의 차이가 있어도 중요부분이 일치하고 그로써 진실성이 담보되면 보강증거로서의 자격이 있다.

   [2] ★★★피고인이 자신이 거주하던 다세대주택의 여러 세대에서 7건의 절도행위를 한 것으로 기소되었는데 그 중 4건은 범행장소인 구체적 호수가 특정되지 않은 사안에서, 위 4건에 관한 피고인의 범행 관련 진술이 매우 사실적·구체적·합리적이고 진술의 신빙성을 의심할 만한 사유도 없어 자백의 진실성이 인정되므로, 피고인의 집에서 해당 피해품을 압수한 압수조서와 압수물 사진은 위 자백에 대한 보강증거가 된다고 한 사례(대법원 2008. 5. 29. 선고 2008도2343 판결)

2. ★★★피고인이 갑과 합동하여 을의 재물을 절취하려다가 미수에 그쳤다는 내용의 공소사실을 자백한 사안에서, 피고인을 현행범으로 체포한 을의 수사기관에서의 진술과 현장사진이 첨부된 수사보고서가 피고인 자백의 진실성을 담보하기에 충분한 보강증거가 된다(대법원 2011. 9. 2

9. 선고 2011도8015 판결).

3. ★★★피고인이 마약류취급자가 아님에도 향정신성의약품인 러미라를 3회에 걸쳐 갑에게 제공하고, 2회에 걸쳐 스스로 투약하였다고 하여 마약류 관리에 관한 법률 위반(향정)으로 기소된 사안에서, 피고인은 동종 범죄전력이 4회 더 있어 공소사실을 자백하면 더 불리한 처벌을 받으리라는 사정을 알고 있었음에도, 수사기관에서 '을로부터 러미라 약 1,000정을 건네받아 그중 일부는 갑에게 제공하고, 남은 것은 자신이 투약하였다'고 자백하면서 투약방법과 동기 등에 관하여 구체적으로 진술한 이래 원심에 이르기까지 일관되게 진술을 유지하여 자백의 임의성이 인정되고, 을에 대한 검찰 진술조서 및 수사보고(피의자 휴대전화에서 복원된 메시지 관련)의 기재 내용에 의하면, 을은 피고인의 최초 러미라 투약행위가 있었던 시점에 피고인에게 50만 원 상당의 채무변제에 갈음하여 러미라 약 1,000정이 들어있는 플라스틱통 1개를 건네주었다고 하고 있고, 갑은 을에게 피고인으로부터 러미라를 건네받았다는 취지의 카카오톡 메시지를 보낸 사실을 알 수 있어, ★★★이러한 을에 대한 검찰 진술조서 및 수사보고는 피고인이 을로부터 수수한 러미라를 투약하고 갑에게 제공하였다는 자백의 진실성을 담보하기에 충분하다(대법원 2018. 3. 15. 선고 2017도20247 판결).-->유죄인정

4. 자신이 운영하는 게임장에서 미등급 게임기를 판매·유통시켰다는 공소사실에 대하여 경찰 및 제1심 법정에서 자백한 후 이를 다시 번복한 사안에서, ★★★미등급 게임기가 설치된 게임장 내부 사진 및 피고인 명의의 게임제공업자등록증 등의 증거가 자백의 진실성을 담보하기에 충분한 보강증거가 된다(대법원 2008. 9. 25. 선고 2008도6045 판결)

5. ★★★메스암페타민을 갑에게 매도하였다는 을의 진술이 메스암페타민 투약사실에 관한 피고인 갑의 자백에 대한 보강증거로서 충분하다(대법원 2008. 11. 27. 선고 2008도7883 판결).

6. ★★★필로폰 매수 대금을 송금한 사실에 대한 증거가 필로폰 매수죄와 실체적 경합범 관계에 있는 필로폰 투약행위에 대한 보강증거가 될 수 없다(대법원 2008. 2. 14. 선고 2007도10937 판결).

7. ★★★2000. 10. 19. 채취한 소변에 대한 검사결과 메스암페타민 성분이 검출된 경우, 위 소변검사결과는 2000. 10. 17. 메스암페타민을 투약하였다는 자백에 대한 보강증거가 될 수 있음은 물론 ★★★같은 달 13. 메스암페타민을 투약하였다는 자백에 대한 보강증거도 될 수 있다(대법원 2002. 1. 8. 선고 2001도1897 판결).

8. ★★★소변검사 결과는 1995. 1. 17.자 투약행위로 인한 것일 뿐 그 이전의 4회에 걸친 투약행위와는 무관하고, 압수된 약물도 이전의 투약행위에 사용되고 남은 것이 아니므로, 위 소변검사 결과와 압수된 약물은 결국 피고인이 투약습성이 있다는 점에 관한 정황증거에 불과하다 할 것인바, ★★★피고인의 습벽을 범죄구성요건으로 하며 포괄1죄인 상습범에 있어서도 이를 구성하는 각 행위에 관하여 개별적으로 보강증거를 요구하고 있는 점에 비추어 보면 투약습성에 관한 정황증거만으로 향정신성의약품관리법위반죄의 객관적 구성요건인 각 투약행위가 있었다는 점에 관한 보강증거로 삼을 수는 없다(대법원 1996. 2. 13. 선고 95도1794 판결).

제 9 장 공판조서의 증명력

제1절 의의

Tool 1.   ◆공판조서의 증명력◆

①의의	(1)공판기일의 소송절차를 기재 (2)배타적 증명력인정 (3)자유심증주의의 예외 (4)법원사무관의 작성 ※<u>검사의 불출석이 있을 지라도 공판조서에 출석한 것으로 기재되면 이후 공판절차에 있어서는 출석한 것으로 인정</u>
②범위	(1)공판기일소송절차일 것 (2)★공판준비절차+공판기일이외의 절차+실체면에 관한 사항(피고인이나 증인의 진술)은 절대적 증명력이 인정되지 않는다. 　　※실체형성행위에 대하여는 다른 증거에 의하여 다툴 수 있다. (3)공판조서에 기재된 것일 것 　　※공판조서에 기재되지 않았다하여 부존재가 추정되지 않는다. 이 경우 다툴 수 있다. 명백한 오기는 증명력이 인정되지 않는다. (4)공판조서에 대하여는 반증이 인정되지 않는다. (5)유효한 공판조서가 존재할 것(서명날인 없는 경우/열석하지 않은 법관이 재판장으로서 서명 등은 유효한 공판조서X)

<<관련판례>>
형사소송법 제55조 제1항이 피고인에게 공판조서의 열람 또는 등사청구권을 부여한 이유는 공판조서의 열람 또는 등사를 통하여 피고인으로 하여금 진술자의 진술내용과 그 기재된 조서의 기재내용의 일치 여부를 확인할 수 있도록 기회를 줌으로써 그 조서의 정확성을 담보함과 아울러 피고인의 방어권을 충실하게 보장하려는 데 있으므로 ★★★<u>피고인의 공판조서에 대한 열람 또는 등사청구에 법원이 불응하여 피고인의 열람 또는 등사청구권이 침해된 경우에는 그 공판조서를 유죄의 증거로 할 수 없을 뿐만 아니라, 공판조서에 기재된 당해 피고인이나 증인의 진술도 증거로 할 수 없다</u>(대법원 2003. 10. 10. 선고 2003도3282 판결).

제2절 인정범위

<<관련판례>>

1. 피고인에게 증거조사결과에 대한 의견을 묻고 증거조사를 신청할 수 있음을 고지하였을 뿐만 아니라 최종의견진술의 기회를 주었는지 여부와 같은 ★★<<소송절차에 관한 사실>>은 공판조서에 기재된 대로 공판절차가 진행된 것으로 증명되고 다른 자료에 의한 반증은 허용되지 않는다(대법원 1990. 2. 27. 선고 89도2304 판결).

2. ★★공판조서에 재판장이 판결서에 의하여 판결을 선고하였음이 기재되어 있다면 동 판결선고 절차는 적법하게 이루어졌음이 증명되었다고 할 것이며 여기에는 다른 자료에 의한 반증을 허용하지 못하는 바이니 검찰서기의 판결서없이 판결선고되었다는 내용의 보고서로써 공판조서의 기재내용이 허위라고 판정할 수 없다(대법원 1983. 10. 25. 선고 82도571 판결).

3. ★★공판조서의 기재가 명백한 오기인 경우를 제외하고는 공판기일의 소송절차로서 공판조서에 기재된 것은 조서만으로써 증명하여야 하고 그 증명력은 공판조서 이외의 자료에 의한 반증이 허용되지 않는 절대적인 것이므로, ★★검사 제출의 증거에 관하여 동의 또는 진정성립 여부 등에 관한 피고인의 의견이 증거목록에 기재된 경우에는 그 증거목록의 기재는 공판조서의 일부로서 명백한 오기가 아닌 이상 절대적인 증명력을 가지게 된다(대법원 2011. 7. 28. 선고 2011도6164 판결, 대법원 2012. 5. 10. 선고 2012도2496 판결 등 참조).(대법원 2012. 6. 14. 선고 2011도12571 판결)

4. ★★형사소송법 제318조에 규정된 증거 동의는 소송 주체인 검사와 피고인이 하는 것이고, 변호인은 피고인을 대리하여 증거 동의에 관한 의견을 낼 수 있을 뿐이므로, ★★피고인이 변호인과 함께 출석한 공판기일의 공판조서에 검사가 제출한 증거에 대하여 동의한다는 기재가 되어 있다면 이는 피고인이 증거 동의를 한 것으로 보아야 하고, ★★그 기재는 절대적인 증명력을 가진다(대법원 2016. 3. 10. 선고 2015도19139 판결).

5. ★★공판조서에 피고인에 대하여 인정신문을 한 기재가 없다 하여도 ★★같은 조서에 피고인이 공판기일에 출석하여 공소사실신문에 대하여 이를 시정하고 있는 기재가 있으니 인정신문이 있었던 사실이 추정된다 할 것이고 다만 조서의 기재에 이 점에 관한 누락이 있었을 따름인 것이 인정된다(대법원 1972. 12. 26. 선고 72도2421 판결).

6. 공판조서의 기재가 명백한 오기인 경우에는 공판조서는 그 <<올바른 내용에 따라>> 증명력을 가진다 할 것이고(대법원 1995. 4. 14. 선고 95도110 판결 참조), 기록에 의하면, 원심의 ★★판결 선고기일에 피고인이 불출석하였음에도 그 공판조서에는 피고인이 출석한 것으로 기재되어 있어 이는 오기된 것임이 명백하나, 한편 원심은 피고인의 출석하에 심리를 종결하고 판결선고를 위한 공판기일을 1995. 1. 24. 10:00로 고지하였으나 피고인은 기일에 출석하지 아니하였을 뿐 아니라, ★★새로 정한 1995. 5. 9. 10:00의 공판기일 소환장을 받고서도 변호인 선임을 위한 연기신청서만을 제출한 채 기일에 출정하지 아니하여 원심은 그대로 판결을 선고하였

음을 알 수 있으므로, 원심의 조치는 형사소송법 제365조에 따른 것으로서 적법하다(대법원 1995. 12. 22. 선고 95도1289 판결).

7. 공소사실이 최초로 심리된 제1심 제4회 공판기일부터 피고인이 공소사실을 일관되게 부인하여 경찰 작성 피의자신문조서의 진술 내용을 인정하지 않는 경우, ★★제1심 제4회 공판기일에 피고인이 위 서증의 내용을 인정한 것으로 공판조서에 기재된 것은 착오 기재 등으로 보아 위 피의자신문조서의 증거능력을 부정하여야 한다(대법원 2010. 6. 24. 선고 2010도5040 판결).

제3절 공판조서의 배타적 증명력

<<관련판례>>

1. 공판조서에 서명날인할 재판장은 당해 공판기일에 열석한 재판장이어야 하므로 ★★당해 공판기일에 열석하지 아니한 판사가 재판장으로서 서명날인한 공판조서는 적식의 공판조서라고 할 수 없어 이와 같은 공판조서는 소송법상 무효라 할 것이므로 공판기일에 있어서의 소송절차를 증명할 공판조서로서의 증명력이 없다(대법원 1983. 2. 8. 선고 82도2940 판결).

2. ★★동일한 사항에 관하여 두개의 서로 다른 내용이 기재된 공판조서가 병존하는 경우 ★★양자는 동일한 증명력을 가지는 것으로서 그 증명력에 우열이 있을 수 없다고 보아야 할 것이므로 그 중 어느 쪽이 진실한 것으로 볼 것인지는 공판조서의 증명력을 판단하는 문제로서 법관의 자유로운 심증에 따를 수 밖에 없다(대법원 1988. 11. 8. 선고 86도1646 판결).-->검사가 제1심 제9회 공판기일에서 제1회 공판조서 중 피고인의 진술이 기재된 부분에 관하여 변경을 청구하면서 공판조서의 기재의 정확성에 대한 이의를 진술하자, 변호인은 그 공판조서의 기재가 정확한 것이라는 취지의 의견을 진술하였으나, 제1심재판장은 검사의 청구가 이유있다고 판단하여 참여한 법원사무관에게 검사의 청구대로 제1회 공판조서의 기재를 변경하도록 명하여 참여한 법원사무관이 피고인의 진술내용을 변경된대로 제9회 공판조서에 다시 기재하였고, 피고인은 계속된 신문에서 제1회 공판조서에 기재된 바와 같은 취지로 진술하였음이 기록상 명백하다.

<<형사소송법 주요규정>>

제195조(검사와 사법경찰관의 관계 등) ① 검사와 사법경찰관은 수사, 공소제기 및 공소유지에 관하여 서로 협력하여야 한다.

② 제1항에 따른 수사를 위하여 준수하여야 하는 일반적 수사준칙에 관한 사항은 대통령령으로 정한다.

제196조(검사의 수사) ① 검사는 범죄의 혐의가 있다고 사료하는 때에는 범인, 범죄사실과 증거를 수사한다.

② 검사는 제197조의3제6항, 제198조의2제2항 및 제245조의7제2항에 따라 사법경찰관으로부터 송치받은 사건에 관하여는 해당 사건과 동일성을 해치지 아니하는 범위 내에서 수사할 수 있다.

제197조(사법경찰관리) ① 경무관, 총경, 경정, 경감, 경위는 사법경찰관으로서 범죄의 혐의가 있다고 사료하는 때에는 범인, 범죄사실과 증거를 수사한다.

② 경사, 경장, 순경은 사법경찰리로서 수사의 보조를 하여야 한다.

③ 삭제 <2020. 2. 4.>

④ 삭제 <2020. 2. 4.>

⑤ 삭제 <2020. 2. 4.>

⑥ 삭제 <2020. 2. 4.>

제197조의2(보완수사요구) ① 검사는 다음 각 호의 어느 하나에 해당하는 경우에 사법경찰관에게 보완수사를 요구할 수 있다.

1. 송치사건의 공소제기 여부 결정 또는 공소의 유지에 관하여 필요한 경우

2. 사법경찰관이 신청한 영장의 청구 여부 결정에 관하여 필요한 경우

② 사법경찰관은 제1항의 요구가 있는 때에는 정당한 이유가 없는 한 지체 없이 이를 이행하고, 그 결과를 검사에게 통보하여야 한다.

③ 검찰총장 또는 각급 검찰청 검사장은 사법경찰관이 정당한 이유 없이 제1항의 요구에 따르지 아니하는 때에는 권한 있는 사람에게 해당 사법경찰관의 직무배제 또는 징계를 요구할 수 있고, 그 징계 절차는 「공무원 징계령」 또는 「경찰공무원 징계령」에 따른다.

제197조의3(시정조치요구 등) ① 검사는 사법경찰관리의 수사과정에서 법령위반, 인권침해 또는 현저한 수사권 남용이 의심되는 사실의 신고가 있거나 그러한 사실을 인식하게 된 경우에는 사법경찰관에게 사건기록 등본의 송부를 요구할 수 있다.

② 제1항의 송부 요구를 받은 사법경찰관은 지체 없이 검사에게 사건기록 등본을 송부하여야 한다.

③ 제2항의 송부를 받은 검사는 필요하다고 인정되는 경우에는 사법경찰관에게 시정조치를 요구할 수 있다.

④ 사법경찰관은 제3항의 시정조치 요구가 있는 때에는 정당한 이유가 없으면 지체 없이 이를 이행하고, 그 결과를 검사에게 통보하여야 한다.

⑤ 제4항의 통보를 받은 검사는 제3항에 따른 시정조치 요구가 정당한 이유 없이 이행되지 않았다고 인정되는 경우에는 사법경찰관에게 사건을 송치할 것을 요구할 수 있다.

⑥ 제5항의 송치 요구를 받은 사법경찰관은 검사에게 사건을 송치하여야 한다.

⑦ 검찰총장 또는 각급 검찰청 검사장은 사법경찰관리의 수사과정에서 법령위반, 인권침해 또는 현저한 수사권 남용이 있었던 때에는 권한 있는 사람에게 해당 사법경찰관리의 징계를 요구할 수 있고, 그 징계 절차는 「공무원 징계령」 또는 「경찰공무원 징계령」에 따른다.

⑧ 사법경찰관은 피의자를 신문하기 전에 수사과정에서 법령위반, 인권침해 또는 현저한 수사권 남용이 있는 경우 검사에게 구제를 신청할 수 있음을 피의자에게 알려주어야 한다.

제197조의4(수사의 경합) ① 검사는 사법경찰관과 동일한 범죄사실을 수사하게 된 때에는 사법경찰관에게 사건을 송치할 것을 요구할 수 있다.

② 제1항의 요구를 받은 사법경찰관은 지체 없이 검사에게 사건을 송치하여야 한다. 다만, 검사가 영

장을 청구하기 전에 동일한 범죄사실에 관하여 사법경찰관이 영장을 신청한 경우에는 해당 영장에 기재된 범죄사실을 계속 수사할 수 있다.

제198조(준수사항) ①피의자에 대한 수사는 불구속 상태에서 함을 원칙으로 한다.

②검사·사법경찰관리와 그 밖에 직무상 수사에 관계있는 자는 피의자 또는 다른 사람의 인권을 존중하고 수사과정에서 취득한 비밀을 엄수하며 수사에 방해되는 일이 없도록 하여야 한다.

③ 검사·사법경찰관리와 그 밖에 직무상 수사에 관계있는 자는 수사과정에서 수사와 관련하여 작성하거나 취득한 서류 또는 물건에 대한 목록을 빠짐 없이 작성하여야 한다.

④ 수사기관은 수사 중인 사건의 범죄 혐의를 밝히기 위한 목적으로 합리적인 근거 없이 별개의 사건을 부당하게 수사하여서는 아니 되고, 다른 사건의 수사를 통하여 확보된 증거 또는 자료를 내세워 관련 없는 사건에 대한 자백이나 진술을 강요하여서도 아니 된다.

제198조의2(검사의 체포·구속장소감찰) ①지방검찰청 검사장 또는 지청장은 불법체포·구속의 유무를 조사하기 위하여 검사로 하여금 매월 1회 이상 관하수사관서의 피의자의 체포·구속장소를 감찰하게 하여야 한다. 감찰하는 검사는 체포 또는 구속된 자를 심문하고 관련서류를 조사하여야 한다. <개정 1995. 12. 29.>

②검사는 적법한 절차에 의하지 아니하고 체포 또는 구속된 것이라고 의심할 만한 상당한 이유가 있는 경우에는 즉시 체포 또는 구속된 자를 석방하거나 사건을 검찰에 송치할 것을 명하여야 한다.

제199조(수사와 필요한 조사) ①수사에 관하여는 그 목적을 달성하기 위하여 필요한 조사를 할 수 있다. 다만, 강제처분은 이 법률에 특별한 규정이 있는 경우에 한하며, 필요한 최소한도의 범위 안에서만 하여야 한다.

②수사에 관하여는 공무소 기타 공사단체에 조회하여 필요한 사항의 보고를 요구할 수 있다.

제200조(피의자의 출석요구) 검사 또는 사법경찰관은 수사에 필요한 때에는 피의자의 출석을 요구하여 진술을 들을 수 있다.

제200조의2(영장에 의한 체포) ①피의자가 죄를 범하였다고 의심할 만한 상당한 이유가 있고, 정당한 이유없이 제200조의 규정에 의한 출석요구에 응하지 아니하거나 응하지 아니할 우려가 있는 때에는 검사는 관할 지방법원판사에게 청구하여 체포영장을 발부받아 피의자를 체포할 수 있고, 사법

경찰관은 검사에게 신청하여 검사의 청구로 관할지방법원판사의 체포영장을 발부받아 피의자를 체포할 수 있다. 다만, 다액 50만원이하의 벌금, 구류 또는 과료에 해당하는 사건에 관하여는 피의자가 일정한 주거가 없는 경우 또는 정당한 이유없이 제200조의 규정에 의한 출석요구에 응하지 아니한 경우에 한한다.

②제1항의 청구를 받은 지방법원판사는 상당하다고 인정할 때에는 체포영장을 발부한다. 다만, 명백히 체포의 필요가 인정되지 아니하는 경우에는 그러하지 아니하다.

③제1항의 청구를 받은 지방법원판사가 체포영장을 발부하지 아니할 때에는 청구서에 그 취지 및 이유를 기재하고 서명날인하여 청구한 검사에게 교부한다.

④검사가 제1항의 청구를 함에 있어서 동일한 범죄사실에 관하여 그 피의자에 대하여 전에 체포영장을 청구하였거나 발부받은 사실이 있는 때에는 다시 체포영장을 청구하는 취지 및 이유를 기재하여야 한다.

⑤체포한 피의자를 구속하고자 할 때에는 체포한 때부터 48시간이내에 제201조의 규정에 의하여 구속영장을 청구하여야 하고, 그 기간내에 구속영장을 청구하지 아니하는 때에는 피의자를 즉시 석방하여야 한다.

제200조의3(긴급체포) ①검사 또는 사법경찰관은 피의자가 사형·무기 또는 장기 3년이상의 징역이나 금고에 해당하는 죄를 범하였다고 의심할 만한 상당한 이유가 있고, 다음 각 호의 어느 하나에 해당하는 사유가 있는 경우에 긴급을 요하여 지방법원판사의 체포영장을 받을 수 없는 때에는 그 사유를 알리고 영장없이 피의자를 체포할 수 있다. 이 경우 긴급을 요한다 함은 피의자를 우연히 발견한 경우등과 같이 체포영장을 받을 시간적 여유가 없는 때를 말한다.

1. 피의자가 증거를 인멸할 염려가 있는 때

2. 피의자가 도망하거나 도망할 우려가 있는 때

②사법경찰관이 제1항의 규정에 의하여 피의자를 체포한 경우에는 즉시 검사의 승인을 얻어야 한다.

③검사 또는 사법경찰관은 제1항의 규정에 의하여 피의자를 체포한 경우에는 즉시 긴급체포서를 작성하여야 한다.

④제3항의 규정에 의한 긴급체포서에는 범죄사실의 요지, 긴급체포의 사유등을 기재하여야 한다.

제200조의4(긴급체포와 영장청구기간) ①검사 또는 사법경찰관이 제200조의3의 규정에 의하여 피의자를 체포한 경우 피의자를 구속하고자 할 때에는 지체 없이 검사는 관할지방법원판사에게 구속영장을 청구하여야 하고, 사법경찰관은 검사에게 신청하여 검사의 청구로 관할지방법원판사에게 구속영장을 청구하여야 한다. 이 경우 구속영장은 피의자를 체포한 때부터 48시간 이내에 청구하여야 하며, 제200조의3제3항에 따른 긴급체포서를 첨부하여야 한다.

②제1항의 규정에 의하여 구속영장을 청구하지 아니하거나 발부받지 못한 때에는 피의자를 즉시 석방하여야 한다.

③제2항의 규정에 의하여 석방된 자는 영장없이는 동일한 범죄사실에 관하여 체포하지 못한다.

④검사는 제1항에 따른 구속영장을 청구하지 아니하고 피의자를 석방한 경우에는 석방한 날부터 30일 이내에 서면으로 다음 각 호의 사항을 법원에 통지하여야 한다. 이 경우 긴급체포서의 사본을 첨부하여야 한다.

1. 긴급체포 후 석방된 자의 인적사항

2. 긴급체포의 일시·장소와 긴급체포하게 된 구체적 이유

3. 석방의 일시·장소 및 사유

4. 긴급체포 및 석방한 검사 또는 사법경찰관의 성명

⑤긴급체포 후 석방된 자 또는 그 변호인·법정대리인·배우자·직계친족·형제자매는 통지서 및 관련 서류를 열람하거나 등사할 수 있다.

⑥사법경찰관은 긴급체포한 피의자에 대하여 구속영장을 신청하지 아니하고 석방한 경우에는 즉시 검사에게 보고하여야 한다.

제200조의5(체포와 피의사실 등의 고지) 검사 또는 사법경찰관은 피의자를 체포하는 경우에는 피의사실의 요지, 체포의 이유와 변호인을 선임할 수 있음을 말하고 변명할 기회를 주어야 한다.

제200조의6(준용규정) 제75조, 제81조제1항 본문 및 제3항, 제82조, 제83조, 제85조제1항·제3항 및 제4항, 제86조, 제87조, 제89조부터 제91조까지, 제93조, 제101조제4항 및 제102조제2항 단서의

규정은 검사 또는 사법경찰관이 피의자를 체포하는 경우에 이를 준용한다. 이 경우 "구속"은 이를 "체포"로, "구속영장"은 이를 "체포영장"으로 본다.

제201조(구속) ①피의자가 죄를 범하였다고 의심할 만한 상당한 이유가 있고 제70조제1항 각 호의 1에 해당하는 사유가 있을 때에는 검사는 관할지방법원판사에게 청구하여 구속영장을 받아 피의자를 구속할 수 있고 사법경찰관은 검사에게 신청하여 검사의 청구로 관할지방법원판사의 구속영장을 받아 피의자를 구속할 수 있다. 다만, 다액 50만원이하의 벌금, 구류 또는 과료에 해당하는 범죄에 관하여는 피의자가 일정한 주거가 없는 경우에 한한다.

②구속영장의 청구에는 구속의 필요를 인정할 수 있는 자료를 제출하여야 한다.

③제1항의 청구를 받은 지방법원판사는 신속히 구속영장의 발부여부를 결정하여야 한다.

④제1항의 청구를 받은 지방법원판사는 상당하다고 인정할 때에는 구속영장을 발부한다. 이를 발부하지 아니할 때에는 청구서에 그 취지 및 이유를 기재하고 서명날인하여 청구한 검사에게 교부한다.

⑤검사가 제1항의 청구를 함에 있어서 동일한 범죄사실에 관하여 그 피의자에 대하여 전에 구속영장을 청구하거나 발부받은 사실이 있을 때에는 다시 구속영장을 청구하는 취지 및 이유를 기재하여야 한다.

제201조의2(구속영장 청구와 피의자 심문) ①제200조의2・제200조의3 또는 제212조에 따라 체포된 피의자에 대하여 구속영장을 청구받은 판사는 지체 없이 피의자를 심문하여야 한다. 이 경우 특별한 사정이 없는 한 구속영장이 청구된 날의 다음날까지 심문하여야 한다.

②제1항 외의 피의자에 대하여 구속영장을 청구받은 판사는 피의자가 죄를 범하였다고 의심할 만한 이유가 있는 경우에 구인을 위한 구속영장을 발부하여 피의자를 구인한 후 심문하여야 한다. 다만, 피의자가 도망하는 등의 사유로 심문할 수 없는 경우에는 그러하지 아니하다.

③판사는 제1항의 경우에는 즉시, 제2항의 경우에는 피의자를 인치한 후 즉시 검사, 피의자 및 변호인에게 심문기일과 장소를 통지하여야 한다. 이 경우 검사는 피의자가 체포되어 있는 때에는 심문기일에 피의자를 출석시켜야 한다.

④검사와 변호인은 제3항에 따른 심문기일에 출석하여 의견을 진술할 수 있다.

⑤판사는 제1항 또는 제2항에 따라 심문하는 때에는 공범의 분리심문이나 그 밖에 수사상의 비밀보

호를 위하여 필요한 조치를 하여야 한다.

⑥제1항 또는 제2항에 따라 피의자를 심문하는 경우 법원사무관등은 심문의 요지 등을 조서로 작성하여야 한다.

⑦피의자심문을 하는 경우 법원이 구속영장청구서·수사 관계 서류 및 증거물을 접수한 날부터 구속영장을 발부하여 검찰청에 반환한 날까지의 기간은 제202조 및 제203조의 적용에 있어서 그 구속기간에 산입하지 아니한다.

⑧심문할 피의자에게 변호인이 없는 때에는 지방법원판사는 직권으로 변호인을 선정하여야 한다. 이 경우 변호인의 선정은 피의자에 대한 구속영장 청구가 기각되어 효력이 소멸한 경우를 제외하고는 제1심까지 효력이 있다.

⑨법원은 변호인의 사정이나 그 밖의 사유로 변호인 선정결정이 취소되어 변호인이 없게 된 때에는 직권으로 변호인을 다시 선정할 수 있다.

⑩제71조, 제71조의2, 제75조, 제81조부터 제83조까지, 제85조제1항·제3항·제4항, 제86조, 제87조제1항, 제89조부터 제91조까지 및 제200조의5는 제2항에 따라 구인을 하는 경우에 준용하고, 제48조, 제51조, 제53조, 제56조의2 및 제276조의2는 피의자에 대한 심문의 경우에 준용한다.

제202조(사법경찰관의 구속기간) 사법경찰관이 피의자를 구속한 때에는 10일 이내에 피의자를 검사에게 인치하지 아니하면 석방하여야 한다.

제203조(검사의 구속기간) 검사가 피의자를 구속한 때 또는 사법경찰관으로부터 피의자의 인치를 받은 때에는 10일 이내에 공소를 제기하지 아니하면 석방하여야 한다.

제203조의2(구속기간에의 산입) 피의자가 제200조의2·제200조의3·제201조의2제2항 또는 제212조의 규정에 의하여 체포 또는 구인된 경우에는 제202조 또는 제203조의 구속기간은 피의자를 체포 또는 구인한 날부터 기산한다.

제204조(영장발부와 법원에 대한 통지) 체포영장 또는 구속영장의 발부를 받은 후 피의자를 체포 또는 구속하지 아니하거나 체포 또는 구속한 피의자를 석방한 때에는 지체없이 검사는 영장을 발부한 법원에 그 사유를 서면으로 통지하여야 한다.

제205조(구속기간의 연장) ①지방법원판사는 검사의 신청에 의하여 수사를 계속함에 상당한 이유

가 있다고 인정한 때에는 10일을 초과하지 아니하는 한도에서 제203조의 구속기간의 연장을 1차에 한하여 허가할 수 있다.

②전항의 신청에는 구속기간의 연장의 필요를 인정할 수 있는 자료를 제출하여야 한다.

제207조 삭제

제208조(재구속의 제한) ①검사 또는 사법경찰관에 의하여 구속되었다가 석방된 자는 다른 중요한 증거를 발견한 경우를 제외하고는 동일한 범죄사실에 관하여 재차 구속하지 못한다.

②전항의 경우에는 1개의 목적을 위하여 동시 또는 수단결과의 관계에서 행하여진 행위는 동일한 범죄사실로 간주한다.

제209조(준용규정) 제70조제2항, 제71조, 제75조, 제81조제1항 본문·제3항, 제82조, 제83조, 제85조부터 제87조까지, 제89조부터 제91조까지, 제93조, 제101조제1항, 제102조제2항 본문(보석의 취소에 관한 부분은 제외한다) 및 제200조의5는 검사 또는 사법경찰관의 피의자 구속에 관하여 준용한다.

제210조(사법경찰관리의 관할구역 외의 수사) 사법경찰관리가 관할구역 외에서 수사하거나 관할구역 외의 사법경찰관리의 촉탁을 받아 수사할 때에는 관할지방검찰청 검사장 또는 지청장에게 보고하여야 한다. 다만, 제200조의3, 제212조, 제214조, 제216조와 제217조의 규정에 의한 수사를 하는 경우에 긴급을 요할 때에는 사후에 보고할 수 있다.

제211조(현행범인과 준현행범인) ① 범죄를 실행하고 있거나 실행하고 난 직후의 사람을 현행범인이라 한다.

② 다음 각 호의 어느 하나에 해당하는 사람은 현행범인으로 본다.

1. 범인으로 불리며 추적되고 있을 때

2. 장물이나 범죄에 사용되었다고 인정하기에 충분한 흉기나 그 밖의 물건을 소지하고 있을 때

3. 신체나 의복류에 증거가 될 만한 뚜렷한 흔적이 있을 때

4. 누구냐고 묻자 도망하려고 할 때

제212조(현행범인의 체포) 현행범인은 누구든지 영장없이 체포할 수 있다.

제212조의2 삭제

제213조(체포된 현행범인의 인도) ①검사 또는 사법경찰관리 아닌 자가 현행범인을 체포한 때에는 즉시 검사 또는 사법경찰관리에게 인도하여야 한다.

②사법경찰관리가 현행범인의 인도를 받은 때에는 체포자의 성명, 주거, 체포의 사유를 물어야 하고 필요한 때에는 체포자에 대하여 경찰관서에 동행함을 요구할 수 있다.

③ 삭제

제213조의2(준용규정) 제87조, 제89조, 제90조, 제200조의2제5항 및 제200조의5의 규정은 검사 또는 사법경찰관리가 현행범인을 체포하거나 현행범인을 인도받은 경우에 이를 준용한다.

제214조(경미사건과 현행범인의 체포) 다액 50만원이하의 벌금, 구류 또는 과료에 해당하는 죄의 현행범인에 대하여는 범인의 주거가 분명하지 아니한 때에 한하여 제212조 내지 제213조의 규정을 적용한다.

제214조의2(체포와 구속의 적부심사) ① 체포되거나 구속된 피의자 또는 그 변호인, 법정대리인, 배우자, 직계친족, 형제자매나 가족, 동거인 또는 고용주는 관할법원에 체포 또는 구속의 적부심사(適否審査)를 청구할 수 있다.

②피의자를 체포하거나 구속한 검사 또는 사법경찰관은 체포되거나 구속된 피의자와 제1항에 규정된 사람 중에서 피의자가 지정하는 사람에게 제1항에 따른 적부심사를 청구할 수 있음을 알려야 한다.

③법원은 제1항에 따른 청구가 다음 각 호의 어느 하나에 해당하는 때에는 제4항에 따른 심문 없이 결정으로 청구를 기각할 수 있다.

1. 청구권자 아닌 사람이 청구하거나 동일한 체포영장 또는 구속영장의 발부에 대하여 재청구한 때

2. 공범이나 공동피의자의 순차청구(順次請求)가 수사 방해를 목적으로 하고 있음이 명백한 때

④ 제1항의 청구를 받은 법원은 청구서가 접수된 때부터 48시간 이내에 체포되거나 구속된 피의자를 심문하고 수사 관계 서류와 증거물을 조사하여 그 청구가 이유 없다고 인정한 경우에는 결정으로 기각하고, 이유 있다고 인정한 경우에는 결정으로 체포되거나 구속된 피의자의 석방을 명하여야 한다. 심사 청구 후 피의자에 대하여 공소제기가 있는 경우에도 또한 같다.

⑤ 법원은 구속된 피의자(심사청구 후 공소제기된 사람을 포함한다)에 대하여 피의자의 출석을 보증할 만한 보증금의 납입을 조건으로 하여 결정으로 제4항의 석방을 명할 수 있다. 다만, 다음 각 호에 해당하는 경우에는 그러하지 아니하다.

1. 범죄의 증거를 인멸할 염려가 있다고 믿을 만한 충분한 이유가 있는 때

2. 피해자, 당해 사건의 재판에 필요한 사실을 알고 있다고 인정되는 사람 또는 그 친족의 생명·신체나 재산에 해를 가하거나 가할 염려가 있다고 믿을 만한 충분한 이유가 있는 때

⑥ 제5항의 석방 결정을 하는 경우에는 주거의 제한, 법원 또는 검사가 지정하는 일시·장소에 출석할 의무, 그 밖의 적당한 조건을 부가할 수 있다.

⑦ 제5항에 따라 보증금 납입을 조건으로 석방을 하는 경우에는 제99조와 제100조를 준용한다.

⑧ 제3항과 제4항의 결정에 대해서는 항고할 수 없다.

⑨ 검사·변호인·청구인은 제4항의 심문기일에 출석하여 의견을 진술할 수 있다.

⑩ 체포되거나 구속된 피의자에게 변호인이 없는 때에는 제33조를 준용한다.

⑪ 법원은 제4항의 심문을 하는 경우 공범의 분리심문이나 그 밖에 수사상의 비밀보호를 위한 적절한 조치를 하여야 한다.

⑫ 체포영장이나 구속영장을 발부한 법관은 제4항부터 제6항까지의 심문·조사·결정에 관여할 수 없다. 다만, 체포영장이나 구속영장을 발부한 법관 외에는 심문·조사·결정을 할 판사가 없는 경우에는 그러하지 아니하다.

⑬ 법원이 수사 관계 서류와 증거물을 접수한 때부터 결정 후 검찰청에 반환된 때까지의 기간은 제200조의2제5항(제213조의2에 따라 준용되는 경우를 포함한다) 및 제200조의4제1항을 적용할 때에

는 그 제한기간에 산입하지 아니하고, 제202조·제203조 및 제205조를 적용할 때에는 그 구속기간에 산입하지 아니한다.

⑭ 제4항에 따라 피의자를 심문하는 경우에는 제201조의2제6항을 준용한다.

제214조의3(재체포 및 재구속의 제한) ①제214조의2제4항에 따른 체포 또는 구속 적부심사결정에 의하여 석방된 피의자가 도망하거나 범죄의 증거를 인멸하는 경우를 제외하고는 동일한 범죄사실로 재차 체포하거나 구속할 수 없다.

②제214조의2제5항에 따라 석방된 피의자에게 다음 각 호의 어느 하나에 해당하는 사유가 있는 경우를 제외하고는 동일한 범죄사실로 재차 체포하거나 구속할 수 없다.

1. 도망한 때

2. 도망하거나 범죄의 증거를 인멸할 염려가 있다고 믿을 만한 충분한 이유가 있는 때

3. 출석요구를 받고 정당한 이유없이 출석하지 아니한 때

4. 주거의 제한이나 그 밖에 법원이 정한 조건을 위반한 때

제214조의4(보증금의 몰수) ①법원은 다음 각 호의 1의 경우에 직권 또는 검사의 청구에 의하여 결정으로 제214조의2제5항에 따라 납입된 보증금의 전부 또는 일부를 몰수할 수 있다.

1. 제214조의2제5항에 따라 석방된 자를 제214조의3제2항에 열거된 사유로 재차 구속할 때

2. 공소가 제기된 후 법원이 제214조의2제5항에 따라 석방된 자를 동일한 범죄사실에 관하여 재차 구속할 때

②법원은 제214조의2제5항에 따라 석방된 자가 동일한 범죄사실에 관하여 형의 선고를 받고 그 판결이 확정된 후, 집행하기 위한 소환을 받고 정당한 이유없이 출석하지 아니하거나 도망한 때에는 직권 또는 검사의 청구에 의하여 결정으로 보증금의 전부 또는 일부를 몰수하여야 한다.

제215조(압수, 수색, 검증) ① 검사는 범죄수사에 필요한 때에는 피의자가 죄를 범하였다고 의심할 만한 정황이 있고 해당 사건과 관계가 있다고 인정할 수 있는 것에 한정하여 지방법원판사에게 청구하여 발부받은 영장에 의하여 압수, 수색 또는 검증을 할 수 있다.

② 사법경찰관이 범죄수사에 필요한 때에는 피의자가 죄를 범하였다고 의심할 만한 정황이 있고 해당 사건과 관계가 있다고 인정할 수 있는 것에 한정하여 검사에게 신청하여 검사의 청구로 지방법원 판사가 발부한 영장에 의하여 압수, 수색 또는 검증을 할 수 있다.

제216조(영장에 의하지 아니한 강제처분) ①검사 또는 사법경찰관은 제200조의2·제200조의3·제201조 또는 제212조의 규정에 의하여 피의자를 체포 또는 구속하는 경우에 필요한 때에는 영장없이 다음 처분을 할 수 있다.
1. 타인의 주거나 타인이 간수하는 가옥, 건조물, 항공기, 선차 내에서의 피의자 수색. 다만, 제200조의2 또는 제201조에 따라 피의자를 체포 또는 구속하는 경우의 피의자 수색은 미리 수색영장을 발부받기 어려운 긴급한 사정이 있는 때에 한정한다.

2. 체포현장에서의 압수, 수색, 검증

②전항 제2호의 규정은 검사 또는 사법경찰관이 피고인에 대한 구속영장의 집행의 경우에 준용한다.

③범행 중 또는 범행직후의 범죄 장소에서 긴급을 요하여 법원판사의 영장을 받을 수 없는 때에는 영장없이 압수, 수색 또는 검증을 할 수 있다. 이 경우에는 사후에 지체없이 영장을 받아야 한다.

제217조(영장에 의하지 아니하는 강제처분) ①검사 또는 사법경찰관은 제200조의3에 따라 체포된 자가 소유·소지 또는 보관하는 물건에 대하여 긴급히 압수할 필요가 있는 경우에는 체포한 때부터 24시간 이내에 한하여 영장 없이 압수·수색 또는 검증을 할 수 있다.

②검사 또는 사법경찰관은 제1항 또는 제216조제1항제2호에 따라 압수한 물건을 계속 압수할 필요가 있는 경우에는 지체 없이 압수수색영장을 청구하여야 한다. 이 경우 압수수색영장의 청구는 체포한 때부터 48시간 이내에 하여야 한다.

③검사 또는 사법경찰관은 제2항에 따라 청구한 압수수색영장을 발부받지 못한 때에는 압수한 물건을 즉시 반환하여야 한다.

제218조(영장에 의하지 아니한 압수) 검사, 사법경찰관은 피의자 기타인의 유류한 물건이나 소유자, 소지자 또는 보관자가 임의로 제출한 물건을 영장없이 압수할 수 있다.

제218조의2(압수물의 환부, 가환부) ① 검사는 사본을 확보한 경우 등 압수를 계속할 필요가 없다고 인정되는 압수물 및 증거에 사용할 압수물에 대하여 공소제기 전이라도 소유자, 소지자, 보관자

또는 제출인의 청구가 있는 때에는 환부 또는 가환부하여야 한다.

② 제1항의 청구에 대하여 검사가 이를 거부하는 경우에는 신청인은 해당 검사의 소속 검찰청에 대응한 법원에 압수물의 환부 또는 가환부 결정을 청구할 수 있다.

③ 제2항의 청구에 대하여 법원이 환부 또는 가환부를 결정하면 검사는 신청인에게 압수물을 환부 또는 가환부하여야 한다.

④ 사법경찰관의 환부 또는 가환부 처분에 관하여는 제1항부터 제3항까지의 규정을 준용한다. 이 경우 사법경찰관은 검사의 지휘를 받아야 한다.

제219조(준용규정) 제106조, 제107조, 제109조 내지 제112조, 제114조, 제115조제1항 본문, 제2항, 제118조부터 제132조까지, 제134조, 제135조, 제140조, 제141조, 제333조제2항, 제486조의 규정은 검사 또는 사법경찰관의 본장의 규정에 의한 압수, 수색 또는 검증에 준용한다. 단, 사법경찰관이 제130조, 제132조 및 제134조에 따른 처분을 함에는 검사의 지휘를 받아야 한다.

제220조(요급처분) 제216조의 규정에 의한 처분을 하는 경우에 급속을 요하는 때에는 제123조제2항, 제125조의 규정에 의함을 요하지 아니한다.

제221조(제3자의 출석요구 등) ①검사 또는 사법경찰관은 수사에 필요한 때에는 피의자가 아닌 자의 출석을 요구하여 진술을 들을 수 있다. 이 경우 그의 동의를 받아 영상녹화할 수 있다.

②검사 또는 사법경찰관은 수사에 필요한 때에는 감정·통역 또는 번역을 위촉할 수 있다.

③제163조의2제1항부터 제3항까지는 검사 또는 사법경찰관이 범죄로 인한 피해자를 조사하는 경우에 준용한다.

제221조의2(증인신문의 청구) ①범죄의 수사에 없어서는 아니될 사실을 안다고 명백히 인정되는 자가 전조의 규정에 의한 출석 또는 진술을 거부한 경우에는 검사는 제1회 공판기일 전에 한하여 판사에게 그에 대한 증인신문을 청구할 수 있다.

② 삭제

③제1항의 청구를 함에는 서면으로 그 사유를 소명하여야 한다.

④제1항의 청구를 받은 판사는 증인신문에 관하여 법원 또는 재판장과 동일한 권한이 있다.

⑤판사는 제1항의 청구에 따라 증인신문기일을 정한 때에는 피고인·피의자 또는 변호인에게 이를 통지하여 증인신문에 참여할 수 있도록 하여야 한다.

⑥판사는 제1항의 청구에 의한 증인신문을 한 때에는 지체없이 이에 관한 서류를 검사에게 송부하여야 한다.

제221조의3(감정의 위촉과 감정유치의 청구) ①검사는 제221조의 규정에 의하여 감정을 위촉하는 경우에 제172조제3항의 유치처분이 필요할 때에는 판사에게 이를 청구하여야 한다.

②판사는 제1항의 청구가 상당하다고 인정할 때에는 유치처분을 하여야 한다. 제172조 및 제172조의2의 규정은 이 경우에 준용한다.

제221조의4(감정에 필요한 처분, 허가장) ①제221조의 규정에 의하여 감정의 위촉을 받은 자는 판사의 허가를 얻어 제173조제1항에 규정된 처분을 할 수 있다.

②제1항의 허가의 청구는 검사가 하여야 한다.

③판사는 제2항의 청구가 상당하다고 인정할 때에는 허가장을 발부하여야 한다.

④제173조제2항, 제3항 및 제5항의 규정은 제3항의 허가장에 준용한다.

제221조의5(사법경찰관이 신청한 영장의 청구 여부에 대한 심의) ① 검사가 사법경찰관이 신청한 영장을 정당한 이유 없이 판사에게 청구하지 아니한 경우 사법경찰관은 그 검사 소속의 지방검찰청 소재지를 관할하는 고등검찰청에 영장 청구 여부에 대한 심의를 신청할 수 있다.

② 제1항에 관한 사항을 심의하기 위하여 각 고등검찰청에 영장심의위원회(이하 이 조에서 "심의위원회"라 한다)를 둔다.

③ 심의위원회는 위원장 1명을 포함한 10명 이내의 외부 위원으로 구성하고, 위원은 각 고등검찰청 검사장이 위촉한다.

④ 사법경찰관은 심의위원회에 출석하여 의견을 개진할 수 있다.

⑤ 심의위원회의 구성 및 운영 등 그 밖에 필요한 사항은 법무부령으로 정한다.

제222조(변사자의 검시) ①변사자 또는 변사의 의심있는 사체가 있는 때에는 그 소재지를 관할하는 지방검찰청 검사가 검시하여야 한다.

②전항의 검시로 범죄의 혐의를 인정하고 긴급을 요할 때에는 영장없이 검증할 수 있다.

③검사는 사법경찰관에게 전2항의 처분을 명할 수 있다.

제223조(고소권자) 범죄로 인한 피해자는 고소할 수 있다.

제224조(고소의 제한) 자기 또는 배우자의 직계존속을 고소하지 못한다.

제225조(비피해자인 고소권자) ①피해자의 법정대리인은 독립하여 고소할 수 있다.

②피해자가 사망한 때에는 그 배우자, 직계친족 또는 형제자매는 고소할 수 있다. 단, 피해자의 명시한 의사에 반하지 못한다.

제226조(동전) 피해자의 법정대리인이 피의자이거나 법정대리인의 친족이 피의자인 때에는 피해자의 친족은 독립하여 고소할 수 있다.

제227조(동전) 사자의 명예를 훼손한 범죄에 대하여는 그 친족 또는 자손은 고소할 수 있다.

제228조(고소권자의 지정) 친고죄에 대하여 고소할 자가 없는 경우에 이해관계인의 신청이 있으면 검사는 10일 이내에 고소할 수 있는 자를 지정하여야 한다.

제229조(배우자의 고소) ①「형법」 제241조의 경우에는 혼인이 해소되거나 이혼소송을 제기한 후가 아니면 고소할 수 없다. <개정 2007. 6. 1.>

②전항의 경우에 다시 혼인을 하거나 이혼소송을 취하한 때에는 고소는 취소된 것으로 간주한다.

제230조(고소기간) ①친고죄에 대하여는 범인을 알게 된 날로부터 6월을 경과하면 고소하지 못한다. 단, 고소할 수 없는 불가항력의 사유가 있는 때에는 그 사유가 없어진 날로부터 기산한다.

② 삭제

제231조(수인의 고소권자) 고소할 수 있는 자가 수인인 경우에는 1인의 기간의 해태는 타인의 고소에 영향이 없다.

제232조(고소의 취소) ① 고소는 제1심 판결선고 전까지 취소할 수 있다.

② 고소를 취소한 자는 다시 고소할 수 없다.

③ 피해자의 명시한 의사에 반하여 공소를 제기할 수 없는 사건에서 처벌을 원하는 의사표시를 철회한 경우에도 제1항과 제2항을 준용한다.

제233조(고소의 불가분) 친고죄의 공범 중 그 1인 또는 수인에 대한 고소 또는 그 취소는 다른 공범자에 대하여도 효력이 있다.

제234조(고발) ①누구든지 범죄가 있다고 사료하는 때에는 고발할 수 있다.

②공무원은 그 직무를 행함에 있어 범죄가 있다고 사료하는 때에는 고발하여야 한다.

제235조(고발의 제한) 제224조의 규정은 고발에 준용한다.

제236조(대리고소) 고소 또는 그 취소는 대리인으로 하여금하게 할 수 있다.

제237조(고소, 고발의 방식) ①고소 또는 고발은 서면 또는 구술로써 검사 또는 사법경찰관에게 하여야 한다.

②검사 또는 사법경찰관이 구술에 의한 고소 또는 고발을 받은 때에는 조서를 작성하여야 한다.

제238조(고소, 고발과 사법경찰관의 조치) 사법경찰관이 고소 또는 고발을 받은 때에는 신속히 조사하여 관계서류와 증거물을 검사에게 송부하여야 한다.

제239조(준용규정) 전2조의 규정은 고소 또는 고발의 취소에 관하여 준용한다.

제240조(자수와 준용규정) 제237조와 제238조의 규정은 자수에 대하여 준용한다.

제241조(피의자신문) 검사 또는 사법경찰관이 피의자를 신문함에는 먼저 그 성명, 연령, 등록기준지, 주거와 직업을 물어 피의자임에 틀림없음을 확인하여야 한다.

제242조(피의자신문사항) 검사 또는 사법경찰관은 피의자에 대하여 범죄사실과 정상에 관한 필요사항을 신문하여야 하며 그 이익되는 사실을 진술할 기회를 주어야 한다.

제243조(피의자신문과 참여자) 검사가 피의자를 신문함에는 검찰청수사관 또는 서기관이나 서기를 참여하게 하여야 하고 사법경찰관이 피의자를 신문함에는 사법경찰관리를 참여하게 하여야 한다.

제243조의2(변호인의 참여 등) ①검사 또는 사법경찰관은 피의자 또는 그 변호인·법정대리인·배우자·직계친족·형제자매의 신청에 따라 변호인을 피의자와 접견하게 하거나 정당한 사유가 없는 한 피의자에 대한 신문에 참여하게 하여야 한다.

②신문에 참여하고자 하는 변호인이 2인 이상인 때에는 피의자가 신문에 참여할 변호인 1인을 지정한다. 지정이 없는 경우에는 검사 또는 사법경찰관이 이를 지정할 수 있다.

③신문에 참여한 변호인은 신문 후 의견을 진술할 수 있다. 다만, 신문 중이라도 부당한 신문방법에 대하여 이의를 제기할 수 있고, 검사 또는 사법경찰관의 승인을 받아 의견을 진술할 수 있다.

④제3항에 따른 변호인의 의견이 기재된 피의자신문조서는 변호인에게 열람하게 한 후 변호인으로 하여금 그 조서에 기명날인 또는 서명하게 하여야 한다.

⑤검사 또는 사법경찰관은 변호인의 신문참여 및 그 제한에 관한 사항을 피의자신문조서에 기재하여야 한다.

제244조(피의자신문조서의 작성) ①피의자의 진술은 조서에 기재하여야 한다.

②제1항의 조서는 피의자에게 열람하게 하거나 읽어 들려주어야 하며, 진술한 대로 기재되지 아니하였거나 사실과 다른 부분의 유무를 물어 피의자가 증감 또는 변경의 청구 등 이의를 제기하거나 의견을 진술한 때에는 이를 조서에 추가로 기재하여야 한다. 이 경우 피의자가 이의를 제기하였던 부분은 읽을 수 있도록 남겨두어야 한다.

③피의자가 조서에 대하여 이의나 의견이 없음을 진술한 때에는 피의자로 하여금 그 취지를 자필로 기재하게 하고 조서에 간인한 후 기명날인 또는 서명하게 한다.

제244조의2(피의자진술의 영상녹화) ①피의자의 진술은 영상녹화할 수 있다. 이 경우 미리 영상녹화사실을 알려주어야 하며, 조사의 개시부터 종료까지의 전 과정 및 객관적 정황을 영상녹화하여야 한다.

②제1항에 따른 영상녹화가 완료된 때에는 피의자 또는 변호인 앞에서 지체 없이 그 원본을 봉인하고 피의자로 하여금 기명날인 또는 서명하게 하여야 한다.

③제2항의 경우에 피의자 또는 변호인의 요구가 있는 때에는 영상녹화물을 재생하여 시청하게 하여야 한다. 이 경우 그 내용에 대하여 이의를 진술하는 때에는 그 취지를 기재한 서면을 첨부하여야 한다.

제244조의3(진술거부권 등의 고지) ①검사 또는 사법경찰관은 피의자를 신문하기 전에 다음 각 호의 사항을 알려주어야 한다.

1. 일체의 진술을 하지 아니하거나 개개의 질문에 대하여 진술을 하지 아니할 수 있다는 것

2. 진술을 하지 아니하더라도 불이익을 받지 아니한다는 것

3. 진술을 거부할 권리를 포기하고 행한 진술은 법정에서 유죄의 증거로 사용될 수 있다는 것

4. 신문을 받을 때에는 변호인을 참여하게 하는 등 변호인의 조력을 받을 수 있다는 것

②검사 또는 사법경찰관은 제1항에 따라 알려 준 때에는 피의자가 진술을 거부할 권리와 변호인의 조력을 받을 권리를 행사할 것인지의 여부를 질문하고, 이에 대한 피의자의 답변을 조서에 기재하여야 한다. 이 경우 피의자의 답변은 피의자로 하여금 자필로 기재하게 하거나 검사 또는 사법경찰관이

피의자의 답변을 기재한 부분에 기명날인 또는 서명하게 하여야 한다.

제244조의4(수사과정의 기록) ①검사 또는 사법경찰관은 피의자가 조사장소에 도착한 시각, 조사를 시작하고 마친 시각, 그 밖에 조사과정의 진행경과를 확인하기 위하여 필요한 사항을 피의자신문조서에 기록하거나 별도의 서면에 기록한 후 수사기록에 편철하여야 한다.

②제244조제2항 및 제3항은 제1항의 조서 또는 서면에 관하여 준용한다.

③제1항 및 제2항은 피의자가 아닌 자를 조사하는 경우에 준용한다.

제244조의5(장애인 등 특별히 보호를 요하는 자에 대한 특칙) 검사 또는 사법경찰관은 피의자를 신문하는 경우 다음 각 호의 어느 하나에 해당하는 때에는 직권 또는 피의자·법정대리인의 신청에 따라 피의자와 신뢰관계에 있는 자를 동석하게 할 수 있다.

1. 피의자가 신체적 또는 정신적 장애로 사물을 변별하거나 의사를 결정·전달할 능력이 미약한 때

2. 피의자의 연령·성별·국적 등의 사정을 고려하여 그 심리적 안정의 도모와 원활한 의사소통을 위하여 필요한 경우

제245조(참고인과의 대질) 검사 또는 사법경찰관이 사실을 발견함에 필요한 때에는 피의자와 다른 피의자 또는 피의자 아닌 자와 대질하게 할 수 있다.

제245조의2(전문수사자문위원의 참여) ① 검사는 공소제기 여부와 관련된 사실관계를 분명하게 하기 위하여 필요한 경우에는 직권이나 피의자 또는 변호인의 신청에 의하여 전문수사자문위원을 지정하여 수사절차에 참여하게 하고 자문을 들을 수 있다.

② 전문수사자문위원은 전문적인 지식에 의한 설명 또는 의견을 기재한 서면을 제출하거나 전문적인 지식에 의하여 설명이나 의견을 진술할 수 있다.

③ 검사는 제2항에 따라 전문수사자문위원이 제출한 서면이나 전문수사자문위원의 설명 또는 의견의 진술에 관하여 피의자 또는 변호인에게 구술 또는 서면에 의한 의견진술의 기회를 주어야 한다.

제245조의3(전문수사자문위원 지정 등) ① 제245조의2제1항에 따라 전문수사자문위원을 수사절차에 참여시키는 경우 검사는 각 사건마다 1인 이상의 전문수사자문위원을 지정한다.

② 검사는 상당하다고 인정하는 때에는 전문수사자문위원의 지정을 취소할 수 있다.

③ 피의자 또는 변호인은 검사의 전문수사자문위원 지정에 대하여 관할 고등검찰청검사장에게 이의를 제기할 수 있다.

④ 전문수사자문위원에게는 수당을 지급하고, 필요한 경우에는 그 밖의 여비, 일당 및 숙박료를 지급할 수 있다.

⑤ 전문수사자문위원의 지정 및 지정취소, 이의제기 절차 및 방법, 수당지급, 그 밖에 필요한 사항은 법무부령으로 정한다.

제245조의4(준용규정) 제279조의7 및 제279조의8은 검사의 전문수사자문위원에게 준용한다.

제245조의5(사법경찰관의 사건송치 등) 사법경찰관은 고소·고발 사건을 포함하여 범죄를 수사한 때에는 다음 각 호의 구분에 따른다.

1. 범죄의 혐의가 있다고 인정되는 경우에는 지체 없이 검사에게 사건을 송치하고, 관계 서류와 증거물을 검사에게 송부하여야 한다.

2. 그 밖의 경우에는 그 이유를 명시한 서면과 함께 관계 서류와 증거물을 지체 없이 검사에게 송부하여야 한다. 이 경우 검사는 송부받은 날부터 90일 이내에 사법경찰관에게 반환하여야 한다.

제245조의6(고소인 등에 대한 송부통지) 사법경찰관은 제245조의5제2호의 경우에는 그 송부한 날부터 7일 이내에 서면으로 고소인·고발인·피해자 또는 그 법정대리인(피해자가 사망한 경우에는 그 배우자·직계친족·형제자매를 포함한다)에게 사건을 검사에게 송치하지 아니하는 취지와 그 이유를 통지하여야 한다.

제245조의7(고소인 등의 이의신청) ① 제245조의6의 통지를 받은 사람(고발인을 제외한다)은 해당 사법경찰관의 소속 관서의 장에게 이의를 신청할 수 있다.

② 사법경찰관은 제1항의 신청이 있는 때에는 지체 없이 검사에게 사건을 송치하고 관계 서류와 증거물을 송부하여야 하며, 처리결과와 그 이유를 제1항의 신청인에게 통지하여야 한다.

제245조의8(재수사요청 등) ① 검사는 제245조의5제2호의 경우에 사법경찰관이 사건을 송치하지 아니한 것이 위법 또는 부당한 때에는 그 이유를 문서로 명시하여 사법경찰관에게 재수사를 요청할

수 있다.

② 사법경찰관은 제1항의 요청이 있는 때에는 사건을 재수사하여야 한다.

제245조의9(검찰청 직원) ① 검찰청 직원으로서 사법경찰관리의 직무를 행하는 자와 그 직무의 범위는 법률로 정한다.

② 사법경찰관의 직무를 행하는 검찰청 직원은 검사의 지휘를 받아 수사하여야 한다.

③ 사법경찰리의 직무를 행하는 검찰청 직원은 검사 또는 사법경찰관의 직무를 행하는 검찰청 직원의 수사를 보조하여야 한다.

④ 사법경찰관리의 직무를 행하는 검찰청 직원에 대하여는 제197조의2부터 제197조의4까지, 제221조의5, 제245조의5부터 제245조의8까지의 규정을 적용하지 아니한다.

제245조의10(특별사법경찰관리) ① 삼림, 해사, 전매, 세무, 군수사기관, 그 밖에 특별한 사항에 관하여 사법경찰관리의 직무를 행할 특별사법경찰관리와 그 직무의 범위는 법률로 정한다.

② 특별사법경찰관은 모든 수사에 관하여 검사의 지휘를 받는다.

③ 특별사법경찰관은 범죄의 혐의가 있다고 인식하는 때에는 범인, 범죄사실과 증거에 관하여 수사를 개시·진행하여야 한다.

④ 특별사법경찰관리는 검사의 지휘가 있는 때에는 이에 따라야 한다. 검사의 지휘에 관한 구체적 사항은 법무부령으로 정한다.

⑤ 특별사법경찰관은 범죄를 수사한 때에는 지체 없이 검사에게 사건을 송치하고, 관계 서류와 증거물을 송부하여야 한다.

⑥ 특별사법경찰관리에 대하여는 제197조의2부터 제197조의4까지, 제221조의5, 제245조의5부터 제245조의8까지의 규정을 적용하지 아니한다.

제260조(재정신청) ①고소권자로서 고소를 한 자(「형법」 제123조부터 제126조까지의 죄에 대하여는 고발을 한 자를 포함한다. 이하 이 조에서 같다)는 검사로부터 공소를 제기하지 아니한다는 통지를 받은 때에는 그 검사 소속의 지방검찰청 소재지를 관할하는 고등법원(이하 "관할 고등법원"이

라 한다)에 그 당부에 관한 재정을 신청할 수 있다. 다만, 「형법」 제126조의 죄에 대하여는 피공표자의 명시한 의사에 반하여 재정을 신청할 수 없다.

②제1항에 따른 재정신청을 하려면 「검찰청법」 제10조에 따른 항고를 거쳐야 한다. 다만, 다음 각 호의 어느 하나에 해당하는 경우에는 그러하지 아니하다.

1. 항고 이후 재기수사가 이루어진 다음에 다시 공소를 제기하지 아니한다는 통지를 받은 경우

2. 항고 신청 후 항고에 대한 처분이 행하여지지 아니하고 3개월이 경과한 경우

3. 검사가 공소시효 만료일 30일 전까지 공소를 제기하지 아니하는 경우

③제1항에 따른 재정신청을 하려는 자는 항고기각 결정을 통지받은 날 또는 제2항 각 호의 사유가 발생한 날부터 10일 이내에 지방검찰청검사장 또는 지청장에게 재정신청서를 제출하여야 한다. 다만, 제2항제3호의 경우에는 공소시효 만료일 전날까지 재정신청서를 제출할 수 있다.

④ 재정신청서에는 재정신청의 대상이 되는 사건의 범죄사실 및 증거 등 재정신청을 이유있게 하는 사유를 기재하여야 한다.

제261조(지방검찰청검사장 등의 처리) 제260조제3항에 따라 재정신청서를 제출받은 지방검찰청검사장 또는 지청장은 재정신청서를 제출받은 날부터 7일 이내에 재정신청서·의견서·수사 관계 서류 및 증거물을 관할 고등검찰청을 경유하여 관할 고등법원에 송부하여야 한다. 다만, 제260조제2항 각 호의 어느 하나에 해당하는 경우에는 지방검찰청검사장 또는 지청장은 다음의 구분에 따른다.

1. 신청이 이유 있는 것으로 인정하는 때에는 즉시 공소를 제기하고 그 취지를 관할 고등법원과 재정신청인에게 통지한다.

2. 신청이 이유 없는 것으로 인정하는 때에는 30일 이내에 관할 고등법원에 송부한다.

제262조(심리와 결정) ①법원은 재정신청서를 송부받은 때에는 송부받은 날부터 10일 이내에 피의자에게 그 사실을 통지하여야 한다.

②법원은 재정신청서를 송부받은 날부터 3개월 이내에 항고의 절차에 준하여 다음 각 호의 구분에 따라 결정한다. 이 경우 필요한 때에는 증거를 조사할 수 있다.

1. 신청이 법률상의 방식에 위배되거나 이유 없는 때에는 신청을 기각한다.

2. 신청이 이유 있는 때에는 사건에 대한 공소제기를 결정한다.

③재정신청사건의 심리는 특별한 사정이 없는 한 공개하지 아니한다.

④제2항제1호의 결정에 대하여는 제415조에 따른 즉시항고를 할 수 있고, 제2항제2호의 결정에 대하여는 불복할 수 없다. 제2항제1호의 결정이 확정된 사건에 대하여는 다른 중요한 증거를 발견한 경우를 제외하고는 소추할 수 없다.

⑤법원은 제2항의 결정을 한 때에는 즉시 그 정본을 재정신청인·피의자와 관할 지방검찰청검사장 또는 지청장에게 송부하여야 한다. 이 경우 제2항제2호의 결정을 한 때에는 관할 지방검찰청검사장 또는 지청장에게 사건기록을 함께 송부하여야 한다.

⑥제2항제2호의 결정에 따른 재정결정서를 송부받은 관할 지방검찰청 검사장 또는 지청장은 지체 없이 담당 검사를 지정하고 지정받은 검사는 공소를 제기하여야 한다.

제262조의2(재정신청사건 기록의 열람·등사 제한) 재정신청사건의 심리 중에는 관련 서류 및 증거물을 열람 또는 등사할 수 없다. 다만, 법원은 제262조제2항 후단의 증거조사과정에서 작성된 서류의 전부 또는 일부의 열람 또는 등사를 허가할 수 있다.

제307조(증거재판주의) ①사실의 인정은 증거에 의하여야 한다.

②범죄사실의 인정은 합리적인 의심이 없는 정도의 증명에 이르러야 한다.

제308조(자유심증주의) 증거의 증명력은 법관의 자유판단에 의한다.

제308조의2(위법수집증거의 배제) 적법한 절차에 따르지 아니하고 수집한 증거는 증거로 할 수 없다.

제309조(강제등 자백의 증거능력) 피고인의 자백이 고문, 폭행, 협박, 신체구속의 부당한 장기화 또는 기망 기타의 방법으로 임의로 진술한 것이 아니라고 의심할 만한 이유가 있는 때에는 이를 유죄의 증거로 하지 못한다.

제310조(불이익한 자백의 증거능력) 피고인의 자백이 그 피고인에게 불이익한 유일의 증거인 때에는 이를 유죄의 증거로 하지 못한다.

제310조의2(전문증거와 증거능력의 제한) 제311조 내지 제316조에 규정한 것 이외에는 공판준비 또는 공판기일에서의 진술에 대신하여 진술을 기재한 서류나 공판준비 또는 공판기일 외에서의 타인의 진술을 내용으로 하는 진술은 이를 증거로 할 수 없다.

제311조(법원 또는 법관의 조서) 공판준비 또는 공판기일에 피고인이나 피고인 아닌 자의 진술을 기재한 조서와 법원 또는 법관의 검증의 결과를 기재한 조서는 증거로 할 수 있다. 제184조 및 제221조의2의 규정에 의하여 작성한 조서도 또한 같다.

제312조(검사 또는 사법경찰관의 조서 등) ① 검사가 작성한 피의자신문조서는 적법한 절차와 방식에 따라 작성된 것으로서 공판준비, 공판기일에 그 피의자였던 피고인 또는 변호인이 그 내용을 인정할 때에 한정하여 증거로 할 수 있다.

② 삭제

③검사 이외의 수사기관이 작성한 피의자신문조서는 적법한 절차와 방식에 따라 작성된 것으로서 공판준비 또는 공판기일에 그 피의자였던 피고인 또는 변호인이 그 내용을 인정할 때에 한하여 증거로 할 수 있다.

④검사 또는 사법경찰관이 피고인이 아닌 자의 진술을 기재한 조서는 적법한 절차와 방식에 따라 작성된 것으로서 그 조서가 검사 또는 사법경찰관 앞에서 진술한 내용과 동일하게 기재되어 있음이 원진술자의 공판준비 또는 공판기일에서의 진술이나 영상녹화물 또는 그 밖의 객관적인 방법에 의하여 증명되고, 피고인 또는 변호인이 공판준비 또는 공판기일에 그 기재 내용에 관하여 원진술자를 신문할 수 있었던 때에는 증거로 할 수 있다. 다만, 그 조서에 기재된 진술이 특히 신빙할 수 있는 상태하에서 행하여졌음이 증명된 때에 한한다.

⑤제1항부터 제4항까지의 규정은 피고인 또는 피고인이 아닌 자가 수사과정에서 작성한 진술서에 관하여 준용한다.

⑥검사 또는 사법경찰관이 검증의 결과를 기재한 조서는 적법한 절차와 방식에 따라 작성된 것으로서 공판준비 또는 공판기일에서의 작성자의 진술에 따라 그 성립의 진정함이 증명된 때에는 증거로 할 수 있다.

제313조(진술서등) ①전2조의 규정 이외에 피고인 또는 피고인이 아닌 자가 작성한 진술서나 그 진술을 기재한 서류로서 그 작성자 또는 진술자의 자필이거나 그 서명 또는 날인이 있는 것(피고인 또는 피고인 아닌 자가 작성하였거나 진술한 내용이 포함된 문자·사진·영상 등의 정보로서 컴퓨터용디스크, 그 밖에 이와 비슷한 정보저장매체에 저장된 것을 포함한다. 이하 이 조에서 같다)은 공판준비나 공판기일에서의 그 작성자 또는 진술자의 진술에 의하여 그 성립의 진정함이 증명된 때에는 증거로 할 수 있다. 단, 피고인의 진술을 기재한 서류는 공판준비 또는 공판기일에서의 그 작성자의 진술에 의하여 그 성립의 진정함이 증명되고 그 진술이 특히 신빙할 수 있는 상태하에서 행하여진 때에 한하여 피고인의 공판준비 또는 공판기일에서의 진술에 불구하고 증거로 할 수 있다.

② 제1항 본문에도 불구하고 진술서의 작성자가 공판준비나 공판기일에서 그 성립의 진정을 부인하는 경우에는 과학적 분석결과에 기초한 디지털포렌식 자료, 감정 등 객관적 방법으로 성립의 진정함이 증명되는 때에는 증거로 할 수 있다. 다만, 피고인 아닌 자가 작성한 진술서는 피고인 또는 변호인이 공판준비 또는 공판기일에 그 기재 내용에 관하여 작성자를 신문할 수 있었을 것을 요한다.

③ 감정의 경과와 결과를 기재한 서류도 제1항 및 제2항과 같다.

제314조(증거능력에 대한 예외) 제312조 또는 제313조의 경우에 공판준비 또는 공판기일에 진술을 요하는 자가 사망·질병·외국거주·소재불명 그 밖에 이에 준하는 사유로 인하여 진술할 수 없는 때에는 그 조서 및 그 밖의 서류(피고인 또는 피고인 아닌 자가 작성하였거나 진술한 내용이 포함된 문자·사진·영상 등의 정보로서 컴퓨터용디스크, 그 밖에 이와 비슷한 정보저장매체에 저장된 것을 포함한다)를 증거로 할 수 있다. 다만, 그 진술 또는 작성이 특히 신빙할 수 있는 상태하에서 행하여졌음이 증명된 때에 한한다.

제315조(당연히 증거능력이 있는 서류) 다음에 게기한 서류는 증거로 할 수 있다.

1. 가족관계기록사항에 관한 증명서, 공정증서등본 기타 공무원 또는 외국공무원의 직무상 증명할 수 있는 사항에 관하여 작성한 문서

2. 상업장부, 항해일지 기타 업무상 필요로 작성한 통상문서

3. 기타 특히 신용할 만한 정황에 의하여 작성된 문서

제316조(전문의 진술) ①피고인이 아닌 자(공소제기 전에 피고인을 피의자로 조사하였거나 그 조사에 참여하였던 자를 포함한다. 이하 이 조에서 같다)의 공판준비 또는 공판기일에서의 진술이 피고인의 진술을 그 내용으로 하는 것인 때에는 그 진술이 특히 신빙할 수 있는 상태하에서 행하여졌음이 증명된 때에 한하여 이를 증거로 할 수 있다.

②피고인 아닌 자의 공판준비 또는 공판기일에서의 진술이 피고인 아닌 타인의 진술을 그 내용으로 하는 것인 때에는 원진술자가 사망, 질병, 외국거주, 소재불명 그 밖에 이에 준하는 사유로 인하여 진술할 수 없고, 그 진술이 특히 신빙할 수 있는 상태하에서 행하여졌음이 증명된 때에 한하여 이를 증거로 할 수 있다.

제317조(진술의 임의성) ①피고인 또는 피고인 아닌 자의 진술이 임의로 된 것이 아닌 것은 증거로 할 수 없다.

②전항의 서류는 그 작성 또는 내용인 진술이 임의로 되었다는 것이 증명된 것이 아니면 증거로 할 수 없다.

③검증조서의 일부가 피고인 또는 피고인 아닌 자의 진술을 기재한 것인 때에는 그 부분에 한하여 전2항의 예에 의한다.

제318조(당사자의 동의와 증거능력) ①검사와 피고인이 증거로 할 수 있음을 동의한 서류 또는 물건은 진정한 것으로 인정한 때에는 증거로 할 수 있다.

②피고인의 출정없이 증거조사를 할 수 있는 경우에 피고인이 출정하지 아니한 때에는 전항의 동의가 있는 것으로 간주한다. 단, 대리인 또는 변호인이 출정한 때에는 예외로 한다.

제318조의2(증명력을 다투기 위한 증거) ①제312조부터 제316조까지의 규정에 따라 증거로 할 수 없는 서류나 진술이라도 공판준비 또는 공판기일에서의 피고인 또는 피고인이 아닌 자(공소제기 전에 피고인을 피의자로 조사하였거나 그 조사에 참여하였던 자를 포함한다. 이하 이 조에서 같다)의 진술의 증명력을 다투기 위하여 증거로 할 수 있다.

②제1항에도 불구하고 피고인 또는 피고인이 아닌 자의 진술을 내용으로 하는 영상녹화물은 공판준비 또는 공판기일에 피고인 또는 피고인이 아닌 자가 진술함에 있어서 기억이 명백하지 아니한 사항에 관하여 기억을 환기시켜야 할 필요가 있다고 인정되는 때에 한하여 피고인 또는 피고인이 아닌 자에게 재생하여 시청하게 할 수 있다.

제318조의3(간이공판절차에서의 증거능력에 관한 특례) 제286조의2의 결정이 있는 사건의 증거에 관하여는 제310조의2, 제312조 내지 제314조 및 제316조의 규정에 의한 증거에 대하여 제318조제1항의 동의가 있는 것으로 간주한다. 단, 검사, 피고인 또는 변호인이 증거로 함에 이의가 있는 때에는 그러하지 아니하다.

<<검사와 사법경찰관의 상호협력과 일반적 수사준칙에 관한 규정>>

제1장 총칙

제1조(목적) 이 영은 「형사소송법」 제195조에 따라 검사와 사법경찰관의 상호협력과 일반적 수사준칙에 관한 사항을 규정함으로써 수사과정에서 국민의 인권을 보호하고, 수사절차의 투명성과 수사의 효율성을 보장함을 목적으로 한다.

제2조(적용 범위) 검사와 사법경찰관의 협력관계, 일반적인 수사의 절차와 방법에 관하여 다른 법령에 특별한 규정이 있는 경우를 제외하고는 이 영이 정하는 바에 따른다.

제3조(수사의 기본원칙) ① 검사와 사법경찰관은 모든 수사과정에서 헌법과 법률에 따라 보장되는 피의자와 그 밖의 피해자·참고인 등(이하 "사건관계인"이라 한다)의 권리를 보호하고, 적법한 절차에 따라야 한다.

② 검사와 사법경찰관은 예단(豫斷)이나 편견 없이 신속하게 수사해야 하고, 주어진 권한을 자의적으로 행사하거나 남용해서는 안 된다.

③ 검사와 사법경찰관은 수사를 할 때 다음 각 호의 사항에 유의하여 실체적 진실을 발견해야 한다.

1. 물적 증거를 기본으로 하여 객관적이고 신빙성 있는 증거를 발견하고 수집하기 위해 노력할 것

2. 과학수사 기법과 관련 지식·기술 및 자료를 충분히 활용하여 합리적으로 수사할 것

3. 수사과정에서 선입견을 갖지 말고, 근거 없는 추측을 배제하며, 사건관계인의 진술을 과신하지 않도록 주의할 것

④ 검사와 사법경찰관은 다른 사건의 수사를 통해 확보된 증거 또는 자료를 내세워 관련이 없는 사건에 대한 자백이나 진술을 강요해서는 안 된다.

제4조(불이익 금지) 검사와 사법경찰관은 피의자나 사건관계인이 인권침해 신고나 그 밖에 인권 구제를 위한 신고, 진정, 고소, 고발 등의 행위를 하였다는 이유로 부당한 대우를 하거나 불이익을 주어서는 안 된다.

제5조(형사사건의 공개금지 등) ① 검사와 사법경찰관은 공소제기 전의 형사사건에 관한 내용을 공개해서는 안 된다.

② 검사와 사법경찰관은 수사의 전(全) 과정에서 피의자와 사건관계인의 사생활의 비밀을 보호하고 그들의 명예나 신용이 훼손되지 않도록 노력해야 한다.

③ 제1항에도 불구하고 법무부장관, 경찰청장 또는 해양경찰청장은 무죄추정의 원칙과 국민의 알권리 등을 종합적으로 고려하여 형사사건 공개에 관한 준칙을 정할 수 있다.

제2장 협력

제6조(상호협력의 원칙) ① 검사와 사법경찰관은 상호 존중해야 하며, 수사, 공소제기 및 공소유지와 관련하여 협력해야 한다.

② 검사와 사법경찰관은 수사와 공소제기 및 공소유지를 위해 필요한 경우 수사·기소·재판 관련 자료를 서로 요청할 수 있다.

③ 검사와 사법경찰관의 협의는 신속히 이루어져야 하며, 협의의 지연 등으로 수사 또는 관련 절차가 지연되어서는 안 된다.

제7조(중요사건 협력절차) 검사와 사법경찰관은 공소시효가 임박한 사건이나 내란, 외환, 선거, 테러, 대형참사, 연쇄살인 관련 사건, 주한 미합중국 군대의 구성원·외국인군무원 및 그 가족이나 초청계약자의 범죄 관련 사건 등 많은 피해자가 발생하거나 국가적·사회적 피해가 큰 중요한 사건(이하 "중요사건"이라 한다)의 경우에는 송치 전에 수사할 사항, 증거수집의 대상, 법령의 적용 등에 관하여 상호 의견을 제시·교환할 것을 요청할 수 있다.

제8조(검사와 사법경찰관의 협의) ① 검사와 사법경찰관은 수사와 사건의 송치, 송부 등에 관한 이견의 조정이나 협력 등이 필요한 경우 서로 협의를 요청할 수 있다. 다만, 다음 각 호의 어느 하나에 해당하는 경우에는 상대방의 협의 요청에 응해야 한다.

1. 중요사건에 관하여 상호 의견을 제시·교환하는 것에 대해 이견이 있거나, 제시·교환한 의견의 내용에 대해 이견이 있는 경우

2. 「형사소송법」(이하 "법"이라 한다) 제197조의2제2항 및 제3항에 따른 정당한 이유의 유무에 대

해 이견이 있는 경우

3. 법 제197조의3제4항 및 제5항에 따른 정당한 이유의 유무에 대해 이견이 있는 경우

4. 법 제197조의4제2항 단서에 따라 사법경찰관이 계속 수사할 수 있는지 여부나 사법경찰관이 계속 수사할 수 있는 경우 수사를 계속할 주체 또는 사건의 이송 여부 등에 대해 이견이 있는 경우

5. 법 제222조에 따라 변사자 검시를 하는 경우에 수사의 착수 여부나 수사할 사항 등에 대해 이견의 조정이나 협의가 필요한 경우

6. 법 제245조의8제2항에 따른 재수사의 결과에 대해 이견이 있는 경우

7. 법 제316조제1항에 따라 사법경찰관이 조사자로서 공판준비 또는 공판기일에서 진술하게 된 경우

② 제1항제1호, 제2호, 제4호 또는 제6호의 경우 해당 검사와 사법경찰관의 협의에도 불구하고 이견이 해소되지 않는 경우에는 해당 검사가 소속된 검찰청의 장과 해당 사법경찰관이 소속된 경찰관서(지방해양경찰관서를 포함한다. 이하 같다)의 장의 협의에 따른다.

제9조(수사기관협의회) ① 대검찰청, 경찰청 및 해양경찰청 간에 수사에 관한 제도 개선 방안 등을 논의하고, 수사기관 간 협조가 필요한 사항에 대해 서로 의견을 협의·조정하기 위해 수사기관협의회를 둔다.

② 수사기관협의회는 다음 각 호의 사항에 대해 협의·조정한다.

1. 국민의 인권보호, 수사의 신속성·효율성 등을 위한 제도 개선 및 정책 제안

2. 국가적 재난 상황 등 관련 기관 간 긴밀한 협조가 필요한 업무를 공동으로 수행하기 위해 필요한 사항

3. 그 밖에 제1항의 어느 한 기관이 수사기관협의회의 협의 또는 조정이 필요하다고 요구한 사항

③ 수사기관협의회는 반기마다 정기적으로 개최하되, 제1항의 어느 한 기관이 요청하면 수시로 개최할 수 있다.

④ 제1항의 각 기관은 수사기관협의회에서 협의·조정된 사항의 세부 추진계획을 수립·시행해야 한다.

⑤ 제1항부터 제4항까지의 규정에서 정한 사항 외에 수사기관협의회의 운영 등에 필요한 사항은 수사기관협의회에서 정한다.

제3장 수사

제1절 통칙

제10조(임의수사 우선의 원칙과 강제수사 시 유의사항) ① 검사와 사법경찰관은 수사를 할 때 수사 대상자의 자유로운 의사에 따른 임의수사를 원칙으로 해야 하고, 강제수사는 법률에서 정한 바에 따라 필요한 경우에만 최소한의 범위에서 하되, 수사 대상자의 권익 침해의 정도가 더 적은 절차와 방법을 선택해야 한다.

② 검사와 사법경찰관은 피의자를 체포·구속하는 과정에서 피의자 및 현장에 있는 가족 등 지인들의 인격과 명예를 침해하지 않도록 유의해야 한다.

③ 검사와 사법경찰관은 압수·수색 과정에서 사생활의 비밀, 주거의 평온을 최대한 보장하고, 피의자 및 현장에 있는 가족 등 지인들의 인격과 명예를 침해하지 않도록 유의해야 한다.

제11조(회피) 검사 또는 사법경찰관리는 피의자나 사건관계인과 친족관계 또는 이에 준하는 관계가 있거나 그 밖에 수사의 공정성을 의심 받을 염려가 있는 사건에 대해서는 소속 기관의 장의 허가를 받아 그 수사를 회피해야 한다.

제12조(수사 진행상황의 통지) ① 검사 또는 사법경찰관은 수사에 대한 진행상황을 사건관계인에게 적절히 통지하도록 노력해야 한다.

② 제1항에 따른 통지의 구체적인 방법·절차 등은 법무부장관, 경찰청장 또는 해양경찰청장이 정한다.

제13조(변호인의 피의자신문 참여·조력) ① 검사 또는 사법경찰관은 피의자신문에 참여한 변호인이 피의자의 옆자리 등 실질적인 조력을 할 수 있는 위치에 앉도록 해야 하고, 정당한 사유가 없으면 피의자에 대한 법적인 조언·상담을 보장해야 하며, 법적인 조언·상담을 위한 변호인의 메모를 허용해야 한다.

② 검사 또는 사법경찰관은 피의자에 대한 신문이 아닌 단순 면담 등이라는 이유로 변호인의 참여·조력을 제한해서는 안 된다.

③ 제1항 및 제2항은 검사 또는 사법경찰관의 사건관계인에 대한 조사·면담 등의 경우에도 적용한다.

제14조(변호인의 의견진술) ① 피의자신문에 참여한 변호인은 검사 또는 사법경찰관의 신문 후 조서를 열람하고 의견을 진술할 수 있다. 이 경우 변호인은 별도의 서면으로 의견을 제출할 수 있으며, 검사 또는 사법경찰관은 해당 서면을 사건기록에 편철한다.

② 피의자신문에 참여한 변호인은 신문 중이라도 검사 또는 사법경찰관의 승인을 받아 의견을 진술할 수 있다. 이 경우 검사 또는 사법경찰관은 정당한 사유가 있는 경우를 제외하고는 변호인의 의견진술 요청을 승인해야 한다.

③ 피의자신문에 참여한 변호인은 제2항에도 불구하고 부당한 신문방법에 대해서는 검사 또는 사법경찰관의 승인 없이 이의를 제기할 수 있다.

④ 검사 또는 사법경찰관은 제1항부터 제3항까지의 규정에 따른 의견진술 또는 이의제기가 있는 경우 해당 내용을 조서에 적어야 한다.

제15조(피해자 보호) ① 검사 또는 사법경찰관은 피해자의 명예와 사생활의 평온을 보호하기 위해 「범죄피해자 보호법」 등 피해자 보호 관련 법령의 규정을 준수해야 한다.

② 검사 또는 사법경찰관은 피의자의 범죄수법, 범행 동기, 피해자와의 관계, 언동 및 그 밖의 상황으로 보아 피해자가 피의자 또는 그 밖의 사람으로부터 생명·신체에 위해를 입거나 입을 염려가 있다고 인정되는 경우에는 직권 또는 피해자의 신청에 따라 신변보호에 필요한 조치를 강구해야 한다.

제2절 수사의 개시

제16조(수사의 개시) ① 검사 또는 사법경찰관이 다음 각 호의 어느 하나에 해당하는 행위에 착수한 때에는 수사를 개시한 것으로 본다. 이 경우 검사 또는 사법경찰관은 해당 사건을 즉시 입건해야 한다.

1. 피혐의자의 수사기관 출석조사

2. 피의자신문조서의 작성

3. 긴급체포

4. 체포·구속영장의 청구 또는 신청

5. 사람의 신체, 주거, 관리하는 건조물, 자동차, 선박, 항공기 또는 점유하는 방실에 대한 압수·수색 또는 검증영장(부검을 위한 검증영장은 제외한다)의 청구 또는 신청

② 검사 또는 사법경찰관은 수사 중인 사건의 범죄 혐의를 밝히기 위한 목적으로 관련 없는 사건의 수사를 개시하거나 수사기간을 부당하게 연장해서는 안 된다.

③ 검사 또는 사법경찰관은 입건 전에 범죄를 의심할 만한 정황이 있어 수사 개시 여부를 결정하기 위한 사실관계의 확인 등 필요한 조사를 할 때에는 적법절차를 준수하고 사건관계인의 인권을 존중하며, 조사가 부당하게 장기화되지 않도록 신속하게 진행해야 한다.

④ 검사 또는 사법경찰관은 제3항에 따른 조사 결과 입건하지 않는 결정을 한 때에는 피해자에 대한 보복범죄나 2차 피해가 우려되는 경우 등을 제외하고는 피혐의자 및 사건관계인에게 통지해야 한다.

⑤ 제4항에 따른 통지의 구체적인 방법 및 절차 등은 법무부장관, 경찰청장 또는 해양경찰청장이 정한다.

⑥ 제3항에 따른 조사와 관련한 서류 등의 열람 및 복사에 관하여는 제69조제1항, 제3항, 제5항(같은 조 제1항 및 제3항을 준용하는 부분으로 한정한다. 이하 이 항에서 같다) 및 제6항(같은 조 제1항, 제3항 및 제5항에 따른 신청을 받은 경우로 한정한다)을 준용한다.

제17조(변사자의 검시 등) ① 사법경찰관은 변사자 또는 변사한 것으로 의심되는 사체가 있으면 변사사건 발생사실을 검사에게 통보해야 한다.

② 검사는 법 제222조제1항에 따라 검시를 했을 경우에는 검시조서를, 검증영장이나 같은 조 제2항에 따라 검증을 했을 경우에는 검증조서를 각각 작성하여 사법경찰관에게 송부해야 한다.

③ 사법경찰관은 법 제222조제1항 및 제3항에 따라 검시를 했을 경우에는 검시조서를, 검증영장이나 같은 조 제2항 및 제3항에 따라 검증을 했을 경우에는 검증조서를 각각 작성하여 검사에게 송부

해야 한다.

④ 검사와 사법경찰관은 법 제222조에 따라 변사자의 검시를 한 사건에 대해 사건 종결 전에 수사할 사항 등에 관하여 상호 의견을 제시·교환해야 한다.

제18조(검사의 사건 이송 등) ① 검사는 다음 각 호의 어느 하나에 해당하는 때에는 사건을 검찰청 외의 수사기관에 이송해야 한다.

1. 「검찰청법」 제4조제1항제1호 각 목에 해당되지 않는 범죄에 대한 고소·고발·진정 등이 접수된 때

2. 「검사의 수사개시 범죄 범위에 관한 규정」 제2조 각 호의 범죄에 해당하는 사건 수사 중 범죄혐의 사실이 「검찰청법」 제4조제1항제1호 각 목의 범죄에 해당되지 않는다고 판단되는 때. 다만 구속영장이나 사람의 신체, 주거, 관리하는 건조물, 자동차, 선박, 항공기 또는 점유하는 방실에 대하여 압수·수색 또는 검증영장이 발부된 경우는 제외한다.

② 검사는 다음 각 호의 어느 하나에 해당하는 때에는 사건을 검찰청 외의 수사기관에 이송할 수 있다.

1. 법 제197조의4제2항 단서에 따라 사법경찰관이 범죄사실을 계속 수사할 수 있게 된 때

2. 그 밖에 다른 수사기관에서 수사하는 것이 적절하다고 판단되는 때

③ 검사는 제1항 또는 제2항에 따라 사건을 이송하는 경우에는 관계 서류와 증거물을 해당 수사기관에 함께 송부해야 한다.

제3절 임의수사

제19조(출석요구) ① 검사 또는 사법경찰관은 피의자에게 출석요구를 할 때에는 다음 각 호의 사항을 유의해야 한다.

1. 출석요구를 하기 전에 우편·전자우편·전화를 통한 진술 등 출석을 대체할 수 있는 방법의 선택 가능성을 고려할 것

2. 출석요구의 방법, 출석의 일시·장소 등을 정할 때에는 피의자의 명예 또는 사생활의 비밀이 침해

되지 않도록 주의할 것

3. 출석요구를 할 때에는 피의자의 생업에 지장을 주지 않도록 충분한 시간적 여유를 두도록 하고, 피의자가 출석 일시의 연기를 요청하는 경우 특별한 사정이 없으면 출석 일시를 조정할 것

4. 불필요하게 여러 차례 출석요구를 하지 않을 것

② 검사 또는 사법경찰관은 피의자에게 출석요구를 하려는 경우 피의자와 조사의 일시·장소에 관하여 협의해야 한다. 이 경우 변호인이 있는 경우에는 변호인과도 협의해야 한다.

③ 검사 또는 사법경찰관은 피의자에게 출석요구를 하려는 경우 피의사실의 요지 등 출석요구의 취지를 구체적으로 적은 출석요구서를 발송해야 한다. 다만, 신속한 출석요구가 필요한 경우 등 부득이한 사정이 있는 경우에는 전화, 문자메시지, 그 밖의 상당한 방법으로 출석요구를 할 수 있다.

④ 검사 또는 사법경찰관은 제3항 본문에 따른 방법으로 출석요구를 했을 때에는 출석요구서의 사본을, 같은 항 단서에 따른 방법으로 출석요구를 했을 때에는 그 취지를 적은 수사보고서를 각각 사건기록에 편철한다.

⑤ 검사 또는 사법경찰관은 피의자가 치료 등 수사관서에 출석하여 조사를 받는 것이 현저히 곤란한 사정이 있는 경우에는 수사관서 외의 장소에서 조사할 수 있다.

⑥ 제1항부터 제5항까지의 규정은 피의자 외의 사람에 대한 출석요구의 경우에도 적용한다.

제20조(수사상 임의동행 시의 고지) 검사 또는 사법경찰관은 임의동행을 요구하는 경우 상대방에게 동행을 거부할 수 있다는 것과 동행하는 경우에도 언제든지 자유롭게 동행 과정에서 이탈하거나 동행 장소에서 퇴거할 수 있다는 것을 알려야 한다.

제21조(심야조사 제한) ① 검사 또는 사법경찰관은 조사, 신문, 면담 등 그 명칭을 불문하고 피의자나 사건관계인에 대해 오후 9시부터 오전 6시까지 사이에 조사(이하 "심야조사"라 한다)를 해서는 안 된다. 다만, 이미 작성된 조서의 열람을 위한 절차는 자정 이전까지 진행할 수 있다.

② 제1항에도 불구하고 다음 각 호의 어느 하나에 해당하는 경우에는 심야조사를 할 수 있다. 이 경우 심야조사의 사유를 조서에 명확하게 적어야 한다.

1. 피의자를 체포한 후 48시간 이내에 구속영장의 청구 또는 신청 여부를 판단하기 위해 불가피한

경우

2. 공소시효가 임박한 경우

3. 피의자나 사건관계인이 출국, 입원, 원거리 거주, 직업상 사유 등 재출석이 곤란한 구체적인 사유를 들어 심야조사를 요청한 경우(변호인이 심야조사에 동의하지 않는다는 의사를 명시한 경우는 제외한다)로서 해당 요청에 상당한 이유가 있다고 인정되는 경우

4. 그 밖에 사건의 성질 등을 고려할 때 심야조사가 불가피하다고 판단되는 경우 등 법무부장관, 경찰청장 또는 해양경찰청장이 정하는 경우로서 검사 또는 사법경찰관의 소속 기관의 장이 지정하는 인권보호 책임자의 허가 등을 받은 경우

제22조(장시간 조사 제한) ① 검사 또는 사법경찰관은 조사, 신문, 면담 등 그 명칭을 불문하고 피의자나 사건관계인을 조사하는 경우에는 대기시간, 휴식시간, 식사시간 등 모든 시간을 합산한 조사시간(이하 "총조사시간"이라 한다)이 12시간을 초과하지 않도록 해야 한다. 다만, 다음 각 호의 어느 하나에 해당하는 경우에는 예외로 한다.

1. 피의자나 사건관계인의 서면 요청에 따라 조서를 열람하는 경우

2. 제21조제2항 각 호의 어느 하나에 해당하는 경우

② 검사 또는 사법경찰관은 특별한 사정이 없으면 총조사시간 중 식사시간, 휴식시간 및 조서의 열람시간 등을 제외한 실제 조사시간이 8시간을 초과하지 않도록 해야 한다.

③ 검사 또는 사법경찰관은 피의자나 사건관계인에 대한 조사를 마친 때부터 8시간이 지나기 전에는 다시 조사할 수 없다. 다만, 제1항제2호에 해당하는 경우에는 예외로 한다.

제23조(휴식시간 부여) ① 검사 또는 사법경찰관은 조사에 상당한 시간이 소요되는 경우에는 특별한 사정이 없으면 피의자 또는 사건관계인에게 조사 도중에 최소한 2시간마다 10분 이상의 휴식시간을 주어야 한다.

② 검사 또는 사법경찰관은 조사 도중 피의자, 사건관계인 또는 그 변호인으로부터 휴식시간의 부여를 요청받았을 때에는 그때까지 조사에 소요된 시간, 피의자 또는 사건관계인의 건강상태 등을 고려해 적정하다고 판단될 경우 휴식시간을 주어야 한다.

③ 검사 또는 사법경찰관은 조사 중인 피의자 또는 사건관계인의 건강상태에 이상 징후가 발견되면 의사의 진료를 받게 하거나 휴식하게 하는 등 필요한 조치를 해야 한다.

제24조(신뢰관계인의 동석) ① 법 제244조의5에 따라 피의자와 동석할 수 있는 신뢰관계에 있는 사람과 법 제221조제3항에서 준용하는 법 제163조의2에 따라 피해자와 동석할 수 있는 신뢰관계에 있는 사람은 피의자 또는 피해자의 직계친족, 형제자매, 배우자, 가족, 동거인, 보호·교육시설의 보호·교육담당자 등 피의자 또는 피해자의 심리적 안정과 원활한 의사소통에 도움을 줄 수 있는 사람으로 한다.

② 피의자, 피해자 또는 그 법정대리인이 제1항에 따른 신뢰관계에 있는 사람의 동석을 신청한 경우 검사 또는 사법경찰관은 그 관계를 적은 동석신청서를 제출받거나 조서 또는 수사보고서에 그 관계를 적어야 한다.

제25조(자료·의견의 제출기회 보장) ① 검사 또는 사법경찰관은 조사과정에서 피의자, 사건관계인 또는 그 변호인이 사실관계 등의 확인을 위해 자료를 제출하는 경우 그 자료를 수사기록에 편철한다.

② 검사 또는 사법경찰관은 조사를 종결하기 전에 피의자, 사건관계인 또는 그 변호인에게 자료 또는 의견을 제출할 의사가 있는지를 확인하고, 자료 또는 의견을 제출받은 경우에는 해당 자료 및 의견을 수사기록에 편철한다.

제26조(수사과정의 기록) ① 검사 또는 사법경찰관은 법 제244조의4에 따라 조사(신문, 면담 등 명칭을 불문한다. 이하 이 조에서 같다) 과정의 진행경과를 다음 각 호의 구분에 따른 방법으로 기록해야 한다.

1. 조서를 작성하는 경우: 조서에 기록(별도의 서면에 기록한 후 조서의 끝부분에 편철하는 것을 포함한다)

2. 조서를 작성하지 않는 경우: 별도의 서면에 기록한 후 수사기록에 편철

② 제1항에 따라 조사과정의 진행경과를 기록할 때에는 다음 각 호의 구분에 따른 사항을 구체적으로 적어야 한다.

1. 조서를 작성하는 경우에는 다음 각 목의 사항

가. 조사 대상자가 조사장소에 도착한 시각

나. 조사의 시작 및 종료 시각

다. 조사 대상자가 조사장소에 도착한 시각과 조사를 시작한 시각에 상당한 시간적 차이가 있는 경우에는 그 이유

라. 조사가 중단되었다가 재개된 경우에는 그 이유와 중단 시각 및 재개 시각

2. 조서를 작성하지 않는 경우에는 다음 각 목의 사항

가. 조사 대상자가 조사장소에 도착한 시각

나. 조사 대상자가 조사장소를 떠난 시각

다. 조서를 작성하지 않는 이유

라. 조사 외에 실시한 활동

마. 변호인 참여 여부

제4절 강제수사

제27조(긴급체포) ① 사법경찰관은 법 제200조의3제2항에 따라 긴급체포 후 12시간 내에 검사에게 긴급체포의 승인을 요청해야 한다. 다만, 제51조제1항제4호가목 또는 제52조제1항제3호에 따라 수사중지 결정 또는 기소중지 결정이 된 피의자를 소속 경찰관서가 위치하는 특별시·광역시·특별자치시·도 또는 특별자치도 외의 지역이나 「연안관리법」 제2조제2호나목의 바다에서 긴급체포한 경우에는 긴급체포 후 24시간 이내에 긴급체포의 승인을 요청해야 한다.

② 제1항에 따라 긴급체포의 승인을 요청할 때에는 범죄사실의 요지, 긴급체포의 일시·장소, 긴급체포의 사유, 체포를 계속해야 하는 사유 등을 적은 긴급체포 승인요청서로 요청해야 한다. 다만, 긴급한 경우에는 「형사사법절차 전자화 촉진법」 제2조제4호에 따른 형사사법정보시스템(이하 "형사사법정보시스템"이라 한다) 또는 팩스를 이용하여 긴급체포의 승인을 요청할 수 있다.

③ 검사는 사법경찰관의 긴급체포 승인 요청이 이유 있다고 인정하는 경우에는 지체 없이 긴급체포 승인서를 사법경찰관에게 송부해야 한다.

④ 검사는 사법경찰관의 긴급체포 승인 요청이 이유 없다고 인정하는 경우에는 지체 없이 사법경찰관에게 불승인 통보를 해야 한다. 이 경우 사법경찰관은 긴급체포된 피의자를 즉시 석방하고 그 석방 일시와 사유 등을 검사에게 통보해야 한다.

 제28조(현행범인 조사 및 석방) ① 검사 또는 사법경찰관은 법 제212조 또는 제213조에 따라 현행범인을 체포하거나 체포된 현행범인을 인수했을 때에는 조사가 현저히 곤란하다고 인정되는 경우가 아니면 지체 없이 조사해야 하며, 조사 결과 계속 구금할 필요가 없다고 인정할 때에는 현행범인을 즉시 석방해야 한다.

② 검사 또는 사법경찰관은 제1항에 따라 현행범인을 석방했을 때에는 석방 일시와 사유 등을 적은 피의자 석방서를 작성해 사건기록에 편철한다. 이 경우 사법경찰관은 석방 후 지체 없이 검사에게 석방 사실을 통보해야 한다.

 제29조(구속영장의 청구·신청) ① 검사 또는 사법경찰관은 구속영장을 청구하거나 신청하는 경우 법 제209조에서 준용하는 법 제70조제2항의 필요적 고려사항이 있을 때에는 구속영장 청구서 또는 신청서에 그 내용을 적어야 한다.

② 검사 또는 사법경찰관은 체포한 피의자에 대해 구속영장을 청구하거나 신청할 때에는 구속영장 청구서 또는 신청서에 체포영장, 긴급체포서, 현행범인 체포서 또는 현행범인 인수서를 첨부해야 한다.

 제30조(구속 전 피의자 심문) 사법경찰관은 법 제201조의2제3항 및 같은 조 제10항에서 준용하는 법 제81조제1항에 따라 판사가 통지한 피의자 심문 기일과 장소에 체포된 피의자를 출석시켜야 한다.

 제31조(체포·구속영장의 재청구·재신청) 검사 또는 사법경찰관은 동일한 범죄사실로 다시 체포·구속영장을 청구하거나 신청하는 경우(체포·구속영장의 청구 또는 신청이 기각된 후 다시 체포·구속영장을 청구하거나 신청하는 경우와 이미 발부받은 체포·구속영장과 동일한 범죄사실로 다시 체포·구속영장을 청구하거나 신청하는 경우를 말한다)에는 그 취지를 체포·구속영장 청구서 또는 신청서에 적어야 한다.

 제32조(체포·구속영장 집행 시의 권리 고지) ① 검사 또는 사법경찰관은 피의자를 체포하거나 구속할 때에는 법 제200조의5(법 제209조에서 준용하는 경우를 포함한다)에 따라 피의자에게 피의사

실의 요지, 체포·구속의 이유와 변호인을 선임할 수 있음을 말하고, 변명할 기회를 주어야 하며, 진술거부권을 알려주어야 한다.

② 제1항에 따라 피의자에게 알려주어야 하는 진술거부권의 내용은 법 제244조의3제1항제1호부터 제3호까지의 사항으로 한다.

③ 검사와 사법경찰관이 제1항에 따라 피의자에게 그 권리를 알려준 경우에는 피의자로부터 권리 고지 확인서를 받아 사건기록에 편철한다.

제33조(체포·구속 등의 통지) ① 검사 또는 사법경찰관은 피의자를 체포하거나 구속하였을 때에는 법 제200조의6 또는 제209조에서 준용하는 법 제87조에 따라 변호인이 있으면 변호인에게, 변호인이 없으면 법 제30조제2항에 따른 사람 중 피의자가 지정한 사람에게 24시간 이내에 서면으로 사건명, 체포·구속의 일시·장소, 범죄사실의 요지, 체포·구속의 이유와 변호인을 선임할 수 있음을 통지해야 한다.

② 검사 또는 사법경찰관은 제1항에 따른 통지를 하였을 때에는 그 통지서 사본을 사건기록에 편철한다. 다만, 변호인 및 법 제30조제2항에 따른 사람이 없어서 체포·구속의 통지를 할 수 없을 때에는 그 취지를 수사보고서에 적어 사건기록에 편철한다.

③ 제1항 및 제2항은 법 제214조의2제2항에 따라 검사 또는 사법경찰관이 같은 조 제1항에 따른 자 중에서 피의자가 지정한 자에게 체포 또는 구속의 적부심사를 청구할 수 있음을 통지하는 경우에도 준용한다.

제34조(체포·구속영장 등본의 교부) 검사 또는 사법경찰관은 법 제214조의2제1항에 따른 자가 체포·구속영장 등본의 교부를 청구하면 그 등본을 교부해야 한다.

제35조(체포·구속영장의 반환) ① 검사 또는 사법경찰관은 체포·구속영장의 유효기간 내에 영장의 집행에 착수하지 못했거나, 그 밖의 사유로 영장의 집행이 불가능하거나 불필요하게 되었을 때에는 즉시 해당 영장을 법원에 반환해야 한다. 이 경우 체포·구속영장이 여러 통 발부된 경우에는 모두 반환해야 한다.

② 검사 또는 사법경찰관은 제1항에 따라 체포·구속영장을 반환하는 경우에는 반환사유 등을 적은 영장반환서에 해당 영장을 첨부하여 반환하고, 그 사본을 사건기록에 편철한다.

③ 제1항에 따라 사법경찰관이 체포·구속영장을 반환하는 경우에는 그 영장을 청구한 검사에게 반

환하고, 검사는 사법경찰관이 반환한 영장을 법원에 반환한다.

제36조(피의자의 석방) ① 검사 또는 사법경찰관은 법 제200조의2제5항 또는 제200조의4제2항에 따라 구속영장을 청구하거나 신청하지 않고 체포 또는 긴급체포한 피의자를 석방하려는 때에는 다음 각 호의 구분에 따른 사항을 적은 피의자 석방서를 작성해야 한다.

1. 체포한 피의자를 석방하려는 때: 체포 일시·장소, 체포 사유, 석방 일시·장소, 석방 사유 등

2. 긴급체포한 피의자를 석방하려는 때: 법 제200조의4제4항 각 호의 사항

② 사법경찰관은 제1항에 따라 피의자를 석방한 경우 다음 각 호의 구분에 따라 처리한다.

1. 체포한 피의자를 석방한 때: 지체 없이 검사에게 석방사실을 통보하고, 그 통보서 사본을 사건기록에 편철한다.

2. 긴급체포한 피의자를 석방한 때: 법 제200조의4제6항에 따라 즉시 검사에게 석방 사실을 보고하고, 그 보고서 사본을 사건기록에 편철한다.

제37조(압수·수색 또는 검증영장의 청구·신청) 검사 또는 사법경찰관은 압수·수색 또는 검증영장을 청구하거나 신청할 때에는 압수·수색 또는 검증의 범위를 범죄 혐의의 소명에 필요한 최소한으로 정해야 하고, 수색 또는 검증할 장소·신체·물건 및 압수할 물건 등을 구체적으로 특정해야 한다.

제38조(압수·수색 또는 검증영장의 제시) ① 검사 또는 사법경찰관은 법 제219조에서 준용하는 법 제118조에 따라 영장을 제시할 때에는 피압수자에게 법관이 발부한 영장에 따른 압수·수색 또는 검증이라는 사실과 영장에 기재된 범죄사실 및 수색 또는 검증할 장소·신체·물건, 압수할 물건 등을 명확히 알리고, 피압수자가 해당 영장을 열람할 수 있도록 해야 한다.

② 압수·수색 또는 검증의 처분을 받는 자가 여럿인 경우에는 모두에게 개별적으로 영장을 제시해야 한다.

제39조(압수·수색 또는 검증영장의 재청구·재신청 등) 압수·수색 또는 검증영장의 재청구·재신청(압수·수색 또는 검증영장의 청구 또는 신청이 기각된 후 다시 압수·수색 또는 검증영장을 청구하거나 신청하는 경우와 이미 발부받은 압수·수색 또는 검증영장과 동일한 범죄사실로 다시 압수·수색 또는 검증영장을 청구하거나 신청하는 경우를 말한다)과 반환에 관해서는 제31조 및 제35조

를 준용한다.

제40조(압수조서와 압수목록) 검사 또는 사법경찰관은 증거물 또는 몰수할 물건을 압수했을 때에는 압수의 일시·장소, 압수 경위 등을 적은 압수조서와 압수물건의 품종·수량 등을 적은 압수목록을 작성해야 한다. 다만, 피의자신문조서, 진술조서, 검증조서에 압수의 취지를 적은 경우에는 그렇지 않다.

제41조(전자정보의 압수·수색 또는 검증 방법) ① 검사 또는 사법경찰관은 법 제219조에서 준용하는 법 제106조제3항에 따라 컴퓨터용디스크 및 그 밖에 이와 비슷한 정보저장매체(이하 이 항에서 "정보저장매체등"이라 한다)에 기억된 정보(이하 "전자정보"라 한다)를 압수하는 경우에는 해당 정보저장매체등의 소재지에서 수색 또는 검증한 후 범죄사실과 관련된 전자정보의 범위를 정하여 출력하거나 복제하는 방법으로 한다.

② 제1항에도 불구하고 제1항에 따른 압수 방법의 실행이 불가능하거나 그 방법으로는 압수의 목적을 달성하는 것이 현저히 곤란한 경우에는 압수·수색 또는 검증 현장에서 정보저장매체등에 들어 있는 전자정보 전부를 복제하여 그 복제본을 정보저장매체등의 소재지 외의 장소로 반출할 수 있다.

③ 제1항 및 제2항에도 불구하고 제1항 및 제2항에 따른 압수 방법의 실행이 불가능하거나 그 방법으로는 압수의 목적을 달성하는 것이 현저히 곤란한 경우에는 피압수자 또는 법 제123조에 따라 압수·수색영장을 집행할 때 참여하게 해야 하는 사람(이하 "피압수자등"이라 한다)이 참여한 상태에서 정보저장매체등의 원본을 봉인(封印)하여 정보저장매체등의 소재지 외의 장소로 반출할 수 있다.

제42조(전자정보의 압수·수색 또는 검증 시 유의사항) ① 검사 또는 사법경찰관은 전자정보의 탐색·복제·출력을 완료한 경우에는 지체 없이 피압수자등에게 압수한 전자정보의 목록을 교부해야 한다.

② 검사 또는 사법경찰관은 제1항의 목록에 포함되지 않은 전자정보가 있는 경우에는 해당 전자정보를 지체 없이 삭제 또는 폐기하거나 반환해야 한다. 이 경우 삭제·폐기 또는 반환확인서를 작성하여 피압수자등에게 교부해야 한다.

③ 검사 또는 사법경찰관은 전자정보의 복제본을 취득하거나 전자정보를 복제할 때에는 해시값(파일의 고유값으로서 일종의 전자지문을 말한다)을 확인하거나 압수·수색 또는 검증의 과정을 촬영하는 등 전자적 증거의 동일성과 무결성(無缺性)을 보장할 수 있는 적절한 방법과 조치를 취해야 한다.

④ 검사 또는 사법경찰관은 압수·수색 또는 검증의 전 과정에 걸쳐 피압수자등이나 변호인의 참여권을 보장해야 하며, 피압수자등과 변호인이 참여를 거부하는 경우에는 신뢰성과 전문성을 담보할

수 있는 상당한 방법으로 압수·수색 또는 검증을 해야 한다.

⑤ 검사 또는 사법경찰관은 제4항에 따라 참여한 피압수자등이나 변호인이 압수 대상 전자정보와 사건의 관련성에 관하여 의견을 제시한 때에는 이를 조서에 적어야 한다.

제43조(검증조서) 검사 또는 사법경찰관은 검증을 한 경우에는 검증의 일시·장소, 검증 경위 등을 적은 검증조서를 작성해야 한다.

제44조(영장심의위원회) 법 제221조의5에 따른 영장심의위원회의 위원은 해당 업무에 전문성을 가진 중립적 외부 인사 중에서 위촉해야 하며, 영장심의위원회의 운영은 독립성·객관성·공정성이 보장되어야 한다.

제5절 시정조치요구

제45조(시정조치 요구의 방법 및 절차 등) ① 검사는 법 제197조의3제1항에 따라 사법경찰관에게 사건기록 등본의 송부를 요구할 때에는 그 내용과 이유를 구체적으로 적은 서면으로 해야 한다.

② 사법경찰관은 제1항에 따른 요구를 받은 날부터 7일 이내에 사건기록 등본을 검사에게 송부해야 한다.

③ 검사는 제2항에 따라 사건기록 등본을 송부받은 날부터 30일(사안의 경중 등을 고려하여 10일의 범위에서 한 차례 연장할 수 있다) 이내에 법 제197조의3제3항에 따른 시정조치 요구 여부를 결정하여 사법경찰관에게 통보해야 한다. 이 경우 시정조치 요구의 통보는 그 내용과 이유를 구체적으로 적은 서면으로 해야 한다.

④ 사법경찰관은 제3항에 따라 시정조치 요구를 통보받은 경우 정당한 이유가 있는 경우를 제외하고는 지체 없이 시정조치를 이행하고, 그 이행 결과를 서면에 구체적으로 적어 검사에게 통보해야 한다.

⑤ 검사는 법 제197조의3제5항에 따라 사법경찰관에게 사건송치를 요구하는 경우에는 그 내용과 이유를 구체적으로 적은 서면으로 해야 한다.

⑥ 사법경찰관은 제5항에 따라 서면으로 사건송치를 요구받은 날부터 7일 이내에 사건을 검사에게 송치해야 한다. 이 경우 관계 서류와 증거물을 함께 송부해야 한다.

⑦ 제5항 및 제6항에도 불구하고 검사는 공소시효 만료일의 임박 등 특별한 사유가 있을 때에는 제5항에 따른 서면에 그 사유를 명시하고 별도의 송치기한을 정하여 사법경찰관에게 통지할 수 있다. 이 경우 사법경찰관은 정당한 이유가 있는 경우를 제외하고는 통지받은 송치기한까지 사건을 검사에게 송치해야 한다.

제46조(징계요구의 방법 등) ① 검찰총장 또는 각급 검찰청 검사장은 법 제197조의3제7항에 따라 사법경찰관리의 징계를 요구할 때에는 서면에 그 사유를 구체적으로 적고 이를 증명할 수 있는 관계 자료를 첨부하여 해당 사법경찰관리가 소속된 경찰관서의 장(이하 "경찰관서장"이라 한다)에게 통보해야 한다.

② 경찰관서장은 제1항에 따른 징계요구에 대한 처리 결과와 그 이유를 징계를 요구한 검찰총장 또는 각급 검찰청 검사장에게 통보해야 한다.

제47조(구제신청 고지의 확인) 사법경찰관은 법 제197조의3제8항에 따라 검사에게 구제를 신청할 수 있음을 피의자에게 알려준 경우에는 피의자로부터 고지 확인서를 받아 사건기록에 편철한다. 다만, 피의자가 고지 확인서에 기명날인 또는 서명하는 것을 거부하는 경우에는 사법경찰관이 고지 확인서 끝부분에 그 사유를 적고 기명날인 또는 서명해야 한다.

제6절 수사의 경합

제48조(동일한 범죄사실 여부의 판단 등) ① 검사와 사법경찰관은 법 제197조의4에 따른 수사의 경합과 관련하여 동일한 범죄사실 여부나 영장(「통신비밀보호법」 제6조 및 제8조에 따른 통신제한조치허가서 및 같은 법 제13조에 따른 통신사실 확인자료제공 요청 허가서를 포함한다. 이하 이 조에서 같다) 청구·신청의 시간적 선후관계 등을 판단하기 위해 필요한 경우에는 그 필요한 범위에서 사건기록의 상호 열람을 요청할 수 있다.

② 제1항에 따른 영장 청구·신청의 시간적 선후관계는 검사의 영장청구서와 사법경찰관의 영장신청서가 각각 법원과 검찰청에 접수된 시점을 기준으로 판단한다.

③ 검사는 제2항에 따른 사법경찰관의 영장신청서의 접수를 거부하거나 지연해서는 안 된다.

제49조(수사경합에 따른 사건송치) ① 검사는 법 제197조의4제1항에 따라 사법경찰관에게 사건송치를 요구할 때에는 그 내용과 이유를 구체적으로 적은 서면으로 해야 한다.

② 사법경찰관은 제1항에 따른 요구를 받은 날부터 7일 이내에 사건을 검사에게 송치해야 한다. 이

경우 관계 서류와 증거물을 함께 송부해야 한다.

제50조(중복수사의 방지) 검사는 법 제197조의4제2항 단서에 따라 사법경찰관이 범죄사실을 계속 수사할 수 있게 된 경우에는 정당한 사유가 있는 경우를 제외하고는 그와 동일한 범죄사실에 대한 사건을 이송하는 등 중복수사를 피하기 위해 노력해야 한다.

제4장 사건송치와 수사종결

제1절 통칙

제51조(사법경찰관의 결정) ① 사법경찰관은 사건을 수사한 경우에는 다음 각 호의 구분에 따라 결정해야 한다.

1. 법원송치

2. 검찰송치

3. 불송치

가. 혐의없음

1) 범죄인정안됨

2) 증거불충분

나. 죄가안됨

다. 공소권없음

라. 각하

4. 수사중지

가. 피의자중지

나. 참고인중지

5. 이송

② 사법경찰관은 하나의 사건 중 피의자가 여러 사람이거나 피의사실이 여러 개인 경우로서 분리하여 결정할 필요가 있는 경우 그중 일부에 대해 제1항 각 호의 결정을 할 수 있다.

③ 사법경찰관은 제1항제3호나목 또는 다목에 해당하는 사건이 다음 각 호의 어느 하나에 해당하는 경우에는 해당 사건을 검사에게 이송한다.

1. 「형법」 제10조제1항에 따라 벌할 수 없는 경우

2. 기소되어 사실심 계속 중인 사건과 포괄일죄를 구성하는 관계에 있는 경우

④ 사법경찰관은 제1항제4호에 따른 수사중지 결정을 한 경우 7일 이내에 사건기록을 검사에게 송부해야 한다. 이 경우 검사는 사건기록을 송부받은 날부터 30일 이내에 반환해야 하며, 그 기간 내에 법 제197조의3에 따라 시정조치요구를 할 수 있다.

⑤ 사법경찰관은 제4항 전단에 따라 검사에게 사건기록을 송부한 후 피의자 등의 소재를 발견한 경우에는 소재 발견 및 수사 재개 사실을 검사에게 통보해야 한다. 이 경우 통보를 받은 검사는 지체 없이 사법경찰관에게 사건기록을 반환해야 한다.

제52조(검사의 결정) ① 검사는 사법경찰관으로부터 사건을 송치받거나 직접 수사한 경우에는 다음 각 호의 구분에 따라 결정해야 한다.

1. 공소제기

2. 불기소

가. 기소유예

나. 혐의없음

1) 범죄인정안됨

2) 증거불충분

다. 죄가안됨

라. 공소권없음

마. 각하

3. 기소중지

4. 참고인중지

5. 보완수사요구

6. 공소보류

7. 이송

8. 소년보호사건 송치

9. 가정보호사건 송치

10. 성매매보호사건 송치

11. 아동보호사건 송치

② 검사는 하나의 사건 중 피의자가 여러 사람이거나 피의사실이 여러 개인 경우로서 분리하여 결정할 필요가 있는 경우 그중 일부에 대해 제1항 각 호의 결정을 할 수 있다.

제53조(수사 결과의 통지) ① 검사 또는 사법경찰관은 제51조 또는 제52조에 따른 결정을 한 경우에는 그 내용을 고소인·고발인·피해자 또는 그 법정대리인(피해자가 사망한 경우에는 그 배우자·직계친족·형제자매를 포함한다. 이하 "고소인등"이라 한다)과 피의자에게 통지해야 한다. 다만, 제

51조제1항제4호가목에 따른 피의자중지 결정 또는 제52조제1항제3호에 따른 기소중지 결정을 한 경우에는 고소인등에게만 통지한다.

② 고소인등은 법 제245조의6에 따른 통지를 받지 못한 경우 사법경찰관에게 불송치 통지서로 통지해 줄 것을 요구할 수 있다.

③ 제1항에 따른 통지의 구체적인 방법·절차 등은 법무부장관, 경찰청장 또는 해양경찰청장이 정한다.

제54조(수사중지 결정에 대한 이의제기 등) ① 제53조에 따라 사법경찰관으로부터 제51조제1항제4호에 따른 수사중지 결정의 통지를 받은 사람은 해당 사법경찰관이 소속된 바로 위 상급경찰서의 장에게 이의를 제기할 수 있다.

② 제1항에 따른 이의제기의 절차·방법 및 처리 등에 관하여 필요한 사항은 경찰청장 또는 해양경찰청장이 정한다.

③ 제1항에 따른 통지를 받은 사람은 해당 수사중지 결정이 법령위반, 인권침해 또는 현저한 수사권 남용이라고 의심되는 경우 검사에게 법 제197조의3제1항에 따른 신고를 할 수 있다.

④ 사법경찰관은 제53조에 따라 고소인등에게 제51조제1항제4호에 따른 수사중지 결정의 통지를 할 때에는 제3항에 따라 신고할 수 있다는 사실을 함께 고지해야 한다.

제55조(소재수사에 관한 협력 등) ① 검사와 사법경찰관은 소재불명(所在不明)인 피의자나 참고인을 발견한 때에는 해당 사실을 통보하는 등 서로 협력해야 한다.

② 검사는 법 제245조의5제1호 또는 법 제245조의7제2항에 따라 송치된 사건의 피의자나 참고인의 소재 확인이 필요하다고 판단하는 경우 피의자나 참고인의 주소지 또는 거소지 등을 관할하는 경찰관서의 사법경찰관에게 소재수사를 요청할 수 있다. 이 경우 요청을 받은 사법경찰관은 이에 협력해야 한다.

③ 검사 또는 사법경찰관은 제51조제1항제4호 또는 제52조제1항제3호·제4호에 따라 수사중지 또는 기소중지·참고인중지된 사건의 피의자 또는 참고인을 발견하는 등 수사중지 결정 또는 기소중지·참고인중지 결정의 사유가 해소된 경우에는 즉시 수사를 진행해야 한다.

제56조(사건기록의 등본) ① 검사 또는 사법경찰관은 사건 관계 서류와 증거물을 분리하여 송부하

거나 반환할 필요가 있으나 해당 서류와 증거물의 분리가 불가능하거나 현저히 곤란한 경우에는 그 서류와 증거물을 등사하여 송부하거나 반환할 수 있다.

② 검사 또는 사법경찰관은 제45조제1항, 이 조 제1항 등에 따라 사건기록 등본을 송부받은 경우 이를 다른 목적으로 사용할 수 없으며, 다른 법령에 특별한 규정이 있는 경우를 제외하고는 그 사용 목적을 위한 기간이 경과한 때에 즉시 이를 반환하거나 폐기해야 한다.

제57조(송치사건 관련 자료 제공) 검사는 사법경찰관이 송치한 사건에 대해 검사의 공소장, 불기소결정서, 송치결정서 및 법원의 판결문을 제공할 것을 요청하는 경우 이를 사법경찰관에게 지체 없이 제공해야 한다.

제2절 사건송치와 보완수사요구

제58조(사법경찰관의 사건송치) ① 사법경찰관은 관계 법령에 따라 검사에게 사건을 송치할 때에는 송치의 이유와 범위를 적은 송치 결정서와 압수물 총목록, 기록목록, 범죄경력 조회 회보서, 수사경력 조회 회보서 등 관계 서류와 증거물을 함께 송부해야 한다.

② 사법경찰관은 피의자 또는 참고인에 대한 조사과정을 영상녹화한 경우에는 해당 영상녹화물을 봉인한 후 검사에게 사건을 송치할 때 봉인된 영상녹화물의 종류와 개수를 표시하여 사건기록과 함께 송부해야 한다.

③ 사법경찰관은 사건을 송치한 후에 새로운 증거물, 서류 및 그 밖의 자료를 추가로 송부할 때에는 이전에 송치한 사건명, 송치 연월일, 피의자의 성명과 추가로 송부하는 서류 및 증거물 등을 적은 추가송부서를 첨부해야 한다.

제59조(보완수사요구의 대상과 범위) ① 검사는 법 제245조의5제1호에 따라 사법경찰관으로부터 송치받은 사건에 대해 보완수사가 필요하다고 인정하는 경우에는 특별히 직접 보완수사를 할 필요가 있다고 인정되는 경우를 제외하고는 사법경찰관에게 보완수사를 요구하는 것을 원칙으로 한다.

② 검사는 법 제197조의2제1항제1호에 따라 사법경찰관에게 송치사건 및 관련사건(법 제11조에 따른 관련사건 및 법 제208조제2항에 따라 간주되는 동일한 범죄사실에 관한 사건을 말한다. 다만, 법 제11조제1호의 경우에는 수사기록에 명백히 현출(現出)되어 있는 사건으로 한정한다)에 대해 다음 각 호의 사항에 관한 보완수사를 요구할 수 있다.

1. 범인에 관한 사항

2. 증거 또는 범죄사실 증명에 관한 사항

3. 소송조건 또는 처벌조건에 관한 사항

4. 양형 자료에 관한 사항

5. 죄명 및 범죄사실의 구성에 관한 사항

6. 그 밖에 송치받은 사건의 공소제기 여부를 결정하는 데 필요하거나 공소유지와 관련해 필요한 사항

③ 검사는 사법경찰관이 신청한 영장(「통신비밀보호법」 제6조 및 제8조에 따른 통신제한조치허가서 및 같은 법 제13조에 따른 통신사실 확인자료 제공 요청 허가서를 포함한다. 이하 이 항에서 같다)의 청구 여부를 결정하기 위해 필요한 경우 법 제197조의2제1항제2호에 따라 사법경찰관에게 보완수사를 요구할 수 있다. 이 경우 보완수사를 요구할 수 있는 범위는 다음 각 호와 같다.

1. 범인에 관한 사항

2. 증거 또는 범죄사실 소명에 관한 사항

3. 소송조건 또는 처벌조건에 관한 사항

4. 해당 영장이 필요한 사유에 관한 사항

5. 죄명 및 범죄사실의 구성에 관한 사항

6. 법 제11조(법 제11조제1호의 경우는 수사기록에 명백히 현출되어 있는 사건으로 한정한다)와 관련된 사항

7. 그 밖에 사법경찰관이 신청한 영장의 청구 여부를 결정하기 위해 필요한 사항

제60조(보완수사요구의 방법과 절차) ① 검사는 법 제197조의2제1항에 따라 보완수사를 요구할 때에는 그 이유와 내용 등을 구체적으로 적은 서면과 관계 서류 및 증거물을 사법경찰관에게 함께

송부해야 한다. 다만, 보완수사 대상의 성질, 사안의 긴급성 등을 고려하여 관계 서류와 증거물을 송부할 필요가 없거나 송부하는 것이 적절하지 않다고 판단하는 경우에는 해당 관계 서류와 증거물을 송부하지 않을 수 있다.

② 보완수사를 요구받은 사법경찰관은 제1항 단서에 따라 송부받지 못한 관계 서류와 증거물이 보완수사를 위해 필요하다고 판단하면 해당 서류와 증거물을 대출하거나 그 전부 또는 일부를 등사할 수 있다.

③ 사법경찰관은 법 제197조의2제2항에 따라 보완수사를 이행한 경우에는 그 이행 결과를 검사에게 서면으로 통보해야 하며, 제1항 본문에 따라 관계 서류와 증거물을 송부받은 경우에는 그 서류와 증거물을 함께 반환해야 한다. 다만, 관계 서류와 증거물을 반환할 필요가 없는 경우에는 보완수사의 이행 결과만을 검사에게 통보할 수 있다.

④ 사법경찰관은 법 제197조의2제1항제1호에 따라 보완수사를 이행한 결과 법 제245조의5제1호에 해당하지 않는다고 판단한 경우에는 제51조제1항제3호에 따라 사건을 불송치하거나 같은 항 제4호에 따라 수사중지할 수 있다.

제61조(직무배제 또는 징계 요구의 방법과 절차) ① 검찰총장 또는 각급 검찰청 검사장은 법 제197조의2제3항에 따라 사법경찰관의 직무배제 또는 징계를 요구할 때에는 그 이유를 구체적으로 적은 서면에 이를 증명할 수 있는 관계 자료를 첨부하여 해당 사법경찰관이 소속된 경찰관서장에게 통보해야 한다.

② 제1항의 직무배제 요구를 통보받은 경찰관서장은 정당한 이유가 있는 경우를 제외하고는 그 요구를 받은 날부터 20일 이내에 해당 사법경찰관을 직무에서 배제해야 한다.

③ 경찰관서장은 제1항에 따른 요구의 처리 결과와 그 이유를 직무배제 또는 징계를 요구한 검찰총장 또는 각급 검찰청 검사장에게 통보해야 한다.

제3절 사건불송치와 재수사요청

제62조(사법경찰관의 사건불송치) ① 사법경찰관은 법 제245조의5제2호 및 이 영 제51조제1항제3호에 따라 불송치 결정을 하는 경우 불송치의 이유를 적은 불송치 결정서와 함께 압수물 총목록, 기록목록 등 관계 서류와 증거물을 검사에게 송부해야 한다.

② 제1항의 경우 영상녹화물의 송부 및 새로운 증거물 등의 추가 송부에 관하여는 제58조제2항 및

제3항을 준용한다.

제63조(재수사요청의 절차 등) ① 검사는 법 제245조의8에 따라 사법경찰관에게 재수사를 요청하려는 경우에는 법 제245조의5제2호에 따라 관계 서류와 증거물을 송부받은 날부터 90일 이내에 해야 한다. 다만, 다음 각 호의 어느 하나에 해당하는 경우에는 관계 서류와 증거물을 송부받은 날부터 90일이 지난 후에도 재수사를 요청할 수 있다.

1. 불송치 결정에 영향을 줄 수 있는 명백히 새로운 증거 또는 사실이 발견된 경우

2. 증거 등의 허위, 위조 또는 변조를 인정할 만한 상당한 정황이 있는 경우

② 검사는 제1항에 따라 재수사를 요청할 때에는 그 내용과 이유를 구체적으로 적은 서면으로 해야 한다. 이 경우 법 제245조의5제2호에 따라 송부받은 관계 서류와 증거물을 사법경찰관에게 반환해야 한다.

③ 검사는 법 제245조의8에 따라 재수사를 요청한 경우 그 사실을 고소인등에게 통지해야 한다.

제64조(재수사 결과의 처리) ① 사법경찰관은 법 제245조의8제2항에 따라 재수사를 한 경우 다음 각 호의 구분에 따라 처리한다.

1. 범죄의 혐의가 있다고 인정되는 경우: 법 제245조의5제1호에 따라 검사에게 사건을 송치하고 관계 서류와 증거물을 송부

2. 기존의 불송치 결정을 유지하는 경우: 재수사 결과서에 그 내용과 이유를 구체적으로 적어 검사에게 통보

② 검사는 사법경찰관이 제1항제2호에 따라 재수사 결과를 통보한 사건에 대해서 다시 재수사를 요청을 하거나 송치 요구를 할 수 없다. 다만, 사법경찰관의 재수사에도 불구하고 관련 법리에 위반되거나 송부받은 관계 서류 및 증거물과 재수사결과만으로도 공소제기를 할 수 있을 정도로 명백히 채증법칙에 위반되거나 공소시효 또는 형사소추의 요건을 판단하는 데 오류가 있어 사건을 송치하지 않은 위법 또는 부당이 시정되지 않은 경우에는 재수사 결과를 통보받은 날부터 30일 이내에 법 제197조의3에 따라 사건송치를 요구할 수 있다.

제65조(재수사 중의 이의신청) 사법경찰관은 법 제245조의8제2항에 따라 재수사 중인 사건에 대해 법 제245조의7제1항에 따른 이의신청이 있는 경우에는 재수사를 중단해야 하며, 같은 조 제2항

에 따라 해당 사건을 지체 없이 검사에게 송치하고 관계 서류와 증거물을 송부해야 한다.

제5장 보칙

제66조(재정신청 접수에 따른 절차) ① 사법경찰관이 수사 중인 사건이 법 제260조제2항제3호에 해당하여 같은 조 제3항에 따라 지방검찰청 검사장 또는 지청장에게 재정신청서가 제출된 경우 해당 지방검찰청 또는 지청 소속 검사는 즉시 사법경찰관에게 그 사실을 통보해야 한다.

② 사법경찰관은 제1항의 통보를 받으면 즉시 검사에게 해당 사건을 송치하고 관계 서류와 증거물을 송부해야 한다.

③ 검사는 제1항에 따른 재정신청에 대해 법원이 법 제262조제2항제1호에 따라 기각하는 결정을 한 경우에는 해당 결정서를 사법경찰관에게 송부해야 한다. 이 경우 제2항에 따라 송치받은 사건을 사법경찰관에게 이송해야 한다.

제67조(형사사법정보시스템의 이용) 검사 또는 사법경찰관은 「형사사법절차 전자화 촉진법」 제2조제1호에 따른 형사사법업무와 관련된 문서를 작성할 때에는 형사사법정보시스템을 이용해야 하며, 그에 따라 작성한 문서는 형사사법정보시스템에 저장·보관해야 한다. 다만, 다음 각 호의 어느 하나에 해당하는 문서로서 형사사법정보시스템을 이용하는 것이 곤란한 경우는 그렇지 않다.

1. 피의자나 사건관계인이 직접 작성한 문서

2. 형사사법정보시스템에 작성 기능이 구현되어 있지 않은 문서

3. 형사사법정보시스템을 이용할 수 없는 시간 또는 장소에서 불가피하게 작성해야 하거나 형사사법정보시스템의 장애 또는 전산망 오류 등으로 형사사법정보시스템을 이용할 수 없는 상황에서 불가피하게 작성해야 하는 문서

제68조(사건 통지 시 주의사항 등) 검사 또는 사법경찰관은 제12조에 따라 수사 진행상황을 통지하거나 제53조에 따라 수사 결과를 통지할 때에는 해당 사건의 피의자 또는 사건관계인의 명예나 권리 등이 부당하게 침해되지 않도록 주의해야 한다.

제69조(수사서류 등의 열람·복사) ① 피의자, 사건관계인 또는 그 변호인은 검사 또는 사법경찰관이 수사 중인 사건에 관한 본인의 진술이 기재된 부분 및 본인이 제출한 서류의 전부 또는 일부에 대해 열람·복사를 신청할 수 있다.

② 피의자, 사건관계인 또는 그 변호인은 검사가 불기소 결정을 하거나 사법경찰관이 불송치 결정을 한 사건에 관한 기록의 전부 또는 일부에 대해 열람·복사를 신청할 수 있다.

③ 피의자 또는 그 변호인은 필요한 사유를 소명하고 고소장, 고발장, 이의신청서, 항고장, 재항고장 (이하 "고소장등"이라 한다)의 열람·복사를 신청할 수 있다. 이 경우 열람·복사의 범위는 피의자에 대한 혐의사실 부분으로 한정하고, 그 밖에 사건관계인에 관한 사실이나 개인정보, 증거방법 또는 고소장등에 첨부된 서류 등은 제외한다.

④ 체포·구속된 피의자 또는 그 변호인은 현행범인체포서, 긴급체포서, 체포영장, 구속영장의 열람·복사를 신청할 수 있다.

⑤ 피의자 또는 사건관계인의 법정대리인, 배우자, 직계친족, 형제자매로서 피의자 또는 사건관계인의 위임장 및 신분관계를 증명하는 문서를 제출한 사람도 제1항부터 제4항까지의 규정에 따라 열람·복사를 신청할 수 있다.

⑥ 검사 또는 사법경찰관은 제1항부터 제5항까지의 규정에 따른 신청을 받은 경우에는 해당 서류의 공개로 사건관계인의 개인정보나 영업비밀이 침해될 우려가 있거나 범인의 증거인멸·도주를 용이하게 할 우려가 있는 경우 등 정당한 사유가 있는 경우를 제외하고는 열람·복사를 허용해야 한다.

제70조(영의 해석 및 개정) ① 이 영을 해석하거나 개정하는 경우에는 법무부장관은 행정안전부장관과 협의하여 결정해야 한다.

② 제1항에 따른 해석 및 개정에 관한 법무부장관의 자문에 응하기 위해 법무부에 외부전문가로 구성된 자문위원회를 둔다.

제71조(민감정보 및 고유식별정보 등의 처리) 검사 또는 사법경찰관리는 범죄 수사 업무를 수행하기 위해 불가피한 경우 「개인정보 보호법」 제23조에 따른 민감정보, 같은 법 시행령 제19조에 따른 주민등록번호, 여권번호, 운전면허의 면허번호 또는 외국인등록번호나 그 밖의 개인정보가 포함된 자료를 처리할 수 있다.

<<검찰청법>>

제4조(검사의 직무) ① 검사는 공익의 대표자로서 다음 각 호의 직무와 권한이 있다.

1. 범죄수사, 공소의 제기 및 그 유지에 필요한 사항. 다만, 검사가 수사를 개시할 수 있는 범죄의 범위는 다음 각 목과 같다.

가. 부패범죄, 경제범죄 등 대통령령으로 정하는 중요 범죄

나. 경찰공무원(다른 법률에 따라 사법경찰관리의 직무를 행하는 자를 포함한다) 및 고위공직자범죄수사처 소속 공무원(「고위공직자범죄수사처 설치 및 운영에 관한 법률」에 따른 파견공무원을 포함한다)이 범한 범죄

다. 가목·나목의 범죄 및 사법경찰관이 송치한 범죄와 관련하여 인지한 각 해당 범죄와 직접 관련성이 있는 범죄

2. 범죄수사에 관한 특별사법경찰관리 지휘·감독

3. 법원에 대한 법령의 정당한 적용 청구

4. 재판 집행 지휘·감독

5. 국가를 당사자 또는 참가인으로 하는 소송과 행정소송 수행 또는 그 수행에 관한 지휘·감독

6. 다른 법령에 따라 그 권한에 속하는 사항

② 검사는 자신이 수사개시한 범죄에 대하여는 공소를 제기할 수 없다. 다만, 사법경찰관이 송치한 범죄에 대하여는 그러하지 아니하다. <신설 2022. 5. 9.>

③ 검사는 그 직무를 수행할 때 국민 전체에 대한 봉사자로서 헌법과 법률에 따라 국민의 인권을 보호하고 적법절차를 준수하며, 정치적 중립을 지켜야 하고 주어진 권한을 남용하여서는 아니 된다.

<<통신비밀보호법>>

제1조(목적) 이 법은 통신 및 대화의 비밀과 자유에 대한 제한은 그 대상을 한정하고 엄격한 법적 절차를 거치도록 함으로써 통신비밀을 보호하고 통신의 자유를 신장함을 목적으로 한다.

제2조(정의) 이 법에서 사용하는 용어의 정의는 다음과 같다. <개정 2001. 12. 29., 2004. 1. 29., 2005. 1. 27.>

1. "통신"이라 함은 우편물 및 전기통신을 말한다.

2. "우편물"이라 함은 우편법에 의한 통상우편물과 소포우편물을 말한다.

3. "전기통신"이라 함은 전화·전자우편·회원제정보서비스·모사전송·무선호출 등과 같이 유선·무선·광선 및 기타의 전자적 방식에 의하여 모든 종류의 음향·문언·부호 또는 영상을 송신하거나 수신하는 것을 말한다.

4. "당사자"라 함은 우편물의 발송인과 수취인, 전기통신의 송신인과 수신인을 말한다.

5. "내국인"이라 함은 대한민국의 통치권이 사실상 행사되고 있는 지역에 주소 또는 거소를 두고 있는 대한민국 국민을 말한다.

6. "검열"이라 함은 우편물에 대하여 당사자의 동의없이 이를 개봉하거나 기타의 방법으로 그 내용을 지득 또는 채록하거나 유치하는 것을 말한다.

7. "감청"이라 함은 전기통신에 대하여 당사자의 동의없이 전자장치·기계장치등을 사용하여 통신의 음향·문언·부호·영상을 청취·공독하여 그 내용을 지득 또는 채록하거나 전기통신의 송·수신을 방해하는 것을 말한다.

8. "감청설비"라 함은 대화 또는 전기통신의 감청에 사용될 수 있는 전자장치·기계장치 기타 설비를 말한다. 다만, 전기통신 기기·기구 또는 그 부품으로서 일반적으로 사용되는 것 및 청각교정을 위한 보청기 또는 이와 유사한 용도로 일반적으로 사용되는 것중에서, 대통령령이 정하는 것은 제외한다.

8의2. "불법감청설비탐지"라 함은 이 법의 규정에 의하지 아니하고 행하는 감청 또는 대화의 청취에 사용되는 설비를 탐지하는 것을 말한다.

9. "전자우편"이라 함은 컴퓨터 통신망을 통해서 메시지를 전송하는 것 또는 전송된 메시지를 말한다.

10. "회원제정보서비스"라 함은 특정의 회원이나 계약자에게 제공하는 정보서비스 또는 그와 같은 네트워크의 방식을 말한다.

11. "통신사실확인자료"라 함은 다음 각목의 어느 하나에 해당하는 전기통신사실에 관한 자료를 말한다.

가. 가입자의 전기통신일시

나. 전기통신개시·종료시간

다. 발·착신 통신번호 등 상대방의 가입자번호

라. 사용도수

마. 컴퓨터통신 또는 인터넷의 사용자가 전기통신역무를 이용한 사실에 관한 컴퓨터통신 또는 인터넷의 로그기록자료

바. 정보통신망에 접속된 정보통신기기의 위치를 확인할 수 있는 발신기지국의 위치추적자료

사. 컴퓨터통신 또는 인터넷의 사용자가 정보통신망에 접속하기 위하여 사용하는 정보통신기기의 위치를 확인할 수 있는 접속지의 추적자료

12. "단말기기 고유번호"라 함은 이동통신사업자와 이용계약이 체결된 개인의 이동전화 단말기기에 부여된 전자적 고유번호를 말한다.

제3조(통신 및 대화비밀의 보호) ①누구든지 이 법과 형사소송법 또는 군사법원법의 규정에 의하지 아니하고는 우편물의 검열·전기통신의 감청 또는 통신사실확인자료의 제공을 하거나 공개되지 아니한 타인간의 대화를 녹음 또는 청취하지 못한다. 다만, 다음 각호의 경우에는 당해 법률이 정하는 바에 의한다. <개정 2000. 12. 29., 2001. 12. 29., 2004. 1. 29., 2005. 3. 31., 2007. 12. 21., 2009. 11. 2.>

1. 환부우편물등의 처리 : 우편법 제28조·제32조·제35조·제36조등의 규정에 의하여 폭발물등 우편금제품이 들어 있다고 의심되는 소포우편물(이와 유사한 郵便物을 포함한다)을 개피하는 경우, 수취인에게 배달할 수 없거나 수취인이 수령을 거부한 우편물을 발송인에게 환부하는 경우, 발송인의 주소·성명이 누락된 우편물로서 수취인이 수취를 거부하여 환부하는 때에 그 주소·성명을 알기 위하여 개피하는 경우 또는 유가물이 든 환부불능우편물을 처리하는 경우

2. 수출입우편물에 대한 검사 : 관세법 제256조·제257조 등의 규정에 의한 신서외의 우편물에 대한 통관검사절차

3. 구속 또는 복역중인 사람에 대한 통신 : 형사소송법 제91조, 군사법원법 제131조, 「형의 집행 및 수용자의 처우에 관한 법률」 제41조·제43조·제44조 및 「군에서의 형의 집행 및 군수용자의 처우에 관한 법률」 제42조·제44조 및 제45조에 따른 구속 또는 복역중인 사람에 대한 통신의 관리

4. 파산선고를 받은 자에 대한 통신 : 「채무자 회생 및 파산에 관한 법률」 제484조의 규정에 의하여 파산선고를 받은 자에게 보내온 통신을 파산관재인이 수령하는 경우

5. 혼신제거등을 위한 전파감시 : 전파법 제49조 내지 제51조의 규정에 의한 혼신제거등 전파질서유지를 위한 전파감시의 경우

②우편물의 검열 또는 전기통신의 감청(이하 "통신제한조치"라 한다)은 범죄수사 또는 국가안전보장을 위하여 보충적인 수단으로 이용되어야 하며, 국민의 통신비밀에 대한 침해가 최소한에 그치도록 노력하여야 한다. <신설 2001. 12. 29.>

③누구든지 단말기기 고유번호를 제공하거나 제공받아서는 아니된다. 다만, 이동전화단말기 제조업체 또는 이동통신사업자가 단말기의 개통처리 및 수리 등 정당한 업무의 이행을 위하여 제공하거나 제공받는 경우에는 그러하지 아니하다. <신설 2004. 1. 29.>

제4조(불법검열에 의한 우편물의 내용과 불법감청에 의한 전기통신내용의 증거사용 금지) 제3조의 규정에 위반하여, 불법검열에 의하여 취득한 우편물이나 그 내용 및 불법감청에 의하여 지득 또는 채록된 전기통신의 내용은 재판 또는 징계절차에서 증거로 사용할 수 없다.

제5조(범죄수사를 위한 통신제한조치의 허가요건) ①통신제한조치는 다음 각호의 범죄를 계획 또는 실행하고 있거나 실행하였다고 의심할만한 충분한 이유가 있고 다른 방법으로는 그 범죄의 실행을 저지하거나 범인의 체포 또는 증거의 수집이 어려운 경우에 한하여 허가할 수 있다. <개정 1997. 12. 13., 2000. 1. 12., 2001. 12. 29., 2007. 12. 21., 2013. 4. 5., 2015. 1. 6., 2016. 1. 6., 2019. 12. 31.>

1. 형법 제2편중 제1장 내란의 죄, 제2장 외환의 죄중 제92조 내지 제101조의 죄, 제4장 국교에 관한 죄중 제107조, 제108조, 제111조 내지 제113조의 죄, 제5장 공안을 해하는 죄중 제114조, 제115조의 죄, 제6장 폭발물에 관한 죄, 제7장 공무원의 직무에 관한 죄중 제127, 제129조 내지 제133조의 죄, 제9장 도주와 범인은닉의 죄, 제13장 방화와 실화의 죄중 제164조 내지 제167조·제172조 내지 제173조·제174조 및 제175조의 죄, 제17장 아편에 관한 죄, 제18장 통화에 관한 죄, 제19장 유가증권, 우표와 인지에 관한 죄중 제214조 내지 제217조, 제223조(제214조 내지 제217조의 미수범에 한한다) 및 제224조(제214조 및 제215조의 예비·음모에 한한다), 제24장 살인의 죄, 제29장 체포와 감금의 죄, 제30장 협박의 죄중 제283조제1항, 제284조, 제285조(제283조제1항, 제284조의 상습범에 한한다), 제286조[제283조제1항, 제284조, 제285조(제283조제1항, 제284조의 상습범에 한한다)의 미수범에 한한다]의 죄, 제31장 약취(略取), 유인(誘引) 및 인신매매의 죄, 제32장 강간과 추행의 죄중 제297조 내지 제301조의2, 제305조의 죄, 제34장 신용, 업무와 경매에 관한 죄중 제315조의 죄, 제37장 권리행사를 방해하는 죄중 제324조의2 내지 제324조의4·제324조의5(제324조의2 내지 제324조의4의 미수범에 한한다)의 죄, 제38장 절도와 강도의 죄중 제329조 내지 제331조, 제332조(제329조 내지 제331조의 상습범에 한한다), 제333조 내지 제341조, 제342조[제329조 내지 제331조, 제332조(제329조 내지 제331조의 상습범에 한한다), 제333조 내지 제341조의 미수범에 한한다]의 죄, 제39장 사기와 공갈의 죄 중 제350조, 제350조의2, 제351조(제350조, 제350조의2의 상습범에 한정한다), 제352조(제350조, 제350조의2의 미수범에 한정한다)의 죄, 제41장 장물에 관한 죄 중 제363조의 죄

2. 군형법 제2편중 제1장 반란의 죄, 제2장 이적의 죄, 제3장 지휘권 남용의 죄, 제4장 지휘관의 항복과 도피의 죄, 제5장 수소이탈의 죄, 제7장 군무태만의 죄중 제42조의 죄, 제8장 항명의 죄, 제9장 폭행·협박·상해와 살인의 죄, 제11장 군용물에 관한 죄, 제12장 위령의 죄중 제78조·제80조·제81조의 죄

3. 국가보안법에 규정된 범죄

4. 군사기밀보호법에 규정된 범죄

5. 「군사기지 및 군사시설 보호법」에 규정된 범죄

6. 마약류관리에관한법률에 규정된 범죄중 제58조 내지 제62조의 죄

7. 폭력행위등처벌에관한법률에 규정된 범죄중 제4조 및 제5조의 죄

8. 「총포·도검·화약류 등의 안전관리에 관한 법률」에 규정된 범죄중 제70조 및 제71조제1호 내

지 제3호의 죄

9. 「특정범죄 가중처벌 등에 관한 법률」에 규정된 범죄중 제2조 내지 제8조, 제11조, 제12조의 죄

10. 특정경제범죄가중처벌등에관한법률에 규정된 범죄중 제3조 내지 제9조의 죄

11. 제1호와 제2호의 죄에 대한 가중처벌을 규정하는 법률에 위반하는 범죄

12. 「국제상거래에 있어서 외국공무원에 대한 뇌물방지법」에 규정된 범죄 중 제3조 및 제4조의 죄

②통신제한조치는 제1항의 요건에 해당하는 자가 발송·수취하거나 송·수신하는 특정한 우편물이나 전기통신 또는 그 해당자가 일정한 기간에 걸쳐 발송·수취하거나 송·수신하는 우편물이나 전기통신을 대상으로 허가될 수 있다.

[2020. 3. 24., 법률 제17090호에 의하여 2018. 8. 30. 헌법재판소의 헌법불합치 결정과 관련하여 제12조의2를 신설함.]

제6조(범죄수사를 위한 통신제한조치의 허가절차) ①검사(군검사를 포함한다. 이하 같다)는 제5조제1항의 요건이 구비된 경우에는 법원(軍事法院을 포함한다. 이하 같다)에 대하여 각 피의자별 또는 각 피내사자별로 통신제한조치를 허가하여 줄 것을 청구할 수 있다. <개정 2001. 12. 29., 2016. 1. 6.>

②사법경찰관(軍司法警察官을 포함한다. 이하 같다)은 제5조제1항의 요건이 구비된 경우에는 검사에 대하여 각 피의자별 또는 각 피내사자별로 통신제한조치에 대한 허가를 신청하고, 검사는 법원에 대하여 그 허가를 청구할 수 있다. <개정 2001. 12. 29.>

③제1항 및 제2항의 통신제한조치 청구사건의 관할법원은 그 통신제한조치를 받을 통신당사자의 쌍방 또는 일방의 주소지·소재지, 범죄지 또는 통신당사자와 공범관계에 있는 자의 주소지·소재지를 관할하는 지방법원 또는 지원(군사법원을 포함한다)으로 한다. <개정 2001. 12. 29., 2021. 9. 24.>

④제1항 및 제2항의 통신제한조치청구는 필요한 통신제한조치의 종류·그 목적·대상·범위·기간·집행장소·방법 및 당해 통신제한조치가 제5조제1항의 허가요건을 충족하는 사유등의 청구이유를 기재한 서면(이하 "請求書"라 한다)으로 하여야 하며, 청구이유에 대한 소명자료를 첨부하여야 한다. 이 경우 동일한 범죄사실에 대하여 그 피의자 또는 피내사자에 대하여 통신제한조치의 허가를 청구하였거나 허가받은 사실이 있는 때에는 다시 통신제한조치를 청구하는 취지 및 이유를 기재하여야

한다. <개정 2001. 12. 29.>

⑤법원은 청구가 이유 있다고 인정하는 경우에는 각 피의자별 또는 각 피내사자별로 통신제한조치를 허가하고, 이를 증명하는 서류(이하 "허가서"라 한다)를 청구인에게 발부한다. <개정 2001. 12. 29.>

⑥제5항의 허가서에는 통신제한조치의 종류・그 목적・대상・범위・기간 및 집행장소와 방법을 특정하여 기재하여야 한다. <개정 2001. 12. 29.>

⑦통신제한조치의 기간은 2개월을 초과하지 못하고, 그 기간 중 통신제한조치의 목적이 달성되었을 경우에는 즉시 종료하여야 한다. 다만, 제5조제1항의 허가요건이 존속하는 경우에는 소명자료를 첨부하여 제1항 또는 제2항에 따라 2개월의 범위에서 통신제한조치기간의 연장을 청구할 수 있다. <개정 2001. 12. 29., 2019. 12. 31.>

⑧ 검사 또는 사법경찰관이 제7항 단서에 따라 통신제한조치의 연장을 청구하는 경우에 통신제한조치의 총 연장기간은 1년을 초과할 수 없다. 다만, 다음 각 호의 어느 하나에 해당하는 범죄의 경우에는 통신제한조치의 총 연장기간이 3년을 초과할 수 없다. <신설 2019. 12. 31.>

1. 「형법」 제2편 중 제1장 내란의 죄, 제2장 외환의 죄 중 제92조부터 제101조까지의 죄, 제4장 국교에 관한 죄 중 제107조, 제108조, 제111조부터 제113조까지의 죄, 제5장 공안을 해하는 죄 중 제114조, 제115조의 죄 및 제6장 폭발물에 관한 죄

2. 「군형법」 제2편 중 제1장 반란의 죄, 제2장 이적의 죄, 제11장 군용물에 관한 죄 및 제12장 위령의 죄 중 제78조・제80조・제81조의 죄

3. 「국가보안법」에 규정된 죄

4. 「군사기밀보호법」에 규정된 죄

5. 「군사기지 및 군사시설보호법」에 규정된 죄

⑨ 법원은 제1항・제2항 및 제7항 단서에 따른 청구가 이유없다고 인정하는 경우에는 청구를 기각하고 이를 청구인에게 통지한다. <개정 2019. 12. 31.>

[제목개정 2019. 12. 31.]

[2019. 12. 31. 법률 제16849호에 의하여 2010. 12. 28. 헌법재판소에서 헌법불합치 결정된 이 조 제7항을 개정함.]

제7조(국가안보를 위한 통신제한조치) ①대통령령이 정하는 정보수사기관의 장(이하 "情報搜査機關의 長"이라 한다)은 국가안전보장에 상당한 위험이 예상되는 경우 또는 「국민보호와 공공안전을 위한 테러방지법」 제2조제6호의 대테러활동에 필요한 경우에 한하여 그 위해를 방지하기 위하여 이에 관한 정보수집이 특히 필요한 때에는 다음 각호의 구분에 따라 통신제한조치를 할 수 있다. <개정 2001. 12. 29., 2016. 3. 3., 2020. 3. 24.>

1. 통신의 일방 또는 쌍방당사자가 내국인인 때에는 고등법원 수석판사의 허가를 받아야 한다. 다만, 군용전기통신법 제2조의 규정에 의한 군용전기통신(작전수행을 위한 전기통신에 한한다)에 대하여는 그러하지 아니하다.

2. 대한민국에 적대하는 국가, 반국가활동의 혐의가 있는 외국의 기관·단체와 외국인, 대한민국의 통치권이 사실상 미치지 아니하는 한반도내의 집단이나 외국에 소재하는 그 산하단체의 구성원의 통신인 때 및 제1항제1호 단서의 경우에는 서면으로 대통령의 승인을 얻어야 한다.

②제1항의 규정에 의한 통신제한조치의 기간은 4월을 초과하지 못하고, 그 기간중 통신제한조치의 목적이 달성되었을 경우에는 즉시 종료하여야 하되, 제1항의 요건이 존속하는 경우에는 소명자료를 첨부하여 고등법원 수석판사의 허가 또는 대통령의 승인을 얻어 4월의 범위 이내에서 통신제한조치의 기간을 연장할 수 있다. 다만, 제1항제1호 단서의 규정에 의한 통신제한조치는 전시·사변 또는 이에 준하는 국가비상사태에 있어서 적과 교전상태에 있는 때에는 작전이 종료될 때까지 대통령의 승인을 얻지 아니하고 기간을 연장할 수 있다. <개정 2001. 12. 29., 2020. 3. 24.>

③ 제1항제1호에 따른 허가에 관하여는 제6조제2항, 제4항부터 제6항까지 및 제9항을 준용한다. 이 경우 "사법경찰관(군사법경찰관을 포함한다. 이하 같다)"은 "정보수사기관의 장"으로, "법원"은 "고등법원 수석판사"로, "제5조제1항"은 "제7조제1항제1호 본문"으로, 제6조제2항 및 제5항 중 "각 피의자별 또는 각 피내사자별로 통신제한조치"는 각각 "통신제한조치"로 본다. <개정 2019. 12. 31., 2020. 3. 24.>

④제1항제2호의 규정에 의한 대통령의 승인에 관한 절차등 필요한 사항은 대통령령으로 정한다.

[제목개정 2019. 12. 31.]

제8조(긴급통신제한조치) ①검사, 사법경찰관 또는 정보수사기관의 장은 국가안보를 위협하는 음모행위, 직접적인 사망이나 심각한 상해의 위험을 야기할 수 있는 범죄 또는 조직범죄등 중대한 범죄

의 계획이나 실행 등 긴박한 상황에 있고 제5조제1항 또는 제7조제1항제1호의 규정에 의한 요건을 구비한 자에 대하여 제6조 또는 제7조제1항 및 제3항의 규정에 의한 절차를 거칠 수 없는 긴급한 사유가 있는 때에는 법원의 허가없이 통신제한조치를 할 수 있다.

② 검사, 사법경찰관 또는 정보수사기관의 장은 제1항에 따른 통신제한조치(이하 "긴급통신제한조치"라 한다)의 집행에 착수한 후 지체 없이 제6조(제7조제3항에서 준용하는 경우를 포함한다)에 따라 법원에 허가청구를 하여야 한다. <개정 2022. 12. 27.>

③ 사법경찰관이 긴급통신제한조치를 할 경우에는 미리 검사의 지휘를 받아야 한다. 다만, 특히 급속을 요하여 미리 지휘를 받을 수 없는 사유가 있는 경우에는 긴급통신제한조치의 집행착수후 지체없이 검사의 승인을 얻어야 한다.

④ 검사, 사법경찰관 또는 정보수사기관의 장이 긴급통신제한조치를 하고자 하는 경우에는 반드시 긴급검열서 또는 긴급감청서(이하 "긴급감청서등"이라 한다)에 의하여야 하며 소속기관에 긴급통신제한조치대장을 비치하여야 한다.

⑤ 검사, 사법경찰관 또는 정보수사기관의 장은 긴급통신제한조치의 집행에 착수한 때부터 36시간 이내에 법원의 허가를 받지 못한 경우에는 해당 조치를 즉시 중지하고 해당 조치로 취득한 자료를 폐기하여야 한다. <개정 2022. 12. 27.>

⑥ 검사, 사법경찰관 또는 정보수사기관의 장은 제5항에 따라 긴급통신제한조치로 취득한 자료를 폐기한 경우 폐기이유·폐기범위·폐기일시 등을 기재한 자료폐기결과보고서를 작성하여 폐기일부터 7일 이내에 제2항에 따라 허가청구를 한 법원에 송부하고, 그 부본(副本)을 피의자의 수사기록 또는 피내사자의 내사사건기록에 첨부하여야 한다. <개정 2022. 12. 27.>

⑦ 삭제 <2022. 12. 27.>

⑧ 정보수사기관의 장은 국가안보를 위협하는 음모행위, 직접적인 사망이나 심각한 상해의 위험을 야기할 수 있는 범죄 또는 조직범죄등 중대한 범죄의 계획이나 실행 등 긴박한 상황에 있고 제7조제1항제2호에 해당하는 자에 대하여 대통령의 승인을 얻을 시간적 여유가 없거나 통신제한조치를 긴급히 실시하지 아니하면 국가안전보장에 대한 위해를 초래할 수 있다고 판단되는 때에는 소속 장관(국가정보원장을 포함한다)의 승인을 얻어 통신제한조치를 할 수 있다.

⑨ 정보수사기관의 장은 제8항에 따른 통신제한조치의 집행에 착수한 후 지체 없이 제7조에 따라 대통령의 승인을 얻어야 한다. <개정 2022. 12. 27.>

⑩ 정보수사기관의 장은 제8항에 따른 통신제한조치의 집행에 착수한 때부터 36시간 이내에 대통령의 승인을 얻지 못한 경우에는 해당 조치를 즉시 중지하고 해당 조치로 취득한 자료를 폐기하여야 한다. <신설 2022. 12. 27.>

[전문개정 2001. 12. 29.]

제9조(통신제한조치의 집행) ①제6조 내지 제8조의 통신제한조치는 이를 청구 또는 신청한 검사·사법경찰관 또는 정보수사기관의 장이 집행한다. 이 경우 체신관서 기타 관련기관등(이하 "통신기관등"이라 한다)에 그 집행을 위탁하거나 집행에 관한 협조를 요청할 수 있다. <개정 2001. 12. 29.>

②통신제한조치의 집행을 위탁하거나 집행에 관한 협조를 요청하는 자는 통신기관등에 통신제한조치허가서(제7조제1항제2호의 경우에는 대통령의 승인서를 말한다. 이하 이 조, 제16조제2항제1호 및 제17조제1항제1호·제3호에서 같다) 또는 긴급감청서등의 표지의 사본을 교부하여야 하며, 이를 위탁받거나 이에 관한 협조요청을 받은 자는 통신제한조치허가서 또는 긴급감청서등의 표지 사본을 대통령령이 정하는 기간동안 보존하여야 한다. <개정 2001. 12. 29.>

③통신제한조치를 집행하는 자와 이를 위탁받거나 이에 관한 협조요청을 받은 자는 당해 통신제한조치를 청구한 목적과 그 집행 또는 협조일시 및 대상을 기재한 대장을 대통령령이 정하는 기간동안 비치하여야 한다. <신설 2001. 12. 29.>

④통신기관등은 통신제한조치허가서 또는 긴급감청서등에 기재된 통신제한조치 대상자의 전화번호 등이 사실과 일치하지 않을 경우에는 그 집행을 거부할 수 있으며, 어떠한 경우에도 전기통신에 사용되는 비밀번호를 누설할 수 없다. <신설 2001. 12. 29.>

제9조의2(통신제한조치의 집행에 관한 통지) ①검사는 제6조제1항 및 제8조제1항에 따라 통신제한조치를 집행한 사건에 관하여 공소를 제기하거나, 공소의 제기 또는 입건을 하지 아니하는 처분(기소중지결정, 참고인중지결정을 제외한다)을 한 때에는 그 처분을 한 날부터 30일 이내에 우편물 검열의 경우에는 그 대상자에게, 감청의 경우에는 그 대상이 된 전기통신의 가입자에게 통신제한조치를 집행한 사실과 집행기관 및 그 기간 등을 서면으로 통지하여야 한다. 다만, 고위공직자범죄수사처(이하 "수사처"라 한다)검사는 「고위공직자범죄수사처 설치 및 운영에 관한 법률」 제26조제1항에 따라 서울중앙지방검찰청 소속 검사에게 관계 서류와 증거물을 송부한 사건에 관하여 이를 처리하는 검사로부터 공소를 제기하거나 제기하지 아니하는 처분(기소중지결정, 참고인중지결정은 제외한다)의 통보를 받은 경우에도 그 통보를 받은 날부터 30일 이내에 서면으로 통지하여야 한다. <개정 2021. 1. 5.>

② 사법경찰관은 제6조제1항 및 제8조제1항에 따라 통신제한조치를 집행한 사건에 관하여 검사로부

터 공소를 제기하거나 제기하지 아니하는 처분(기소중지 또는 참고인중지 결정은 제외한다)의 통보를 받거나 검찰송치를 하지 아니하는 처분(수사중지 결정은 제외한다) 또는 내사사건에 관하여 입건하지 아니하는 처분을 한 때에는 그 날부터 30일 이내에 우편물 검열의 경우에는 그 대상자에게, 감청의 경우에는 그 대상이 된 전기통신의 가입자에게 통신제한조치를 집행한 사실과 집행기관 및 그 기간 등을 서면으로 통지하여야 한다. <개정 2021. 3. 16.>

③정보수사기관의 장은 제7조제1항제1호 본문 및 제8조제1항의 규정에 의한 통신제한조치를 종료한 날부터 30일 이내에 우편물 검열의 경우에는 그 대상자에게, 감청의 경우에는 그 대상이 된 전기통신의 가입자에게 통신제한조치를 집행한 사실과 집행기관 및 그 기간 등을 서면으로 통지하여야 한다.

④제1항 내지 제3항의 규정에 불구하고 다음 각호의 1에 해당하는 사유가 있는 때에는 그 사유가 해소될 때까지 통지를 유예할 수 있다.

1. 통신제한조치를 통지할 경우 국가의 안전보장·공공의 안녕질서를 위태롭게 할 현저한 우려가 있는 때

2. 통신제한조치를 통지할 경우 사람의 생명·신체에 중대한 위험을 초래할 염려가 현저한 때

⑤검사 또는 사법경찰관은 제4항에 따라 통지를 유예하려는 경우에는 소명자료를 첨부하여 미리 관할지방검찰청검사장의 승인을 받아야 한다. 다만, 수사처검사가 제4항에 따라 통지를 유예하려는 경우에는 소명자료를 첨부하여 미리 수사처장의 승인을 받아야 하고, 군검사 및 군사법경찰관이 제4항에 따라 통지를 유예하려는 경우에는 소명자료를 첨부하여 미리 관할 보통검찰부장의 승인을 받아야 한다. <개정 2016. 1. 6., 2021. 1. 5.>

⑥검사, 사법경찰관 또는 정보수사기관의 장은 제4항 각호의 사유가 해소된 때에는 그 사유가 해소된 날부터 30일 이내에 제1항 내지 제3항의 규정에 의한 통지를 하여야 한다.

[본조신설 2001. 12. 29.]

제9조의3(압수·수색·검증의 집행에 관한 통지) ① 검사는 송·수신이 완료된 전기통신에 대하여 압수·수색·검증을 집행한 경우 그 사건에 관하여 공소를 제기하거나 공소의 제기 또는 입건을 하지 아니하는 처분(기소중지결정, 참고인중지결정을 제외한다)을 한 때에는 그 처분을 한 날부터 30일 이내에 수사대상이 된 가입자에게 압수·수색·검증을 집행한 사실을 서면으로 통지하여야 한다. 다만, 수사처검사는 「고위공직자범죄수사처 설치 및 운영에 관한 법률」 제26조제1항에 따라 서울중앙지방검찰청 소속 검사에게 관계 서류와 증거물을 송부한 사건에 관하여 이를 처리하는 검사로부

터 공소를 제기하거나 제기하지 아니하는 처분(기소중지결정, 참고인중지결정은 제외한다)의 통보를 받은 경우에도 그 통보를 받은 날부터 30일 이내에 서면으로 통지하여야 한다. <개정 2021. 1. 5.>

② 사법경찰관은 송·수신이 완료된 전기통신에 대하여 압수·수색·검증을 집행한 경우 그 사건에 관하여 검사로부터 공소를 제기하거나 제기하지 아니하는 처분(기소중지 또는 참고인중지 결정은 제외한다)의 통보를 받거나 검찰송치를 하지 아니하는 처분(수사중지 결정은 제외한다) 또는 내사사건에 관하여 입건하지 아니하는 처분을 한 때에는 그 날부터 30일 이내에 수사대상이 된 가입자에게 압수·수색·검증을 집행한 사실을 서면으로 통지하여야 한다. <개정 2021. 3. 16.>

[본조신설 2009. 5. 28.]

제10조(감청설비에 대한 인가기관과 인가절차) ①감청설비를 제조·수입·판매·배포·소지·사용하거나 이를 위한 광고를 하고자 하는 자는 과학기술정보통신부장관의 인가를 받아야 한다. 다만, 국가기관의 경우에는 그러하지 아니하다. <개정 1997. 12. 13., 2008. 2. 29., 2013. 3. 23., 2017. 7. 26.>

② 삭제 <2004. 1. 29.>

③과학기술정보통신부장관은 제1항의 인가를 하는 경우에는 인가신청자, 인가연월일, 인가된 감청설비의 종류와 수량등 필요한 사항을 대장에 기재하여 비치하여야 한다. <개정 1997. 12. 13., 2008. 2. 29., 2013. 3. 23., 2017. 7. 26.>

④제1항의 인가를 받아 감청설비를 제조·수입·판매·배포·소지 또는 사용하는 자는 인가연월일, 인가된 감청설비의 종류와 수량, 비치장소등 필요한 사항을 대장에 기재하여 비치하여야 한다. 다만, 지방자치단체의 비품으로서 그 직무수행에 제공되는 감청설비는 해당 기관의 비품대장에 기재한다.

⑤제1항의 인가에 관하여 기타 필요한 사항은 대통령령으로 정한다.

제10조의2(국가기관 감청설비의 신고) ①국가기관(정보수사기관은 제외한다)이 감청설비를 도입하는 때에는 매 반기별로 그 제원 및 성능 등 대통령령으로 정하는 사항을 과학기술정보통신부장관에게 신고하여야 한다. <개정 2008. 2. 29., 2013. 3. 23., 2017. 7. 26., 2020. 6. 9.>

②정보수사기관이 감청설비를 도입하는 때에는 매 반기별로 그 제원 및 성능 등 대통령령으로 정하는 사항을 국회 정보위원회에 통보하여야 한다. <개정 2020. 6. 9.>

[본조신설 2001. 12. 29.]

제10조의3(불법감청설비탐지업의 등록 등) ①영리를 목적으로 불법감청설비탐지업을 하고자 하는 자는 대통령령으로 정하는 바에 의하여 과학기술정보통신부장관에게 등록을 하여야 한다. <개정 2008. 2. 29., 2013. 3. 23., 2017. 7. 26., 2020. 6. 9.>

②제1항에 따른 등록은 법인만이 할 수 있다. <개정 2020. 6. 9.>

③제1항에 따른 등록을 하고자 하는 자는 대통령령으로 정하는 이용자보호계획·사업계획·기술·재정능력·탐지장비 그 밖에 필요한 사항을 갖추어야 한다. <개정 2008. 2. 29., 2020. 6. 9.>

④제1항에 따른 등록의 변경요건 및 절차, 등록한 사업의 양도·양수·승계·휴업·폐업 및 그 신고, 등록업무의 위임 등에 관하여 필요한 사항은 대통령령으로 정한다. <개정 2020. 6. 9.>

[본조신설 2004. 1. 29.]

제10조의4(불법감청설비탐지업자의 결격사유) 법인의 대표자가 다음 각 호의 어느 하나에 해당하는 경우에는 제10조의3에 따른 등록을 할 수 없다. <개정 2005. 3. 31., 2014. 10. 15., 2015. 12. 22., 2020. 6. 9., 2021. 10. 19.>

1. 피성년후견인 또는 피한정후견인

2. 파산선고를 받은 자로서 복권되지 아니한 자

3. 금고 이상의 실형을 선고받고 그 집행이 종료(집행이 종료된 것으로 보는 경우를 포함한다)되거나 집행이 면제된 날부터 3년이 지나지 아니한 자

4. 금고 이상의 형의 집행유예를 선고받고 그 유예기간중에 있는 자

5. 법원의 판결 또는 다른 법률에 의하여 자격이 상실 또는 정지된 자

6. 제10조의5에 따라 등록이 취소(제10조의4제1호 또는 제2호에 해당하여 등록이 취소된 경우는 제외한다)된 법인의 취소 당시 대표자로서 그 등록이 취소된 날부터 2년이 지나지 아니한 자

[본조신설 2004. 1. 29.]

제10조의5(등록의 취소) 과학기술정보통신부장관은 불법감청설비탐지업을 등록한 자가 다음 각 호의 어느 하나에 해당하는 경우에는 그 등록을 취소하거나 6개월 이내의 기간을 정하여 그 영업의 정지를 명할 수 있다. 다만, 제1호 또는 제2호에 해당하는 경우에는 그 등록을 취소하여야 한다. <개정 2008. 2. 29., 2013. 3. 23., 2017. 7. 26., 2020. 6. 9.>

1. 거짓이나 그 밖의 부정한 방법으로 등록 또는 변경등록을 한 경우

2. 제10조의4에 따른 결격사유에 해당하게 된 경우

3. 영업행위와 관련하여 알게된 비밀을 다른 사람에게 누설한 경우

4. 불법감청설비탐지업 등록증을 다른 사람에게 대여한 경우

5. 영업행위와 관련하여 고의 또는 중대한 과실로 다른 사람에게 중대한 손해를 입힌 경우

6. 다른 법률의 규정에 의하여 국가 또는 지방자치단체로부터 등록취소의 요구가 있는 경우

[본조신설 2004. 1. 29.]

제11조(비밀준수의 의무) ①통신제한조치의 허가·집행·통보 및 각종 서류작성 등에 관여한 공무원 또는 그 직에 있었던 자는 직무상 알게 된 통신제한조치에 관한 사항을 외부에 공개하거나 누설하여서는 아니된다.

②통신제한조치에 관여한 통신기관의 직원 또는 그 직에 있었던 자는 통신제한조치에 관한 사항을 외부에 공개하거나 누설하여서는 아니된다.

③제1항 및 제2항에 규정된 자 외에 누구든지 이 법에 따른 통신제한조치로 알게 된 내용을 이 법에 따라 사용하는 경우 외에는 이를 외부에 공개하거나 누설하여서는 아니 된다. <개정 2018. 3. 20.>

④법원에서의 통신제한조치의 허가절차·허가여부·허가내용 등의 비밀유지에 관하여 필요한 사항은 대법원규칙으로 정한다.

[전문개정 2001. 12. 29.]

제12조(통신제한조치로 취득한 자료의 사용제한) 제9조의 규정에 의한 통신제한조치의 집행으로 인하여 취득된 우편물 또는 그 내용과 전기통신의 내용은 다음 각호의 경우외에는 사용할 수 없다.

1. 통신제한조치의 목적이 된 제5조제1항에 규정된 범죄나 이와 관련되는 범죄를 수사·소추하거나 그 범죄를 예방하기 위하여 사용하는 경우

2. 제1호의 범죄로 인한 징계절차에 사용하는 경우

3. 통신의 당사자가 제기하는 손해배상소송에서 사용하는 경우

4. 기타 다른 법률의 규정에 의하여 사용하는 경우

제12조의2(범죄수사를 위하여 인터넷 회선에 대한 통신제한조치로 취득한 자료의 관리) ① 검사는 인터넷 회선을 통하여 송신·수신하는 전기통신을 대상으로 제6조 또는 제8조(제5조제1항의 요건에 해당하는 사람에 대한 긴급통신제한조치에 한정한다)에 따른 통신제한조치를 집행한 경우 그 전기통신을 제12조제1호에 따라 사용하거나 사용을 위하여 보관(이하 이 조에서 "보관등"이라 한다)하고자 하는 때에는 집행종료일부터 14일 이내에 보관등이 필요한 전기통신을 선별하여 통신제한조치를 허가한 법원에 보관등의 승인을 청구하여야 한다.

② 사법경찰관은 인터넷 회선을 통하여 송신·수신하는 전기통신을 대상으로 제6조 또는 제8조(제5조제1항의 요건에 해당하는 사람에 대한 긴급통신제한조치에 한정한다)에 따른 통신제한조치를 집행한 경우 그 전기통신의 보관등을 하고자 하는 때에는 집행종료일부터 14일 이내에 보관등이 필요한 전기통신을 선별하여 검사에게 보관등의 승인을 신청하고, 검사는 신청일부터 7일 이내에 통신제한조치를 허가한 법원에 그 승인을 청구할 수 있다.

③ 제1항 및 제2항에 따른 승인청구는 통신제한조치의 집행 경위, 취득한 결과의 요지, 보관등이 필요한 이유를 기재한 서면으로 하여야 하며, 다음 각 호의 서류를 첨부하여야 한다.

1. 청구이유에 대한 소명자료

2. 보관등이 필요한 전기통신의 목록

3. 보관등이 필요한 전기통신. 다만, 일정 용량의 파일 단위로 분할하는 등 적절한 방법으로 정보저

장매체에 저장·봉인하여 제출하여야 한다.

④ 법원은 청구가 이유 있다고 인정하는 경우에는 보관등을 승인하고 이를 증명하는 서류(이하 이 조에서 "승인서"라 한다)를 발부하며, 청구가 이유 없다고 인정하는 경우에는 청구를 기각하고 이를 청구인에게 통지한다.

⑤ 검사 또는 사법경찰관은 제1항에 따른 청구나 제2항에 따른 신청을 하지 아니하는 경우에는 집행종료일부터 14일(검사가 사법경찰관의 신청을 기각한 경우에는 그 날부터 7일) 이내에 통신제한조치로 취득한 전기통신을 폐기하여야 하고, 법원에 승인청구를 한 경우(취득한 전기통신의 일부에 대해서만 청구한 경우를 포함한다)에는 제4항에 따라 법원으로부터 승인서를 발부받거나 청구기각의 통지를 받은 날부터 7일 이내에 승인을 받지 못한 전기통신을 폐기하여야 한다.

⑥ 검사 또는 사법경찰관은 제5항에 따라 통신제한조치로 취득한 전기통신을 폐기한 때에는 폐기의 이유와 범위 및 일시 등을 기재한 폐기결과보고서를 작성하여 피의자의 수사기록 또는 피내사자의 내사사건기록에 첨부하고, 폐기일부터 7일 이내에 통신제한조치를 허가한 법원에 송부하여야 한다.

[본조신설 2020. 3. 24.]

제13조(범죄수사를 위한 통신사실 확인자료제공의 절차) ①검사 또는 사법경찰관은 수사 또는 형의 집행을 위하여 필요한 경우 전기통신사업법에 의한 전기통신사업자(이하 "전기통신사업자"라 한다)에게 통신사실 확인자료의 열람이나 제출(이하 "통신사실 확인자료제공"이라 한다)을 요청할 수 있다.

② 검사 또는 사법경찰관은 제1항에도 불구하고 수사를 위하여 통신사실확인자료 중 다음 각 호의 어느 하나에 해당하는 자료가 필요한 경우에는 다른 방법으로는 범죄의 실행을 저지하기 어렵거나 범인의 발견·확보 또는 증거의 수집·보전이 어려운 경우에만 전기통신사업자에게 해당 자료의 열람이나 제출을 요청할 수 있다. 다만, 제5조제1항 각 호의 어느 하나에 해당하는 범죄 또는 전기통신을 수단으로 하는 범죄에 대한 통신사실확인자료가 필요한 경우에는 제1항에 따라 열람이나 제출을 요청할 수 있다. <신설 2019. 12. 31.>

1. 제2조제11호바목·사목 중 실시간 추적자료

2. 특정한 기지국에 대한 통신사실확인자료

③제1항 및 제2항에 따라 통신사실 확인자료제공을 요청하는 경우에는 요청사유, 해당 가입자와의

연관성 및 필요한 자료의 범위를 기록한 서면으로 관할 지방법원(군사법원을 포함한다. 이하 같다) 또는 지원의 허가를 받아야 한다. 다만, 관할 지방법원 또는 지원의 허가를 받을 수 없는 긴급한 사유가 있는 때에는 통신사실 확인자료제공을 요청한 후 지체 없이 그 허가를 받아 전기통신사업자에게 송부하여야 한다. <개정 2005. 5. 26., 2019. 12. 31., 2021. 9. 24.>

④제3항 단서에 따라 긴급한 사유로 통신사실확인자료를 제공받았으나 지방법원 또는 지원의 허가를 받지 못한 경우에는 지체 없이 제공받은 통신사실확인자료를 폐기하여야 한다. <개정 2005. 5. 26., 2019. 12. 31.>

⑤검사 또는 사법경찰관은 제3항에 따라 통신사실 확인자료제공을 받은 때에는 해당 통신사실 확인자료제공요청사실 등 필요한 사항을 기재한 대장과 통신사실 확인자료제공요청서 등 관련자료를 소속기관에 비치하여야 한다. <개정 2005. 5. 26., 2019. 12. 31.>

⑥지방법원 또는 지원은 제3항에 따라 통신사실 확인자료제공 요청허가청구를 받은 현황, 이를 허가한 현황 및 관련된 자료를 보존하여야 한다. <개정 2005. 5. 26., 2019. 12. 31.>

⑦전기통신사업자는 검사, 사법경찰관 또는 정보수사기관의 장에게 통신사실 확인자료를 제공한 때에는 자료제공현황 등을 연 2회 과학기술정보통신부장관에게 보고하고, 해당 통신사실 확인자료 제공사실등 필요한 사항을 기재한 대장과 통신사실 확인자료제공요청서등 관련자료를 통신사실확인자료를 제공한 날부터 7년간 비치하여야 한다. <개정 2008. 2. 29., 2013. 3. 23., 2017. 7. 26., 2019. 12. 31.>

⑧과학기술정보통신부장관은 전기통신사업자가 제7항에 따라 보고한 내용의 사실여부 및 비치하여야 하는 대장등 관련자료의 관리실태를 점검할 수 있다. <개정 2008. 2. 29., 2013. 3. 23., 2017. 7. 26., 2019. 12. 31.>

⑨이 조에서 규정된 사항 외에 범죄수사를 위한 통신사실 확인자료제공과 관련된 사항에 관하여는 제6조(제7항 및 제8항은 제외한다)를 준용한다. <신설 2005. 5. 26., 2019. 12. 31.>

[본조신설 2001. 12. 29.]
[제목개정 2005. 5. 26.]
[2019. 12. 31. 법률 제16849호에 의하여 2018. 6. 28. 헌법재판소에서 헌법불합치 결정된 이 조를 개정함.]

제13조의2(법원에의 통신사실확인자료제공) 법원은 재판상 필요한 경우에는 민사소송법 제294조

또는 형사소송법 제272조의 규정에 의하여 전기통신사업자에게 통신사실확인자료제공을 요청할 수 있다. <개정 2002. 1. 26.>

[본조신설 2001. 12. 29.]

제13조의3(범죄수사를 위한 통신사실 확인자료제공의 통지) ① 검사 또는 사법경찰관은 제13조에 따라 통신사실 확인자료제공을 받은 사건에 관하여 다음 각 호의 구분에 따라 정한 기간 내에 통신사실 확인자료제공을 받은 사실과 제공요청기관 및 그 기간 등을 통신사실 확인자료제공의 대상이 된 당사자에게 서면으로 통지하여야 한다. <개정 2019. 12. 31., 2021. 1. 5., 2021. 3. 16.>

1. 공소를 제기하거나, 공소제기・검찰송치를 하지 아니하는 처분(기소중지・참고인중지 또는 수사중지 결정은 제외한다) 또는 입건을 하지 아니하는 처분을 한 경우: 그 처분을 한 날부터 30일 이내. 다만, 다음 각 목의 어느 하나에 해당하는 경우 그 통보를 받은 날부터 30일 이내

가. 수사처검사가 「고위공직자범죄수사처 설치 및 운영에 관한 법률」 제26조제1항에 따라 서울중앙지방검찰청 소속 검사에게 관계 서류와 증거물을 송부한 사건에 관하여 이를 처리하는 검사로부터 공소를 제기하거나 제기하지 아니하는 처분(기소중지 또는 참고인중지 결정은 제외한다)의 통보를 받은 경우

나. 사법경찰관이 「형사소송법」 제245조의5제1호에 따라 검사에게 송치한 사건으로서 검사로부터 공소를 제기하거나 제기하지 아니하는 처분(기소중지 또는 참고인중지 결정은 제외한다)의 통보를 받은 경우

2. 기소중지・참고인중지 또는 수사중지 결정을 한 경우: 그 결정을 한 날부터 1년(제6조제8항 각 호의 어느 하나에 해당하는 범죄인 경우에는 3년)이 경과한 때부터 30일 이내. 다만, 다음 각 목의 어느 하나에 해당하는 경우 그 통보를 받은 날로부터 1년(제6조제8항 각 호의 어느 하나에 해당하는 범죄인 경우에는 3년)이 경과한 때부터 30일 이내

가. 수사처검사가 「고위공직자범죄수사처 설치 및 운영에 관한 법률」 제26조제1항에 따라 서울중앙지방검찰청 소속 검사에게 관계 서류와 증거물을 송부한 사건에 관하여 이를 처리하는 검사로부터 기소중지 또는 참고인중지 결정의 통보를 받은 경우

나. 사법경찰관이 「형사소송법」 제245조의5제1호에 따라 검사에게 송치한 사건으로서 검사로부터 기소중지 또는 참고인중지 결정의 통보를 받은 경우

3. 수사가 진행 중인 경우: 통신사실 확인자료제공을 받은 날부터 1년(제6조제8항 각 호의 어느 하나에 해당하는 범죄인 경우에는 3년)이 경과한 때부터 30일 이내

② 제1항제2호 및 제3호에도 불구하고 다음 각 호의 어느 하나에 해당하는 사유가 있는 경우에는 그 사유가 해소될 때까지 같은 항에 따른 통지를 유예할 수 있다. <신설 2019. 12. 31.>

1. 국가의 안전보장, 공공의 안녕질서를 위태롭게 할 우려가 있는 경우

2. 피해자 또는 그 밖의 사건관계인의 생명이나 신체의 안전을 위협할 우려가 있는 경우

3. 증거인멸, 도주, 증인 위협 등 공정한 사법절차의 진행을 방해할 우려가 있는 경우

4. 피의자, 피해자 또는 그 밖의 사건관계인의 명예나 사생활을 침해할 우려가 있는 경우

③ 검사 또는 사법경찰관은 제2항에 따라 통지를 유예하려는 경우에는 소명자료를 첨부하여 미리 관할 지방검찰청 검사장의 승인을 받아야 한다. 다만, 수사처검사가 제2항에 따라 통지를 유예하려는 경우에는 소명자료를 첨부하여 미리 수사처장의 승인을 받아야 한다. <신설 2019. 12. 31., 2021. 1. 5.>

④ 검사 또는 사법경찰관은 제2항 각 호의 사유가 해소된 때에는 그 날부터 30일 이내에 제1항에 따른 통지를 하여야 한다. <신설 2019. 12. 31.>

⑤ 제1항 또는 제4항에 따라 검사 또는 사법경찰관으로부터 통신사실 확인자료제공을 받은 사실 등을 통지받은 당사자는 해당 통신사실 확인자료제공을 요청한 사유를 알려주도록 서면으로 신청할 수 있다. <신설 2019. 12. 31.>

⑥ 제5항에 따른 신청을 받은 검사 또는 사법경찰관은 제2항 각 호의 어느 하나에 해당하는 경우를 제외하고는 그 신청을 받은 날부터 30일 이내에 해당 통신사실 확인자료제공 요청의 사유를 서면으로 통지하여야 한다. <신설 2019. 12. 31.>

⑦ 제1항부터 제5항까지에서 규정한 사항 외에 통신사실 확인자료제공을 받은 사실 등에 관하여는 제9조의2(제3항은 제외한다)를 준용한다. <개정 2019. 12. 31.>

[본조신설 2005. 5. 26.]
[2019. 12. 31. 법률 제16849호에 의하여 2018. 6. 28. 헌법재판소에서 헌법불합치 결정된 이 조를

개정함.]

제13조의4(국가안보를 위한 통신사실 확인자료제공의 절차 등) ①정보수사기관의 장은 국가안전보장에 대한 위해를 방지하기 위하여 정보수집이 필요한 경우 전기통신사업자에게 통신사실 확인자료제공을 요청할 수 있다.

②제7조 내지 제9조 및 제9조의2제3항·제4항·제6항의 규정은 제1항의 규정에 의한 통신사실 확인자료제공의 절차 등에 관하여 이를 준용한다. 이 경우 "통신제한조치"는 "통신사실 확인자료제공 요청"으로 본다.

③ 통신사실확인자료의 폐기 및 관련 자료의 비치에 관하여는 제13조제4항 및 제5항을 준용한다. <개정 2019. 12. 31.>

[본조신설 2005. 5. 26.]

제13조의5(비밀준수의무 및 자료의 사용 제한) 제11조 및 제12조의 규정은 제13조의 규정에 의한 통신사실 확인자료제공 및 제13조의4의 규정에 의한 통신사실 확인자료제공에 따른 비밀준수의무 및 통신사실확인자료의 사용제한에 관하여 이를 각각 준용한다.

[본조신설 2005. 5. 26.]

제14조(타인의 대화비밀 침해금지) ①누구든지 공개되지 아니한 타인간의 대화를 녹음하거나 전자장치 또는 기계적 수단을 이용하여 청취할 수 없다.

②제4조 내지 제8조, 제9조제1항 전단 및 제3항, 제9조의2, 제11조제1항·제3항·제4항 및 제12조의 규정은 제1항의 규정에 의한 녹음 또는 청취에 관하여 이를 적용한다. <개정 2001. 12. 29.>

제15조(국회의 통제) ①국회의 상임위원회와 국정감사 및 조사를 위한 위원회는 필요한 경우 특정한 통신제한조치 등에 대하여는 법원행정처장, 통신제한조치를 청구하거나 신청한 기관의 장 또는 이를 집행한 기관의 장에 대하여, 감청설비에 대한 인가 또는 신고내역에 관하여는 과학기술정보통신부장관에게 보고를 요구할 수 있다. <개정 2008. 2. 29., 2013. 3. 23., 2017. 7. 26.>

②국회의 상임위원회와 국정감사 및 조사를 위한 위원회는 그 의결로 수사관서의 감청장비보유현황, 감청집행기관 또는 감청협조기관의 교환실 등 필요한 장소에 대하여 현장검증이나 조사를 실시할 수 있다. 이 경우 현장검증이나 조사에 참여한 자는 그로 인하여 알게 된 비밀을 정당한 사유없이 누설

하여서는 아니된다.

③제2항의 규정에 의한 현장검증이나 조사는 개인의 사생활을 침해하거나 계속중인 재판 또는 수사 중인 사건의 소추에 관여할 목적으로 행사되어서는 아니된다.

④통신제한조치를 집행하거나 위탁받은 기관 또는 이에 협조한 기관의 중앙행정기관의 장은 국회의 상임위원회와 국정감사 및 조사를 위한 위원회의 요구가 있는 경우 대통령령이 정하는 바에 따라 제5조 내지 제10조와 관련한 통신제한조치보고서를 국회에 제출하여야 한다. 다만, 정보수사기관의 장은 국회정보위원회에 제출하여야 한다.

[전문개정 2001. 12. 29.]

제15조의2(전기통신사업자의 협조의무) ①전기통신사업자는 검사·사법경찰관 또는 정보수사기관의 장이 이 법에 따라 집행하는 통신제한조치 및 통신사실 확인자료제공의 요청에 협조하여야 한다.

②제1항의 규정에 따라 통신제한조치의 집행을 위하여 전기통신사업자가 협조할 사항, 통신사실확인자료의 보관기간 그 밖에 전기통신사업자의 협조에 관하여 필요한 사항은 대통령령으로 정한다.

[본조신설 2005. 5. 26.]

제16조(벌칙) ①다음 각 호의 어느 하나에 해당하는 자는 1년 이상 10년 이하의 징역과 5년 이하의 자격정지에 처한다. <개정 2014. 1. 14., 2018. 3. 20.>

1. 제3조의 규정에 위반하여 우편물의 검열 또는 전기통신의 감청을 하거나 공개되지 아니한 타인간의 대화를 녹음 또는 청취한 자

2. 제1호에 따라 알게 된 통신 또는 대화의 내용을 공개하거나 누설한 자

②다음 각호의 1에 해당하는 자는 10년 이하의 징역에 처한다. <개정 2005. 5. 26.>

1. 제9조제2항의 규정에 위반하여 통신제한조치허가서 또는 긴급감청서등의 표지의 사본을 교부하지 아니하고 통신제한조치의 집행을 위탁하거나 집행에 관한 협조를 요청한 자 또는 통신제한조치허가서 또는 긴급감청서등의 표지의 사본을 교부받지 아니하고 위탁받은 통신제한조치를 집행하거나 통신제한조치의 집행에 관하여 협조한 자

2.제11조제1항(제14조제2항의 규정에 의하여 적용하는 경우 및 제13조의5의 규정에 의하여 준용되는 경우를 포함한다)의 규정에 위반한 자

③제11조제2항(제13조의5의 규정에 의하여 준용되는 경우를 포함한다)의 규정에 위반한 자는 7년 이하의 징역에 처한다. <개정 2005. 5. 26.>

④제11조제3항(제14조제2항의 규정에 의하여 적용하는 경우 및 제13조의5의 규정에 의하여 준용되는 경우를 포함한다)의 규정에 위반한 자는 5년 이하의 징역에 처한다. <개정 2005. 5. 26.>

[전문개정 2001. 12. 29.]

제17조(벌칙) ①다음 각 호의 어느 하나에 해당하는 자는 5년 이하의 징역 또는 3천만원 이하의 벌금에 처한다. <개정 2004. 1. 29., 2018. 3. 20.>

1. 제9조제2항의 규정에 위반하여 통신제한조치허가서 또는 긴급감청서등의 표지의 사본을 보존하지 아니한 자

2. 제9조제3항(제14조제2항의 규정에 의하여 적용하는 경우를 포함한다)의 규정에 위반하여 대장을 비치하지 아니한 자

3. 제9조제4항의 규정에 위반하여 통신제한조치허가서 또는 긴급감청서등에 기재된 통신제한조치 대상자의 전화번호 등을 확인하지 아니하거나 전기통신에 사용되는 비밀번호를 누설한 자

4. 제10조제1항의 규정에 위반하여 인가를 받지 아니하고 감청설비를 제조·수입·판매·배포·소지·사용하거나 이를 위한 광고를 한 자

5. 제10조제3항 또는 제4항의 규정에 위반하여 감청설비의 인가대장을 작성 또는 비치하지 아니한 자

5의2. 제10조의3제1항의 규정에 의한 등록을 하지 아니하거나 거짓으로 등록하여 불법감청설비탐지업을 한 자

6. 삭제 <2018. 3. 20.>

②다음 각 호의 어느 하나에 해당하는 자는 3년 이하의 징역 또는 1천만원 이하의 벌금에 처한다.

<개정 2004. 1. 29., 2008. 2. 29., 2013. 3. 23., 2017. 7. 26., 2019. 12. 31., 2022. 12. 27.>

1. 제3조제3항의 규정을 위반하여 단말기기 고유번호를 제공하거나 제공받은 자

2. 제8조제5항을 위반하여 긴급통신제한조치를 즉시 중지하지 아니한 자

2의2. 제8조제10항을 위반하여 같은 조 제8항에 따른 통신제한조치를 즉시 중지하지 아니한 자

3. 제9조의2(제14조제2항의 규정에 의하여 적용하는 경우를 포함한다)의 규정에 위반하여 통신제한조치의 집행에 관한 통지를 하지 아니한 자

4. 제13조제7항을 위반하여 통신사실확인자료제공 현황등을 과학기술정보통신부장관에게 보고하지 아니하였거나 관련자료를 비치하지 아니한 자

[전문개정 2001. 12. 29.]

제18조(미수범) 제16조 및 제17조에 규정된 죄의 미수범은 처벌한다.

※이찬엽

법학박사
사법시험 및 변호사시험위원
교육부 대학평가위원
법제처 국민법제관
국가정보원 테러정책위원
한국법학교수회 대의원
법무부 면접위원
법률구조공단 심사위원
집회시위 자문위원
입법정책학회 상임이사
교정보호학회 편집위원
검찰연구위원
매일경제 연구위원
논설위원, 시사평론가
군사외교 평론가
대통령 후보 법률 자문 단장
지자체 법률 자문관

※김효범

변호사(성균관대 법학전문대학원)
성균관대 박사과정
메가로이어스 형사법 교수
노량진 윌비스 경찰학원 형사법 교수
세무법인 변호사

MEMO